Arthur E. Imhof
Im Bildersaal der Geschichte

W0245428

Arthur E. Imhof

Im Bildersaal der Geschichte
oder
Ein Historiker schaut Bilder an

Verlag C. H. Beck München

Mit 33 Abbildungen im Text

CIP-Titelaufnahme der Deutschen Bibliothek

Imhof, Arthur E.:
Im Bildersaal der Geschichte oder Ein Historiker schaut
Bilder an / Arthur E. Imhof. – München : Beck, 1991
    ISBN 3 406 34969 2

ISBN 3 406 34969 2

Umschlagentwurf: Bruno Schachtner, Dachau
Umschlagbild: Frans Francken II., Der Bildersaal,
Gemäldegalerie der Staatlichen Museen Preußischer Kulturbesitz Berlin.
© C.H.Beck'sche Verlagsbuchhandlung (Oscar Beck), München 1991
Gesamtherstellung: C.H.Beck'sche Buchdruckerei, Nördlingen
Printed in Germany

För mina vänner i Skandinavien:
tjugofem år lämnar spår.

Inhalt

7

Vorwort und Einleitung

Oft fällt es mir schwer, für ein neues Buch einen treffenden Titel zu finden. Diesmal war das nicht der Fall. Es mag trotzdem sein, daß einzelne Leser etwas anderes erwarten, als was hier zur Sprache kommt. Ich bitte deshalb, den Untertitel genau zur Kenntnis zu nehmen. Er heißt: ‚Ein Historiker schaut Bilder an‘ und nicht: ‚Bilder als geschichtliche Quellen‘, auch nicht: ‚*Historiker* schauen Bilder an‘. Es schiene mir sogar eine Anmaßung, im Namen anderer, nämlich *der* Historiker vorzutragen, was mir aufgrund langjähriger eigener Erfahrungen auf den Nägeln brennt.

Es wird ein sehr persönliches Buch werden. So wie ich darin nicht vermeide, überall dort von mir zu sprechen, wo ich dies für notwendig halte, so scheue ich auch nicht davor zurück, über weite Strecken im Erzählstil zu berichten. Beides ist bei Wissenschaftlern zwar unüblich, doch haben wissenschaftliche Gepflogenheiten zurückzutreten, wenn angestrebte Ziele auf unorthodoxeren Wegen eher zu erreichen sind. Was ich hier anstrebe, ist in erster Linie *ein Gedankenaustausch* und ist *das Gespräch mit dem Leser*. Er soll nie den Eindruck haben, als hätte er ein ‚Lehrbuch‘, einen ‚Ratgeber‘, eine ‚Gebrauchsanweisung‘ vor sich, als ob ich quasi sein Lehrer und er mein Schüler wäre. Vielmehr möchte ich ihn auf ein Problem aufmerksam machen, das uns praktisch alle betrifft und von dem gleich ausführlicher die Rede sein wird. Anschließend geht es mir darum, ihm anhand eines – eben meines – Beispiels aufzeigen, wie man es anpacken könnte. Es liegt mir im Verlaufe der Ausführungen dann weniger daran, daß der Leser überall mit mir übereinstimmt, als vielmehr, daß er vermehrt *selbst* über das Problem nachdenkt und zu einer *ihm* gemäßen Lösung kommt.

Ein erstes Blättern in dieser Publikation macht deutlich, daß hier kein ‚historisches Bilderbuch‘ vorliegt, ebenso wenig eine jener häufig erst nachträglich illustrierten Ausgaben geschichtlicher Abhandlungen. Es sind sogar verhältnismäßig wenige Bilder, die ich mit dem Leser ansehen will. Dafür habe ich sie umso sorgfältiger ausgewählt. Erst im Schlußkapitel häufen sie sich etwas. Dort möchte ich den Leser nämlich bitten, das ‚Bilderansehen‘ selbst zu versuchen, und zwar in der Weise, wie ich es ihm in den vorangegangenen Kapiteln gezeigt habe: eingebettet in umfassendere Zusammenhänge.

Auf das An*sehen*, das *Hinsehen* lege ich großen Wert. Deswegen bekommt der Leser nirgendwo fotografische Wiedergaben vorgelegt, sondern überall Strichzeichnungen. Das Anfertigen dieser Nachzeichnungen zwang mich nicht nur selbst immer wieder zum langen exakten Hinsehen, und es kostete mich nicht nur viel Zeit vor den Originalen, sondern dieses Vorgehen erwies sich letztlich auch als fruchtbarer, weil anregender als das einfache Abfotografieren, ganz zu schweigen vom bloßen Erwerb marktgängiger Standardaufnahmen. Selbstverständlich findet der Leser trotzdem stets die genauen Standorte, Formate, Herstellungstechniken, Entstehungszeiten und andere Einzelheiten bezüglich der Originale vermerkt, so daß er gegebenenfalls an Ort und Stelle jederzeit selbst nachsehen oder sich Reproduktionen beschaffen kann. Derselbe Hinweis, das heißt exaktes Zitieren, trifft zu auf die weiterführenden Literaturangaben, sei es direkt bei den Abbildungen, soweit sie unmittelbar dazu gehören, sei es ausführlicher am Schluß des Buches. Dort habe ich für jedes Kapitel eine Liste *aller* von mir *benutzen* Arbeiten zusammengestellt. Der Erzählstil entbindet den Autor in keiner Weise von der Pflicht, dem Leser genauestens Rechenschaft darüber abzulegen, woher er seine Angaben hat und wo der Interessierte allenfalls selbst weiterforschen kann. Erzählen ist nicht gleichbedeutend mit Phantasieren. Deshalb kommen bisweilen auch im laufenden Text Hinweise auf Fundstellen oder vereinzelte Buchangaben vor. Um ganz auf einen Anmerkungsapparat verzichten zu können, habe ich sie an Ort und Stelle in Klammern hinzugesetzt.

Der Blick auf das Inhaltsverzeichnis läßt sodann einen weiteren Umstand erkennen. Noch vor dem eigentlichen ‚Bilderansehen‘ in den Kapiteln drei bis sieben enthält das Buch zwei Kapitel mit grundsätzlichen Erwägungen. Beide tragen kennzeichnende Titel. Wenn ich das Buch schon persönlich halte und mit dem Leser *reden* will, sollte ich ihm auch erläutern, wieso ich das tue und was ich damit bezwecke. Das erste Kapitel handelt vom ‚Rahmen‘, in dem ich meine Bilder ansehe. So wie ich für mich selbst in Anspruch nehme, auch ohne kunsthistorisches Studium Bilder anzusehen – und sogar ein Buch darüber schreibe –, so gestehe ich dies auch jedem Leser zu. Ich fordere ihn sogar wiederholt dazu auf. Unerläßliche Voraussetzung scheint mir hierbei allerdings zu sein, daß wir einen soliden Rahmen haben, in dem wir das Gesehene oder das Zusehende einordnen können. Natürlich läßt sich in dieser Hinsicht von den eigentlichen Fachleuten fürs Bilderansehen, eben den Kunsthistorikern, viel lernen, so etwa – um ein einziges Beispiel zu erwähnen – von Eberhard Königs minutiösen Beschreibungen der Initialen, Bilder und Bordüren im Darmstädter Lochner-Stundenbuch aus dem Jahre 1451: eine wahrhaft beeindruckende Lektion sorgfältigsten Betrachtens (König 1989, besonders 27–166). Auch anschließend ist in bezug auf das systematische Erfassen von Kunstwerken Erwin Panofskys altbewährte ‚ikonographisch-ikonologische Methode‘ für den Historiker noch immer eine große Hilfe. Ich komme deshalb im ersten Kapitel ausführlich auf sie zu sprechen.

Wem die Erläuterungen dort zu lang erscheinen, möge bedenken, daß wirkliche Interdisziplinarität nur dann zustande kommt und fruchtbar wird, wenn man mit den prinzipiellen Vorgehensweisen und Methoden, den Problemstellungen und aktuellen Kontroversen der in Frage stehenden Disziplin zumindest in Grundzügen vertraut ist. Hier liegt auch der Grund dafür, daß ich in den einzelnen Kapiteln immer wieder anhand ausgewählter Beispiele auf diesen oder jenen Gelehrtenstreit auch außerhalb meines eigenen Fachgebietes oder etwa auf die Ansichten von Museumsfachleuten zu sprechen komme, oder – wo mir dies notwendig schien – auf Schadstoffe in unserer Nahrung oder die Bedeutung frühkindlicher Beziehungen zu Nächststehenden eingehe. Wenn ich mir darüber hinaus da und dort schon das Recht herausnehme, auf gewisse Problematiken zum Beispiel der modernen Medizin oder Kommunikation hinzuweisen oder mir erlaube, die Aussagekraft bestimmter offizieller Statistiken in Frage zu stellen, dann darf ich das nur, wenn ich mich zuvor in die entsprechenden Bereiche grundsätzlich vertieft habe. Ohne rudimentäre Detailkenntnisse, ohne Anführung von Zitaten im Wortlaut – kürzere Passagen auch etwa im englischen Originalton – geht das nicht. Interdisziplinarität *ist* ein mühsames Geschäft; man mache sich nichts vor. Weder konnte ich mir, noch kann ich dem Leser diesbezüglich gewisse Anstrengungen ersparen. Sonst bleibt es, wie so häufig, bei einem bloßen Lippenbekenntnis. Dafür aber sind mir die hier behandelten Themen zu schade.

Das alles soll nicht heißen, daß wir anschließend keine weiteren *eigenen* Schritte mehr unternehmen dürften, konkret zum Beispiel bei Panofskys Anleitungen zum Bilder Betrachten verharren müßten. Mein eigener ‚Rahmen‘ greift dort denn auch erheblich darüber hinaus. Ähnlich wie Frans Francken in seinem ‚Bildersaal‘ ein ‚Bild voller sorgsam ausgesuchter Bilder‘ malte und sie alle mittels eines Rahmens zusammenhielt – wir schauen uns sein Gemälde im dritten Kapitel deshalb systematisch und gründlich an –, betrachte auch ich nicht beliebige Bilder und reihe sie nicht beziehungslos aneinander. Wie Frans Francken wählte auch ich für dieses Buch gezielt einige Werke aus und weise jedem von ihnen in den Kapiteln drei bis sieben innerhalb eines übergeordneten Rahmens seinen Platz zu. Dieser Rahmen aber hat mit dem eingangs erwähnten *Problem* zu tun. Er ist sogar identisch damit.

Bei diesem Problem handelt es sich um das lange Leben, das den meisten von uns heute beschieden ist, um die vielen Jahre, die uns nunmehr im allgemeinen geschenkt werden. ‚Bilder ansehen‘ in der Weise, wie ich dies hier tue, kann *ein* Weg sein, diesen Rahmen allmählich sinnvoll zu füllen. Der Schock, von dem das erste Kapitel schon in seinem Titel spricht, meint das oft enorme Auseinanderklaffen zwischen einerseits den gewaltigen Anstrengungen, die von unzähligen Seiten erbracht werden mußten, bis dieser ‚Rahmen‘ erreicht war, und die nun laufend erbracht werden müssen, damit er uns erhalten bleibt, sowie andererseits der Rat- und Hilflosigkeit, mit der viele unter uns dieser stark erweiterten Lebenshülse gegenüberstehen, ja die trostlose Leere, in die wir am Ende unserer vielen Jahre oft stürzen und die dann in Bestandsaufnahmen münden wie: „Es ist genug. Begegnung mit einer Frau, die des langen Lebens müde ist" (Hoghe 1990). Die beiden Dinge besser in Einklang miteinander zu bringen, ist sowohl Anlaß wie Thema dieses Buches. *Wer das nicht schafft, ist weder die Anstrengungen noch die zusätzlichen Lebensjahre wert.*

Die schneidende Schärfe dieser Aussage ist bewußt gewählt. Jedwede mildere Ausdrucksweise schiene mir eine unzulässige Ablenkung, Verschleierung, Verharmlosung. Nicht nur geht es hierbei um außerordentlich große Summen und um gewaltige gesellschaftliche Ressourcen, sondern es handelt sich allein in der Bundesrepublik um Hunderttausende von zusätzlich gelebten Jahren, die bei älteren und alten Menschen Jahr für Jahr zusammenkommen. Natürlich kann man immer darauf hinweisen, daß es Menschen gibt, die selbst in einem Alter von achtzig oder neunzig Jahren keinerlei Probleme mit den langen Stunden jedes neuen Tages außerhalb aller beruflichen, familiären, gesellschaftlichen Verpflichtungen haben. An sie brauche ich mich in der Tat nicht zu wenden, denn sie *haben* es geschafft und *schaffen* es Tag für Tag. Zudem läßt sich einwenden, daß es selbst heute noch gar nicht wenige unter uns gibt, die nie auch nur in die Nähe von achtzig oder neunzig Lebensjahren kommen: „Starb plötzlich und unerwartet schon mit vierzig, fünfzig, sechzig"! Für sie hätte sich die Lektüre des Buches vielleicht trotzdem gelohnt. Haben nicht auch sie *falsch* gelebt beziehungsweise überhaupt *nicht gelebt*, sondern sind nur älter, wenn auch nicht alt geworden? Verwechselten sie nicht beruflichen oder gesellschaftlichen Ehrgeiz mit dem Sinn des Lebens und hatten dafür vorzeitig zu bezahlen? In diesem Buch wird die Rede davon sein, daß das sinnvolle Auffüllen eines vorhersehbar langen Lebens eine Art ‚Lebensplan' erfordere. Dieser wiederum bestehe darin, schon als junger Erwachsener in sich tiefwurzelnde sinnstiftende Interessen zu wecken und sie ein Leben lang zu pflegen und zum Blühen und Reifen zu bringen. Dadurch aber eröffnen sich auch für die ‚besten Jahre des Lebens' *Perspektiven*, die über die Stunde und den Tag hinausweisen und die dadurch von der permanenten Eingebundenheit in tödliche Hektik und verzehrenden Ehrgeiz befreien können.

Trotz einer beträchtlichen Zahl von Verkehrstoten und Suiziden schon unter Jugendlichen und jüngeren Erwachsenen – die auch mir selbstverständlich nicht unbekannt sind –, und trotz Herzinfarkten und anderen *vorzeitigen* Todesfällen wie etwa an Krebs oder AIDS ist *das lange Leben* bei uns heute *die Regel*. An *diesen* Sachverhalt knüpfen meine Überlegungen an, und *deshalb* rücke ich zum Beispiel im letzten Kapitel den Alters- und nicht den Jugendlichensuizid ins Zentrum. Obwohl ich Historiker bin, liegt mir in diesem Buch somit *nicht* daran, dem Leser auseinanderzusetzen, auf welche Weise dieser Zustand erreicht worden ist und wie der ‚Rahmen' des allgemein langen Lebens nun aufrecht erhalten wird. Der erste Problembereich wird in unzähligen Geschichtsstudien klassischen Zuschnitts abgehandelt, der zweite beinahe täglich in den Massenmedien auf die eine oder andere Weise zur Sprache gebracht (als knappen Überblick zum einen wie zum anderen Komplex vgl. z.B. Johnson-Conrad-Thomson 1989 mit viel weiterführender, die internationale Diskussion berücksichtigender Literatur).

Wenngleich mir als Historiker wie als Zeitgenosse also durchaus klar ist, welches ungewöhnliche Maß an allseitigen Anstrengungen zur Erreichung dieses Zustandes erforderlich war und zu dessen Instandhaltung andauernd notwendig ist, *setze* ich ihn hier *voraus*. Ich käme dabei nie auf die Idee, die Dinge so darzustellen, als ob die vielen älteren und alten Menschen ‚dem Staat, der Familie, der Gesellschaft mit ihrer Person zur Last‘ fielen, weil sie ‚zu nichts mehr nütze‘ wären. Ich diskutiere auch nicht, ob oder wielange wir uns ‚so etwas‘ (noch) leisten können. Mein Buch *beginnt* mit den vermehrten Jahren; mein Gegenstand *ist* die Tatsache, daß wir sie *haben*. Hier und heute, und morgen und übermorgen. *Niemand* aber kann dagegen gefeit sein, daß *ihm* daraus keine Probleme erwachsen werden und daß nicht auch er sich plötzlich in einem ‚goldenen Käfig‘ wiederfindet. Mehr als eine gewaltig aufgeblähte Lebenshülse ist für den einzelnen durch den ‚Rahmen‘ allein noch nicht gegeben. Es liegt an uns, *an jedem einzelnen*, etwas daraus zu machen. Wer das nicht schafft – ich wiederhole es –, der ist weder die Anstrengungen noch die zusätzlichen Lebensjahre wert. Es geht mir in diesem Buch nicht einfach darum, gemeinsam mit dem Leser ‚Bilder‘ anzusehen, sondern darum, ihm zu sagen, weshalb wir das tun oder tun sollten.

Das zweite Kapitel grundsätzlicher Art zielt in eine andere Richtung. Es handelt davon, wie und weshalb ich selbst auf diesen ‚Rahmen‘ stieß. Hier wird der *wissenschaftliche Hintergrund* beleuchtet und *das Fundament* erläutert, auf dem meine Ausführungen beruhen. Den Erzählstil konnte ich in diesem Buch schließlich nur deswegen guten Gewissens wählen, weil der einfache Ausdruck stets durch vorangegangene oder parallel durchgeführte Forschungen solide abgesichert ist. Dieses zweite Kapitel läßt den interessierten Leser somit Einblick nehmen in die universitäre Werkstatt eines europäischen Historiker-Demographen und Sozialhistorikers. Dabei zeige ich ihm, welcher enorme Aufwand notwendig ist und wieviel an mühsamer Grundlagenforschung betrieben werden muß, bevor jemand in der Lage ist, komplizierte Sachverhalte ‚einfach‘ zu sagen, bevor man sie eben ‚erzählen‘ kann, ohne sie zu verfälschen.

In den späteren Kapiteln werde ich auf diese Forschungen *nicht mehr* zurückkommen. Die Gefahr wäre groß, daß wir sonst vor lauter Bäumen den Wald bald nicht mehr sähen. Jeder Leser kann sich unschwer vorstellen, daß die mit einer vielköpfigen Forschergruppe im Verlaufe mehrerer Jahre erzielten Ergebnisse ohne weiteres Stoff für mehrere dicke Bücher ergäben. So wäre es zum Beispiel ein leichtes, ellenlang darüber zu berichten, daß die

Lebenserwartung sagen wir im 17. oder 18. Jahrhundert in diesen oder jenen besser situierten Kreisen einige oder gar etliche Jahre höher gewesen sei als in dieser oder jener weniger begüterten Schicht. Je nach ‚Ergriffenheit', ‚verletztem Gerechtigkeitsgefühl', ‚sozialem Engagement' könnten wir diesen Sachverhalt dann des langen und breiten erörtern und uns über Ursachen und Auswirkungen ereifern.

Um es nochmals deutlich zu sagen: dies ist *nicht* das Thema des vorliegenden Buches. Was ich will, ist vielmehr, dem Leser *vor dem historischen Hintergrund* klarzumachen, daß *wir bei uns heute praktisch alle zu den ‚besser Situierten'* gehören. Unsere Lebenserwartung übertrifft jene der im geschichtlichen Kontext vergleichsweise begüterten Kreise in aller Regel *bei weitem*. *Hierüber* und über die Auswirkungen *dieser unserer* zusätzlichen Jahre sollen wir uns – wenn schon – ereifern und uns Gedanken machen. Es ist mir in diesem Buch deshalb auch nicht daran gelegen, den Leser mit einer Menge raffinierter computererzielter Forschungsergebnisse zu beeindrucken. Was ich anstrebe, ist, ihm einen Spiegel vorzuhalten und ihm darin zu zeigen, wo er sich heute befindet. Nur um in den Besitz dieses Spiegels zu gelangen, brauchte und brauche ich die ganzen mühsamen und komplizierten Forschungen. Wer sich in dieses methodisch angelegte Kapitel nicht vertiefen will, mag es bleiben lassen. Allerdings möchte ich nie den Vorwurf hören, ich wüßte nicht, wovon ich spräche. Gerade weil ich mir da und dort erlaube, rein statistische Werte in Frage zu stellen, muß mir zuerst in allen Einzelheiten klar sein, wie sie zustande kommen oder kamen und was sie aussagen und was nicht.

Eine ganz andere Sache ist, daß mir diese Forschungen samt ihren verwikkelten Fragestellungen, vielfältigen Erörterungen und schließlichen Resultaten gleichzeitig auch – wie ich es in der Überschrift zum zweiten Kapitel formuliere – als ‚Eintrittskarte' dienen. Nur so erhalte ich weltweit Zugang zu wissenschaftlichen Einrichtungen, wird mir die aktive Teilnahme an Kongressen und Konferenzen ermöglicht bzw. finanziert, ergehen Aufforderungen zu Vorträgen und zur Übernahme von Gastdozenturen an mich. Dies alles aber ist seinerseits wiederum unerläßlich, um zuhause solide Forschungsarbeit leisten zu können und um sicher zu gehen, daß deren Niveau stets einem weltweit gültigen Maßstab entspricht. In den folgenden Kapiteln brauche ich das alles jedoch nicht stets aufs neue zu betonen. Ich erwähne es hier ein- für allemal, denn der wissenschaftliche Hintergrund *hat* zu stimmen, auch wenn der erzählerische Vordergrund sich locker gibt.

Das zweite Kapitel kommt noch auf eine weitere Einsicht zu sprechen. Auch sie hängt mit meinen beruflich-wissenschaftlichen Erfahrungen der letzten zehn, fünfzehn Jahre zusammen. Um sie dem Leser eindrücklicher vor Augen zu führen, habe ich die Graphiken 6 bis 9 angefertigt (Abb. 6: Absterbeordnungen in Berlin 1865–1985, in Genf im 17. Jahrhundert und in Brasilien 1970; Abb. 7: Anteil der über 65jährigen an der Gesamtbevölkerung in der Bundesrepublik Deutschland, in Japan, Indien und China 1980–2025; Abb. 8: Anteil der über 60jährigen in den ‚More Developed Countries' und den ‚Less Developed Countries' 1960–2025; Abb. 9: Verteilung der Weltbevölkerung nach Großregionen und nach den großen geistigen Strömungen 1980–2100). Die Erforschung von Lebenserwartungen, Lebenslängen, Sterbewahrscheinlichkeiten, Todesursachen und der damit verbundenen Probleme führt jeden beruflich hiermit Befaßten fast zwangsläufig immer wieder in die verschiedensten Länder der Welt. Aus den Abbildungen 6 bis 9 geht nun hervor, daß jenes oben angesprochene ‚Problem des langen Lebens' keineswegs bloß uns, das heißt bloß den Menschen in den entwickelten Ländern zu schaffen macht. Wir sind bisher nur am stärksten davon betroffen. Je rascher die Lebenserwartung auch anderswo steigt, umso schneller werden auch die Menschen in den Ländern der Zweiten, Dritten, Vierten Welt zwangsläufig ihre alten Probleme gegen die neuen austauschen. Noch sind derzeit dort zwar unsere gestrigen Probleme weitgehend die ihren von heute. Schon morgen werden unsere heutigen jedoch auch für sie die aktuelleren sein: statt Säuglings-, Kinder-, Mütter- und Erwachsenensterblichkeit in allen Altern ein konzentriertes Sterben in fortgeschrittenen Jahren, statt infektiöse und parasitäre Todesursachen ein immer häufigeres Dahinsiechen an chronischen Leiden – und als Konsequenz aus dieser ganzen Entwicklung: immer mehr zusätzliche Jahre für immer mehr Leute. Ob diese Menschen jedoch darauf gefaßt sind, die dann vermehrt auch auf sie zukommenden Jahre nicht einfach nur mehr schlecht als recht zu durchleben, sondern ihnen einen Sinn zu geben? Aufgrund meiner bisher an Ort und Stelle gesammelten Erfahrungen bezweifle ich es.

Dies ist der Grund, weshalb ich hier den Leser dränge, nicht nur seinet-, nicht nur unseretwegen über die Problematik des längeren Lebens vermehrt nachzudenken, sondern vor allem auch *ihret*wegen. Insbesondere die Abbildungen 7 bis 9 machen überdeutlich, wie rasch sie sich gerade außerhalb unserer Ersten Welt akzentuieren wird, und zwar allein schon aufgrund der großen *Zahl* dort lebender und vermehrt rasch älter werdender Menschen. Im Jahr 2025 dürften in Indien rund 120 Millionen Menschen 65 Jahre und mehr zählen, in China 190 Millionen (in der Bundesrepublik dann vergleichsweise ‚verschwindende' *zwölf* Millionen – wer ist nun mit den *größeren* Altersproblemen konfrontiert?). Sie aber haben noch viel weniger die Möglichkeiten, mit den Problemen eines längeren, vor allem eines *langen* Lebens fertig zu werden als wir Wohlhabenden. Zudem sollte man nicht übersehen, daß eine bei 65 Jahren gezogene Altersgrenze eine sehr willkürliche Trennlinie darstellt. Ein 65jähriger Mitteleuropäer ist nur der Anzahl Jahre nach gleich alt wie zum Beispiel ein 65jähriger Inder. Es macht Sinn, wenn auf jenem asiatischen Subkontinent die Menschen schon jenseits der 60 zu den älteren gezählt werden, so wie das die Vereinten Nationen seit 1980 generell vorschlagen (WHO Expert Committee 1989, 8).

Daß man mich nach all dem Gesagten nun nicht falsch verstehe! Ich habe nicht das geringste gegen eine hohe Lebenserwartung einzuwenden. Ich mißgönne die zusätzlichen Jahre niemandem, weder bei uns, noch anderswo. Auch stelle ich keine polit-ökonomischen Kosten-Nutzen-Analysen an. Das tun genügend andere. Was ich sage, ist, daß es keine Rechtfertigung für den kostspieligen Luxus gibt, immer mehr Jahre *bloß um der Jahre willen* aneinanderzureihen. Ich zögere nicht, *dies* als Ressourcenverschwendung sondergleichen zu brandmarken. Was ich somit in den fünf Kapiteln (3–7) des ‚Bilderansehens‘ eigentlich anstrebe, ist konkret aufzuzeigen, wie wir aus unserem zu erwartenden langen Leben ein *erfülltes* langes Leben machen und damit den ungeheuren Aufwand vor und für uns selbst rechtfertigen können.

Wir meint zuerst einmal: *wir bei uns.* Bevor wir anderen auf der Welt gute Ratschläge erteilen, wie sie die zunehmend auch auf sie zukommenden Probleme eines verlängerten Lebens anzupacken hätten, sollten wir uns Gedanken darüber machen, wie wir sie bei uns selbst lösen. Alle Bilder stammen deshalb aus dem europäischen Kulturbereich, und zwar aus den Perioden der mittleren und neueren Geschichte, für die ich als Hochschullehrer zuständig bin und wo ich seit Jahren meine Erfahrungen gesammelt habe. Die beiden grundsätzlichen Einleitungskapitel sind deshalb so ausführlich gehalten, weil dadurch unterstrichen werden soll, wie wichtig mir die Klarstellung des Rahmens ist, in dem ich diese ausgesuchten Bilder gemeinsam mit dem Leser ansehen und wo ich sie verankern will.

Wenn ein *Historiker* Bilder ansieht, dann liegt nahe zu erwarten, daß es ihm auf die Entdeckung geschichtlicher *Entwicklungen* ankommt. So vergleiche ich in mehreren der anschließenden Kapitel jeweils thematisch ähnliche Bilder aus unterschiedlichen Zeiträumen: im vierten Kapitel zum Beispiel zwei Früchte-Stilleben – eines aus dem 17. und eines vom Anfang des 20. Jahrhunderts –, im fünften Kapitel zwei Stilleben mit Brot – eines von 1637 und eines von 1898. Wenn der Historiker zudem, wie dies bei mir der Fall ist, als seine Hauptforschungsgebiete Historische Demographie und Sozialgeschichte hat, kann man zudem davon ausgehen, daß auch dies seine Sehweise entscheidend geprägt hat. So ist mir aus der Historischen Demographie wie der Sozialgeschichte geläufig, daß der schwerwiegendste Unterschied im Hinblick auf die Entstehungszeiten der erwähnten Stilleben darin bestand, daß im 17. Jahrhundert jegliches menschliche Leben eine sehr unsichere, Ende des 19., Anfang des 20. dagegen bereits eine vergleichsweise gesicherte Angelegenheit war. Seinerzeit rafften ‚Pest, Hunger und Krieg‘ Säuglinge, Kinder, Männer und Frauen in den verschiedensten Altern dahin. Infektiöse und parasitäre Krankheiten machten kaum irgendwo viel Federlesens. Durch Mißernten herbeigeführter Hunger schwächte die Körper aller Betroffenen. Kriegsbedingte Seuchen, seltener auch direkte Kampfhandlungen dezimierten die Bevölkerungen ganzer Landstriche.

16

All das hatte sich bei uns bis zum Ende des 19., Anfang des 20. Jahrhunderts geändert – und bis zur Zwischenkriegszeit beziehungsweise seit dem Zweiten Weltkrieg erst recht. Eine nach der anderen der ehedem massenhaft tötenden Krankheiten konnte durch vorbeugende Impfungen, effektivere Therapien, auch durch intensivere gesundheitliche Aufklärung, bessere Hygiene und Ernährung, den Ausbau der staatlichen Infrastruktur unter Kontrolle gebracht werden. Säuglings-, Kinder-, Mütter-, Erwachsenensterblichkeiten gingen zurück. Die Lebenserwartung stieg und erreichte für immer mehr Menschen ein immer höheres Niveau. Betrug sie bei der Geburt im Deutschen Reich 1871/80 für Männer noch 35,6 und für Frauen 38,5 Jahre, so waren es 1901/10 bereits 44,8 und 48,3 Jahre, 1924/26 sodann 56,0 und 58,8, während es heute (1985/87) im Bundesgebiet 71,8 und 78,4 Jahre sind (vgl. Statistisches Bundesamt Wiesbaden [Hrsg.]: Bevölkerung und Wirtschaft 1872–1972. Stuttgart: Kohlhammer 1972, 110; Statistisches Jahrbuch 1989 für die Bundesrepublik Deutschland. Stuttgart: Metzler-Poeschel 1989, 67).

Wen wundert es, daß der Historiker *vor diesem Hintergrund* in den von ihm angeschauten Stilleben plötzlich Spiegelbilder derart unterschiedlicher Sachverhalte entdeckt? Sowohl das Früchte-Stilleben wie das Stilleben mit Brot aus dem 17. Jahrhundert wimmelt vor (krankheitsübertragendem) Ungeziefer. Die Früchte sind fleckig, angefault, verrunzelt, unansehnlich, angefressen. Am Brot tun sich Insekten gütlich und lagern ihre infizierten Dreckhäufchen ab. Ganz anders sieht es in den beiden Stilleben vom Ende des 19., Anfang des 20. Jahrhunderts aus. Da haben die Früchte eine glatte Haut, rote Backen, pralles Fleisch. Fast kommen sie uns schon supermarktgerecht ‚gesund‘ vor. Von Ungeziefer ist nichts mehr zu sehen. Alles wirkt hygienisch einwandfrei, steril, krankheitsunterbindend.

Ich beeile mich zu betonen, daß es mir als einem Historiker, der Bilder ansieht, hier nicht darauf ankommt, ob ich mit dieser meiner Sehweise die Intentionen der seinerzeit die Kunstwerke schaffenden Maler treffe, oder ob – und gegebenenfalls inwiefern – ich ihre Werke, gemessen an ihren wahrscheinlichen eigenen Absichten, ‚falsch‘ ansehe. Selbstverständlich gibt es diese anderen Vorgehensweisen auch, und natürlich sind sie in ihrer Art genauso legitim. Unzählige Autoren haben hierfür gute, ja faszinierende Beispiele geliefert. So versuchte – um nur zwei oder drei prominente Namen zu nennen – etwa Roger H. Marijnissen, das vielen von uns noch immer rätselhafte Werk des Niederländers Hieronymus Bosch ('s-Hertogenbosch um 1450 – ebenda 1516) ganz aus dem Brabanter Milieu heraus zu erklären, in dem es entstand (Marijnissen 1988). In ähnlicher Weise erläuterte John Michael Montias das nur drei Dutzend Werke umfassende Oeuvre Jan Vermeers (Delft 1632 – ebenda 1675) vollständig aus dessen sozialem und familiärem Milieu (Montias 1989). Schließlich interpretierte Diether Rudloff die kosmische Bildwelt der Romanik anhand der berühmten bündnerischen Kirchendecke von Zillis mit ihren 153 christologisch-heilsgeschichtlichen Szenen vor dem geistigen und kulturhistorischen Hintergrund ihrer Entstehungszeit (Rudloff 1989). Von rein historischer Seite könnte man hier auch auf den Band von Jankuhn-Boockmann-Treue verweisen, dessen Titel für sich spricht: „Deutsche Geschichte in Bildern von der Urzeit bis zur Gegenwart". Auf über achthundert Seiten werden 603 Abbildungen, 19 Farbtafeln, 31 Karten und 31 Textabbildungen wiedergegeben und fachmännisch kommentiert (Jankuhn-Boockman-Treue 1981).

Meine Annäherungsweise an die Bilder ist bewußt eine andere. Für mich ist entscheidend, daß sie in meinem ‚Rahmen' einen Sinn machen und dadurch eine *Funktion* erhalten. Für mich hat Bilderansehen nie den Charakter einer ‚musealen Beschäftigung'. Es stellt keinen ‚kunsthistorisch interessanten Zeitvertreib' dar. Es geht mir nie bloß um die ‚wissenschaftliche Fingerübung' eines Akademikers. Bilder ansehen, zu ihnen zurückkehren, mich in sie hinein vertiefen provoziert in mir Dutzende, ja Hunderte von Gedanken und Überlegungen. Sie fesseln mich und lassen mich nicht mehr los. Bilder in meinem ‚Rahmen' anschauen regt mich immer von neuem an, schenkt mir erfüllte Stunden noch und noch. Ein erfülltes Leben aber, vor allem ein erfülltes *langes* Leben setzt sich zusammen aus erfüllten Stunden, aus halben und ganzen, und aus erfüllten einzelnen Tagen und Wochen. *Hierum* geht es mir bei meinem Thema ‚Ein Historiker schaut Bilder an' – darum, den ‚Rahmen' zu füllen.

Es ist die eine Sache, daß einige wenige Spezialisten immer mehr über einzelne Gemälde, einzelne Maler, einzelne Schaffensperioden, einzelne Stilrichtungen wissen und immer noch mehr und noch Detaillierteres darüber veröffentlichen. Eine ganz andere Sache ist – und *dies* ist mir Anlaß zur Besorgnis –, daß die wenigsten unter uns von solchen Anstrengungen und deren Früchten Notiz nehmen. Oft hat es allerdings auch den Anschein, als ob die Autoren von vornherein gar nicht damit rechneten, gelesen zu werden oder doch nur in einem abgekapselt engen Kreis. Sie forschen und schreiben für zwei oder drei Leser, vielleicht auch für keinen, nur für sich, zur Selbstbestätigung und Selbstbefriedigung. Möglicherweise tun sie es auch nur, um einem Bewerbungsschreiben einen weiteren Titel hinzufügen zu können. Oder weil sie immer wieder der ‚ehrenvollen Aufforderung' erliegen, noch einen Beitrag zu noch einem Sammelband, zu noch einer Festschrift, zu noch einer Jubiläumspublikation, zu noch einem Konferenzbericht beizusteuern. Obwohl wir nun länger leben, scheinen mir die gewonnenen Wochen, Monate, Jahre für eine derartige ‚Kunst um der Kunst willen' immer noch zu schade. Heißt ein solches Tun nicht eher, die uns zusätzlich gewährte Lebenszeit totzuschlagen, als sie sinnvoll zu nutzen?

Doch selbst dort, wo sich Autoren eigentlich an ein breiteres Publikum wenden und ihre Publikationen eine Lektüre verdienen würden, reagieren viele unter uns potentiellen Lesern gleichgültig. Die Früchte, die uns in

Dutzenden von öffentlich zugänglichen Bibliotheken, Instituten, Forschungseinrichtungen wie auf einem Silbertablett präsentiert werden, bleiben unangerührt, allenfalls beschnuppert. Der Sachverhalt erinnert an die zusätzlichen Jahre: viele wissen nichts damit anzufangen. Was fehlt, ist Neugierde, ist die Motivation, *es wissen zu wollen* –, weil schon die Fragestellung nicht vorhanden ist. Auf diese Weise aber gibt es keinen Antrieb, keine Schubkraft. Hier für Abhilfe zu sorgen, ist ein Grundanliegen dieses Buches.

Motivation wie Fragestellung resultieren für mich aus dem ‚Rahmen'. Ihn aufzufüllen treibt mich an und treibt mich um, unablässig. Um auf das Bilderansehen zurückzukommen, meint dies, daß dabei die alleinigen Kriterien der Kunstgeschichte oder welcher wissenschaftlichen Teildisziplin auch immer für sich noch nicht genügen können. Die Antworten wären stets zu einseitig. Dies erklärt auch, weshalb Bilder für mich als Historiker ebenfalls nie nur eine historische Quelle sein können; auch dies wäre zu eingleisig. So werden wir konkret in den Kapiteln vier und fünf zwar von kunsthistorischer Literatur und kunsthistorischen Erkenntnissen *ausgehen.* Anschließend treten jedoch andere Fragestellungen *gleichwertig* hinzu. Eingedenk der dort behandelten Themen (Früchte-Stilleben, Stilleben mit Fischgericht) sollte dies eigentlich selbstverständlich sein, denn für *Früchte* sind schließlich nicht in erster Linie Kunsthistoriker zuständig, sondern zweifelsohne Botaniker, Biologen, Pflanzenphysiologen, Lebensmittelhygieniker. Bei *Fischen* habe ich mich logischerweise zuerst an Ichthyologen zu wenden. Über mitabgebildete *Insekten* und deren allfällige Bedeutung für die Übertragung von *Krankheiten* schließlich geben Zoologen, Entomologen, Biochemiker, Immunologen, bei Bildern aus der Vergangenheit auch Medizinhistoriker Auskunft. All diese Fachleute *gibt* es, genauso wie die Kunsthistoriker, und ihre Auskünfte und Erläuterungen sind häufig genauso augenöffnend. Damit sich der Leser ein solides eigenes Urteil über diese Zusammenhänge machen kann, werde ich ihm an Ort und Stelle eine gewisse Ausführlichkeit nicht ersparen.

Sache des Historikers ist es sodann, sich *vor dem gesamten Hintergrund* zu fragen, weshalb thematisch verwandte Stilleben, die in einem Abstand von mehreren Jahrhunderten gemalt wurden, ‚inhaltlich' dermaßen unterschiedlich ausfielen. Unter Einbeziehung *sämtlicher* Auskünfte und Belehrungen fügt er sein Puzzle zusammen, und zwar in der Weise, wie ich dies in den Kapiteln vier und fünf beschreibe. Hierdurch erst wird das Wissenwollen des Historikers befriedigt, findet er Genugtuung bei seinem Fragen in alle Richtungen, hat er Freude an den vielfältigen Antworten – und gelingt ihm schließlich die Zusammenschau. Erst *sie* bringt ihm Erfüllung.

So spannend, ja aufregend die längs dieses Recherchier-Weges erhaltenen Belehrungen oder die dabei selbst gemachten Entdeckungen einzeln oder insgesamt auch immer sind, so vermögen wir von da aus allermeist doch noch einen Schritt weiter zu tun. Ihn versuche ich in Kapitel sechs zu gehen. Auch dort vergleichen wir zuerst wieder bildmäßig erfaßbare Sachverhalte von ‚früher‘ mit Zuständen ‚später‘ – diesmal mit Gegebenheiten von heute. Als Beispiel wählte ich das Thema „Stillen und Entlausen früher – Kunstprodukte heute". Einerseits betrachten wir drei Gemälde beziehungsweise Zeichnungen aus dem 16. und 17. Jahrhundert mit damals häufig dargestellten stillenden und entlausenden Müttern und Frauen. Andererseits sehen wir uns den heutigen ‚Impfkalender‘ sowie gängige Markenzeichen oder graphische Blickfänge für künstliche Babynahrung, läuse- und nissenabtötende Chemikalien sowie hygieneverbreitende Desinfektionsmittel an. Kommentierung und Interpretation dieser Teilbereiche geschehen erneut, wie wir es aus den vorangegangenen Kapiteln gewohnt sind, mittels Anleihen bei den verschiedensten jeweils zuständigen Fachleuten.

Der weitergehende und hier wichtiger werdende Schritt ist jedoch in die Frage gekleidet, die in die Kapitelüberschrift eingeht: „Was wurde gewonnen; was ging verloren?" Gewonnen wurde, wie wir nun wissen, die lange Lebenserwartung, wurden die zusätzlichen Jahre. Verloren ging, nachdem die Notwendigkeit des Stillens und des täglichen Entlausens entfallen waren, der zuvor sehr häufige intensive Körperkontakt. Die weitergehende Frage besteht darin, uns zu überlegen, in wieweit wir in diesem grundlegend veränderten Sachverhalt nicht einen – vielleicht winzigen, vielleicht aber wichtigen – Mosaikstein vor uns haben, der neben vielen anderen Aspekten miterklären kann, weshalb wir uns heute im Erwachsenenleben oft so schwer mit dem Aufbau tragfähiger zwischenmenschlicher Beziehungen tun. Ist es nicht denkbar, daß aufgrund der nun nicht länger notwendigen Körperkontakte und der somit nicht mehr stattfindenden Berührungen zwischen Säuglingen, Kleinkindern, Heranwachsenden einerseits und ihren Bezugspersonen andererseits die frühkindliche ‚Sozialisation‘ nicht länger in ähnlich intensiver Weise wie ‚früher‘ vor sich geht, und daß dieses ‚Manko‘ seine Spuren für das ganze spätere Leben hinterläßt?

Wohlgemerkt: es geht mir hier weder um Anklage, noch – und dies schon gar nicht – um Nostalgie. Denn tauschen mit den ungezieferwimmelnden Zuständen unserer Vorfahren und mit ihrem stets unsicheren Leben möchte ich – allein um vermehrter Körperkontakte willen – nicht. ‚Ein Historiker *schaut* Bilder *an*‘: erneut geht es mir darum, hinzusehen, Dinge zur Kenntnis zu nehmen, Zustände miteinander zu vergleichen, Veränderungen zu konstatieren, dann über das Gesehene und Geschehene nachzudenken und andere mit den Entdeckungen sowie den hierbei auf die Spur gekommenen vielschichtigen Problemen vertraut zu machen. Dies ist das Thema des vorliegenden Buches.

Das abschließende siebente Kapitel faßt die gesamten vorangegangenen Ausführungen zusammen und lädt den Leser ein, anhand einer Reihe weiterer Bilder sich in ähnlicher Weise Gedanken zu machen, auf Entdeckungen zu gehen, sich von den angeschnittenen Aspekten in den Bann schlagen zu lassen. Stets begleite ich ihn dabei ein Stück weit, skizziere Hintergründe, weise auf Zusammenhänge hin und stelle einige einleitende Überlegungen an. Insgesamt gesehen aber sollten die beiden Grundsatzkapitel sowie die praktischen Beispiele in den anschließenden Kapiteln drei bis sechs klar genug ausgefallen sein, damit nun jeder Leser weiß, in welcher Richtung er selbst gehen will und wo und wie er seine anknüpfenden Gedanken verankern kann. Daß Ähnliches auf verschiedensten Schulstufen wie auf Universitätsebene individuell, in Gruppen oder im Plenum möglich ist, liegt auf der Hand.

Was die Universitätsebene betrifft, auf der ich im Verlaufe der letzten fünf, sechs Jahre am meisten Erfahrungen mit dem ‚Bilderansehen‘ sammeln konnte, ist Erfreuliches in dreierlei Hinsicht zu berichten. Dabei bin ich mir bewußt, daß der Standortvorteil von Berlin mit den reichen Museumsschätzen, den verschiedenen Universitäten und Hochschulen sowie zahlreichen weiteren wissenschaftlich-kulturellen Einrichtungen eine nicht unbeträchtliche Rolle spielt. Andernorts können jedoch andere Möglichkeiten fruchtbar gemacht werden.

Zum einen gestattet die in diesem Buch beschriebene Art des ‚Bilderansehens‘ mit ihren notwendigerweise weitausholenden Recherchen und ihren aus den verschiedensten Bereichen benötigten Hintergrundinformationen nicht nur, die eben erwähnten vielfältigen Möglichkeiten Berlins voll auszuschöpfen, sondern sie erlaubt auch, diese systematisch in den eigenen Universitätsunterricht einzubeziehen – zu dessen und der Teilnehmer großen Bereicherung. Dabei stehen keineswegs etwa nur Museumsbesuche auf dem Programm, sondern Aussprachen im Bundesgesundheitsamt oder bei pharmazeutischen Firmen ebenso wie Nachforschungen in der Handschriftenabteilung der Staatsbibliothek oder in Kirchenbucharchiven, Gespräche im Atelier eines Reproduktionsfotografen genauso wie Diskussionen mit diesem oder jenem freischaffenden Künstler. Bei sorgfältiger Vorausplanung solcher Begegnungen öffnen sich im allgemeinen die Türen der Angefragten weit, selbst diejenigen von sekretariatsabgeschirmten Museumsdirektoren oder sonstigen Spitzenbeamten oberster Behörden. Die von universitärer Seite vorgetragenen Bitten um Belehrung werden offensichtlich für ehrenvoll, jedenfalls für seriös gehalten. Meinen Zielen des 'Bilderansehens, sind derartige Besuche im Rahmen von Lehrveranstaltungen meist in ganz besonderem Maße förderlich, weil dadurch die Beziehungen der Teilnehmer zu dem jeweils im Mittelpunkt stehenden Werk ungleich fester geknüpft werden, als dies bei einem Museumsalleinbesuch der Fall gewesen wäre. Dies wiederum führt zu stärkerer Motivation, das Kunstwerk anschließend selbst erneut aufzusuchen, sich mit ihm auseinanderzusetzen, weitere eigene Recherchen anzustellen.

Zum anderen hat eine solche Betrachtungsweise zwangsläufig Pluridisziplinarität zur Folge. Bei der beschriebenen Art des Bileransehens beschränkt sie sich – wie dargelegt – keineswegs auf eine bloße Kooperation mit der Kunstgeschichte. Vielmehr bezieht sie zahlreiche weitere Fächer und Spezialisten von innerhalb wie außerhalb der Universität mit ein. Wichtig ist hierbei stets, den Gesprächspartnern zuerst *zuzuhören* und auf sie einzugehen. Dies will meist genauso gelernt sein wie Bilder *ansehen*. Sind sich zum Beispiel die um Rat gebetenen Kunsthistoriker erst einmal sicher, daß wir von ihnen etwas *lernen* wollen, teilen sie sich im allgemeinen gerne mit und lassen uns an ihrem reichen Wissen teilhaben. Ganz anders würden sie reagieren, wenn sie den Eindruck bekämen, wir wollten als Fachfremde die ,besseren Kunsthistoriker' sein und benötigten von ihnen nur einige Handlangerdienste. – An der Freien Universität Berlin ist die Kunstgeschichte zu meinem großen Vorteil in den Fachbereich Geschichte integriert. Das kollegiale Gespräch wie auch die Zusammenarbeit zwischen Studenten von Geschichte und Kunstgeschichte ergeben sich von daher relativ leicht, beinahe „wie von selbst". Der hierauf basierende kontinuierliche Kontakt hat mich – auch im Hinblick auf *dieses* Buch – vor manchem Stolpern über Fußangeln bewahrt.

Zum dritten gelingt es auf diese Weise fast mühelos – was vielleicht das erfreulichste ist –, die Generationen mit- und untereinander ins Gespräch zu bringen. Da meine sämtlichen Lehrveranstaltungen aufgrund des Lebensplan-Konzepts, das heißt des Weckens und lebenslangen Vertiefens von sinnstiftenden Interessen, generell stets allen Generationen offenstehen, vermögen Themen, wie sie in diesem Buch behandelt werden und zuvor in jenen Veranstaltungen behandelt wurden, immer auch Vertreter der verschiedensten Lebensalter anzuziehen. Studenten der Geschichte machen ihre vorgeschriebenen Seminararbeiten. Es stoßen interessierte Studenten der Kunstgeschichte dazu, aber auch Studenten der Psychologie oder aus der Erwachsenenbildung, der Philosophie oder Soziologie. Und schließlich kommen Menschen von außerhalb der Universität, und das meint allermeist eben von jenseits des ,normalen' Studentenalters. Konzentriert auf eine übergreifende Fragestellung oder einen bestimmten Museumsbesuch ergibt sich das Gespräch zwischen den Anwesenden erneut ,wie von selbst'.

Für mich wiederum sind diese Lehrveranstaltungen mit ihren verschiedenaltrigen Teilnehmern zu einer Art Kontrollinstanz geworden. Zwar ist es – gemäß dem Lebensplan-Konzept – meine Absicht, bei den *,jungen'* Studenten tiefwurzelnde Interessen zu wecken und gleichzeitig ihren Horizont durch Interdisziplinarität und gemeinsames Aufsuchen außeruniversitärer Einrichtungen zu erweitern. Doch nur bei den Teilnehmern im mittleren und fortgeschrittenen Alter, von denen viele ein Semester ums andere wiederkommen, kann sich im Laufe der Zeit zeigen, was wirklich auf fruchtbaren Boden fiel, wo die Saat aufging und allmählich Früchte bringt. Angehörige des Vierten Alters, von denen es erfreulicherweise auch immer einige gibt, sagen schließlich klipp und klar, in wieweit mein Konzept für sie tragfähig ist oder war und welche meiner behandelten Themen ihnen persönlich etwas einbrachten und somit zur Erfüllung ihres Lebens im reifen Alter beitrugen. (Ein knapper Bericht über diese Erfahrungen findet sich unter dem Titel „Lebensplanung – Die Konsequenz der stetig wachsenden Lebensspanne in den Jahren 1650 bis 2000. Brauchen wir angesichts einer längeren Lebensspanne einen Lebensplan?" in der Zeitschrift für Gerontologie 21, 1988, 193–197.)

Doch ob im Buch oder in den Lehrveranstaltungen: mit meinen Beispielen des ‚Bilderansehens' konnte und kann ich nur Anregungen vermitteln und Anstöße geben – was mit einer manchmal bewußt pointierten Ausdrucksweise im übrigen leichter gelingen dürfte als mit einer allzu glatten und vorsichtigen. In die Tat umsetzen muß die Anregungen jeder selbst. Die geweckten Interessen haben dabei so stark zu sein, daß sie schließlich ein Leben lang vorhalten. Dazu genügen Interdisziplinarität und ein paar inner- oder außeruniversitäre Besuche allein noch nicht. Die nie erlahmende Triebfeder muß in der Motivation liegen, das einmal angefangene Mosaik immer mehr auffüllen und schließlich abrunden zu wollen. Früchte-Stilleben ansehen, Stilleben mit Brot oder Fischgericht anschauen, Gemälde und Zeichnungen mit stillenden und entlausenden Müttern betrachten, Unterschiede zwischen seinerzeit und heute feststellen, sich fragen worauf sie beruhen und sich überlegen, wozu das alles geführt hat: Bilder sind nur der Ausgangspunkt. Die daran anknüpfenden und zu den heutigen Problemen hinführenden Fragen sind das wichtigere, das entscheidende. Je länger das Leben währt und je reicher die Lebenserfahrungen werden, umso mehr lohnt es sich, auf die skizzierte Weise – angestachelt durch das Bilderansehen – systematisch über diese heutigen Probleme nachzudenken.

Zu den Vorworten und Einleitungen gehören üblicherweise auch Danksagungen. Ich habe allen Anlaß, sie in diesem Buch nicht zu vergessen. Sie gehen in zwei Richtungen. Zum einen gebührt der uneingeschränkte Dank meinem Berliner Forscherteam. Ich denke vor allem an jene Mitarbeiter, die in den Jahren 1986–1990 an dem von der Deutschen Forschungsgemeinschaft in Bonn finanzierten Projekt ‚Lebenserwartungen in Deutschland seit dem 17. Jahrhundert' kontinuierlich mitwirkten: Dr. Rolf Gehrmann, Rita Gudermann, Marion Klinke, Ines E. Kloke, Nesrin Koyuncuoglu, Karin Plichta, Kathrin Roller, Maureen Roycroft, Rita Weinknecht und Herbert Wintrich. Sie verhalfen mir durch ihre oft eintönig mühsame Grundlagenforschung nicht nur zu jener unerläßlichen ‚Eintrittskarte', von der im zweiten Kapitel die Rede ist, sondern sie förderten auch jene ebenso unerläßlichen soliden Forschungsergebnisse zutage, die mir in diesem Buch erst den erzählenden Stil und das ‚einfache', weil wissenschaftlich abgesicherte ‚Reden' erlauben. Nicht zuletzt aber setzten einzelne Mitarbeiter meine Zeichenentwürfe und graphischen Skizzen in druckfertige Vorlagen um und stellten für Vorlesungen und Vorträge ansprechend einprägsame Schwarz-weiß- und Blau-Diapositive her, alles gemäß der Devise: „Man muß seine Forschungsergebnisse auch ‚verkaufen' können".

Zum anderen erlaubten drei längere Vortragstourneen im Jahre 1989, große Teile des abgeschlossenen Rohmanuskripts vor Angehörigen verschiedener Wissenschaftszweige auszubreiten und zur Diskussion zu stellen: im Februar und März in Australien, Thailand und Indien, im September und Oktober in den Niederlanden, Dänemark, Schweden, Finnland und Estland, und im Dezember in der deutschen und romanischen Schweiz. Die dabei geäußerten Kritiken, Stellungnahmen und Vorschläge kamen der endgültigen Fassung sehr zugute. An die Organisatoren der drei Veranstaltungsreihen möchte ich hier deshalb ein spezielles Wort des Dankes richten: zum einen an die Professoren Bryan Gandevia, Charles Bridges-Webb, Roderick W. Home und Keith R. Hutchison von den Universitäten Sydney und Melbourne sowie K. N. S. Yadava von der Banaras Hindu University in Varanasi, Uttar Pradesh, zum anderen an die Kollegen Kees C. P. M. Knipscheer, Bengt I. Lindskog, Jan Sundin und Yrjö Kaukiainen von den Universitäten Amsterdam, Kopenhagen, Linköping und Helsinki sowie Raimo Pullat von der Estnischen Akademie der Wissenschaften in Tallinn, und zum dritten an Max Furrer, Meinrad Perrez, Urs Altermatt und Alfred Perrenoud von den Universitäten Zürich, Fribourg und Genf. Zu meiner anfänglichen Verblüffung wurde auf sämtlichen drei Tourneen das Thema ‚Ein Historiker schaut Bilder an' unter den jeweils angebotenen Vortragsvorschlägen am häufigsten gewählt, und zwar in der Verbindung von harten demographischen Fakten mit weiter ausholenden interdisziplinären Betrachtungen. Hatte ich eine Marktlücke getroffen? Konnte ich ‚etwas Neues' bieten? Oder waren viele einfach der immer weiter um sich greifenden fachlichen Einengung und Spezialisierung überdrüssig? Wie dem auch sei: es wäre erfreulich, wenn das Thema nun auch unter den Lesern auf ein ähnlich waches Interesse stieße.

Freie Universität Berlin, Mai 1990   A. E. I.

1

Ein schockierendes Erlebnis und seine Folgen
Oder: der Rahmen

Es war im Frühjahr 1988 in Baltimore an der Ostküste der Vereinigten Staaten. Eigentlich hätte ich vorgewarnt sein müssen. Während der Wochen zuvor hatten bereits mehrere Vorträge und Seminare an Universitäten in San Francisco und Berkeley auf meinem Programm gestanden. Die Reise war von Kollegen arrangiert worden, die fast alle an medizinischen Einrichtungen tätig sind. Dies erklärt auch, weshalb ich – ein Historiker – damals hauptsächlich an ‚Schools of Medicine‘, ‚Schools of Hygiene and Public Health‘, an Zentren für ‚Health Sciences‘ und in Krankenhäusern zu sprechen hatte. Sprechen sollte ich über neue Ergebnisse aus meiner laufenden Forschung in Berlin, das heißt über die Entwicklung unserer Lebenserwartung vom 17. Jahrhundert bis heute.

Die erste Irritation erfolgte anläßlich eines Vortrags vor Epidemiologen und Pathologen in San Francisco. Sie hatten mich gebeten, über die ‚Konsequenzen aus unserer Lebenszunahme von 1650 bis 2000‘ zu referieren. Meine Ausführungen zusammenfassend meinte ich – selbstverständlich ohne die Zuhörer brüskieren zu wollen –, daß wir trotz gewaltigen Fortschritten in der Medizin *Sterbliche* geblieben wären. Mit dieser Bemerkung geriet ich jedoch an die Falschen. Pikiert erwiderten mir die Mediziner, daß Wörter wie ‚sterblich‘, ‚sterben‘, ‚Tod‘ in ihrem Alltagsvokabular nicht vorkämen. Wie sollte ich die hierin zum Ausdruck kommende Fiktion von Unsterblichkeit verstehen? Ich konnte es nicht fassen.

Noch nachhaltiger wirkte sich kurz darauf ein Gedankenanstoß in Baltimore aus, oder besser gesagt: er verhalf dem zum Durchbruch, was seit San Francisco in mir schwelte. Ähnlich wie der ‚Health Sciences Campus‘ der Universität von Kalifornien in San Francisco, von dem ich eben kam, gehören die ‚Medical Institutions‘ der Johns Hopkins-Universität in Baltimore zu den berühmtesten medizinischen Lehr- und Forschungsstätten der Vereinigten Staaten und somit der ganzen Welt überhaupt. Zu diesen Institutionen zählen in erster Linie die ‚School of Medicine‘ mit gut 2200 und die ‚School for Public Health‘ mit weiteren 450 Dozenten, ferner ein Universitätskrankenhaus mit mehr als tausend Betten. Die dort gepflegten Patienten werden von rund 2300 Ärzten und mehr als 1500 Krankenschwestern betreut. Zu den vielen Dienstleistungs-Einrichtungen der ‚Medical Institutions‘ gehören mehrere Informationsstände an den wichtigsten Eingängen, eine Buchhandlung für medizinische Fachliteratur, eine große Bibliothek, mehrere Cafeterias und schließlich auch eine Kapelle.

Die Kapelle ist allerdings schwer zu finden. Lange bevor ich an ihrem Eingang gestanden hätte, hörten aus unerfindlichen Gründen die Hinweisschilder auf. Das um Rat gefragte Personal zuckte bedauernd die Achseln: „Eine Kapelle?? – Nie gehört". Gibt man die Suche dennoch nicht auf, findet man die Kapelle schließlich doch. Im Erdgeschoß von Hochhaus Fünf – dort sind die Kinderabteilungen untergebracht – braucht man bloß am Plüschtier-Zoo vorbeizugehen und steht dann vor dem Eingang. Die Kapelle ist klein und hat nur sechs Stühle. Doch reichen sie aus. Ich hätte nie alle besetzt gesehen. Vielmehr war der Raum meist leer.

Die Bibliothek – nach ihrem Begründer stolz ‚William H. Welch-Medical Library‘ genannt – ist dagegen in einem großen eigenen Gebäude untergebracht. Auch hat der Lesesaal viel mehr Stühle als die Kapelle. Auf Hunderten von frei zugänglichen Regal-Laufmetern reihen sich in mehreren Etagen gut 350 000 medizinische Werke aneinander. Die neuesten Forschungsergebnisse können zudem in rund 2700 ständig gehaltenen Fachzeitschriften eingesehen werden. Selbstverständlich ist der Katalog der Bibliothek voll computerisiert. Die benutzerfreundlich aufgestellten Terminals orientieren nicht nur in Sekundenschnelle über den gesamten Bücher- und Zeitschriftenbestand, sondern sie erteilen auch umfassend Auskunft zu jedem eingegebenen Stichwort, handle es sich nun um einen gesuchten Verfasser, eine Krankheit, eine spezielle Operationstechnik oder ein neues Medikament samt seinen Nebenwirkungen. Ermöglicht wird dies alles durch Vernetzung mit großen auswärtigen Datenbanksystemen.

Natürlich läßt sich als Terminal auch der Bildschirm des eigenen Personal Computers zu Hause oder derjenige im Institut benutzen. Man braucht dazu bloß einen Telephonanschluß und ein sogenanntes Modem. Da der Zentralcomputer der Bibliothek rund um die Uhr in Betrieb ist, kann man sich – so man wünscht – nachts um zwei ebenso gut Auskunft erteilen und forschungsmäßig à jour bringen lassen wie sonntagabends um neun oder wann und wo man sonst immer Lust dazu verspürt, ob im Wochenendhaus am See oder in einem Hotelzimmer noch schnell vor dem Vortrag. Es könnte ja sein, daß ein vorwitziger Zuhörer fragt, ob man denn seinen neuesten Aufsatz zum Thema schon zur Kenntnis genommen habe.

Das Erlebnis, das mir in Baltimore zu schaffen machte, ging nicht – wie in San Francisco – von einer Vorlesung mit kontrovers geführter Diskussion aus, sondern von folgendem Umstand. Die Johns Hopkins-Universität hatte ihren Lehrbetrieb im Jahre 1876 aufgenommen. 1889 wurde das Universitätskrankenhaus eröffnet. Das ursprüngliche Hospitalgebäude steht noch heute. Es wird dies auch weiterhin tun, denn seit 1975 zählt es zu den ‚National Historic Landmarks‘. Denkmalschutz bewahrt in der Regel vor

Abriß. Da das ehrwürdige Gebäude mit der nostalgieträchtigen roten Back-steinfassade und der kuppelüberwölbten Eingangshalle heute nur noch ei-nen Teil der Verwaltung, aber keine Patienten mehr beherbergt, geht dort selten jemand ein und aus. Angesichts der gewaltigen Expansion in den letzten hundert Jahren ist die Hauptzufahrt längst anderswohin verlegt wor-den. Heute befindet sie sich an der einstigen Rückseite. Diese Lösung sei wesentlich verkehrsgünstiger, sagte man mir. Vor allem hätten die Notfall-wagen viel rascher Zufahrt. Außerdem gibt es für den Krankenhaus-Heli-kopter auf dem Flachdach von Haus Fünf – wo sich im Erdgeschoß die Kapelle befindet – einen eigenen Landeplatz (Abb. 1).

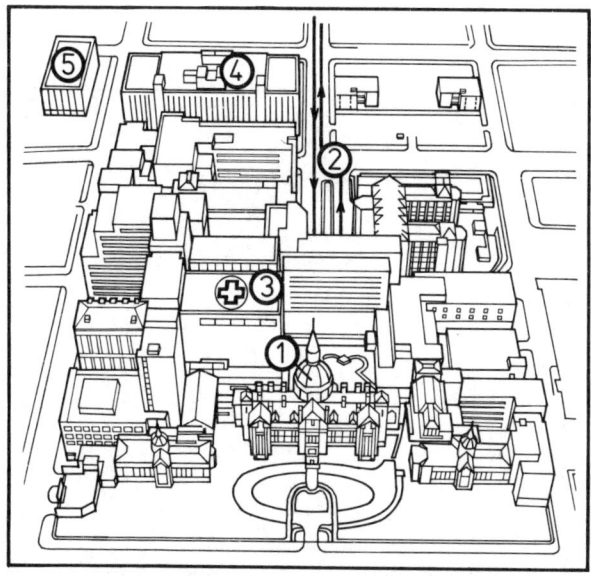

Abb. 1: Die Johns Hopkins Medical Institutions in Baltimore aus der Vogelperspek-tive.

Legende:

1. Ehemaliges Hauptgebäude des 1889 eröffneten Johns Hopkins-Krankenhauses, beherbergt heute die Krankenhausverwaltung, nunmehr Hintereingang; im Foyer unter der Kuppel seit 1896 die Skulptur CHRISTUS CONSOLATOR.
2. Heutige Hauptzufahrt zum gesamten Krankenhauskomplex.
3. Helikopter-Landeplatz auf dem Flachdach des Kinderabteilungs-Hochhauses; im Parterre Krankenhaus-Kapelle.
4. Hauptgebäude der School of Public Health.
5. William H. Welch Medical Library.

Benutzt jemand dennoch einmal den seinerzeitigen Haupteingang, begegnet er in der Mitte der Halle unter der Kuppel einer mehr als doppelt menschengroßen Statue. Es ist CHRISTUS CONSOLATOR. Weit ausgebreitet streckt er dem Eintretenden seine Arme entgegen (Abb. 2). Uns Europäern will diese Skulptur bekannt vorkommen. In der Tat handelt es sich um eine Nachbildung jener wohl populärsten Christusfigur aus dem 19. Jahrhundert, die der dänische Bildhauer Bertel Thorvaldsen (1768 oder 1770–1844) um 1820 für ,Vor Frue Kirke', also die Liebfrauen-Kirche, d.h. den Dom in Kopenhagen geschaffen hatte. Die Kopie in Marmor fertigte Theobald Stein in den Jahren 1894–1896 an. Er war damals Direktor der Königlich-Dänischen Kunstakademie in Kopenhagen. Die feierliche Enthüllung in Baltimore fand am 14. Oktober 1896 statt (Gohr 1977, McCall 1982).

Abb. 2: CHRISTUS CONSOLATOR im Foyer des heutigen Verwaltungsgebäudes, Johns Hopkins-Krankenhaus, Baltimore; 1894–1896 von Theobald Stein angefertigte Marmorkopie nach dem Original von Bertel Thorvaldsen im Dom zu Kopenhagen; die Sockelinschrift – in Baltimore auf englisch – nach Matthäus 11, 28.

Noch heute steht CHRISTUS CONSOLATOR an gleicher Stelle in der Eingangshalle, und noch immer blickt er von seinem niedrigen Podest in der Kuppelrotunda jedem Eintretenden mit milden Augen entgegen. Wer die Geste seiner offenen Arme nicht auf Anhieb verstehen sollte, kann die Bedeutung auf dem Sockel nachlesen:

„Come unto Me
All ye that are weary and heavy laden
and I will give you Rest“.

Oder zu deutsch:

„Kommt her zu mir,
Alle, die ihr mühselig und beladen seid;
ich will euch erquicken“.
Matthäus 11, 28.

Wieso dieser Christus heute noch dort stehe? Bloß etwa deshalb, weil er 1975 mitsamt dem Hospitalsgebäude als ‚National Historical Landmark‘ eingestuft wurde und dadurch ebenfalls unter Denkmalschutz geriet? An Ort und Stelle jedenfalls ist schwer einzusehen, welche Funktion die Statue des Göttlichen Trösters und Heilers heute noch haben soll. Sowieso scheint ihn kaum jemand länger wahrzunehmen. Fragt man die vorbeihastenden Verwaltungsangestellten nach dem Grund von dessen Anwesenheit, zucken sie ähnlich mit den Achseln wie bei der Frage, wo die Kapelle stünde. Ist er also überflüssig? Bloß ein historisches Erinnerungsstück? Als Kulisse gerade noch gut genug für die Angestelltenweihnacht oder sonstige Feierlichkeiten?

Hat man als Besucher dem emsigen Treiben in den ‚Medical Institutions‘ eine Zeitlang zugesehen, kann man sich der Frage kaum noch erwehren, wer in diesem Krankenhaus denn überhaupt auch nur noch auf den Gedanken kommen sollte, sich an diesen – den meisten hier Vorbeieilenden offensichtlich bloß im Wege stehenden – Göttlichen Heiler zu wenden. Wo es doch 2250 hervorragend ausgebildete Ärzte gibt, darunter viele weltweit berühmte Kapazitäten und Spezialisten auch für die seltensten Krankheiten. Wo in den Dutzenden von Instituten und Laboratorien der ‚School of Medicine‘ und der ‚School of Public Health‘ rund um die Uhr hochwissenschaftliche Forschung betrieben wird. Wo laufend neue Medikamente entwickelt und erprobt, neuartige Behandlungsmethoden erfunden und alte verbessert werden. Wo positive Ergebnisse den Patienten umgehend zugute kommen. Ganz abgesehen davon führt der Weg von der heutigen Hauptzufahrt zu welchem Patientenraum auch immer nicht länger an CHRISTUS CONSOLATOR vorbei, auch derjenige vom Helikopter-Landeplatz auf dem Dach der Kinderabteilung zu den nächstgelegenen Operationssälen nicht mehr. Wozu auch der Umweg? Lebensrettende Sekunden könnten verloren gehen.

Niemand möge hier ein Bedauern meinerseits über diesen Zustand heraushören. Darum geht es mir nicht. Konstatieren lautet meine Devise, nicht lamentieren. Ich habe diese Entwicklung genauso zur Kenntnis genommen, wie ich während jener Reise noch weitere Entwicklungen zur Kenntnis zu nehmen hatte, gleichgültig ob sie mir paßten oder nicht. Selbst wenn mich einige davon, wie etwa das nachfolgende Beispiel, schockierten, so wären sie ja nicht dadurch wieder vom Erdboden verschwunden, daß ich die Augen vor ihnen verschlossen hätte. Besser schien mir, ihre Existenz zu registrieren und über sie nachzudenken, um dann gegebenenfalls Konsequenzen zu ziehen.

Jenes schockierende Beispiel widerfuhr mir nur vierzig Kilometer von Baltimore entfernt. Dort sind vor den Toren Washingtons in Bethesda die ‚National Institutes of Health‘ untergebracht. Es handelt sich um *das* medizinische Forschungszentrum der Vereinigten Staaten schlechthin. Insgesamt arbeiten hier rund zwölftausend Menschen, darunter mehr als dreitausend mit einem Doktortitel. (Zum Vergleich: das Bundesgesundheitsamt in Berlin beschäftigt in seinen sieben Instituten zuzüglich Zentralabteilung insgesamt rund 1950 Mitarbeiter, darunter etwa 550 Wissenschaftler. Vgl. Bundesgesundheitsamt 1988 und 1989.) Sie stehen in engstem Kontakt zu den übrigen amerikanischen Forschungsstätten im Gesundheitswesen und lassen diesen auch beachtliche finanzielle Mittel zufließen. Die beiden höchstdotierten sind wiederum die eingangs erwähnten ‚Johns Hopkins Medical Institutions‘ in Baltimore und der ‚Health Sciences Campus‘ von San Francisco. Beide Einrichtungen erhalten jährlich je rund hundert Millionen Dollar an Forschungsgeldern aus Bethesda.

Hat man an diesen ‚National Institutes of Health‘ Vorträge zu halten, wie das bei mir zum Abschluß der Reise der Fall war, wird einem im vornherein klar gemacht, daß die Redezeit rigoros einzuhalten sei und je nachdem exakt dreißig, vierzig oder auch nur fünfundzwanzig Minuten betrage. Fünf, allenfalls sieben weitere Minuten kämen für die Diskussion hinzu. Was dem Referenten besonders wichtig scheine, habe er möglichst in Form von suggestiven Diapositiven an die Wand zu projizieren. Vor, während oder nach dem Vortrag ausgeteilte Papiere würden im allgemeinen ungelesen in den Papierkorb geworfen. Überhaupt würde hier nicht mehr gelesen.

Ich hatte mich nicht verhört, und der Leser hat sich nicht verlesen: Es wird dort *nicht mehr gelesen!*

Wieso die Forscher in den ‚National Institutes of Health‘ sich das Lesen abgewöhnt haben, wurde mir in Bethesda auch alsbald klar. Es leuchtete mir in jener Umgebung sogar ein. Im Untergeschoß der ebenfalls zum Komplex zählenden ‚National Library of Medicine‘ werden unter großem finanziellen und personellen Aufwand laufend rund 3200 bio-medizinische Zeitschriften aus aller Welt ausgewertet und die einzelnen Artikel unter Angabe von Verfasser und Titel stichwortartig in zwei riesige Computer eingespeist. Jeweils sämtliche Publikationen des laufenden sowie der beiden vorangegangenen Jahre sind von diesen Speichern jederzeit direkt (= online) abrufbar, und zwar unter dem Kennwort MEDLINE (= MEDlars onLINE; MEDLARS = MEDical Literature And Retrieval System, zu deutsch: Medizinisches Literatur-Suchsystem).

Angesichts der rasanten Entwicklung auf vielen medizinischen Gebieten stuft man den Aktualitätswert der Publikationen nach drei Jahren als nur noch gering ein. Folglich werden die Informationen dann aus dem Direktspeicher herausgenommen und in einem Datenbankarchiv auf Magnetbändern abgelegt. Damit gehen die einmal eingespeisten Informationen nicht verloren. Sie sind, wenn nun auch mit etwas mehr Aufwand, weiterhin zugänglich. Der Zugriff auf dieses Archivmaterial geschieht über das Kennwort MEDLARS (Erklärung siehe oben). Seit Beginn der Einspeisungen im Jahre 1966 waren bis Anfang 1988 insgesamt über fünf Millionen Artikel erfaßt und gespeichert worden. Jährlich kommen etwa 350 000 neue hinzu.

Gegen eine geringe Benutzungsgebühr hat jedermann freien Zugang zu diesen Datenbanken. Er braucht deswegen auch nicht nach Bethesda zu reisen. Wiederum genügt ein Telephonanschluß, ein Bildschirm und ein Modem. In den USA werden Medizinstudenten schon seit Jahren systematisch in die Benutzung von MEDLINE und MEDLARS eingeführt. Längst macht man deshalb drüben in Ärztepraxen auch des hintersten und letzten Städtchens ganz selbstverständlichen Gebrauch davon. So wußten mir im März 1988 MEDLINE-Spezialisten in Bethesda von einem Allgemeinmediziner in Atlanta zu berichten, der bei einem seiner Patienten eine merkwürdige Gefühllosigkeit am Kinn festgestellt hatte. Während sich der junge Mann im Nebenraum auf die Untersuchung vorbereitete, konsultierte der Arzt die MEDLINE-Datenbank. Zu diesem Zweck holte er via Telephonleitung die komplette Liste all jener Studien auf seinen Personalcomputer-Bildschirm, die im Verlaufe der letzten drei Jahre weltweit zum Stichwort ‚gefühlloses Kinn‘ (‚numb chin‘) erschienen waren. Aus den angezeigten Zusammenfassungen ging hervor, daß ein solches Taubheitsgefühl möglicherweise durch einen bösartigen lymphatischen Tumor verursacht sein könnte (ein sogenanntes ‚Burkitt Lymphom‘). Also überwies er den Patienten sofort in die nächste Spezialklinik, wo die telephonisch vorgewarnten Ärzte tatsächlich auf einen derartigen Tumor stießen. Umgehend leiteten sie die richtige Behandlung ein und retteten damit dem Patienten wahrscheinlich das Leben (Massey et al. 1981; McClatchey 1985; Freund 1988).

Wie mir die MEDLINEisten weiter erzählten, spiele sich in den Operationssälen dann nicht selten etwa folgende Szene ab, die ich für einmal im Originalton wiedergebe: „‚Stop the operation!‘, that was the verdict of surgeons who performed a literature search of MEDLINE while their patient was on the operating table. Comparing discoveries early on in the operation with ten articles found in a two-minute search of MEDLINE, surgeons decided that further, risky surgery was unnecessary“.

Hätte sich der Arzt aus Atlanta und hätten sich seine Kollegen im Operationssaal nur auf das verlassen, was sie einmal *gelesen* und davon in der aktuellen Situation noch im Gedächtnis hatten, wären ihre Diagnosen mit ziemlicher Sicherheit weniger zutreffend ausgefallen. Sowohl bei der Beurteilung des pathologischen Befundes wie in bezug auf die Effizienz der Behandlung war es beide Male wichtiger, statt *gelesen* zu haben das Einmaleins von MEDLINE/MEDLARS zu beherrschen. Die zuerst schockierende Eröffnung: „Hier wird nicht mehr gelesen!" wurde mir plötzlich einsichtig und verständlich.

Die skizzierte Entwicklung dürfte in den kommenden Jahren immer weniger nur auf die USA beschränkt bleiben. Von den MEDLINE/MEDLARS-Datenbanken ist schon heute eine monatlich nachgeführte Magnetbandkopie beziehbar. Ärzte in Europa, in Japan, in Lateinamerika, in China oder wo sonst auch immer auf der Welt brauchen somit nicht erst die Datenbankzentrale in Bethesda anzuzapfen, um sich in schwierigen Fällen neuestes Wissen verfügbar zu machen. In der Bundesrepublik Deutschland bezieht DIMDI in Köln die monatlich revidierte Version im Abonnement (DIMDI = Deutsches Institut für Medizinische Dokumentation und Information. DIMDI ist ein Institut im Geschäftsbereich des Bundesministeriums für Jugend, Familie, Frauen und Gesundheit). An DIMDI wiederum angeschlossen sind inzwischen die meisten Universitäts- sowie die großen Medizinischen Bibliotheken der Universitätskliniken. Sie alle haben über die Kölner Relais-Datenbank somit jederzeit den gleichen Direktzugriff auf die MEDLINE/MEDLARS-Angaben. Zudem sind sie, was für den Leser von besonderem praktischen Interesse sein dürfte, im Prinzip alle öffentlich zugänglich und stehen damit auch ihm zur Verfügung. Beim Abruf aktuellster Informationen, sei es an Ort und Stelle in den Bibliotheken selbst, sei es von dort auf den eigenen Computerterminal, entstehen somit – abgesehen von einer gewissen Benutzergebühr – nur Ortsgesprächs-, zumindest aber nur Inlands-Telephonkosten.

In Frankreich leistet das Pariser INSERM am ‚Centre Hospitalier de Bicêtre' denselben Service wie DIMDI, in der Schweiz der Dokumentationsdienst DOKDI in Bern, in Italien das ‚Instituto Superiore di Sanità' in Rom, in Schweden ‚Karolinska Institutet' in Stockholm, in England die ‚British Library' in London, in Japan das ‚Information Center of Science and Technology' in Tokio, in Brasilien die ‚Biblioteca Regional de Medicina' BIREME in São Paulo, in Kuweit das ‚Arab Centre for Medical Literature' in Safat, in Ägypten die ‚Academy of Scientific Research and Technology' in Kairo, in Australien die ‚National Library' in Canberra, in Kolumbien die ‚Pan American Federation of Medical Schools' in Bogota, in China die ‚Chinese Academy of Medical Sciences' in Beijing/Peking.

Kein Patient auf der ganzen Welt braucht – oder bräuchte – sich somit noch länger vom medizinischen Fortschritt ausgeschlossen zu fühlen. Die allerneuesten Forschungsergebnisse sind bis in den hintersten und letzten Winkel unserer Erde im Prinzip jedermann rund um die Uhr zugänglich. Nicht rasch veraltende Fachliteratur *lesen* muß der behandelnde Arzt somit in erster Linie, sondern das technische Vokabular von MEDLINE/MEDLARS können. (Bezogen speziell auf deutsche Verhältnisse vgl. hierzu auch den ausführlichen Kommentar zu Beginn des Literatur-Hinweises am Ende des Buches; am gleichen Ort ferner die Angaben zu DIAGNOSIS.) Interessanterweise scheint man in deutschen medizinischen Wissenschaftskreisen gegenwärtig noch an einer Zwischenlösung zwischen ‚Lesen‘ und ‚Nichtlesen‘ festzuhalten. So lauten etwa die redaktionellen Hinweise für Beiträge in der viermal jährlich im Verlag Karger für Medizin und Naturwissenschaften in München-Germering erscheinenden Zeitschrift ‚Bildgebung. Anwendung und Ergebnisse in Klinik und ärztlicher Praxis‘ (1989 = Band 56): „Umfang von Manuskripten maximal sechs Schreibmaschinenseiten, maximal fünf Literaturhinweise, maximal eine Abbildung und eine Tabelle oder wahlweise zwei Abbildungen oder zwei Tabellen. Gliederung nach dem üblichen Schema: Einleitung, Material und Methoden, Resultate, Diskussion, Literatur". Ganz aufs Schreiben und Publizieren will man also noch nicht verzichten. Aber das Geschriebene hat sehr knapp zu sein, und der Aufbau muß um der leichten Lesbarkeit willen standardisiert erfolgen. Das zentrale Ergebnis hat zudem in einer, höchsten zwei ‚Abbildung(en)‘ vor Augen geführt zu werden. Die Zeitschrift heißt kennzeichnenderweise ‚Bildgebung‘.

Faßt man die bisherigen Ausführungen zusammen, ergibt sich folgendes Kondensat: 1. Wörter wie ‚sterben‘, ‚sterblich‘, ‚Tod‘ gehören verschiedenenorts nicht länger zur medizinischen Alltagssprache. – 2. CHRISTUS CONSOLATOR steht zwar nach wie vor an seinem angestammten Platz im Johns Hopkins-Krankenhaus von Baltimore. Er hält die Arme weiterhin ausgebreitet und sagt jedem, der es hören will: „Kommt her zu mir, Alle, die ihr mühselig und beladen seid; ich will euch erquicken". Aber sein ehedem prominenter Standort am Haupteingang ist mittlerweile zum vergessenen Hinterausgang geworden. Da nützt es auch wenig, daß die Statue bloß auf einem niedrigen Sockel postiert ist und nicht erhöht wie in Wolken schwebt. Ebenso belanglos ist geworden, daß Thorvaldsen seinen Christus als Auferstandenen darstellte, dem das Leiden noch im Antlitz steht. – 3. Die Krankenhauskapelle hinter dem Plüschtier-Zoo liegt so versteckt in der Kinderabteilung, daß man sie nur mühsam findet. – 4. Die wichtigsten Resultate der weltweit publizierten medizinischen Forschungsergebnisse werden laufend datenbankgespeichert und stehen umgehend jedermann zu jeder Zeit überall zur Verfügung. – Das sind die Fakten.

Noch immer enthalte ich mich einer Wertung. Allerdings fällt es mir schwer, hier nicht zumindest schon einige weitergehende Fragen anzumelden oder doch den eben aufgezählten Tatsachen noch andere Fakten an die Seite zu stellen. Die ersten beginnen dann von selbst in einem neuen, fraglicheren Licht zu erscheinen. So bedeutet das ärztliche Nicht-in-den-Mund-Nehmen oder -nehmen-Können der Ausdrücke ‚sterben‘, ‚sterblich‘, ‚Tod‘ ja keineswegs, daß wir deswegen unsterblich geworden wären. – CHRISTUS CONSOLATOR samt dem Vers „Kommt her zu mir, Alle, die ihr mühselig und beladen seid; ich will euch erquicken" am vergessenen Hintereingang eines der berühmtesten Hospitäler auf der Welt postieren heißt nicht, daß es in jenem Krankenhaus keine Mühseligen und Beladenen mehr zu trösten gäbe. Im Gegenteil! Je mehr sich gerade *wegen* des Ruhmes der ‚Medical Institutions‘ die schwersten Krankheitsfälle ganz Amerikas in Baltimore sammeln, umso häufiger müßten die Ärzte, wenn sie mit ihrem Latein trotz allem am Ende sind, ihre unrettbaren Patienten in deren Not eigentlich zu jenem Hintereingang schicken. – Auch wenn jene seltene Form von ‚Gefühllosigkeit am Kinn‘ oder welche singuläre Krankheit auch immer nun weltweit in Minutenschnelle aufgrund des überall möglichen MEDLINE/MEDLARS-Zugriffs richtig diagnostiziert werden kann, meint das nicht, daß deswegen dem daran leidenden Menschen auch gleich umgehend die richtige Behandlung zuteil würde. Weder gibt es überall auf der Welt die dazu notwendigen Spezialkliniken, und wenn es sie schon gibt, kann sich noch lange nicht jeder Patient eine mehr oder weniger kostspielige Behandlung auch leisten.

Hier muß ich einen Punkt klarstellen. Da jede Diskussion über die soeben angeschnittenen Probleme in sehr unterschiedliche Richtungen führen kann, habe ich zu begründen, weshalb ich in diesem Buch nur eines unter vielen möglichen Zielen verfolge. So gehört es bestimmt *nicht* zu den vorrangigen Aufgaben eines Historikers – der ich bin –, in die Debatten darüber einzugreifen, wer einen der begehrten Bettenplätze im Johns Hopkins-Hospital oder in welchem berühmten Krankenhaus der Welt auch immer erhalten soll und wer nicht. Ebenso wenig habe ich über die Auswahlkriterien zu befinden, welche Patienten (auf Krankenkassenkosten) „eine mehr oder weniger kostspielige Behandlung" erfahren und welche anderen davon ausgeschlossen bleiben sollen. Daß es hierbei Ungleichheiten und Ungerechtigkeiten gibt, steht für mich außer Frage, und zwar in den reichen Ländern der Ersten Welt genauso wie in den ärmsten Staaten der Dritten und Vierten Welt. Auch dort wird wie ein König behandelt, wer es sich leisten kann, und erhält die jeweils bestmögliche medizinische Betreuung. Dies alles hier nicht *auch* noch zur Sprache zu bringen, meint somit keineswegs, es in Abrede zu stellen oder die Augen davor zu verschließen. Doch gibt es andere, die aufgrund ihrer größeren Sachkenntnis berufener sind als ich, hier Stellung zu beziehen und für Abhilfe zu sorgen.

Mir selbst habe ich in diesem Buch eine – wie mir jedoch scheint – nicht minder wichtige Aufgabe vorgenommen. Auch wenn bei den oben angeführten Beispielen eine Wertung bislang unterblieb, dürfte der Leser zwischen den Zeilen bereits immer wieder herausgelesen haben, daß ich nicht mit allen geschilderten Entwicklungen und Zuständen glücklich bin. Dennoch plädierte ich dafür, ihre Existenz zuerst einmal zur Kenntnis zu nehmen, darüber nachzudenken und anschließend – gegebenenfalls – Konsequenzen zu ziehen.

Zu welchen Schlüssen gelangt nun ein *Historiker* bei solchem Nachdenken? Und auf welche Art und Weise versucht *er*, Folgerungen in die Tat umzusetzen, falls er meint – wie dies bei mir der Fall ist –, Konsequenzen ziehen zu müssen? Wenn wir an die früheren Beispiele anknüpfen, würde es gewiß wenig fruchten, den Epidemiologen und Pathologen in San Francisco ins Gesicht zu sagen, wie unangemessen, überheblich, ja naiv es sei, ‚sterben‘, ‚sterblich‘, ‚Tod‘ einfach aus dem Wortschatz zu streichen. Ob denn dadurch ein einziger Mensch weniger stürbe? Oder ob er deswegen leichter stürbe? Oder ob er – wie sie vielleicht meinen – etwas später sterbe, weil ihm die Hoffnung nicht vorzeitig genommen würde? Hoffnung? – Hoffnung worauf?

Was bei einer solchermaßen geführten Diskussion auf der Strecke bliebe, wären gleich zwei Dinge: zum einen das interdisziplinäre Gespräch und zum andern der Mensch in seiner Sterblichkeit. In diesem Buch aber *suche* ich, vor allem in den beiden grundsätzlichen Eingangskapiteln, das interdisziplinäre Gespräch – weil es mir für unser Thema unerläßlich scheint: mit Medizinern, mit Psychologen, mit Demographen, mit Gerontologen. Und ebenso möchte ich den *Menschen* nicht aus dem Gesichtsfeld verlieren, der trotz aller medizinischen Kunst ein Sterblicher geblieben ist. Ihm sind insbesondere die Folgekapitel drei bis sieben gewidmet.

Die angestrebte Interdisziplinarität stirbt jedoch selbst, das heißt sie kommt gar nicht erst zustande, wenn sich jede Seite von Anfang an im alleinigen Besitz der Wahrheit wähnt. Hier gilt es, unter Hintansetzung eigener Wünsche und Ziele vorerst den anderen geduldig zuzuhören und sich auf *deren* Interessen einzulassen. Nur allmählich wird man das Gespräch mit aller Behutsamkeit dorthin lenken, wo man es haben möchte. Ohne Umwege und Kompromisse geht das meist nicht. Angesichts unseres Themas halte ich jedoch jeden noch so langen Umweg, wenn er schließlich nur ans Ziel führt, für gerechtfertigt. Und was den Menschen, den Kranken, den Sterblichen betrifft, so habe ich sehr wohl noch in den Ohren, was eine Allgemeinmedizinerin vor nicht langer Zeit hierzu sagte: „Nicht an philosophischen oder hochwissenschaftlichen Diskussionen reiben sich die Menschen, sondern am nächtlichen Hustenanfall" (Kruse 1988, 326). Ich müßte mir meinerseits Naivität, Weltfremde, Unangemessenheit vorwerfen lassen, wenn ich einem solchen Menschen bei seinem Hustenanfall nachts mit der Weisheit käme, daß unsere Vorfahren vor ein paar Jahrhunderten in Gesundheitseinbußen einen Sinn gesehen hätten. Für sie als Gläubige wäre es damals eine Mahnung Gottes gewesen, den in die ewige Verdammnis führenden sündigen Lebenswandel aufzugeben, in sich zu gehen und umzukehren. – Als ob diese Weisheit heute in einem Akutfall noch jemanden erleichtern könnte!

Was für unsere Vorfahren im Rahmen *ihrer* Weltanschauung und in *ihrer* Glaubensgewißheit ein Trost war, kann es in unseren Tagen – auch abgesehen von Notfällen – für die wenigsten noch länger sein. Hier CHRISTUS CONSOLATOR zu beschwören und Ärzten wie Patienten im Johns Hopkins-Krankenhaus nahezulegen, doch wieder vermehrt den Hintereingang zu benutzen und vor dem Vers aus dem Matthäus-Evangelium innezuhalten, würde bloß ungläubiges Staunen und verständnisloses Kopfschütteln hervorrufen. Wir leben nun einmal nicht mehr in der Welt unserer Vorfahren, auch wenn es seit damals, seit der Einweihung des Hospitals und der Enthüllung der Skulptur in Baltimore erst hundert Jahre her sind.

In diesen hundert Jahren hat sich Gewaltiges getan. Ob wir uns dessen meist bloß deswegen nicht bewußt sind, weil es sich so leise vollzog, ohne großes Getöse und laute Stimmen? Die Entwicklung, auf die ich zu sprechen kommen will, lief sozusagen hinter unserem Rücken ab. Wir bemerkten sie gar nicht. Und doch sind ihre Auswirkungen von unerhörter Tragweite. So banal es tönt, so fundamental veränderten sich dadurch unsere Lebensbedingungen. Dies ist ganz wörtlich zu nehmen: das Fundament des Lebens hat sich für uns radikal verändert. Im Vergleich zu unseren Vorfahren vor hundert Jahren hat praktisch jeder von uns heute mindestens *zwei* Leben. Bevor mir jemand verwundert entgegenhält, das wäre ja wohl nicht eines solchen Aufhebens wert, möge er sich prüfen und überlegen, was er mir für eine Antwort gäbe, wenn ich ihn aufforderte, mir die Hälfte seines Lebens zurückzugeben.

Hier kommt der Historiker zum Zuge. Nicht daß ich nun im einzelnen schildern wollte, worauf diese Entwicklung zurückzuführen ist. Das ergäbe bloß eine ermüdende Aufzählung von diversen ‚Geschichten': einer Geschichte der Krankheiten, der Ernährung, der Hygiene, der Sozialfürsorge und Sozialgesetzgebung, der Medizin und des Krankenhauswesens, der Gesundheitserziehung, der Familienplanung, der Geburtenbeschränkung sowie einer Anzahl weiterer Geschichten mehr.

Im vorliegenden Zusammenhang interessiert vorerst einzig das Gesamtergebnis dieser Geschichten, eben die Verdoppelung, wenn nicht Verdreifachung unserer durchschnittlichen Lebenszeit auf Erden. Die oben erwähnte Lautlosigkeit, mit der sich diese Entwicklung vollzog, scheint mir die Hauptursache dafür zu sein, daß bislang so wenige unter uns das Resultat richtig zur Kenntnis genommen haben. Es erstaunt deshalb auch nicht sonderlich, daß eine Anpassung an die neuen Verhältnisse bislang weitgehend ausblieb. Erschwert wird die trotz allem notwendige Adjustierung zudem durch die erwähnte Ausblendung von ‚sterben', ‚sterblich', ‚Tod' aus dem Wortschatz vieler Zeitgenossen, nicht nur von Ärzten. Verständlicherweise rückt niemand gern die düsteren Seiten einer Entwicklung ins Rampenlicht.

Die angenehmen dagegen werden oft binnen kurzem für selbstverständlich gehalten.

Die ‚angenehmen Seiten der Entwicklung': das meint hier, mitten im brausenden Leben nicht mehr ständig an ‚sterben', ‚sterblich', ‚Tod' denken zu müssen. Es meint ferner, daß uns selbst nach Ablauf der ‚besten Jahre' die allmählich häufiger aufzusuchenden Ärzte noch immer nicht an ‚Sterben' und ‚Tod' denken lassen, und sei es auch nur deswegen, weil die Ausdrücke in ihrem Vokabular gar nicht vorkommen. Wird es dennoch einmal etwas ernster und werden wir zu einem ‚Notfall', können wir jederzeit mit einem Rettungswacht-Hubschraubertransport bis auf das Dach des Operationstraktes oder den stets freigehaltenen Landeplatz vor der Intensivstation rechnen. Und sollte es schließlich dort zu irgendwelchen unvorhergesehenen Komplikationen kommen, wissen wir uns in den Händen eines Ärzteteams, das sich via MEDLINE und MEDLARS innerhalb weniger Minuten über die weltweit aktuellsten und besten Behandlungsmethoden informieren kann. Was also sollte uns eigentlich noch passieren können? Dauernd wird uns suggeriert, wir wären quasi unsterblich und würden ewig leben. Wen wundert es, daß wir uns schließlich im Besitz einer unbefristeten Lebensgarantie wähnen und der Ansicht sind, nun auch gleich ein immerwährendes Recht auf Leben zu haben.

Nur einer hält sich nicht an unsere kunstvoll aufgebaute, liebevoll gehätschelte Fassade. Er wird es auch nie tun, selbst dann nicht, wenn MEDLARS und MEDLINE in ein paar Jahrzehnten Hunderte von Millionen Artikeln gespeichert haben werden: der Tod. Zwar wird er es sich dann wohl gefallen lassen müssen, am mehrfach computerausgerüsteten Krankenbett immer häufiger für ein paar Tage oder Wochen, allenfalls Monate oder gar Jahre abgewiesen zu werden. Doch läßt er sich nicht auf Dauer verdrängen und davonjagen. Er kommt immer wieder, schaut erneut nach, und am Ende kann er sich seiner Beute gewiß sein. Für ihn bleibt unser schöner Garantieschein auf ein permanentes Leben ein Fetzen Papier.

Bin ich von allen guten Geistern verlassen? Das tönt ja gerade so, als ob ich mich über MEDLARS/MEDLINE lustig machen wollte, als ob ich über den Einsatz des Rettungswacht-Helikopters spottete, als ob ich mich in die lange Reihe der modischen Kritiker an der High-tech-Medizin einreihen würde; alles in der selbstverständlichen Gewißheit, daß es MEDLARS/MEDLINE eben *gibt*, daß der Hubschrauber abrufbereit *ist*, daß auch mir im Notfall jede High-tech-Medizin *zur Verfügung steht*. Falls mir dies alles tatsächlich nicht passen sollte, läge es in einer Notfallsituation ja immer noch an mir, zum Telephonhörer zu greifen und den Hubschrauber anzufordern oder eben darauf zu verzichten. Von sich aus kommt er nicht. – Ich möchte denjenigen sehen, der es – wenn's denn darauf ankommt – bleiben läßt, mich inbegriffen!

Mein Unbehagen zielt in die umgekehrte Richtung. Gerade *weil* ich weiß, daß es MEDLARS/MEDLINE gibt, daß wir immer und überall mit dem Notfall-Helikopter rechnen können, daß uns Tag und Nacht eine hocheffiziente Medizinmaschinerie zur Verfügung steht und daß zudem die allermeisten von uns, mich wieder inbegriffen, hiervon jederzeit ohne Zögern Gebrauch machen, finde ich es bedenklich, wenn anschließend so wenige unter uns dann richtig wissen, was sie mit den hierdurch erhaltenen zusätzlichen Lebenstagen, -wochen, -monaten, -jahren anfangen sollen. Ich hüte mich deshalb, in diesem Zusammenhang die Falschen kritisieren zu wollen. Wenn schon Kritik geübt werden soll, dann nicht an den Ärzten, der High-tech-Medizin, dem häufig überforderten Krankenhauspersonal, den Medikamenten-Herstellern, den Apothekern. Es steht uns frei, deren Dienste in Anspruch zu nehmen – oder nicht. Niemand zwingt uns dazu.

Tun wir es jedoch, dann haben wir uns an Spielregeln zu halten. Ihnen zufolge ist es die Aufgabe von Ärzten, Medikamenten, der High-tech-Medizin, uns unsere Gesundheit zu erhalten oder, und dies gemäß eigenem Selbstverständnis vor allem, sie uns bei einer Gesundheitseinbuße wiederherzustellen und zurückzugeben; kurzum: uns zusätzliche Lebenstage, -wochen, -monate, -jahre zu bescheren und zu garantieren (zum diesbezüglichen ‚Auftrag' an unser höchstes Bundesgesundheitsamt vgl. die Umschreibung in dessen jeweiligem Tätigkeitsbericht, z. B. Bundesgesundheitsamt 1988, 13). Was wir dann mit diesen Tagen, Wochen, Monaten, Jahren anfangen, darüber steht in jenen Spielregeln nichts. Zu keinem Zeitpunkt haben uns Ärzte, Krankenhausangestellte, Gesundheitspolitiker versprochen, aus den zusätzlichen Lebenstagen, -wochen, -monaten, -jahren auch gleich noch *erfüllte* Tage, Wochen, Monate, Jahre zu machen. *Sie* haben für optimale *Rahmen*bedingungen zu sorgen; *an uns liegt es*, die dadurch eröffneten zusätzlichen Lebenschancen wahrzunehmen. Tun wir dies nicht, ist es schade um den ganzen Aufwand, schade um den Helikopter-Einsatz samt anschließender Notfall-Operation, schade um die lebensrettenden Maßnahmen auf der Intensivstation, schade um die Millionen- und Milliardenbeträge, die laufend in unser Gesundheitswesen zwecks Optimierung und noch größerer Perfektionierung gepumpt werden. Dann würde es sich bei all dem doch bloß um eine hoch entwickelte Kunst um der Kunst willen handeln. Es wären einem Lebenslauf hinzugefügte Tage, Wochen, Monate, Jahre um der Tage, Wochen, Monate, Jahre willen.

Wenn hier etwas und jemand zu kritisieren ist, dann nicht perfektionistische Ärzteteams in MEDLARS/MEDLINE-vernetzten Operationssälen und nicht die High-tech-Medizin, sondern *wir* in unserer unbezähmbaren Gier nach immer noch mehr und biologisch noch gesicherteren und unbeschwerteren Lebenstagen, in unserer blinden Sammelwut nach noch mehr durchlebten Wochen, Monaten, Jahren. ‚Blind' deshalb, weil wir dabei unsere Endlichkeit völlig aus den Augen verloren haben. Sind nicht *wir* es somit *selbst*, die unseren Epidemiologen und Pathologen verbieten, uns gegenüber noch länger die Wörter ‚sterblich‘, ‚sterben‘, ‚Tod‘ im Munde zu führen? Es ist kaum anzunehmen, daß jene nicht darum wüßten – Fachleute auf dem Gebiet, die sie sind.

Trotz diesen deutlichen Worten und trotz meinem hier herauszuhörenden Sarkasmus habe ich im Prinzip jedoch nichts gegen eine solche schöne, heile, neue, nach Parfüm der Marke ‚Ewiges Leben‘ riechende Medizinwelt einzuwenden. Auch ich bin viel lieber gesund beziehungsweise wieder gesund als unpäßlich und krank. Und auch ich sehe als Fünfzigjähriger lieber einem körperlich möglichst beschwerdefreien Dritten und Vierten Alter entgegen, statt wie viele meiner Vorfahren schon mit dreißig oder vierzig an irgendeinem Fieber gestorben zu sein, ganz zu schweigen von den Hunderttausenden, ja Millionen heutiger Zeitgenossen in weiten Teilen Afrikas, Asiens, Latein- und Südamerikas, die noch immer vorzeitig an Malaria, Wundstarrkrampf oder auch einer nicht behandelten Blinddarmentzündung ‚unnötigerweise‘ dahingerafft werden. ‚Unnötigerweise‘ deshalb, weil heutzutage eigentlich niemand mehr an Malaria, Tetanus oder einer Appendizitis zu sterben bräuchte, weder vorzeitig noch überhaupt. Wenn in einer – sagen wir – nordostbrasilianischen Todesanzeige zu lesen ist: „João hat uns mit 25 Jahren viel zu früh verlassen“, ist das allermeist eine völlig zutreffende Feststellung. Wenn derselbe Hinweis dagegen in einer Todesannonce bei uns auftaucht, läßt sich daraus schließen, daß selbst MEDLARS/MEDLINE keinen Rat mehr wußte (zur Zeit z. B. bei AIDS).

Meine *Kritik* gilt unserem wahnwitzigen, unbedachten, maßlos selbstsüchtigen Anspruch auf eine irdische Ewigkeit um der Ewigkeit willen. Liest man den Bericht unserer obersten Bundesgesundheitsbehörde zum Thema „Wo steht die Bundesrepublik Deutschland heute bei Sterblichkeit und Lebenserwartung?“, so fühlt man sich an die Reportage über eine internationale Gesundheitsolympiade erinnert. Es heißt da: „Angaben über Sterblichkeit und Lebenserwartung gehören zu den sogenannten ‚harten‘ Daten, mit denen die gesundheitliche Situation einer Bevölkerung beschrieben werden kann. Im Gegensatz beispielsweise zu Maßzahlen der Morbidität sind erstere relativ zuverlässig, vollständig vorhanden und für zeitliche und regionale – insbesondere internationale – Vergleiche gut geeignet. Erstaunlich ist, wie sich die beiden deutschen Staaten auseinander entwickelt haben: Waren sie 1970/74 im Durchschnitt noch auf gleicher Höhe, liegt heute die Lebenserwartung der Bundesbürger um zwei (Männer) beziehungsweise drei Jahre (Frauen) über der unserer Nachbarn. Bei der internationalen Rangfolge der Männer hat sich die Bundesrepublik um fünf Plätze verbessert, die DDR um sieben Plätze verschlechtert. Bei den Frauen kam die Bundesrepublik um sieben Plätze vorwärts, die DDR nur um zwei. Trotz dieser relativ günstigen Entwicklung bei unserer Lebenserwartung müssen wir aber zur Kenntnis nehmen, daß die bundesdeutschen Zahlen im Durchschnitt immer noch um drei Jahre von den weltbesten Werten entfernt sind" (Junge 1988, 199–201; es handelt sich um den offiziellen Tätigkeitsbericht 1988 des Bundesgesundheitsamtes, also der obersten Bundesbehörde im Geschäftsbereich des Bundesministers für Jugend, Familie, Frauen und Gesundheit).

Doch auch da will ich den erhobenen Zeigefinger vermeiden. Er würde bei vielen Lesern wahrscheinlich doch nur das Gegenteil von dem bewirken, was ich mit diesem Buch anstrebe. Außerdem muß ich gestehen, daß es selbst mir als einem Historiker immer wieder schwer fällt, mich auf die neue Lage einzustellen und Konsequenzen daraus zu ziehen. Dabei müßte es für einen Fachmann doch eigentlich ein leichtes sein, das ganze Ausmaß der dramatischen geschichtlichen Entwicklung in bezug auf biologische Sicherheit und Länge unserer Lebensspanne zu überblicken, unseren einmaligen Standort darin richtig einzuschätzen und die notwendigen Anpassungen an die veränderte Situation vorzunehmen. Wie sollte ich mir da anmaßen, anderen Vorwürfe zu machen, die über solche berufliche Vorteile nicht verfügen? Den Leser *zum eigenen Nachdenken* hierüber anhalten: das will ich dagegen sehr wohl. Zu diesem Zweck werde ich ihm immer und immer wieder vor Augen führen, wie erstmalig unsere Situation ist – hier und heute. Mit ‚hier' meine ich die wohlhabenden Länder unserer Ersten Welt. Dabei steht Westeuropa neben Nordamerika, Japan, Australien und Neuseeland ganz obenan. Und ‚heute' meint die letzten drei oder vier Jahrzehnte. ‚Hier' und ‚heute' sind wir die ersten und die einzigen, die ohne die drei jahrhunderte-, jahrtausendealten Menschheitsgeißeln Pest, Hunger und Krieg ihr Leben von Anfang bis Ende durchleben können. Das ist für eine so große Zahl gleichzeitig lebender Menschen etwas ganz und gar Unerhörtes, etwas noch nie Dagewesenes.

Somit können wir weder irgendwo sonst auf der Welt noch irgendwann in der Geschichte nachsehen, wie man mit einem solchen ungewöhnlichen Zustand zurande kommt, geschweige denn, wie man die dadurch gegebenen neuen Chancen am besten nutzt. Noch nicht einmal unsere Großväter und Großmütter, ja nicht einmal unsere Väter und Mütter können wir hierbei um Rat angehen. Sie gehörten und gehören großenteils noch Generationen an, die ‚Pest, Hunger und Krieg' schmerzhaft am eigenen Leibe erfahren haben. Sie wußten und wissen noch, was Bombennächte sind. Sie kannten und kennen das Hungern und Frieren nicht nur vom Hörensagen. Und sie hatten und haben überwunden geglaubte Seuchen in der Kriegs- und Nachkriegszeit wiederauftauchen sehen.

Für uns Nachgeborene ist das alles Vergangenheit. Es mutet so unwirklich an, daß wir kaum glauben können, dies alles hätte sich erst vor wenigen Jahrzehnten bei und mitten unter uns abgespielt. Wir halten unseren gegenwärtigen pest-, hunger- und kriegfreien Zustand bereits für etwas Selbstverständliches. Und doch ist er alles andere als das. Auf die permanent notwendigen Anstrengungen allein auf dem Gebiet des Gesundheitswesens habe ich bereits hingewiesen. Wir vergessen allzu leicht, daß jene seuchenbildenden Infektionskrankheiten, die unseren Vorfahren so enorm zu schaffen machten, keineswegs ‚verschwunden‘ sind. Sie werden derzeit lediglich im Zaum gehalten. Sollte die Impfmüdigkeit, das heißt die Nichtbefolgung des Impfkalenders bei Säuglingen und Kleinkindern, größere Ausmaße annehmen, hätten Diphtherie und Tetanus, Polio und Masern, Mumps und Röteln, Keuchhusten und Hepatitis binnen kurzem wieder eine Chance zum erneuten Grassieren. Genauso wenig ist ein hunger- und kriegfreier Zustand etwas Selbstverständliches. Er ist *nicht* die Norm, weder historisch, noch weltweit.

Doch wiederum soll das Nachzeichnen dieser Entwicklung hier mein Thema nicht sein. Ich nehme vor historischem Hintergrund einzig zur Kenntnis, daß wir seit vierzig Jahren einen solchen ungewöhnlichen Zustand *haben* und von ihm bereits zutiefst geprägt *sind*. Ob und wie lange er vorhält, weiß ich nicht. Ich will hier darüber auch nicht spekulieren. Weder schließe ich mich also jenen euphorisch gestimmten Optimisten an, die bereits eine pest-, hunger- und kriegfreie schöne neue Welt voraussehen, noch halte ich viel von den apokalyptisch geprägten Pessimisten, die das Ende der Welt in absehbarer Zeit wieder einmal als gekommen erachten. Tschernobyl und Waldsterben, Ozonloch und Umweltverschmutzung sind für mich genauso Realitäten wie die Tatsache, daß unsere Lebenserwartung allen Unkenrufen und aller Schwarzmalerei zum Trotz ständig ansteigt. Es gilt, das eine genauso zur Kenntnis zu nehmen wie das andere, sich weder vom einen blenden noch vom andern lähmen zu lassen. Dies gerade unserer nachfolgenden Generation immer wieder ins Gedächtnis zu rufen und ihr einzuprägen, scheint mir umso wichtiger, als ihre kurzfristig gesehen nicht immer rosigen Zukunftsaussichten längerfristige Perspektiven oft genug in eine Nebellandschaft hüllen. Doch ob es die Angehörigen dieser kommenden Generationen vorhersehen und sich darauf einstellen oder nicht und ob sie es wollen oder nicht: sie werden mit größerer Wahrscheinlichkeit und in größerer Anzahl denn je ihre siebzig, achtzig, fünfundachtzig Lebensjahre erreichen. Ist es da nicht besser, sie schon jetzt darauf vorzubereiten?

Als Historiker will ich im folgenden zwei Dinge tun. Zum einen werde ich nicht müde werden, die Neuartigkeit unserer heutigen – und mit großer Wahrscheinlichkeit eben auch der morgigen – Situation dadurch hervorzuheben, daß ich sie immer wieder mit Zuständen ‚früher‘ kontrastiere. Anhand harter demographischer Fakten geschieht dies vor allem im zweiten Kapitel. Zum anderen erlauben es mir meine beruflichen Fachkenntnisse, Auskunft darüber zu geben, wie unsere Vorfahren *ihre* mißlichen Zustände zu *ihren* Zeiten bewältigt haben. Entgegen ersten Erwartungen läßt sich hieraus eine Menge *lernen*, und zwar für uns, hier und heute. Ich meine dies nicht in naiver Weise so, daß wir jene seinerzeitigen Verhaltensmuster, Überlebensstrategien, Anschauungen oder Glaubenssätze nur zu studieren hätten, um sie dann unverändert wieder zu übernehmen und auf unsere eigene Lage anzuwenden. Das Rad der Geschichte läßt sich weder im Guten noch im Bösen zurückdrehen. Daran ändert eine sich verzehrende Nostalgie nach der – ehedem angesichts quasi permanenter Pest-, Hunger- und Kriegszustände *nie* dagewesenen – ‚guten alten Zeit‘ ebenso wenig etwas, wie es umgekehrt ein Horror vor dieser oder jener besonders ‚finsteren‘ Periode ‚mittelalterlicher‘ Vergangenheit tun würde. Ich meine vielmehr, daß auch wir wieder – wie unsere Vorfahren – lernen sollten, den *gegebenen Zuständen* ins Auge zu sehen. Diese sind heute gewiß ganz andere als zu ihren Zeiten, und unsere Probleme sind nicht länger die damaligen. Doch unlösbar sind auch sie nicht. Schauen wir als erstes somit bei ihnen nach, wie sie mit *ihren* Problemen fertig wurden.

Als Fachmann für Geschichte ist mir bekannt, daß vor einem halben Jahrtausend eine ganz besondere ‚Kunst‘ ungewöhnlich weit verbreitet war. Die Zeitgenossen nannten sie ‚Ars moriendi‘, zu deutsch ‚Die Kunst des Sterbens‘. Es war in der zweiten Hälfte des 15. Jahrhunderts. Die Techniken des Holzschnittes und des Kupferstiches gestatteten damals, Drucke geringen Umfangs relativ preisgünstig herzustellen und in großen Auflagen zu verbreiten. Bei der ‚Ars moriendi‘ handelte es sich um eine Art Broschüre, die mittels elf ausdrucksstarker Abbildungen einen überaus drastischen Anschauungsunterricht in der ‚Kunst des richtigen Sterbens‘ erteilte. Es gab zwei Varianten. Analphabeten bevorzugten die einfachere Version ohne Beschriftung. Die etwas Lese- und Lateinkundigen wählten die andere Form, in der die genau gleichen Abbildungen mit einer Reihe von Spruchbändern und Sprechblasen versehen waren. (Eine um 1470 in Ulm gedruckte Ausgabe mit deutscher Übersetzung der sonst lateinischen Spruchbandinhalte scheint selten gewesen zu sein. Jedenfalls sind nur drei Exemplare überliefert, je eines in München, Mailand und Paris. Vgl. Falk 1890/1969, 8–9; Weil 1923, 20–23; Pascher 1988, XIII–XV, Rosenfeld 1989, 214.)

Natürlich ging es hierbei nicht darum, ‚sterben‘ zu lernen. Hierzu braucht niemand eine Anleitung; das tun wir von selbst. Und noch weniger würden hier, was man sich unter dem Titel ja auch vorstellen könnte, versteckte Tips an Selbstmordkandidaten gegeben. Vielmehr sollte jedermann auf eindrücklich einfache Weise zu seinen Lebzeiten lernen, wie er dereinst *gottgefällig* von hinnen ginge. Dieser Hinweis genügt bereits, um eine unveränderte Übernahme jener Anleitungen für unsere Tage ungeeignet erscheinen zu lassen. Wer hat denn heute noch das Ziel, am Ende seiner Tage ‚gottgefällig‘ aus der Welt zu scheiden?

Etwas ganz anderes ist, daß wir uns beim eingehenden Betrachten jener elf Bilder allmählich zu fragen beginnen – und *hier* setzt die Möglichkeit des *Lernens* ein –, ob nicht auch wir in unserer wenig gottesfürchtigen Zeit wieder eine ‚Kunst des Sterbens‘ bräuchten? Meines Erachtens sehr wohl! Es könnte uns nur hilfreich sein. Also habe ich die elf Bilder eines nach dem anderen nochmals sehr genau und sehr lange angesehen und bei jedem darauf geachtet, ob nicht der eine oder andere Hinweis auch für uns noch eine Hilfe sein könnte.

Das Vertiefen hat sich mehr als gelohnt! Jeder Leser kann sich leicht selbst davon überzeugen. Er braucht zu diesem Zweck nicht einmal eines der in den Handschriftenabteilungen unserer großen Bibliotheken oder in Kupferstichkabinetten erhalten gebliebenen Originale aus der damaligen Zeit einzusehen. Seit Jahrzehnten werden immer wieder Faksimile-Reproduktionen hergestellt und vertrieben. An sie ist leichter heranzukommen, und sie erfüllen ihren Zweck für uns genauso. Wir wollen schließlich keine kunsthistorischen Detailstudien an Originalen betreiben, sondern uns überlegen, was jene elf Abbildungen uns heute allenfalls noch zu sagen haben.

Die Abfolge der Bilder ist immer die gleiche. Es handelt sich um die Geschichte eines Sterbenden in seiner letzten Stunde. Auf fünf Bildern – es sind dies die ungeraden Nummern 1, 3, 5, 7 und 9 – lassen sich fratzenhafte Teufel alles nur Mögliche einfallen, um den Sterbenden in buchstäblich letzter Minute auf ihre Seite zu ziehen und so einer weiteren armen Seele für ihr Höllenreich habhaft zu werden. Auf den fünf alternativ gezeigten Abbildungen – also den Nummern 2, 4, 6, 8 und 10 – tritt dem Gepeinigten jeweils eine Reihe himmlischer Mächte zur Seite. Sie verscheuchen die Teufel und helfen dem Sterbenden, bis zum letzten Atemzug tapfer auszuharren. Die Geschichte schließt mit einem ‚Happy End‘ auf dem elften Bild. Der seinem Glauben treu Gebliebene haucht die Seele aus. Sie wird von einem bereitstehenden Engel in Empfang genommen und stracks gen Himmel getragen.

Erneut trifft zu, daß sich die Geschichte für uns Heutige zu Lernzwecken so nicht verwenden läßt. Abstrahieren wir jedoch von den spezifisch christlichen Glaubensinhalten, ergibt vieles von dem, was aus der ‚Ars moriendi‘ übrig bleibt, auch in unseren Tagen noch einen Sinn. Dabei haben wir selbstverständlich in Kauf zu nehmen, daß wir die einstige Absicht der ‚Kunst des Sterbens‘ verfremden. Wir sehen die Bilder ‚falsch‘, das heißt wir sehen sie nicht mit den Augen seinerzeitiger *christlicher* Betrachter und schon gar nicht so, wie es die frommen Urheber vor einem halben Jahrtausend beabsichtigten. Auch wenn wir diesen Einwand gelten lassen müssen, trifft er doch nicht den Kern unseres Anliegens. Für uns steht hier im Zentrum, was die elf Bilder *uns heute* noch zu sagen haben könnten, und zwar auch denjenigen, die den einstmals christlich geprägten Hintergrund nur noch in groben Umrissen oder überhaupt nicht mehr kennen.

Was also sieht man auf den elf Bildern? Wie erwähnt handelt es sich um fünf Bild-Paare und ein abschließendes glückhaftes Ende. Den teuflischen Versuchungen auf der einen Seite entspricht jeweils die Ermutigung und Stärkung durch himmlische Mächte auf der anderen. (Für einen knappen neuen Überblick aus der Sicht eines Theologen und Medizinhistorikers vgl. auch Illhardt 1989.)

Im ersten Bildpaar geht es um die ‚Versuchung‘ beziehungsweise die ‚Ermutigung im Glauben‘. Die Teufel wollen dem Sterbenden weismachen, es gäbe weder Himmel noch Hölle. Schließlich sei noch kein Toter jemals aus dem Jenseits zurückgekehrt. Niemand habe bislang somit die Existenz des einen noch des anderen tatsächlich bezeugt. – Wäre der Sterbende auf solche Einflüsterungen hin glaubensabtrünnig geworden, hätte ihn mit Gewißheit die ewige Verdammnis erwartet, denn in jener gläubigen Welt bildete der rechte Glaube *die* Grundlage des gesamten Heilsgebäudes. Die Engel versuchen auf dem Gegenbild denn auch ihr bestes, den Sterbenden hieran zu erinnern und ihn in seinem Glauben zu stärken.

Beim zweiten Bildpaar stehen einander ‚Verzweiflung‘ und ‚Zuversicht‘ gegenüber. Nicht weniger als sechs Teufel umringen das Bett des Todkranken. Sie halten ihm einzeln seine begangenen schweren Sünden vor Augen: Ehebruch, Meineid, Geiz, gar Mord und Totschlag. Der herbeieilende Engel verweist in seiner Antwort jedoch auf eine ganze Reihe bekannter Sünder wie Maria Magdalena, Paulus, den (guten) Schächer Dismas oder Petrus, der den Herrn verleugnete. Sie alle wären trotzdem nicht verzweifelt, sondern in sich gegangen. Sie hätten Reue gezeigt und Buße getan und seien sämtlich schließlich in den Himmel gekommen.

Das dritte Bildpaar handelt von ‚Geduld‘ und ‚Ungeduld‘. Einerseits stellen die Teufel Krankheit und Leiden als unerträglich und sinnlos hin. Vielleicht würde der ungeduldig Werdende daraufhin Selbstmord begehen und so zu einer leichten Beute für sie werden? Andererseits läßt ein Engel einige der berühmtesten Märtyrer-Heiligen aufmarschieren, um zu dokumentieren, daß sie alle gerade *durch* das Leiden in die ewige Glückseligkeit eingegangen seien. Man erkennt den gesteinigten Stephanus ebenso wie den gerösteten Laurentius, die in einen Turm eingesperrte Barbara genauso wie die aufs Rad geflochtene Katharina.

Im vierten Bildpaar kommen ‚Hochmut‘ und ‚Demut‘ zur wechselseitigen Darstellung. Diesmal erscheinen die Teufel als Schmeichler. Sie halten Kronen in den Händen und bieten sie dem Sterbenden an. Gekrönt werden solle er für seine unerhörte Stärke im Glauben, seine ungebrochene Zuversicht und starke Hoffnung auf Vergebung der Sünden, seine mit großer Geduld ertragene Krankheit. Er habe allen Grund, hierauf stolz zu sein. Die herzutretenden himmlischen Mächte warnen indes vehement vor solchem Stolz. Hochmut sei schon seinerzeit einigen Engeln zum Verhängnis geworden und habe zu ihrem Absturz in den Höllenschlund geführt.

Das fünfte und letzte Bildpaar illustriert zum einen die ‚Versuchung durch zeitliche Güter‘ und spendet zum anderen ‚Trost durch Abwendung vom Irdischen‘. Die Teufel verweisen auf die Besitztümer des Sterbenden, die er nun bald werde verlassen müssen. Sie versuchen, seine Gedanken nochmals ganz darauf zu lenken: auf sein schönes Haus, seinen gefüllten Weinkeller, sein bestes Pferd im Stall. Schon warten Angehörige und Freunde gierig im

Hintergrund auf das Erbe. Engel erinnern im Antwortbild jedoch daran, daß schon die Apostel all ihren Besitz aufgegeben hätten, um Christus nachzufolgen. Ja Christus selbst habe am Kreuz seine Mutter verlassen und sie der Obhut anderer anvertraut.

Ich gestehe ohne Umschweife, daß mir die wiederholte eingehende Beschäftigung mit der ‚Ars moriendi‘ außerordentlich viel eingebracht hat. Dies dürfte sich bei jedem Leser wahrscheinlich wiederholen, sofern er sich nur auf sie einläßt. Allerdings führte bei mir die Beschäftigung dann weniger zu einer ‚Ars moriendi rediviva‘, als vielmehr zu einer ‚Ars vivendi‘, statt zu einer ‚wiedererstandenen Kunst des Sterbens‘ also zu einer ‚Kunst des rechten Lebens‘. Ist das etwa wenig? Jeder Leser möge sich selbst prüfen. Wie oft verzehren uns nicht Ehrgeiz, Neid und Ungeduld? Wie häufig ärgern wir uns nicht über die vermeintlich oder auch tatsächlich bevorzugte Behandlung eines anderen Menschen, beneiden diesen wegen einer rascheren Beförderung, vergönnen jenem ein höheres Einkommen, sind unzufrieden mit dem, was wir selbst erreicht haben, hadern mit dem Schicksal wegen unserer stagnierenden Karriere oder der Hintansetzung bei irgendwelchen ruhmträchtigen Ehrenbezeugungen, brausen auf, weil der Jet eine Viertelstunde Verspätung hat, weil es im Stau auf der Autobahn nicht rasch genug vorangeht? Warum eigentlich? Fast täglich, wenn nicht stündlich erliegen wir einer ‚Versuchung durch irdische Güter‘, einer ‚Versuchung durch Hochmut‘, einer ‚Versuchung durch Ungeduld‘.

Ich bin weit davon entfernt, nun einer Wiedereinführung ‚*christlicher* Tugenden‘ das Wort zu reden. Das Rad der Geschichte läßt sich in dieser Hinsicht genauso wenig zurückdrehen wie in bezug auf politische, gesellschaftliche, wirtschaftliche, verkehrstechnische Verhältnisse, die der Vergangenheit angehören. Meine Frage ‚Warum eigentlich?‘ ist viel egoistischer, denn letzten Endes ist es *mein* Wohlbefinden, das ob des Neidens und Vergönnens, des verletzten Stolzes und bohrenden Ehrgeizes angenagt und zerfressen wird. Es geht um *meine* Gesundheit, die ruiniert wird, wenn ich mich durch *eigene* Ungeduld immer wieder in Streß-Situationen manövrieren lasse. Es ist *mein* Rock der Zufriedenheit, der Löcher bekommt und zerschlissen wird, wenn ich täglich, stündlich den Versuchungen ‚durch irdische Güter‘, ‚durch Hochmut‘, ‚durch Ungeduld‘ erliege.

Dies ist, was wir aus einer zur zeitgemäßen ‚Ars vivendi‘ umfunktionierten ehemaligen ‚Ars moriendi‘ lernen können, hier und heute: ‚Die Kunst, richtig zu leben‘, sich nicht ob belangloser Dinge zu verzehren, sich nicht wegen ein paar Mark oder Franken oder Schilling mehr im Monat zu verschleißen, ein ausgewogenes Verhältnis zwischen gesundem und krankmachendem Ehrgeiz zu entwickeln und durchzuhalten, zu einer Balance zwischen einer sich bescheidenden Selbstzufriedenheit und einer ungebührlichen Selbstüberheblichkeit zu gelangen. Genauso wie der Sterbende in der ‚Ars moriendi‘ vor fünfhundert Jahren müssen auch wir dereinst – nun zwar etwas später im Leben als er – all unsere Besitztümer hinter uns lassen. Wie nach seinem Tod warten auch heute gierige Erben auf unsere angehäuften irdischen Güter.

Und selbst die immateriellen Hinterlassenschaften sind rasch verblichen und vergessen. Deshalb habe ich auch nicht die Absicht, geschweige denn den Ehrgeiz, mit diesem Buch irgendwelchen ‚ewigen Ruhm' zu erlangen. Dazu ist das behandelte Thema – vielleicht entgegen allem Anschein – doch zu zeitgebunden, ist es nicht ‚ewig' genug. Gerade als Historiker bin ich mir im klaren darüber, in einer ganz bestimmten Situation, in der wir uns *derzeit* befinden, zu schreiben. Für uns ist diese Situation erst- und einmalig. Doch schon morgen können die vorgetragenen Gedanken und Schlüsse von der weiteren, ja keineswegs zu Ende gekommenen Entwicklung überholt sein. Am Tage darauf sind sie das sogar mit ziemlich großer Wahrscheinlichkeit. Das Buch findet dann gegebenenfalls noch historisches Interesse. Die meisten Exemplare werden indes in irgendwelchen Bibliotheken verstauben und schließlich auseinanderfallen. Mir ist jedoch wichtiger, einen wenn auch zeitgebundenen Beitrag zur Problemlösung von und für Menschen hier und heute zu schreiben, als nach ein bißchen bald verblassendem ‚ewigen Ruhm' zu schielen. Im ersten Fall haben wenigstens – so hoffe ich – einige etwas, im zweiten letzten Endes überhaupt niemand.

So wiederhole ich meine Frage von oben denn noch einmal und gebe sie nun dem Leser zum eigenen Nachdenken mit auf den Weg: ‚Wieso eigentlich?': wieso den Versuchungen ‚durch irdische Güter', ‚durch Hochmut', ‚durch Ungeduld' zum eigenen Schaden immer und immer wieder nachgeben und erliegen? – Möge auch dem Leser durch langes Betrachten der elf ‚Ars moriendi'-Bilder die rechte Antwort hierauf leichter zufallen. Auf eine gehetzte Seele können sie wie Balsam wirken, noch heute so gut wie seinerzeit.

Und noch zwei Dinge habe ich beim Anschauen der ‚Ars moriendi' gelernt. Sie prägen beide dieses Buch sehr stark. Zum einen lernte ich, Bilder *anzusehen*, nicht oberflächlich, sondern lange, geduldig, gründlich. Erliegt man nicht vorzeitig der Versuchung des raschen Überfliegens, beginnen sie allmählich sogar mit einem zu reden und geben einem ihre Geschichten preis. Trotz dem Ernst des Themas haben diese Bilder viel Humor. Da und dort vermögen sie einen sogar zum Schmunzeln zu bringen. (Noch eindrücklicher wirken sie, wenn man das Glück hat, in der einen oder anderen Sammlung eine kolorierte Holzschnitt-Version vorgelegt zu bekommen. Selbst durfte ich diese Erfahrung in der Bibliothek des Buchmuseums Meermanno-Westreenianum in Den Haag machen. Es handelte sich um die Inkunabel ‚Sterfboek of die conste van sterven', gedruckt bei Peter van Os in Zwolle 1488 mit den komplett kolorierten elf Bildern. Das Kupferstichkabinett Berlin verfügt nur über ein nicht besonders ansehnliches Exemplar der ersten Abbildung ‚Versuchung im Glauben' aus einem Blockbuch von etwa

1460–1470; Mappen-Signatur Nr. 107 A 8.) Ganz abgesehen von all den phantasieanregenden Ausgeburten fratzenhafter Teufel trägt der Sterbende – an sich ein Jedermann von etwa vierzig Jahren – zum Beispiel immer wieder eine andere Frisur. Das eine Mal erscheint er fast kahlgeschoren. Das andere Mal prangt er in herrlichem Lockenkopf. Ferner ist sein Sterbelager einmal aus einfachen Holzplanken gezimmert; ein andermal wiederum liegt er in einem eleganten Bett mit Baldachin. Dort finden auch der Heilige Geist in Form einer Taube sowie später der Hahn des leugnenden Petrus einen geziemenden Ruheplatz. Das eine Mal ist der Fußboden lehmgestampft; das andere Mal weist das Sterbezimmer einen Kachelboden auf. Vielleicht dachte der Künstler auch an verschiedene Sterbende?

Ferner gibt es einige Nüsse zu knacken. Wieso etwa ist jene Gestalt im ersten Bild, die den Sterbenden zum Selbstmord anstacheln soll, als Linkshänder dargestellt? Jedenfalls schneidet er sich die Gurgel mit einem in der linken Hand gehaltenen Messer durch. Oder versucht er's bloß mit seiner Linken, in der Gewißheit, daß ihm der Selbstmord so nicht gelingen wird? Und wieso steht das Bett im elften Bild anders herum? In allen vorangegangenen Abbildungen war es schräg in den Raum gestellt, und zwar von links unten nach rechts oben. Soll dieser Wechsel am Ende den glücklichen Ausgang unterstreichen, etwa gemäß der Redensart: „Das Blatt hat sich gewendet. – Ende gut, alles gut"? All diese, manchmal äußerst raffinierten Kleinigkeiten führen dazu, daß man immer weiter in den Bildern auf Entdeckungsreisen geht, immer wieder zu ihnen zurückkehrt. Sie werden nie langweilig, sondern belohnen einen mit immer neuen Überraschungen.

Der zweite Punkt, auf den ich durch die Beschäftigung mit den ‚Ars moriendi'-Abbildungen kam, war die Tatsache, daß einzelne Bilder wie auch die ganze Bildsequenz stets in einem übergeordneten Zusammenhang gesehen werden müssen. Wer ein großes Wort nicht scheut, mag ‚übergeordneten Zusammenhang' durch ‚Weltanschauung' ersetzen. Die seinerzeitigen ‚Ars moriendi'-Bilder waren ganz und gar von der ‚christlichen Weltanschauung' geprägt und in ihr verankert. Nur wem auch die nicht dargestellte Fortsetzung geläufig war, wer also die beiden Möglichkeiten für eine aus dem Körper scheidende Seele kannte: hie Himmel, da Hölle, konnte die Bilder verstehen und die zahlreichen Andeutungen und eingestreuten Symbolfiguren richtig interpretieren. Wie etwa sollte ein Europäer – sagen wir aus der letzten Eiszeit – oder auch ein australischer Ureinwohner zur Entstehungszeit der ‚Ars moriendi' je auf den Gedanken kommen, daß ein kleines nacktes Kind auf dem letzten Bild die ‚ausgehauchte Seele' des Verstorbenen darstellen sollte, daß eine ‚Frauengestalt mit zwei Flügeln' einen ‚Engel aus überirdischen christlichen Regionen' meinte, und daß dieser ‚Engel' im Begriffe war, mitsamt jener ‚Seele' in die ‚himmlischen Gefilde' zu entfleuchen?

Ganz ähnlich müssen auch alle jene Bilder, die ich für dieses Buch auswählte, in einem Zusammenhang, in einem bestimmten Rahmen gesehen werden. Darauf weist schon der Titel ausdrücklich hin: ‚ein Historiker schaut Bilder an‘. Damit ist ein- für allemal auch deutlich gesagt, daß ich mir nicht anmaße, diese Bilder *kunsthistorisch* ‚richtig‘ zu sehen und zu interpretieren. Weder ist das meine Aufgabe, noch bin ich dazu ausgebildet.

‚Ein Historiker schaut Bilder an‘ meint, daß der Rahmen, der die Bilder dieses Buches zusammenhält und ihnen insgesamt erst einen kohärenten Sinn verleiht, durch meine beruflichen Erfahrungen der letzten zehn, zwölf Jahre geprägt ist. Diese Erfahrungen beschränken sich allerdings nicht auf das eng umrissene Pflichtenheft eines Hochschullehrers für neuere Sozialgeschichte an einer deutschsprachigen Universität, sondern sie fließen aus meiner hiesigen Pflichtbeschäftigung mit europäischer Geschichte ebenso wie aus der Beschäftigung mit aktuellen Problemen der Gegenwart, insbesondere auf dem Gebiet der verlängerten Lebenszeit. Und sie knüpfen an Erfahrungen aus Europa (West und Ost) ebenso an wie an Erfahrungen aus Amerika (Nord und Süd), aus Indien oder China, aus Japan, Australien oder Neuseeland.

Eine der Sprechblasen, die vom Mund eines Engels in der ‚Ars moriendi‘ ausgeht, lautet: ‚Sis humilis!‘ – zu deutsch: ‚Übe dich in Bescheidenheit!‘ Habe ich da soeben meine eigenen ‚Ars moriendi‘-Betrachtungen schon wieder vergessen oder glaube ich etwa, sie würden nur für andere gelten, nicht jedoch auch für mich? Bescheiden klang das mit den Erfahrungen aus Geschichte *und* Gegenwart, und darüber hinaus auch gleich noch von Aufenthalten auf der ganzen Welt jedenfalls nicht. Einem solchen Verdacht oder gar Vorwurf möchte ich jedoch vehement entgegentreten. Ich drehe den Spieß sogar um und behaupte, daß jedes *andere* Vorgehen eine Anmaßung wäre. Lange genug haben wir Europäer uns nur mit dem eigenen Erdteil beschäftigt und eine Scheuklappen-abgeschirmte Nabelschau betrieben. Und ebenso haben wir Historiker – oder zumindest viele von uns – allzu lange ein Dasein ausschließlich im wind- und wettergeschützten Elfenbeinturm der Wissenschaft gefristet. Wir gaben dabei vor, daß wir eben Spezialisten nur für dieses oder jenes Jahrhundert, für diese oder jene Region, für die eine oder andere Subdisziplin seien. Alles andere wäre nicht unsere Sache. Wir verstünden nichts davon und könnten uns somit nicht dazu äußern. – Heißt einer solchen pedantischen Besserwisserei in einem minimal abgezirkelten Bereich huldigen nicht auch, der ‚Versuchung zum Hochmut‘ erliegen?

Auf keinen Fall möchte ich allerdings vortäuschen, ich wäre so etwas wie ein ‚Allgemeinpraktiker für Fragen der Vergangenheit und Gegenwart‘, und mein Berufsfeld sei die ganze Welt. Der Leser wird alsbald auch selbst feststellen, daß die ausgewählten Bilder unserem vertrauten europäischen Kulturkreis zuzurechnen sind. Überdies entstanden die allermeisten zwischen dem 16. und dem 20. Jahrhundert. Weder wage ich mich also bis weit ins Hochmittelalter zurück, noch gar bis in die Antike. Kurzum: auch ich halte mich im Prinzip an nichts anderes als an *meinen* Elfenbeinturm: an Europäische Geschichte der Neuzeit (wofür meine Professur in Berlin auch vorgesehen ist).

‚Im Prinzip': das meint – wörtlich genommen – ‚am Anfang', ‚zu Beginn'. Auch ich gehe ‚am Anfang' von Dingen, Entwicklungen, Verhältnissen aus, für die ich von Hause aus zuständig bin und wofür ich das Handwerkszeug erlernt habe. So werden wir nicht zufällig in einer der ersten Abbildungen (Abbildung 3, basierend auf Tabelle 1) die Bekanntschaft mit der kleinen Catharina machen, die am 13. September 1738 in Berlin einer Diarrhöe zum Opfer fiel, oder mit Rahel, die zwei Wochen später im Kindbett ihr junges Leben ließ, ebenso mit Anna Elisabeth, die nochmals einen Monat später am 22. Oktober 1738 an einer Brustkrankheit starb. Es sind drei konkrete Lebensläufe aus vergangenen Berliner Tagen, drei ‚Frauenschicksale', typisch für ihre Zeit. Mutter Rahel wurde nur 29 Jahre alt. Anna Elisabeth erreichte dagegen das dreifache Alter. Sie starb mit 96. Catharina wiederum wurde gar nicht erst ‚Frau'. Das Mädchen verließ seine Eltern und Geschwister schon mit vier Jahren.

Ebenso konkret fällt das Kontrastprogramm hierzu aus. In der gleichen Abbildung stoßen wir auf eine Reihe weiterer realer Lebensläufe aus Berlin. Sie gingen allerdings ein Vierteljahrtausend später zu Ende. Da hören wir von Gerda, deren ‚Wunsch nach einem sanften Tod' sich am 23. März 1988 erfüllte. Sie starb ‚nach einem mehrwöchigen Krankenlager'. Wir hören von Charlotte, die am 4. April ‚nach langer schwerer Krankheit' verschied, und von Ebba, die am 9. April ‚nach geduldig ertragenem Leiden sanft eingeschlafen' ist. Erneut haben wir drei Frauenschicksale vor uns. Auch sie sind typisch für ihre Zeit, was hier allerdings meint: für *unsere* Tage. Wir brauchen *Frauen*schicksale nicht länger in Anführungszeichen zu setzen, denn alle drei hatten bei ihrem Tod ein *komplettes* Schicksal als Frau hinter sich. Gerda wurde 86 Jahre alt, Charlotte 85 und Ebba 94.

‚Im Anschluß' hieran will ich dann jedoch nicht im Elfenbeinturm verharren und mich nicht nur historisch äußern. Würde ich dies tun, entfielen zahlreiche Dimensionen, denen der in diesem Buch behandelte Gegenstand nicht entkleidet werden darf. Wie etwa könnte ich mich damit begnügen, allein die drei zuerst angeführten ‚historischen' Lebensläufe zu untersuchen und hier ausschließlich von ihnen zu berichten, bloß weil ich ‚als Historiker' nur für sie ‚zuständig' bin? Wollen wir aus der Geschichte etwas für uns lernen, dann in diesem Zusammenhang wohl das, daß es heute eben *nicht* mehr so ist wie vor 250 Jahren. Der *Vergleich* zwischen damals und heute ist das entscheidende. Damals lag das ‚durchschnittliche' Sterbealter jener drei ‚Frauen' bei 43 Jahren (4 + 29 + 96 = 129; 129 : 3 = 43). Dasjenige der drei von 1988 betrug hingegen 88,3 Jahre (86 + 85 + 94 = 265; 265 : 3 = 88,3).

Das sind für 1988 nicht nur mehr als doppelt so viele Jahre wie für 1738, sondern es sind auch und vor allem *andere* Jahre. In der *Regel* als Mädchen bei der Geburt 80, 85, 90, 95 Lebensjahre vor sich zu haben ist etwas ganz anderes, als ein solches Alter vielleicht einmal als eine seltene *Ausnahme* zu erreichen. Heute kann frau mit 80, 85, 90 Jahren *rechnen*; seinerzeit konnte sie das ganz und gar nicht. Zum ersten Mal können wir – die Männer inbegriffen – unser Leben von einem relativ kalkulierbaren Ende her leben. Oder wir könnten dies zumindest – wenn wir es täten. Denn mich deucht, daß wir noch viel zu häufig reichlich gedankenlos mit der Mentalität von gestern, wenn nicht vorgestern leben: so wie's halt gerade kommt. Von einem länger- oder gar einem langfristigen Plan ist selten etwas zu spüren. Wie schade um die vielen sicheren und um alle die zusätzlichen Jahre eines solchen heutigen langen Lebens!

An diesem Punkt will ich einhaken. Ich will aufmerksam machen auf unseren stark erweiterten und gesicherten *Lebensrahmen*, auf die vielen Jahre, die uns mit größerer Wahrscheinlichkeit als jemals zuvor und als irgendwo sonst in der Welt zur Verfügung stehen, *hier* und *heute*. Wenn wir sie nicht bewußt nutzen und ausfüllen, sind wir es nicht wert, zu den Privilegiertesten dieser Erde zu zählen.

Wie aber macht man das, den ‚erweiterten Lebensrahmen bis zum Ende nutzen und bis an den Rand ausfüllen‘? Und was meint, ‚das Leben vom Ende her leben‘ konkret? Aus diesen Fragen ergeben sich für mich zwei Aufgaben. Zum einen muß ich im folgenden diesen ‚Rahmen‘ erläutern, muß etwas über unsere *heutigen* und keineswegs nur über die historischen Sterbeverhältnisse aussagen, über das Sterbealter und die Todesursachen. Was sich hierbei allmählich abzeichnet, ließe sich als unsere veränderte, nämlich stark erweiterte ‚Lebenshülse‘ bezeichnen. *Sie* gilt es während eines langen Lebens nach und nach aufzufüllen. Auf welche Weise das sinnvoll geschieht oder geschehen könnte, ist die zweite Aufgabe. Dabei werde ich mich auf *eine* Möglichkeit unter vielen konzentrieren, sie allerdings ausführlich behandeln. Wir kennen ihr Thema bereits. Es ist das Thema dieses Buches: ‚Ein Historiker schaut Bilder an‘.

Auch wenn ich als gewöhnlicher Historiker dabei nicht kunsthistorisch vorgehe, habe ich doch viel von den Kunsthistorikern gelernt. Dies beruht ganz einfach darauf, daß sie sich von Berufs wegen am häufigsten zu Bildern äußern (müssen). Die Augen geöffnet haben mir aber auch jene, bislang allerdings nicht sehr zahlreichen Historiker-Kollegen, die schon früher Bilder als Anregung für ihre Studien benutzten, meistens allerdings als Quellen. In erster Linie sind hierbei Rainer Wohlfeil (*1927) und – obwohl vom Mittelalter herkommend – Hartmut Boockmann (*1934) und Gerhard Jaritz zu nennen. Einige ihrer jüngeren Publikationen sind am Ende erwähnt. Sie enthalten detaillierte Literaturhinweise auf weiterführende Studien, so daß sich Interessierte leicht selbst in die dabei aufgeworfenen Fragen vertiefen können (Wohlfeil 1986, Wohlfeil und Wohlfeil 1982; Boockmann

1985, 1986a und b; Jaritz 1989. Als gelungen möchte ich ferner den Versuch von Detlev Ellmers erwähnen, aufgrund von Siegelabbildungen die alte Frage nach der Entstehung und dem raschen Aufschwung der Hanse im Hochmittelalter zu beantworten; vgl. Ellmers 1985. – Zu den Leistungen des unvergessenen Pioniers auf diesem Gebiet, Philippe Ariès [1914–1984], vgl. kritisch abwägend Burton 1989; zur Zusammenarbeit zwischen Historikern und Kunsthistorikern ferner generell Rabb 1973/1984/1990; Rabb – Geschichtsprofessor an der Princeton University – ist seit Jahren einer der energischsten Vertreter eines solchen interdisziplinären Teamworks.)

Im vorliegenden Buch möchte ich allerdings einen Schritt weitergehen und Bilder nicht ‚nur' als historische Quellen ansehen. Selbstverständlich verhält es sich auch hierbei so, daß uns eine anfangs durchgeführte *systematische* Beschäftigung mit einem Bild – so wie dies die Kunsthistoriker zu tun pflegen – eine sehr viel größere Sicherheit im Hinblick auf unsere eigenen späteren Aussagen verleiht. Mit Vorteil läßt man sich auch als Historiker dabei noch immer von den klaren Instruktionen eines der einflußreichsten Kunstgeschichtler unseres Jahrhunderts leiten, nämlich von Erwin Panofskys ‚ikonologischer Methode' (Panofsky 1939/1978; in Anknüpfung und Erweiterung ferner: Kaemmerling 1979; von Criegern 1981; Eberlein 1988. – Die Lebensdaten von Erwin Panofsky waren: Hannover 1892 – Princeton 1968). Darin rät uns der Deutsch-Amerikaner zu folgendem Dreischritt:

Als *erstes* hätten wir das Bild wahrzunehmen. Dabei würden wir Linien, Flächen, Formen, Farben erkennen. Panofsky nennt das die ‚*vorikonographische Bildbetrachtung*'. Wenn wir uns an die oben erwähnten ‚Ars moriendi'-Abbildungen erinnern, wäre da etwa von einem ‚Bett, das schräg im Raum steht' zu reden, von einem ‚jungen, ungefähr vierzigjährigen Mann, der darin liegt und immer wieder eine andere Frisur trägt', vom ‚Fußboden, der einmal lehmgestampft und einmal gekachelt' ist, von ‚merkwürdigen Lebewesen, die das Bett umgeben und abwechselnd auf den Liegenden einreden, ihm Dinge anbieten oder auf Gegenstände hindeuten'. Bei einigen dieser ‚Dinge' oder ‚Gegenstände' wissen wir auf Anhieb, worum es sich handelt. Bei andern haben wir dagegen Mühe, sie zu verstehen. Eine ‚Krone' oder eine ‚Kerze' erkennen alle von uns auch heute noch, ebenso einen ‚Turm', ein ‚Rad', einen ‚Schlüssel' oder ein ‚Messer'. Wieso aber halten verschiedene Personen auf den Bildern solche Gegenstände in Händen? Sind ‚Turm' und ‚Rad' etwa deren Spielzeuge? Oder will sich der Mann mit dem Messer rasieren und der Mann mit dem Schlüssel das Schlafzimmer abschließen?

Alles weit gefehlt! Die Frau mit einem Turm meint die heilige Barbara, die andere mit dem Rad die heilige Katharina, die dritte mit der Salbenbüchse und den langen Haaren die heilige Maria Magdalena. Der Mann mit dem Schlüssel und dem backenbärtigen Rundkopf ist der heilige Petrus, derjenige mit den Steinbrocken in der Schürze der heilige Stephanus, der mitsamt gestürztem Pferd am Boden Liegende der heilige Paulus. Noch schwieriger wird es mit dem ‚Sündenregister‘, das ein ‚Teufel‘ triumphierend in der Hand hält, oder mit der ‚ausgehauchten Seele‘, die ein ‚Engel‘ in Empfang nimmt und der ‚ewigen Glückseligkeit‘ entgegenträgt.

Um dies zu verstehen und korrekt zu deuten, braucht es zweifellos eine Menge seinerzeitigen Wissens. Geraten wir dabei in Schwierigkeiten, brauchen wir uns dessen nicht zu schämen. Offenbar hatten auch viele Zeitgenossen schon vor einem halben Jahrtausend ihre liebe Not mit dem Verständnis. Deshalb sind in den Holzschnitteditionen an verschiedenen Stellen ja auch immer wieder erklärende Wortbänder und erläuternde Sprechblasen angebracht.

Hier haben wir es mit Panofskys *zweitem* Schritt zu tun, der ‚*ikonographischen Analyse*‘. Wenn wir diesbezüglich selbst nicht mehr weiter wissen, können wir uns relativ leicht aufgrund literarischer Quellen über seinerzeitige Vorstellungen oder ehemals gebräuchliche Symbole kundig machen. Bei den meisten von uns dürfte das kollektive Gedächtnis noch ausreichen, um in einer ‚Frauengestalt mit zwei Flügeln‘ einen ‚Engel‘ zu erkennen oder in den fratzenhaft gehörnten, geschwänzten, bocksfüßigen Mensch-Tier-Fabelwesen ‚Teufel‘ zu sehen. Auch mag uns Petrus mit dem Himmelsschlüssel nach wie vor geläufig sein, vielleicht sogar Maria Magdalena mit der Salbenbüchse. Überdies haben wir im allgemeinen noch immer eine Ahnung davon, was eine ‚christliche Seele‘ ist, was mit ‚Ewigkeit‘ gemeint wird, was ein ‚Heiliger‘, ein ‚Teufel‘ für eine Funktion hat. Wo und wenn dem nicht mehr so ist, können wir in Bibliotheken fast unendlich viel darüber nachlesen und das Bild somit ikonographisch schließlich richtig analysieren. Hierbei ist die kunsthistorische Literatur von großem Nutzen.

Was aber hatte vor fünfhundert Jahren der ganze Aufwand dieser ‚Ars moriendi‘ für einen Sinn? Was bezweckten die elf Bilder? Auch damals brauchte schließlich niemand ‚sterben‘ zu lernen. Jedenfalls ist keiner von denen, die es in jenen Tagen nicht ‚gelernt‘ hätten, versehentlich am Leben geblieben. Darum ging es bei den seinerzeitigen Christen auch gar nicht. Für sie kam es darauf an, *Gott wohlgefällig* zu sterben und nicht in der Todesstunde noch den Versuchungen der höllischen Mächte zu erliegen. Hier haben wir es mit der *eigentlichen Bedeutung* dieser Bilder zu tun. Es ist der *dritte* und zweifellos der schwierigste Schritt in Panofskys Dreierschema. Er nannte ihn die ‚*ikonologische Interpretation*‘. Als Laie möchte man oft fast verzweifeln angesichts der unerhörten Anforderungen, die hier an ein korrektes Vorgehen gestellt werden. Lassen wir Panofsky selbst zu Worte kommen: „Der Kunsthistoriker wird dasjenige, was seiner Meinung nach die eigentliche Bedeutung des Werkes oder der Werkgruppe ist, der er sein Augenmerk widmet, an dem zu messen haben, was seiner Meinung nach die eigentliche Bedeutung so vieler anderer, historisch auf jenes Werk oder jene Werkgruppe bezogener kultureller Dokumente ist, wie er nur bewältigen kann: von Dokumenten, die Zeugnis ablegen über die politischen, poetischen, religiösen, philosophischen und gesellschaftlichen Tendenzen der Person, der Epoche oder des Landes, die zur Debatte stehen. Selbstredend sollte umgekehrt der Historiker des politischen Lebens, der Poesie, der Religion, der Philosophie und der gesellschaftlichen Situation analogen Gebrauch von Kunstwerken machen. Gerade bei der Suche nach der eigentlichen Bedeutung oder dem Gehalt treffen sich die verschiedenen geisteswissenschaftlichen Disziplinen auf einer gemeinsamen Ebene, statt sich gegenseitig als Handlanger zur dienen" (Panofsky 1978, 48–49).

Bevor jemand angesichts dieser fast übermenschlich erscheinenden Aufgabe seine Hände entmutigt in den Schoß sinken läßt, möchte ich ihn jedoch an eine andere Passage in Panofskys Text erinnern, die nur ein paar Dutzend Zeilen von der ersten entfernt zu lesen ist. Sie macht deutlich, daß selbst Kunsthistoriker vom Rang eines Panofsky neben dieser ersten, hochwissenschaftlichen Vorgehensweise noch eine zweite gelten lassen wollen. Die eigentliche Bedeutung eines Kunstwerkes zu erfassen brauche gar nicht unbedingt, wie eben gefordert, das summierte Lebenswerk eines interdisziplinären Teams von hochkalibrigen Spezialisten zu sein. Ich zitiere den Altmeister nochmals wörtlich, dem Leser und mir zum Trost: „Um diese Prinzipien [das heißt die eigentliche Bedeutung eines Kunstwerkes] zu erfassen, benötigen wir eine geistige Fähigkeit, die derjenigen eines Diagnostikers vergleichbar ist – eine Fähigkeit, die ich nicht besser beschreiben kann als durch den ziemlich in Mißkredit geratenen Ausdruck ‚synthetische Intuition‘ und die in einem begabten Laien besser entwickelt sein kann als in einem belesenen Gelehrten" (Panofsky 1978, 48).

Um nun jedoch nicht zu übermütig zu werden, beeile ich mich, auch Panofskys unmittelbar anschließende Mahnung noch hinzuzufügen: „Je subjektiver und irrationaler allerdings diese Interpretationsquelle ist (denn jeder intuitive Ansatz wird durch die Psychologie und die ‚Weltanschauung‘ des Interpreten geprägt sein), um so notwendiger ist die Anwendung jener Korrektive und Kontrollen, die sich als unerläßlich erwiesen, als es sich nur um ikonographische Analyse und vorikonographische Beschreibung handelte" (Panofsky 1978, 48).

Dies *insgesamt* meinte ich oben mit dem Hinweis, daß uns die dem eigenen *vierten Schritt* vorauszugehende systematische Beschäftigung mit einem Bild eine größere Sicherheit verschaffe, als wenn wir bloß oberflächlich-impressionistisch einmal darauf guckten. Was aber ist dieser *vierte* Schritt? Nach meiner Meinung können Panofskys enorme Anforderungen an die ikonologische Interpration eine nicht zu unterschätzende Gefahr in sich bergen. Anstatt zum Kunstwerk hinzuführen und mittels seines Dreierschrittes bis zu dessen ‚eigentlicher Bedeutung‘ vorzudringen, wird man hierdurch möglicherweise gerade von diesem Ziel abgelenkt. Die Anforderungen machen mutlos und bewirken, daß man es alsbald gar nicht mehr erst versucht.

Wohlgemerkt, ich spreche hier nicht von den (wenigen) Fachleuten: den Kunsthistorikern, den Museumsspezialisten, den Kunstrezensenten. Ich spreche von den (weitaus zahlreicheren) Laien, die heutzutage allüberall auf der Welt die Gemäldegalerien und Kunstmuseen von früh bis spät, sonntags und werktags füllen: den Louvre ebenso wie den Prado, die National Gallery in London oder Washington genauso wie das Metropolitan Museum of Art in New York oder den Städel in Frankfurt, die Uffizien in Florenz und die Vatikanischen Museen in Rom, die Alte Pinakothek in München und das Rijksmuseum in Amsterdam.

An *sie* denke ich beim vierten Schritt. Wiederum trifft zu, daß ich hier Dinge zuerst einmal zur Kenntnis zu nehmen habe, gleichgültig ob sie mir gefallen oder nicht, ob ich sie passend oder unpassend finde, ob ich sie für naiv halte oder nicht. So wenig wir bei Besuchern einer Sternwarte ein Astronomiestudium voraussetzen oder den Besuchern von Zoologischen oder Botanischen Gärten ein abgeschlossenes Zoologie- oder Botanikstudium vorschreiben, so wenig realistisch wäre es, bei Besuchern von Kunstmuseen überall grundlegende oder auch nur einigermaßen gediegene kunsthistorische Fachkenntnisse zu erwarten. Ich bin selbst in keiner Weise eine Ausnahme. Das einzige, wovon man wohl ausgehen darf, ist ‚ein gewisses Interesse‘. Oder etwa nicht einmal das? Und wenn schon ‚ein gewisses Interesse‘: ein ‚Interesse‘ woran?

Erstaunlicherweise vermögen auch Kunstmuseums-Manager auf diese Frage keine genauen Antworten zu geben. Als ich während meines eingangs erwähnten Aufenthaltes in den USA einigermaßen erstaunt war über die sich ständig durch die National Gallery of Art in Washington drängenden Massen, wandte ich mich an die dortige Informationsabteilung, um von ihr zu erfahren, worauf sie selbst einen solchen Andrang von jährlich über einer Million Besuchern zurückführe. Da der Verwaltung jedoch keinerlei systematische Befragungsergebnisse vorlagen, wollte man sich meine Frage überlegen und mir dann schriftlich Antwort geben. In seiner ausführlichen Stellungnahme vom 7. April 1988 meinte der Leiter des ‚Department of Art Information‘, Christopher With, daß wohl die folgenden elf Punkte besonders attraktiv wirkten:

1. Die Eröffnung des neuen Museumsflügels (des sogenannten ‚East Building‘) im Jahre 1978. Viele Besucher wollten dessen ungewöhnliche Architektur sehen.
2. Das Museum als eine der herausragendsten unter den vielen Touristen-Attraktionen der amerikanischen Hauptstadt.
3. Seine Lage an der ‚Mall‘, wo sich eine Reihe weiterer Nationalmuseen befinden.
4. Eine der besten permanenten Gemäldeausstellungen in den gesamten Vereinigten Staaten.
5. Dazu immer wieder neue besucherträchtige Spezialausstellungen.

6. Das weit gefächerte Angebot im erzieherischen Programm, unter anderem kurze Überblicksrundgänge, Spezialführungen sowie kunsthistorische Vorlesungen.

7. Ein attraktives Speisen- und Getränke-Angebot in den verschiedenen museumseigenen Restaurants und Cafeterias, die an sich zu den besten an der ‚Mall' gerechnet würden.

8. Ein wöchentlich wechselndes Programm künstlerisch anspruchsvoller Filme.

9. Die Sonntagsvorlesungen, gehalten von prominenten Kunsthistorikern aus dem In- und Ausland.

10. Die Sonntagskonzerte, jeweils von September bis Ende Juni.

11. Der kostenlose Zutritt zu allen Beständen und Veranstaltungen.

Obwohl Christopher With einleitungsweise betonte, daß es sich „eher um seine subjektiven Einschätzungen als um ein objektive Dokumentation" handele, bemühte er sich doch um ‚Neutralität'. So stehen bei ihm die Punkte 4 und 7 offenbar gleichberechtigt nebeneinander. Im stolzen Bewußtsein, einerseits ‚eine der besten Gemäldesammlungen' der Welt zu beherbergen, hat er andererseits nichts dagegen einzuwenden, daß „ein attraktives Speisen- und Getränke-Angebot in den verschiedenen museumseigenen Restaurants und Cafeterias" auf viele Besucher genauso anziehend wirkt wie der Ruhm der Kollektionen. Ähnliches ließe sich auch bei der Aufzählung der übrigen ‚garnierenden Elemente mit Unterhaltungscharakter' anmerken: der Sonntagskonzerte, der Filmprogramme, der Museumsarchitektur. Bei With ist auch hier nichts Dünkelhaftes zu spüren, nichts Überhebliches, nichts von Verzweiflung über einen ‚fehlgeleiteten' Publikumsgeschmack. Jeder soll von dem Gebrauch machen, was ihm Freude bereitet. Beim einen ist es Unterhaltung, beim andern Belehrung, beim dritten das Eßvergnügen, beim vierten – vielleicht – Interesse an der Kunst.

Bissiger, böser, anklagender, abschätziger klingen dagegen nicht selten Urteile aus der Alten Welt. So schrieb im gleichen Monat April 1988 ein Korrespondent der ‚Neuen Zürcher Zeitung' anläßlich seines Besuches im Prado – und ich zitiere auch ihn wörtlich –: „Die Massen haben die Museen in Besitz genommen, in London, in Paris, in Florenz, in Madrid. Sie beherrschen die Szene auf eine Weise, daß die Museen, die Sammlungen und die Bilder längst kapituliert haben. Vor den sich Tag für Tag ruhelos durch die Gänge schiebenden, ratlos in den Sälen und vor den Bänken sich stauenden Massen (untermischt mit Kinderwagen) kann der schönste Museumssaal, die herrlichste Sammlung und das wunderbarste Gemälde nicht mehr zur Geltung kommen, nicht mehr in den Dialog genommen werden. Was Kunstwerke zur Entfaltung brauchen: Raum, Luft, Licht – Freiheit mit einem Wort, ist ihnen längst genommen. Die Masse der Besucher, von denen viele (die meisten?) keine Interessenten, sondern ‚Opfer' von Gruppenreiseunternehmern sind, erstickt die Bilder. Solchem Ersticken und Erdrücken leisten die Museen noch Vorschub in der Präsentation ihrer größten Attraktionen, indem sie diese im Dunkeln mit Spotlights beleuchten, in der irrigen Meinung, die malerischen Lichtwunder mit solchen Jahrmarkteffekten gesteigert zum Ausdruck bringen zu können. Die massenfreundliche Manipulation resultiert aus einem falschen Kunstverständnis. Weshalb übrigens sollte sich der Besucher in den Museen nicht wie im Bahnhof oder im Warenhaus fühlen dürfen, wo ihn die Museen doch dazu einladen? ihn verwöhnen mit Restaurants, Cafeterien, Verkaufsständen (mit Faksimiles, Reproduktionen, Kunstkarten, Büchern) und Toiletten wie auf Flughäfen."

Und bitter, sarkastisch räsoniert er weiter: „Das optische Zeitalter? Es verrät sich immer deutlicher als ein blindes Zeitalter. Mit der Vielheit seiner Bilder bietet das Museum den Direktanschluß an die tägliche Bilderflut und hält so das Auge dauernd in Bewegung wie die Television zu Hause oder die Bilderzeichen auf der Straße. Das an den ständigen Augenreiz gewöhnte Auge nimmt beim Abschreiten bzw. optischen ‚Abnehmen‘ die Gemälde als Spots in Goldrahmen wahr; doch dieses Wahrnehmen beschränkt sich auf das Registrieren wie vor dem Fernsehapparat oder den vielfältigen Bild- und Signalbotschaften der Großstadt. Mit seiner Überflutung hat das optische Zeitalter die Kultur des Sehens und der Anschauung schwer beeinträchtigt, das Zuviel an Farben hat die Sensibilität für Farben nicht vertieft, sondern vermindert" (Neue Zürcher Zeitung, Fernausgabe Nr. 99 vom 30. April 1988, Seite 49; ähnlich berichtete Dagmar Sinz ein Jahr nach Einweihung des neuen „Pyramiden"-Eingangs zum Louvre in Paris, daß „der Umsatz in Buchhandlung und Boutiquen, wo Repliken, Schmuck, Druckgraphik, Bücher und Postkarten jetzt wesentlich attraktiver angeboten werden, bis Ende vorigen Jahres bereits um 124 Prozent" gestiegen sei! Vgl. ihren Bericht in der Neuen Zürcher Zeitung, Fernausgabe Nr. 86 vom 13./14. April 1990, Seite 39).

Kaum zwei Jahre später wurde in derselben Zeitung mit Bezug auf die Velázquez-Ausstellung vom Winter 1989/90 im gleichen Prado-Museum nachgedoppelt: „Als Schau der Superlative angekündigt, mit einem Staatsakt eröffnet, durch Photographien der Königsfamilie vor den ‚Meninas‘ propagiert, mobilisiert das Kunstereignis Abertausende, die sich nach stundenlangem Warten mit sanftem Druck durch die Säle schleusen lassen.... Doch wer sich auf die ästhetische und intellektuelle Herausforderung [von Velázquez, Bildern] einlassen will, sollte den Prado besser erst nach Abschluß der Ausstellung besuchen" (aus dem Ausstellungsbericht von Franz Zelger in: Neue Zürcher Zeitung, Fernausgabe Nr. 56 vom 9. März 1990, Seite 39).

Sind die Massen der Besucher also doch keine Interessenten, sondern ‚Opfer‘ von Gruppenreiseunternehmern? Stellen die berühmtesten Gemäldesammlungen der Welt nur noch vermarktete Touristenattraktionen dar, eine Art ‚live‘ verramschter dreidimensionaler Bilderbücher? – Am genauesten wollten es die Deutschen wissen. Hierzulande gibt es zu diesem Zweck ein eigenes ‚Institut für Museumskunde'. Es hat seinen Sitz in Berlin. Da „die Frage nach den Besuchern, ihrer Herkunft und ihren Erwartungen zu den zentralen Anliegen" dieses Instituts gehört, legte es 1984 nach Tausenden von Interviews, die es in achtundzwanzig über die Bundesrepublik verstreuten Museen mit den unterschiedlichsten Sammelgebieten durchführte, eine umfangreiche Antwort vor (Klein 1984, 220 Seiten!).

Natürlich kommt uns vieles darin bekannt vor, so etwa die Feststellung, „daß Pauschalreisen-Bildungstourismus zu fragwürdigen ‚Erlebniseindrükken' führt" (Klein 1984, 8). Doch anders als in der ‚Neuen Zürcher Zeitung' wird dies hier nicht bloß wehklagend registriert, sondern man überlegt sich gleichzeitig, auf welche Weise am ehesten Abhilfe geschaffen werden könnte: „Es bliebe zu diskutieren, inwieweit neben einer fast überall verbesserungsbedürftigen ‚Normaldidaktik' für solche Fälle eine Art von ‚Instant-Einstiegshilfe' von Museen entwickelt und angeboten werden kann und sollte. Keinesfalls braucht eine derartige didaktische Möblierung – um einem allzeit paraten Vorbehalt zu begegnen – auf Trivialisierung und ‚Entweihung der Aura' der Exponate hinauszulaufen" (a.a.O., 8, 179).

In unserem Zusammenhang, auf den ich nun zurücklenken will, gibt es in dieser Studie eine Fülle weiterer Hinweise und konkreter Überlegungen, die wir aufgreifen können. Als Kondensat aus der Kleinschen ‚Kurzfassung' und seiner ‚Ergebnisdiskussion' stelle ich die für uns wichtigsten Punkte zusammen: „In Großstadtmuseen sind die ‚kulturhungrigen' Altersjahrgänge der 20–40jährigen als Besucher überproportional vertreten. Auf Erwerbstätige und ihre Angehörigen bezogen, bleiben Museen weit über das 30. Lebensjahr hinaus bis in die 50er Altersjahre ein frequentierter ‚Ausgeh-Ort' – ganz im Gegensatz zum Kino, für das bei über 30jährigen nur noch schwache Partizipation festzustellen ist. Auf alle erwerbstätigen Besucher bezogen wurden im Mittel 15% ‚Arbeiter' registriert, was einer Unterrepräsentanz gegenüber der erwerbstätigen Bevölkerung im Verhältnis von eins zu zwei bis eins zu drei entspricht. Zugangsbarrieren bestehen offensichtlich auch für verheiratete Frauen über 40 Jahren. Rentner sind allgemein unterrepräsentiert. Generell werden Museumsbesuche in geselliger Form ausgeübt, nur wenige ‚Einzelbesucher' kommen wirklich allein. Kunstmuseen haben ein eindeutig elitär selektiertes Publikum, manche andere Museen werden von Akademikern eher vernachlässigt. Die meisten Museumsbesuche werden unternommen, um in unterhaltsamer Weise eine inhaltlich relativ beliebige Bereicherung des persönlichen Allgemeinwissens zu gewinnen. Die Vorkenntnisse der Besucher über Sammlungsgebiete und -hintergründe des aufgesuchten Hauses sind nach eigener Einschätzung häufig sehr bescheiden. Informationshilfen fast aller Art werden dankbar begrüßt" (a.a.O., wörtliche Zusammenfassung aus den Seiten 8–9 und 170–181).

Am wichtigsten aber scheint mir die Folgerung: „Überlegungen einer ‚integralen Interessenförderung' für die Gestaltung des Lebensentwurfs ab 50 sollten stärker als bisher Museen als ‚Katalysatoren' einbeziehen. Gemeint sind damit – auch im Hinweis auf reduzierte Arbeitszeiten und/oder vorgezogenes Ausscheiden aus dem Erwerbsleben – kulturelle ‚Entdeckungsangebote', aus denen heraus vorhandene, vom Berufsalltag verdrängte oder neu zu entwickelnde Neigungen angeregt werden können" (a.a.O., 172).

Ich tue gut daran, alle diese Punkte im Hinblick auf den oben erwähnten ‚vierten Schritt' sorgfältig zu bedenken. Nur wenn ich die Frage ins Zentrum rücke, was uns ein Holzschnitt, ein Kupferstich, ein Gemälde, eine Skulptur auch heute nach Jahrhunderten noch sagen kann, werde ich das Interesse jener vielen wecken können, um die es mir in diesem Buch geht. Nicht nur ‚elitär selektierte' Akademiker werden in unseren Tagen 70, 80, 90 Jahre alt, sondern ‚verheiratete Frauen' oder ‚Arbeiter' genauso. Auch *ihre* im Vergleich zu früher vielen zusätzlichen Lebensjahre sollten gewonnene und erfüllte Jahre sein. Sonst ist es um die längere Lebensspanne schade – bei ihnen ebenso wie bei Akademikern.

Um auf unser konkretes Beispiel zurückzukommen, will ich bei einer Inaugenscheinnahme der elf ‚Ars moriendi'-Illustrationen somit nicht nur die üblichen Fragen der ‚vorikonographischen Bildbetrachtung' (d.h. welche *Gegenstände* sind zu sehen?) und der ‚ikonographischen Analyse' stellen (d.h. welches *Thema* wird behandelt?), um dann auf der Ebene der ‚ikonologischen Interpretation' stehen zu bleiben (welche *Bedeutung* hatte dieses Thema *damals*?). Für mich ist der *vierte* Schritt der wichtigste: welche *Bedeutung* haben die ‚Ars moriendi'-Bilder *heute*, unter völlig veränderten Umständen, in einer weitgehend entchristlichten Welt, *für uns*?

Selbstverständlich habe ich nichts dagegen einzuwenden, wenn beim Betrachten der ‚Ars moriendi' der ‚Unterhaltungs-Aspekt' breiten Raum einnimmt. Gerade auf ihn verstanden sich, selbst bei einem so ernsten Thema wie der ‚Kunst des Sterbens', die seinerzeitigen Kupferstecher und Holzschnitzer beziehungsweise die bildentwerfenden Künstler sogar ganz glänzend. Wir würden deren Phantasie und Erfindungsreichtum Unrecht tun, wollten wir darüber hinwegsehen. Hörten wir nicht oben schon, daß sie eine Menge Amüsantes in ihre Bilder einstreuten, so etwa voneinander abweichende Bettgestelle erfanden, die Haartracht des Sterbenden noch in dessen Todesstunde laufend veränderten, den Selbstmörder linkisch, das heißt mit der *linken* Hand Selbstmord begehen ließen, das Sterbebett auf dem letzten Bild umgekehrt diagonal in den Raum stellten, sich eine fast unendliche Fülle von Teufelsfratzen einfallen ließen: mit langen Ohren, mit breiten Schnauzen, mit Klauen, mit Hörnern? Wir sollten uns nicht scheuen – und brauchen uns dessen auch nicht zu schämen –, zuerst einmal rein ‚vorikonographisch' mit unseren Augen auf Entdeckungsreisen zu gehen. Unser naives Vergnügen wird hierbei reichlich belohnt. Ich kann nicht finden, daß daran etwas auszusetzen ist.

Ebenso unumwunden gestehe ich, daß auch ich mich in Museen gerne in eine freundliche Cafeteria setze, um ,verwöhnt' zu werden, und sei es bloß mit einem starken Espresso alle zwei, drei Stunden. Wenn darüber hinaus die Tische noch mit frischen Blumen, einer duftenden Nelke oder einer eben aufgeblühten Rose geschmückt sind, umso erfreulicher und einladender. Zwar bin ich mir durchaus bewußt, daß hieran – worauf ich gleich zurückkommen werde – etwas ,falsch' ist. Dies trifft in noch höherem Maße zu, wenn Museen ihre größten Attraktionen in schummriges Dunkel hüllen, um sie dann mit Spotlights anzustrahlen und dem Besucher wie einen Deus ex machina als Kultobjekte in gleißendem Scheinwerferlicht vor Augen zu führen und ihn staunend ,Ah!' und ,Oh!' ausrufen zu lassen. Weder gab es zu Zeiten, als die meisten der heute in Museen gehorteten Kunstwerke entstanden, an deren einstigen Bestimmungsorten besucherfreundliche Cafeterias, noch gab es Spotlights, in deren Licht man sie genau hätte betrachten können. Hunger und Dunkel gehörten zur Alltagswelt unserer Vorfahren, und zwar in einer so fundamentalen Weise, wie wir uns das kaum noch vorstellen können. Abgesehen davon waren die wenigsten Exponate jemals in der Absicht geschaffen worden, dereinst ein Luxusleben in vollklimatisierten Renommiersammlungen zu fristen und deren Ruhm zu mehren.

Doch soll ich, nur um zum Beispiel ein Gemälde mit der Darstellung einer ,Bäuerlichen Familie' aus dem 16., 17., 18. Jahrhundert ,richtig' zu sehen und um es ,zeitgemäß' zu verstehen, zuerst drei Tage lang hungern und verlaust und zerlumpt ins Museum gehen? Die Kunstwerke befinden sich heute nun einmal dort, wo sie sind, und sie präsentieren sich uns in einer Umgebung so, wie sie es eben tun. Außerdem hindert mich ja niemand daran, bei einem doppelten Espresso in der Museums-Cafeteria so lange ich nur will darüber nachzudenken, daß wir in historischer Perspektive die ersten sind, die Kunstwerke auf so angenehme Weise ,falsch' betrachten können. Und es stört mich dort auch niemand beim Reflektieren darüber, wozu sie seinerzeit eigentlich geschaffen worden waren.

Ebenso wenig will ich in bezug auf den zweiten oder dritten Schritt, also die ,ikonographische Analyse' und die ,ikonologische Interpretation' jenes *intellektuelle* Vergnügen verheimlichen, das es mir bereitete, die vielen anfänglichen Rätsel der ,Ars moriendi'-Illustrationen eines nach dem andern zu lüften. Es machte mir Spaß, mit Hilfe von Fachliteratur oder in der Diskussion mit sachkundigen Fachleuten – die es in Berlin zu allem und jedem gibt – nach und nach dahinter zu kommen, was alle die Symbole bedeuteten: weshalb zum Beispiel die eine Frau (die heilige Katharina von Alexandrien) ein Rad in der Hand hält (sie wurde wegen ihres Christenbekenntnisses gerädert), oder warum der eine Mann (der heilige Stephanus) Steinbrocken in seiner Schürze vor sich herträgt (er wurde gesteinigt), vor allem aber, was denn diese Heiligen – Katharina und Stephanus – damals im Zimmer des Sterbenden überhaupt zu suchen hatten. In meinem Sterbezimmer werden sie mit Sicherheit nicht anzutreffen sein. Seinerzeit aber sollten diese beiden Heiligen das ‚gern und geduldig ertragene Leiden als Fegefeuer vor dem Tod‘ versinnbildlichen. Gott strafte auf Erden, um in Ewigkeit zu belohnen. Märtyrer wie Katharina oder Stephanus waren die besten Vorbilder hierfür.

Natürlich bin ich zudem stolz darauf, eine nach der anderen der eingestreuten lateinischen Sprechblasen aus dem Mund von Teufeln und Engeln entziffert und dabei festgestellt zu haben, daß keineswegs *mein* Schullatein nichts mehr taugte, sondern daß einige der damaligen Holzschnitzer *ihr* Latein nicht beherrschten. Dieser Sachverhalt erstaunt bei einigem Nachdenken wenig. Als Handwerker erhielten sie den Auftrag, die von einem Künstler angefertigten Bildvorlagen in Holzschnitte umzusetzen. Latein hatten sie nie gelernt, so daß sie gar nicht wissen konnten, was dieses oder jenes in der Vorlage auftauchende Wort bedeutete oder wie es richtig geschrieben wurde. Deshalb kommt es bei den Drucken immer wieder vor, daß einzelne Buchstabenkombinationen in falscher Reihenfolge erscheinen, oder daß da und dort eine Endung oder ein Abkürzungszeichen fehlt.

Kurzum: mir bereitete es eine fast kindliche Freude, immer und immer wieder Neues zu entdecken, mehr und mehr Zusammenhänge zu verstehen und endlich zu begreifen, was hier eigentlich ausgedrückt wurde, beziehungsweise was den damaligen Betrachtern vor Augen geführt werden sollte und wieso das damals alles so wichtig war. Es war wie mit dem Zusammenfügen eines Puzzles: ein Element kam zum andern, paßte sich ein in den Rahmen. Und als Bild entstand oder entsteht am Ende vor unseren Augen eine ganze bunte seinerzeitige Welt: die Welt und Weltanschauung unserer Vorfahren vor einem halben Jahrtausend.

Das offene Eingeständnis, eine ‚fast kindliche Freude‘ hieran zu haben, mag aus dem Munde eines Akademikers für manchen Leser vielleicht erstaunlich klingen. Dies sollte es jedoch nicht tun. Die unbändige Neugier und der nie erlahmende Drang, alles und jedes zu verstehen und zu begreifen bilden – so glaube ich jedenfalls von mir sagen zu können – die *eigentliche* Triebfeder meines ganzen Forschens und Trachtens. Es sind die dauernden Fragen schon eines Kindes, das plötzlich entdeckt, wie unermeßlich weit die Welt ist, in die hinein es geboren wurde, und das mit staunenden Augen nun immerzu fragt: Warum? Weshalb? Wieso? Diese Triebfeder so lange wie möglich nicht erlahmen zu lassen, scheint mir fast noch wichtiger, als den eigenen Augapfel zu hüten. Denn würde sie ihre Spannkraft verlieren, dürfte es auch mit dem Lebenswillen nicht mehr weither sein. Selbst ohne Augenlicht ist es im Vierten Alter noch möglich, Fragen zu stellen und sich Antworten darauf zu geben. Aber der Drang zum Fragen muß erhalten geblieben sein.

Insgesamt bin ich somit weit davon entfernt, die ersten drei Schritte des Panofsky-Schemas gering zu achten. Beim einen oder andern Leser mag es sogar sein, daß sie – zusammen genommen – schon den vierten ausmachen. Für ihn kann die Beschäftigung mit einem Kunstwerk in der skizzierten Weise ein sinnvolles befriedigendes Tun bedeuten und Erfüllung bringen. – Mir jedoch vermögen die Schritte eins bis drei weder je für sich, noch in ihrer Gesamtheit zu genügen. Ich möchte mich nicht bloß mit dem naiven oder/und ästhetischen oder/und intellektuellen Vergnügen zufrieden geben, das mir eine solche Beschäftigung zweifellos *auch* bietet. Für mich wäre das eine ,Kunst um der Kunst willen'. Hierfür aber würden mir, wieder als Beispiel, die ,Ars moriendi'-Bilder dann doch zu schade sein.

Lange bevor ich alle Sprechblasen korrekt entziffert, alle Heiligen aufgrund der beigefügten Symbole richtig identifiziert und ihre Anwesenheit wegen ihrer besonderen Viten richtig gedeutet hatte, drängte sich bei mir immer stärker die Frage in den Vordergrund, ob nicht auch wir heute wieder eine ,Kunst des richtigen Sterbens' bräuchten? Es war dies die Frage, die ich dem Leser bereits oben bei der erstmaligen Erwähnung der ,Ars moriendi' vorgelegt habe und die ich hier somit wiederhole. Sie scheint mir wichtiger als alle noch so langen intellektuellen oder ästhetischen Fingerübungen an den ,Ars moriendi'-Illustrationen. Doch nicht nur die ,Kunst des Sterbens', sondern sämtliche Bilder, die ich dem Leser in diesem Buch nach und nach vorlege, werden es sich gefallen lassen müssen, in *dieser* Weise befragt und betrachtet zu werden: *Was sagen sie uns heute?*

Es geht hierbei um nichts anderes als um die zentrale Frage vor dem Hintergrund der verlängerten Lebensspanne, um das Problem, wie wir ein langes Leben zu einem erfüllten langen Leben machen können. Warum es nicht mit dem Betrachten von Bildern versuchen? Die Möglichkeiten, die sich hieraus ergeben, scheinen mir nicht schlecht. Da war doch in der Zusammenfassung des Instituts für Museumskunde die Rede davon, daß ,Museen weit über das 30. Lebensjahr hinaus bis in die 50er Altersjahre ein frequentierter Ausgeh-Ort' wären, daß die ,20–40jährigen als Besucher überproportional vertreten' seien, daß ,Informationshilfen fast aller Art dankbar begrüßt' würden. Wieso dies nicht alles aufgreifen und in die Tat umsetzen? Und zwar *lange* vor einer ,integralen Interessenförderung für die Gestaltung des Lebensentwurfs ab 50' und *sehr lange* vor einem ,[vorgezogenen] Ausscheiden aus dem Erwerbsleben'. Weshalb denn sonst sind die ,Rentner allgemein unterrepräsentiert'? (vgl. nochmals Klein 1984, 8–9, 170–181). Wer erst mit 50 anfängt, sich im oben umschriebenen Sinne die vierte Frage zu stellen, hat es schwer, nicht auf Stufe eins oder zwei oder drei von Panofskys Schema stehen zu bleiben, sich nicht in purer ,vorikonographischer Bildbetrachtung' zu erschöpfen, sich nicht in der ,ikonographischen Analyse' zu verlieren und nicht in der ,ikonologischen Interpretation' das Non plus Ultra zu sehen.

Grundlegende, ein langes Leben hindurch anhaltende Interessen zu wecken und sie in einen ,Lebensplan' oder ,Lebensentwurf' umzusetzen, muß wesentlich früher als erst mit 50, geschweige denn 60 oder 65 Jahren beginnen. Wann genau, ist für mich schwer zu entscheiden. Doch meine ich, daß man sich spätestens zu Beginn des Erwachsenenlebens ernsthaft damit auseinandersetzen und während all der anschließenden Jahre die getroffenen Entscheidungen und gefundenen Lösungen kontinuierlich und sorgsam pflegen sollte. Als Konsequenz hieraus versuche ich in meinem Beruf als Hochschullehrer denn auch seit langem, meine Lehrveranstaltungen diesen Zielen gemäß aufzubauen. So stehen sie einerseits nicht nur *allen* Altersgruppen offen, sondern es werden andererseits immer auch gezielt ‚passende Themen‘ angeboten, so etwa: ‚Von der unsicheren zur sicheren Lebenszeit – und die Folgen‘, ‚Ein langes Leben ist noch kein erfülltes langes Leben‘, ‚Die „Ars moriendi“ - vor fünf Jahrhunderten und heute‘, oder eben ‚Ein Historiker schaut Bilder an‘. Angesichts der Tatsache, daß wir in den mittleren und jüngeren Generationen die *ersten* sind, die mit statistisch großer Wahrscheinlichkeit ein langes Leben weitgehend werden zu Ende leben können, verwundert es nicht, daß sich die meist zahlreichen Vertreter der älteren Generation bisher wenig positiv zu meinem Grundkonzept eines langfristigen ‚Lebensentwurfs‘ äußerten. Als Angehörige der Jahrgänge 1900 bis 1930 hatten sie, wie unsere Vorfahren jahrhundertelang, alle noch ‚Pest, Hunger und Krieg‘ leidvoll am eigenen Leibe erfahren. ‚Lebensplanung‘ war für sie ebenso wenig ein Thema gewesen, wie es das für unsere Vorfahren jemals war. Wir *sind* die ersten, die (bisher) davor verschont blieben. Umso mehr Gedanken sollten wir uns über diese neue Situation und damit verbunden über eine nunmehr mögliche und notwendige Lebensplanung und über Lebensziele machen.

Dies der *jüngeren* Generation immer wieder ins Gedächtnis zu rufen, scheint mir umso wichtiger, als für sie, wie die gleichen Lehrveranstaltungen stets von neuem ergaben, das *statistisch erwiesene* lange Leben von siebzig oder achtzig Jahren noch keineswegs zu einer festen Größe geworden ist. Für ihre ‚Lebensplanung‘ hat dieses Faktum kaum konkrete Bedeutung. Studiensorgen, Wohungsprobleme, unsichere Berufsaussichten, diffuse Zukunftsängste stehen für sie im Vordergrund und hüllen ihre Aussichten auf das ‚gesicherte lange Leben‘ in eine Nebellandschaft mit verschwommenen Horizonten. So verständlich dies in vielen Fällen auch ist, so gilt es doch, die ungerechtfertigt überdimensionierten Proportionen zurechtzurücken. Der nachfolgenden Generation sollte klar werden, daß sie das eine genauso in Betracht zu ziehen hat wie das andere. Weder darf sie sich von den ‚guten Aussichten auf eine lange Lebensspanne‘ blenden, noch von ihren kurzfristigen Sorgen und aktuellen Problemen lähmen lassen. Denn ob die meisten Angehörigen dieser Generation das wollen oder nicht und ob sie sich jetzt schon darauf einstellen oder nicht: in ihrer Mehrzahl werden sie mit größerer Wahrscheinlichkeit denn je ihre siebzig und achtzig wenn nicht noch mehr Lebensjahre erreichen. Es schiene mir schade um alle diese vielen

Jahre, wenn dereinst bei manchen von ihnen sinngemäß stehen müßte: ‚starb nach einem unerfüllten langen Leben‘. Schon früh über einen Lebensentwurf nachzudenken und ihn während eines langen Lebens beharrlich in die Tat umzusetzen, ist bei uns heute mehr jungen Menschen denn jemals zuvor und sonstwo auf der Welt als Chance gegeben. Sie sollte genutzt und nicht leichthin vertan werden. Drauflosleben ist der Einmaligkeit der neuen Situation nicht länger angemessen.

Auf zwei meiner Aussagen muß ich nochmals zurückkommen. Zum einen geht es um die oben gemachte Bemerkung, daß wir es nicht wert wären, zu den Privilegiertesten dieser Welt zu zählen, wenn wir mit der daraus resultierenden höchsten Lebenserwartung an deren Ende dann doch nichts Konkretes anzufangen wüßten. Zwar will ich den Punkt hier nicht weiter zerreden, ihn jedoch nochmals ins Zentrum rücken und jedem Leser zum eigenen Bedenken mit auf den Weg geben. *Jeder* von uns ist aufgerufen, die ihm durch die dauernden Anstrengungen anderer gewährten zusätzlichen Lebensjahre entsprechend *seinen eigenen* Möglichkeiten und Fähigkeiten in erfüllte Lebensjahre umzuwandeln. Dieses Buch möchte eine mögliche Anleitung dazu sein, auf welche Weise das zum Beispiel geschehen könnte – nämlich anhand des Beispiels: ‚Ein Historiker schaut Bilder an‘.

Beim zweiten Punkt muß ich etwas weiter ausholen. Er betrifft meine berufsbedingten Aufenthalte rund um den Globus und die daraus erwachsenen Gedankenanstöße und Erfahrungen. Uns Privilegierten dieser Erde wird es heute leicht gemacht, ohne viel Mühe und Schweiß und außerdem preisgünstiger denn je um die Welt zu reisen. Wir brauchen bloß zum Telephonhörer zu greifen und das nächste Reisebüro anzurufen. „Morgen für vierzehn Tage nach San Francisco? – Aber selbstverständlich!“ „Übers Wochenende nach Rio? – Gewiß doch!“ „Heute nachmittag nach Helsinki? Nichtraucher, Fensterplatz? – Ihr Jet geht 12:45, Flugsteig 8!“ Einen großen Koffer packen ist nicht mehr nötig. Zahnbürste und sich automatisch an alle Stromspannungen anpassender Rasierapparat sowie einige persönliche Utensilien haben im Handköfferchen Platz. Zahnpasta, Seife, Strümpfe, Oberhemden gibt es in San Francisco, Rio und Helsinki genauso. Oft sind es sogar die selben Marken wie zu Hause und häufig noch billiger. Wieso diese Dinge also von zu Hause mitnehmen? Auch Geldwechseln ist überflüssig geworden. MasterCard, Visa, American Express, Diners Club sind zu weltweiten Zahlungsmitteln geworden. Zumindest eine der Kreditkarten wird immer akzeptiert.

Da ich unter den Privilegierten dieser Welt als angemessen besoldeter und auf Lebenszeit abgesicherter Beamter mit Professorenstatus zu den Privilegiertesten zähle, gehöre ich schon von Berufs wegen zu den ‚Frequent Travellers‘. Tatsächlich bin ich häufig unterwegs, und zwar nicht nur in San Francisco, Rio und Helsinki, sondern auch in Washington, São Paulo und Oslo, in Paris, London, Jerusalem, in Tokio, Neu Delhi, Beijing/Peking,

Sydney, Melbourne, aber auch in Ost-Berlin und Tallinn, in Dunedin auf Neuseeland und Porto Alegre in Südbrasilien, in Nagoya, Kyoto und Osaka, in Hong Kong auf dem Weg nach Kanton, in Benares im Anschluß an Bombay und Hyderabad.

Der Leser mag mir glauben, daß ich dies nicht tue, um ihm damit Eindruck zu machen, und noch weniger, weil ich gerne reisen würde. Das Gegenteil ist eher der Fall. Zwar werden mir alle die erwähnten Reisen auf Mark und Pfennig bezahlt, aber organisieren muß ich sie doch selbst. Dabei reicht es dann meist nicht mehr, bloß zum Telephonhörer zu greifen und das nächste Reisebüro anzurufen. Zur Tetanus- oder Choleraimpfung muß ich persönlich erscheinen und in den Konsularabteilungen zur Beschaffung der verschiedenen Visa häufig auch.

Wieso aber dann die ganze Reiserei und der Aufwand? Manche unter den genannten Orten mögen zwar einen gewissen Ruf als Touristenziele haben. Für mich sind sie das nicht. Überall gibt es dort Universitäten, Akademien, sonstige Forschungs- und Lehrstätten. *Sie* sind meine Ziele: die Universität von Otago in Dunedin, Neuseeland; die staatliche Universität von Rio Grande do Sul in Porto Alegre, Brasilien; die ‚Banaras Hindu University‘ in Varanasi, Indien; die Akademie der Wissenschaften in Tallinn, Estland; die ‚National Institutes of Health‘ in Bethesda bei Washington. Und dort hingeschickt beziehungsweise von dort eingeladen werde ich ebenfalls nicht als Tourist und meist auch nicht nur übers Wochenende oder für ein paar Tage. Häufiger sind es Wochen und Monate. Da verebbt der allfällige Reiz des Neuen bald. Es ist harte Arbeit; und nur selten kommt es vor, daß die Arbeits-, Wohn- und Lebensbedingungen am fremden Ort besser wären als zu Hause. So stellt sich die Frage erneut: wieso die ganze Reiserei, wo es doch zu Hause bequemer ist?

In dieser Weise lasse ich die Frage nicht gelten. Früher kannte der Adel eine moralische Verpflichtung gemäß dem Schlagwort ‚Noblesse oblige‘. Zum Adel gehöre ich nicht, wohl aber zu den heute Privilegierten auf dieser Erde. Dies verpflichtet nach meinem Dafürhalten genauso, wie es einst die Zugehörigkeit zum Adel tat. Ganz besonders trifft das für die Privilegiertesten unter den Privilegierten zu. Aber auch wenn wir ‚nur‘ zu den Privilegierten gehören, habe ich die daraus erwachsenden Verpflichtungen für jeden schon oben deutlich hervorgehoben: ‚Wir sind es nicht wert, zu den Privilegierten dieser Erde zu zählen, wenn wir nicht wissen, was wir mit den vielen zusätzlichen Jahren anfangen sollen‘. In der Tat könnten wir dann ebenso gut zumindest einige davon an jene Menschen abgeben, die bislang bloß auf ein Drittel oder die Hälfte unserer Zahl kommen, die mit 20 oder 30 Jahren noch immer an Malaria sterben, die mit 40 der Cholera erliegen oder gar schon mit zwei Monaten einer Tetanusinfektion zum Opfer fallen. ‚Abgeben‘ hieße in diesem Fall konkret, zumindest etwas von jenem enormen Aufwand abzweigen, den wir uns leisten, um statt ‚nur‘ 75 Jahre alt 80, 85,

90 zu werden. Ich will hier gar niemandem vorschreiben, auf solchen Aufwand zu verzichten oder ihm nahelegen, zumindest ein paar der dadurch eingesparten Tausender dieser oder jener Familie in einem Land der Dritten oder Vierten Welt zukommen zu lassen. Sehr wohl aber gebe ich denjenigen zu bedenken, die immer noch mehr Lebensjahre bloß um der Jahre willen anhäufen und dann doch herzlich wenig damit anzufangen wissen, ob sie nicht besser auf diese hohlen leeren Luxusjahre verzichteten? Qualitativ hochwertige Jahre sind es häufig auch nicht mehr, geht es mit der Lebensqualität in *sehr* hohem Alter doch rapide bergab.

Wenige nur werden sich aus eigenem Antrieb zu diesem Verzicht durchringen können. Auch das habe ich zur Kenntnis zu nehmen. Dabei ist es meine Sache nicht, ein moralisches Urteil über solches Verhalten zu fällen. Die Konsequenzen jedoch, die ich für mich daraus zog, führten zur Niederschrift dieses Buches. Einerseits wollte ich damit auf diesbezügliche Divergenzen und Probleme *aufmerksam* machen, andererseits an einem Beispiel aufzeigen, wie man aus einem langen Leben ein erfülltes langes Leben machen könnte.

Damit bin ich bei den Pflichten für mich angelangt, also für jemanden, der zu den Bevorzugtesten unter den Bevorzugten gehört. Bei weitem nicht alle der ‚nur‘ Privilegierten haben die Möglichkeit, von Berufs wegen ein Leben lang hierüber nachzudenken und zu forschen, Semester um Semester Lehrveranstaltungen zum Thema durchzuführen oder Vorträge zu halten. Daraus ergibt sich für mich dann allerdings auch, wie mir scheint, die selbstverständliche Aufgabe, mit den Forschungsergebnissen, den Folgerungen daraus, den Resultaten des Nachdenkens an die breitere Öffentlichkeit zu gelangen, den universitären Elfenbeinturm zu verlassen und Bücher so zu schreiben, daß sie auch von den ‚nur‘ Privilegierten, also der großen Mehrzahl heutiger Zeitgenossen in der Ersten Welt verstanden und gelesen werden können.

Soweit zu meinen Pflichten in diesem Zusammenhang hier und heute: bei uns, für uns. Doch wir leben nicht allein auf der Welt. Wir, die Privilegierten, sind im Gegenteil eine Minderheit. Nicht daß ich es jemandem vergönnen würde, die ‚schönsten Wochen des Jahres‘ an exotischen Stränden zu verbringen und seinen Urlaub dort zu genießen. Doch besteht ‚die Welt‘ nicht nur aus der Summe unserer touristischen Fernziele. Wiederum gilt, daß mich meine berufliche Tätigkeit an Ort und Stelle auch hinter diese Kulissen schauen läßt. Hieraus aber ergeben sich erneut Konsequenzen. Schon das allernächste Hinterland der Hochglanz-Strände oder der anderen vermarkteten Touristen-Enklaven sieht meist sehr viel weniger attraktiv aus. Wieso würde sonst die Mehrzahl der dort wohnenden Menschen im Durchschnitt nur vierzig, fünfzig, sechzig Jahre alt? Und wieso wäre die Säuglings- und Kindersterblichkeit dort fünf oder zehn oder zwanzig Mal höher als bei uns? Ein Zufall? Gewiß nicht!

So wenig bei uns die hohe Lebenserwartung und die niedrige Säuglingssterblichkeit ‚Zufälle‘ sind, so wenig sind es dort die umgekehrten Verhältnisse: die niedrige Lebenserwartung und die hohe Säuglingssterblichkeit.
Beide Male spiegeln sich hierin konkrete Lebensumstände wieder. Da sie im
einen wie im anderen Fall weitgehend menschengemacht sind, lassen sie sich
auch ändern. Die Frage ist nur, wie. Was zuerst die Umstände bei uns
betrifft, ist der Historiker zweifelsohne der zuständige Fachmann, um die
erfolgten Wandlungen zu analysieren und Ursachen, Gründe und Konsequenzen auch anderen zu erläutern. *Deswegen* bin ich – als Historiker –
wochen- und monatelang in Brasilien, in Indien, in China. Meinen diesbezüglichen Wissensfundus aber konnte ich mir als Privilegiertester unter den
Privilegierten hierzulande von Berufs wegen aneignen und ihn über Jahre
hinweg mehren. Wenn er nun andernorts gefragt ist, mehr und dringender
sogar gefragt als bei uns, sollte ich mich nicht zieren und kostbar machen
und nur das unbeschwerte bequeme Leben hierzulande leben und genießen
wollen. Kurzum: statt der ehemaligen Devise ‚noblesse oblige‘ heißt sie nun:
‚être privilégié oblige‘!

Wenn man in der Dritten oder Vierten Welt von mir, von uns wissen will,
wie wir es bei uns in der Ersten angestellt hätten, um unsere Säuglingssterblichkeit auf ein kaum mehr unterbietbares Niveau zu senken und jedem
Neugeborenen quasi eine Lebensdauer von siebzig, achtzig oder noch mehr
Jahren zu garantieren, dann erfolgt das dort wohl in der Absicht, es uns
nach Möglichkeit in absehbarer Zeit gleichzutun. Als Fachmann für geschichtliche Entwicklungen kann ich die gewünschten Antworten tatsächlich geben. Doch enden meine Vorträge, Vorlesungen, Lehrveranstaltungen
kaum je an dieser Stelle. Es würde bedeuten, mitten auf der Strecke innezuhalten und abzubrechen. Die Geschichte kennt bei uns, in der Ersten Welt,
eine Fortsetzung. Ich meine damit die Fülle jener Probleme, die aus den über
uns hereingebrochenen zusätzlichen Lebensjahren erwuchsen. Es ist abzuse-
hen, daß diese gleiche Fortsetzung auch auf jene Völker der Dritten und
Vierten Welt zukommen wird, die uns im ersten Teil der Entwicklung nun
kopieren möchten. Man kann sich nicht nur die erfreulichen Rosinen aus
dieser Entwicklung herauspicken, die Augen vor dem sehr viel weniger erfreulichen ‚Rest‘ jedoch verschließen.

Deswegen halte ich es für meine Aufgabe, einerseits *hier* und *heute* die mit
dieser Fortsetzung zusammenhängenden Probleme selbst so intensiv wie
möglich zu durchdenken und bei uns zur Sprache zu bringen. Denn nur so
können wir andererseits glaubhaft auftreten, wenn wir in der Dritten oder
Vierten Welt um Rat gefragt werden. Mögen die Menschen jener Länder
ihre zusätzlichen Jahre haben, wenn sie sie wollen, sei es nun mit Hilfe
westlicher Medizin und unter Ausnutzung unserer Erfahrungen bezüglich
vermehrter gesundheitlicher Aufklärung, verbesserter öffentlicher und privater Hygiene, des Ausbaus eines tragfähigen sozialen Netzwerkes, der An-

hebung von Löhnen und Gehältern, eines geregelten Urlaubs oder welcher Punkte auch immer, die bei uns eine wesentliche Rolle gespielt hatten. Doch sollten sie gleichzeitig auch wissen, daß sie dann trotz steigender oder gestiegener Lebenserwartung und gesicherterer Lebensjahre nicht in einem Paradies auf Erden leben werden. Gewiß haben sie in jener Zukunft, wie wir schon jetzt, mehr Jahre und sicherere Jahre. Aber sie werden diesen Zustand genauso erkaufen mit jenen anderen Problemen, die wir bei uns längst kennen. Die gewaltigen Anstrengungen und der ganze Aufwand zur Anhebung der Lebenserwartung wären auch bei ihnen schade, wenn dort anschließend nur wenige Menschen wüßten, was sie mit ihren zusätzlichen Jahren machen sollten.

Ob es uns paßt oder nicht: wir – die Privilegierten dieser Erde – stehen an vorderster Stelle dieser *globalen* Entwicklung. Und wir haben die damit verbundenen Probleme selbst noch nicht genügend gemeistert. Ich kann nur nochmals an jeden Leser appellieren, und zwar seinet-, unseret- *und* ihretwegen: „Wir sind es nicht wert, zu den Privilegiertesten dieser Erde zu zählen, wenn wir nicht wissen, was wir mit den vielen zusätzlichen Jahren anfangen sollen". Bilder ansehen, so wie es in diesem Buch beschrieben ist, kann *eine* Möglichkeit sein, die zusätzlichen Jahre zu gewonnenen, erfüllten Jahren zu machen. Schon am einfachen Beispiel der „Ars moriendi" zeigte sich, wie auf diese Weise einige fünf Jahrhunderte alte Holzschnitte plötzlich eine neue Funktion für unsere eigenen Tage erlangen, wie aus der ehemaligen „Ars moriendi" eine eigentliche „Ars vivendi" werden kann. Je mehr wir uns diese „Kunst des erfüllten Lebens" jedoch aneignen – das Beispiel des ‚richtigen Sehens' läßt sich anhand des ‚Panofsky-Schemas' auf systematische Art leicht vertiefen –, umso mehr vermag sich daraus wiederum eine neue „Kunst des Sterbens" zu entwickeln. Wer sein langes Leben wirklich *gelebt* hat und auf *erfüllte* Jahre zurückblicken kann, dem dürfte es dereinst leichter fallen, aus dieser Welt zu scheiden. Er braucht sich dann zumindest keine Vorhaltungen zu machen, etwas verpaßt zu haben und im letzten Augenblick noch nachholen zu müssen. Wo schon von verschiedensten Seiten die größten Anstrengungen unternommen werden, uns möglichst viele und möglichst gute Lebensjahre zur Verfügung zu stellen, sollten auch wir uns nicht scheuen, in der skizzierten Weise zumindest eine Reihe eigener Anstrengungen zu unternehmen, um damit den Aufwand rechtfertigen. Sonst gelangen wir, wie es zu Beginn des Kapitels scheinen mochte, über eine bloße Diskussion „gewisser Probleme der modernen Medizin" oder der „modernen Kommunikationstechnik" nicht hinaus.

2

Der Forschungshintergrund
Oder: die Eintrittskarte

Manche Dinge kann man einfach sagen. Sie lassen sich aber auch kompliziert ausdrücken. Im folgenden will ich es zuerst einfach machen. Anschließend wird es dann etwas komplizierter werden. Auch dort gehe ich allerdings nur soweit, bis ich aufzeigen kann, warum ich es zuerst meist kompliziert machen *muß*. Der beißend böse Spruch eines zu nachhaltig Belehrten will mir nicht mehr aus dem Kopf: „Ich hätte vieles im Leben besser verstanden, wenn man es mir nicht erklärt hätte."

Mit dieser Vorgehensweise – erst einfach, dann kompliziert – zäume ich das Pferd allerdings vom Schwanz her auf. Eine an sich komplizierte Materie kann man erst dann einfach wiedergeben, wenn sie einem nach langer Beschäftigung bis in alle Einzelheiten hinein vertraut ist. Nur dieser Kenntnisstand gewährleistet, daß man auch mit einfachen Worten nichts falsch ausdrückt. „Die Erde hat Kugelgestalt und kreist um die Sonne" ist (heute) banal und in fünf Sekunden gesagt. Die Menschheit brauchte Jahrhunderte, um zuerst das eine und dann das andere richtig zu sehen und korrekt zum Ausdruck zu bringen.

Sich kompliziert ausdrücken *müssen*: das hat viel mit meiner ‚Eintrittskarte' zu tun, von der nun die Rede sein soll. Die in Vorwort und Einleitung sowie im ersten Kapitel erwähnten Reisen und Fremdaufenthalte werden schließlich weder von Entwicklungshilfe-Gesellschaften noch von humanitären Fonds finanziert, sondern von der Deutschen Forschungsgemeinschaft, dem Deutschen Akademischen Austauschdienst oder der Volkswagen-Stiftung bezahlt. Auf Gastgeberseite sind es, um einige Institutionen mit Namen zu nennen, die ‚Japan Society for the Promotion of Science' in Tokio, die ‚Universidade Federal do Rio Grande do Sul' im brasilianischen Porto Alegre, die ‚Hebrew University of Jerusalem' in Israel, die ‚Banaras Hindu University' in Varanasi, Indien, die Estnische Akademie der Wissenschaften in Tallinn, das Deutsche Historische Institut in London oder die amerikanischen ‚National Institutes of Health' in Bethesda bei Washington. Es handelt sich somit durchweg um *akademische* Einrichtungen. Sie alle aber setzen die Einhaltung bestimmter wissenschaftlicher Standards voraus, gleichgültig ob es sich um einen Dia-Vortrag, eine Überblicksvorlesung, ein Spezialseminar oder eine Veranstaltung für Hörer aller Fakultäten handelt. Es spielt auch keine Rolle, wo man sich befindet, ob in Brasilien, in Indien, in der UdSSR oder in den USA. Das wissenschaftliche Niveau ist im Prinzip überall dasselbe, und die Standards zeichnen sich ganz allgemein nicht durch Einfachheit, sondern durch unterschiedliche Grade von *Kompliziertheit* aus.

An diese Spielregeln habe auch ich mich zu halten. Sie sind eine ‚Conditio sine qua non‘, um sowohl von einer deutschen Seite entsandt, wie von einer ausländischen eingeladen zu werden. Wenn ich diese Regeln mißachte oder verletze, dürfte die nächste Reise auch die letzte gewesen sein. Dies will ich aus zwei Gründen vermeiden. Zum einen geben mir die Reisen und mehrmonatigen Fremdaufenthalte ein außergewöhnliches Maß an Anregungen. So müßte das vorangegangene Kapitel deutlich gemacht haben, daß dieses Buch im Grunde eine einzige Antwort auf das schockierende Erlebnis während der erwähnten Vortragsreise durch die USA ist. Ohne jene Provokation wäre es nicht zustande gekommen. So mühsam die Reisen einerseits auch sein mögen und so unbequem, ja irritierend die mit den Vorträgen verbundenen Diskussionen, so stellen sie andererseits doch ein dringend notwendiges Korrektiv zur heimischen Bequemlichkeit samt unseren vergleichsweise perfekten Erste-Welt-Bedingungen dar. Unbedacht tradierte Glaubenssätze und liebgewordene Vorstellungen werden dann oft mit Realitäten konfrontiert, die *nicht* so aussehen, wie man sich das vorgestellt hatte. Man wird gezwungen, an Ort und Stelle eine *andere* Welt zur Kenntnis zu nehmen.

Zum zweiten handelt es sich bei den einladenden Lehr- und Forschungsstätten durchweg aber auch um Stellen mit einer gewissen ‚Verteilerfunktion‘. Selbst wenn ich mich dort kompliziert ausdrücken muß, erreiche ich damit im allgemeinen doch Menschen, die von Berufs wegen in der Lage und gewohnt sind, empfangene ‚Botschaften‘ weiterzugeben. Damit aber ist der Sache, um die es mir letztlich geht, mehr gedient, als wenn ich in einigen lockeren Besuchergesprächen viel geredet, aber kaum etwas gesagt hätte.

Die ‚komplizierte Version‘ stellt für mich somit die ‚Eintrittskarte‘ dar. Als eine Art ‚Passepartout‘ verschafft sie mir einerseits Zugang zu den einheimischen Reisekostentöpfen. Andererseits erleichtert oder ermöglicht sie in Übersee die Kontaktnahme mit den wichtigen ‚Verteilerzentren‘ in Lehre und Forschung. – Wie eingangs jedoch versprochen, will ich dieses Kapitel mit der ‚einfachen Version‘ beginnen.

Tabelle 1 zeigt uns sechzig Todesfälle. Sie haben alle in Berlin stattgefunden: dreißig vor 250 Jahren (1738), dreißig heute (1988). Angegeben sind überall die exakten Sterbedaten, die Vornamen der Verstorbenen, die in den Quellen gefundenen Todesursachen sowie die Sterbealter. Die ersten dreißig Personen hatten insgesamt 842 Jahre, 6 Monate und 16 Tage gelebt, ‚im Durchschnitt‘ also 28,1 Jahre. Zählt man die Sterbealter der zweiten dreißig zusammen, dann ergibt sich eine Summe von 2268 Jahren. 1988 lag der ‚Durchschnitt‘ somit bei 75,6 Jahren. Wie heute üblich, war er bei den (achtzehn) Männern niedriger, nämlich 71,4 Jahre, bei den (zwölf) Frauen entsprechend höher: 81,9 Jahre.

Tab. 1: Sechzig Todesfälle in Berlin: dreißig vor 250 Jahren (1738) – dreißig heute (1988)

30 Todesfälle in Berlin-Dorotheenstadt im September und Oktober 1738

	Sterbedatum	Vorname	Todesursache	Alter
1.	09. 09. 1738	[namenlos]	totgeborener Sohn	0 Tage
2.	09. 09. 1738	Elisabeth	Hitziges Fieber	58 Jahre
3.	12. 09. 1738	Maria	Durchfall	9 Jahre
4.	13. 09. 1738	Catharina	Durchfall	4 Jahre
5.	22. 09. 1738	Daviedt	Hitziges Fieber	52 Jahre
6.	23. 09. 1738	Sophia	Schlagfluß	16 Jahre
7.	24. 09. 1738	Anna Maria	Schlagfluß	55 Jahre
8.	25. 09. 1738	Carl Wilhelm	Brustkrankheit	5 Jahre
9.	25. 09. 1738	George Wilhelm	Jammer	9 Tage
10.	26. 09. 1738	Rahel	in den sechs Wochen	29 Jahre
11.	26. 09. 1738	Christian	Schlagfluß	4 Jahre
12.	27. 09. 1738	Christian	Ritteln	3 Monate
13.	02. 10. 1738	Sophia	Jammer	1 Jahr
14.	04. 10. 1738	Elisabeth	Brustkrankheit	70 Jahre
15.	06. 10. 1738	Johan Conrad	Rote Ruhr	59 Jahre
16.	06. 10. 1738	Christian	Hitziges Fieber	40 Jahre
17.	10. 10. 1738	Carl	Fieber	72 Jahre
18.	13. 10. 1738	Gottlieb	Jammer	7 Tage
19.	14. 10. 1738	Friedrich	Ritteln	3 Jahre
20.	16. 10. 1738	Henriette	Zähne	1 Jahr
21.	17. 10. 1738	Gottlieb	Masern	3 Jahre
22.	17. 10. 1738	Charlotta	Jammer	1 Jahr
23.	17. 10. 1738	Anna Regina	Schlagfluß	56 Jahre
24.	18. 10. 1738	Sophia	Schwindsucht	36 Jahre
25.	19. 10. 1738	Anna Christina	Fieber	51 Jahre
26.	21. 10. 1738	Martin	Brustkrankheit	38 Jahre
27.	21. 10. 1738	Johan Wilhelm	Zähne	1 Jahr
28.	21. 10. 1738	Christoph	Steinschmerzen	82 Jahre
29.	22. 10. 1738	Anna Elisabeth	Brustkrankheit	96 Jahre
30.	22. 10. 1738	Sophia	Ritteln	3 Monate

30 Personen durchlebten insgesamt 842 Jahre, 6 Monate und 16 Tage. Sie erreichten somit ein ‚durchschnittliches Alter‘ von 28,1 Jahren.

Quellen: 1738: 30 Todesfälle in Berlin-Dorotheenstadt: Kirchenbuchstelle des Evangelischen Zentralarchivs Berlin, Totenbücher der Dorotheengemeinde, Bd. 1715–1740 (Signatur: 10/78), S. 295–297, Nr. 94–123. – 1988: 30 Todesfälle in Berlin-West: Todesanzeigen im Berliner ‚Tagesspiegel‘ vom 3., 10. und 17. April 1988 (Nummern 12927, 12932 und 12938).

	Todesanzeige vom [in Klammern Sterbedatum]	Vorname	‚Todesursache‘	Alter
1.	03. 04. [19. 03.] 1988	Hanno	„mußte nach schwerer Krankheit diese Welt verlassen“	68 Jahre
2.	03. 04. [21. 03.] 1988	Heinz	–	67 Jahre
3.	03. 04. [23. 03.] 1988	Gerda	„nach einem mehrwöchigen Krankenlager erfüllte sich ihr Wunsch nach einem sanften Tod“	86 Jahre
4.	03. 04. [28. 03.] 1988	Kurt	„entschlief unerwartet“	77 Jahre
5.	03. 04. [28. 03.] 1988	Ernst	„verstarb nach einem erfüllten Leben“	83 Jahre
6.	03. 04. [29. 03.] 1988	Martin	„entschlief nach Monaten voller Sorgen“	98 Jahre
7.	03. 04. [30. 03.] 1988	Lieselotte	„hat uns für immer verlassen“	71 Jahre
8.	10. 04. [03. 03.] 1988	Margarete	–	81 Jahre
9.	10. 04. [20. 03.] 1988	Hans-Jürgen	–	76 Jahre
10.	10. 04. [23. 03.] 1988	Dorothea	–	72 Jahre
11.	10. 04. [27. 03.] 1988	Gerhard	„nach langer Krankheit“	85 Jahre
12.	10. 04. [31. 03.] 1988	Karl	„plötzlich abgerufen“	86 Jahre
13.	10. 04. [01. 04.] 1988	Horst Peter	„völlig unerwartet“	34 Jahre
14.	10. 04. [04. 04.] 1988	Charlotte	„nach langer schwerer Krankheit“	85 Jahre
15.	10. 04. [04. 04.] 1988	Günter	„hat uns viel zu früh verlassen“	50 Jahre
16.	10. 04. [04. 04.] 1988	Hanna	„entschlief nach einem gesegneten Leben“	98 Jahre
17.	10. 04. [04. 04.] 1988	Peter Michael	„nach langer mit großer Geduld ertragener Krankheit“	36 Jahre
18.	17. 04. [29. 03.] 1988	Hermann	„für uns unfaßbar“	86 Jahre
19.	17. 04. [06. 04.] 1988	Rudolf	–	90 Jahre
20.	17. 04. [08. 04.] 1988	Irmgard	„ein langes und erfülltes Leben ist vollendet“	91 Jahre

	Todesanzeige vom [in Klammern Sterbedatum]	Vorname	‚Todesursache'	Alter
21.	17. 04. [08. 04.] 1988	Anneliese	–	78 Jahre
22.	17. 04. [09. 04.] 1988	Ebba	„nach geduldig ertragenem Leiden sanft eingeschlafen"	94 Jahre
23.	17. 04. [09. 04.] 1988	Anneliese	„Als die Kraft zu Ende ging, war's kein Sterben, war's Erlösung"	76 Jahre
24.	17. 04. [10. 04.] 1988	Horst	–	60 Jahre
25.	17. 04. [11. 04.] 1988	Ursula	„ist von uns gegangen"	68 Jahre
26.	17. 04. [13. 04.] 1988	Dorothea	„verstarb nach kurzer Krankheit. Ein gnädiger Tod bewahrte sie vor einem langen Leiden"	83 Jahre
27.	17. 04. [13. 04.] 1988	Walter	„entschlief sanft und unerwartet"	84 Jahre
28.	17. 04. [14. 04.] 1988	Claus	„plötzlich und unerwartet"	53 Jahre
29.	17. 04. [14. 04.] 1988	Robert	„unverhofft"	78 Jahre
30.	17. 04. [14. 04.] 1988	Kurt	„verstarb"	74 Jahre

30 Personen durchlebten insgesamt 2268 Jahre. Sie erreichten somit ein ‚durchschnittliches Alter' von 75,6 Jahren. – Die 18 Männer hatten insgesamt 1285 Jahre gelebt, ‚im Durchschnitt' also 71,4, die 12 Frauen 983 Jahre, ‚durchschnittlich' somit 81,9 Jahre.

Mit der Gegenüberstellung von jeweils dreißig Todesfällen aus den Jahren 1738 und 1988 wollte ich zwei entscheidend wichtige Unterschiede zwischen damals und heute einsichtig machen. Einerseits geht es um den enormen Wandel in der Streubreite der Sterbealter, andererseits und damit verbunden um den veränderten Charakter des Sterbens. Die Quintessenz hieraus läßt sich graphisch ebenso einfach wie eindrücklich darstellen (Abb. 3). Im ‚Haus des Lebens' geben die Köpfe der Strichmännchen jeweils an, bis zu welcher Etage es die Personen altersmäßig gebracht hatten. Im Jahre 1738 (links) ist schon der Boden übersät mit Leichen verstorbener Säuglinge und Kleinkinder. Ihnen war es nicht einmal vergönnt, sich auf die Füße zu stellen, geschweige denn aufzurichten. Fünfzehn von dreißig schafften es nicht bis zur ersten Etage. Sie starben hinweg, bevor sie zehn Jahre alt geworden

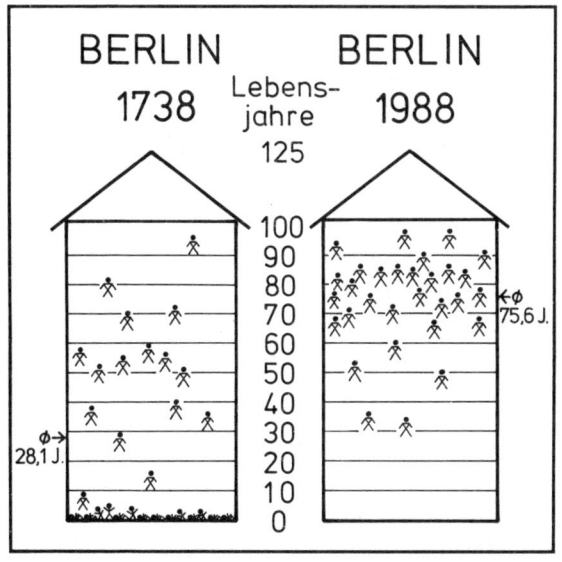

Abb. 3: Je dreißig Sterbefälle in Berlin-Dorotheenstadt im September-Oktober 1738 (links) und in Berlin-West im März und April 1988 (rechts). Die Köpfe der Strichmännchen geben das erreichte Alter der Gestorbenen an. 1738 lag es ‚im Durchschnitt‘ bei 28,1, 1988 bei 75,6 Jahren.
Quelle: Tabelle 1.

waren. Die Hälfte damaliger Friedhöfe mußte aus Kindergräbern bestanden haben.

Teenager sahen sich anschließend etwas weniger gefährdet. Auch in den Zwanzigern hatten die Menschen damals gute Aussichten, noch eine weitere Etage zu erklimmen. Dies waren in jener Zeit ‚die besten Jahre‘ des Lebens. Anschliessend wurde es ratsam, sich der irdischen Vergänglichkeit stets bewußt zu sein. Von den übriggebliebenen Altersgenossen verschwand einer nach dem andern: mit dreißig, mit vierzig, mit fünfzig. Die Reihen lichteten sich. Mit sechzig waren noch ganze vier am Leben. Schwächliche Wesen befanden sich längst keine mehr darunter. Der Tod hatte sie Jahre zuvor geholt. Von diesen vieren wurde Elisabeth 70, Carl 72, Christoph 82 und Anna Elisabeth 96 Jahre alt. Die am längsten Lebenden erreichten somit auch damals schon dieselben Altersetagen wie die am längsten Lebenden heute. Das ‚Hochhaus des Lebens‘ war seinerzeit weder niedriger noch höher als in unseren Tagen. Das Dach befand sich 1738 auf gleichem Niveau wie 1988. Vor einem Vierteljahrtausend lebte jedoch kaum jemand lange genug, um bis zum Dachboden zu gelangen. Die Hälfte starb schon im Parterre.

Heute hingegen wird bei uns praktisch allen Neugeborenen eine faire Startchance geboten. Keines stolpert beim Eintritt ins ‚Haus des Lebens‘ schon am Eingang oder bricht sich bereits auf den ersten Stufen das Genick. Die ‚besten Jahre des Lebens‘ kommen sodann dort, wo früher die Hälfte eines Jahrgangs bereits das Zeitliche gesegnet hatte. Mit dreißig, vierzig dürfen wir uns sicher fühlen. Allerdings haben wir noch heute guten Grund, nicht zu früh übermütig zu werden. So starb Horst Peter am 1. April 1988 mit 34 Jahren, Peter Michael am 4. April mit 36. Jenseits der Fünfzig, spätestens der Sechzig mehren sich die Fälle des ‚plötzlichen und unerwarteten Todes‘ [zum Beispiel Herzinfarkt] wie etwa bei Claus am 14. April 1988 mit 53 Jahren. Aber auch das Sterben ‚nach langer schwerer Krankheit‘ [Krebs] nimmt zu, so bei Hanno am 19. März 1988 mit 68 Jahren. Alle vier waren sie noch weit davon entfernt, bis zum Dachboden vorgestoßen zu sein.

Zustände allerdings wie vor 250 Jahren gibt es auf keiner Etage mehr. Die Sterbefälle vor dem 60., 65. Lebensjahr sind die großen Ausnahmen geworden (was jedoch nicht heißt, daß wir uns deshalb keine Gedanken mehr über sie zu machen bräuchten). Früher waren sie die Regel. Die meisten Strichmännchen klettern in unseren Tagen weit über die Siebzig hinaus, im Durchschnitt bis 75,6, die Frauen für sich sogar bis 81,9, die Männer dagegen ‚nur‘ bis 71,4. Bei denjenigen, die es erst einmal so weit gebracht haben, scheint sich in günstigen Fällen ein Gefühl von Lebenssattheit, von Lebenserfüllung und Lebensvollendung abzuzeichnen. So verstarb am 28. März 1988 im Alter von 83 Jahren Ernst „nach einem erfüllten Leben“. Schauen wir bei Gerda nach, so „erfüllte sich ihr Wunsch nach einem sanften Tod“ am 23. März im Alter von 86 Jahren. Beide hatten es fast bis zum Giebel gebracht, und sie waren sich dessen wohl auch bewußt. Das Leben hatte ihnen so viel an Jahren geschenkt, wie sich ein Mensch vom Leben nur erhoffen kann.

Welche Mutter hätte vor 250 Jahren auch nur zu träumen gewagt, daß bei einem einzigen ihrer Kinder dereinst – wie bei Irmgard am 8. April 1988 – gesagt werden könnte: „Ein langes und erfülltes Leben ist vollendet“? Damals wurde laufend in jüngsten und jungen Jahren gestorben, bisweilen in mittleren und ausnahmsweise im fortgeschrittenen Alter, und zwar gestorben an ‚hitzigem Fieber‘, an ‚Durchfall‘, an ‚roter Ruhr‘, ‚in den sechs Wochen‘ – das heißt im Kindbett –, an ‚Masern‘ oder während des ‚Zahnens‘, an ‚Brustkrankheit‘ und an ‚Steinschmerzen‘.

Irmgard dagegen ist 1988 91 Jahre alt geworden. ‚Ein langes Leben‘, wie sie es hatte zu Ende leben können, ist heute kein Traum mehr, und – wichtiger noch – ‚ein langes und erfülltes Leben‘ braucht es ebenso wenig zu sein. Voraussetzung dafür ist allerdings, daß wir die uns gebotene Chance wahrnehmen und das lange Leben zu einem erfüllten langen Leben machen. Unseren Vorfahren wurde nicht einmal die Chance dazu geboten. In den seltensten Fällen bekam damals jemand zu wissen, was ein ‚langes Menschenleben' sei.

Damit habe ich die entscheidenden Dinge gesagt und – so hoffe ich – sie *einfach* gesagt. Würde ich dasselbe bei einem Vortrag vor Epidemiologen oder Demographen, vor Historikern oder Psychologen wo auch immer auf der Welt tun, wäre die ganze Veranstaltung nach fünf Minuten zu Ende. So etwas aber geht nicht an. Fachleute benötigen Detailinformationen. Bezogen auf ihre Spezialgebiete wollen sie alles ganz genau wissen. Solches Wissen brauche ich hier nicht auszubreiten. Das Buch richtet sich nicht in erster Linie an Epidemiologen und Demographen, auch nicht an Historiker oder Psychologen, jedenfalls nicht in deren Eigenschaft als hochspezialisierte Wissenschaftler dieser oder jener Teildisziplin. Für sie schreibe ich Aufsätze *mit* vielen Fußnoten und Literaturhinweisen, und Bücher *mit* zahlreichen Tabellen und statistischen Zusammenstellungen. Um zur erwähnten ‚Eintrittskarte' zu gelangen, sind sie ganz und gar unerläßlich (als entsprechende Parallelpublikation zu diesem Buch vgl. Imhof und Mitarbeiter 1990; rund die Hälfte der fünfhundert Seiten besteht dort aus Statistiken, Tabellen, Graphiken).

Im folgenden liegt mir nun jedoch daran aufzuzeigen, daß man es sich trotz allem Bemühen um Einfachheit *nicht zu einfach* machen darf. Die in diesem Buch ausgebreitete Materie *ist* schwierig, und ihre korrekte Behandlung setzt ein gerüttelt Maß an Zeit und Energie voraus. Anhand einiger ausgewählter Beispiele möchte ich den Leser zumindest in die Lage versetzen, sich ein paar eigene Gedanken hierüber zu machen. Wer es anschließend dann noch genauer wissen möchte, findet am Ende des Buches genügend Hinweise auf weiterführende Literatur (v. a. unter den Buchtiteln zur ‚Eintrittskarte').

Beginnen wir mit einer irritierenden Feststellung. Im ‚Statistischen Jahrbuch 1987 für die Bundesrepublik Deutschland' stoßen wir auf eine Tabelle mit der Überschrift: ‚Lebenserwartung in Jahren' (Seite 76; selbstverständlich wiederholen sich diese jeweils auf den neuesten Stand gebrachten Angaben jährlich; im ‚Statistischen Jahrbuch 1989 für die Bundesrepublik Deutschland' befindet sich die Tabelle zur Lebenserwartung z. B. auf Seite 67). Vierzehn Zahlenreihen geben Auskunft über die Lebenserwartung von Männern und Frauen in den Zeiträumen 1901/10, 1924/26, 1932/34, 1949/ 51, 1960/62, 1970/72, 1983/85, und zwar bei der Geburt sowie im Alter von 1, 2, 5, 10, 15 Jahren und so weiter bis zu 90 Jahren. Unser größtes Interesse wecken hierbei verständlicherweise die neuesten Angaben für 1983/85. Da lesen wir schwarz auf weiß: Lebenserwartung bei der Geburt für Knaben 71,18 Jahre, für Mädchen 77,79 Jahre; für 20jährige: 72,50 bei den Männern und 78,83 bei den Frauen; für 50jährige: 74,77 und 80,31; für 80jährige: 85,87 und 87,26 Jahre (immer Gesamtlebenserwartung ab dem Zeitpunkt der Geburt).

Diese Angaben auf Punkt und zwei Stellen hinter dem Komma sind amtlich, bundesamtlich sogar, denn das ,Statistische Jahrbuch' wird jährlich vom ,Statistischen Bundesamt in Wiesbaden' zusammengestellt und publiziert. Wem sollte es daher in den Sinn kommen, sie anzuzweifeln? Doch plötzlich stutzen wir. Woher will das Statistische Bundesamt in Wiesbaden eigentlich wissen, wie hoch die Lebenserwartung 1983/85 für neugeborene Knaben oder Mädchen ist, oder für 20-, 40-, 60-, 80-, 90jährige Frauen und Männer? *Das kann es gar nicht wissen.* Selbst die schnellsten und größten Supercomputer vermögen kein Statistisches Zentralbüro der Welt in die Lage zu versetzen, eine solche Berechnung vorzunehmen. Wie auch? Dazu müßten ja alle Personen bereits gestorben sein und exakte Lebensdaten hinterlassen haben. Wo schon gewöhnliche Menschen nicht in die Zukunft sehen können, vermögen das Computer noch viel weniger, schon gar nicht 60, 80, 90 Jahre ins nächste Jahrtausend hinein!

Wir werden auch dadurch nicht viel klüger, daß wir im Statistischen Jahrbuch das ,Kleingedruckte' zu den Sterbetafeln lesen. Allenfalls erahnen wir dann etwas von den hiermit verbundenen Problemen. Reichlich umständlich heißt es da: „Die Sterbetafel stellt ein mathematisches Modell der Sterblichkeitsverhältnisse einer Bevölkerung während eines bestimmten Beobachtungszeitraums dar. Sie dient insbesondere zur Berechnung altersspezifischer Sterbe- und Überlebenswahrscheinlichkeiten sowie der durchschnittlichen Lebenserwartung" (Statistisches Jahrbuch 1987, 51). Man muß schon zu Spezialzeitschriften greifen, um klarer zu sehen. So kann man etwa beim Karlsruher Soziologen Thomas Klein in der ,Zeitschrift für Bevölkerungswissenschaft' nachlesen: „Es ist allseits bekannt, daß amtliche Sterbetafeln und zahlreiche demographische Untersuchungen zur Mortalität von einer Datenbasis ausgehen, die in einem ganz kurzen Zeitraum (z.B. einem Jahr oder dem Durchschnitt von drei Jahren) erhoben wurde. Dennoch werden die Ergebnisse wie etwa die errechnete Lebenserwartung auf den Zeitrahmen der menschlichen Lebensdauer übertragen. Diese Übertragung kann zu gewaltigen Fehlinterpretationen/Verzerrungen führen, wenn sich die altersspezifische Mortalität im Zeitablauf ändert" (Klein 1988, 49). Doch wer liest schon regelmäßig die ,Zeitschrift für Bevölkerungswissenschaft'? Und wenn schon, so gestehen selbst die engagiertesten Fachleute hierzulande ohne weiteres, daß „die demographische Sterblichkeitsforschung sicher ein Stiefkind der Bevölkerungswissenschaft" ist (Mackensen 1989, 3). Ich selbst setze jedenfalls im folgenden nicht voraus, daß Kleins Einsichten „allseits bekannt" sind.

Selbstverständlich liegt es mir fern, dem Statistischen Bundesamt in Wiesbaden Vorwürfe zu machen oder ihm gar ,Betrugsabsichten' zu unterstellen. Wenn schon eine Kritik laut werden soll, dann gilt sie eher uns als dem Bundesamt. Denn *wir* sind es, die von ihm exakte Angaben über unsere künftige Lebenserwartung verlangen – Angaben, die mit der verlangten

Sicherheit zu geben es gar nicht in der Lage ist. Und *wir* sind es, die daraufhin diese neuesten ‚Angaben‘ mit früheren ‚Angaben‘, eben etwa für die Perioden 1901/10, 1924/26 oder 1949/51 vergleichen. Wir können uns dann nämlich brüsten, wie weit wir es doch dank unseren medizinischen, sozialen, gesundheitspolitischen Fortschritten in kurzer Zeit gebracht hätten: von 44,82 Jahren bei der Geburt für Männer 1901/10 auf 55,97 1924/26, 66,86 1960/62 und 71,18 Jahre 1983/85!

Wer jedoch erst einmal stutzig geworden ist, wird sich anschließend hüten, weiterhin so naiv zu reden. Ich verneine nicht, daß in den eben genannten Zahlen etwas Richtiges zum Ausdruck gebracht wird, doch möchte ich es sehr viel allgemeiner als „eine erhebliche Zunahme unserer biologischen Lebenssicherheit in allen Altern“ nennen.

Wie aber kommt nun das Statistische Bundesamt in Wiesbaden und kommen Hunderte von Statistischen Ämtern auf der ganzen Welt in gleicher Weise dazu, dennoch alljährlich diese prophetischen Daten zur Lebenserwartung von Männern und Frauen in den verschiedensten Altern vorzulegen? Oder anders gefragt: *Was* haben wir in diesen Zahlen *eigentlich* vor uns? Eine knappe Antwort ist uns oben schon gegeben worden: es handelt sich um nichts anderes als um ‚ein mathematisches Modell‘. Anhand von Abbildung 4 will ich aufzeigen, wie jene Zahlen zustandekommen. Daraus geht dann auch hervor, daß diese Lebenserwartungsangaben keine realen Verhältnisse widerspiegeln, weder vergangene noch künftige. Oder aber man müßte präziser sagen, es handele sich um ein Sammelsurium von Zigtausenden ehemaliger individueller Wirklichkeiten. Anschließend tun wir dann so, als ob das, was sich in der Vergangenheit abspielte, auch in Zukunft eintreffen werde. Ein solches Vorgehen birgt jedoch enorme Risiken in sich. Es kann stets *alles* ganz anders kommen; einiges zumindest wird dies mit Sicherheit tun.

Bevor wir uns in die Abbildung 4 vertiefen, die ich der besseren Verständlichkeit halber in historische Zeiten verlegt habe, will ich das Prinzip des ‚mathematischen Modells‘ an einem Beispiel aus der Gegenwart erläutern. Wenn wir im Statistischen Jahrbuch nachlesen, daß die 1980 in der Bundesrepublik Deutschland geborenen Mädchen 77 Lebensjahre vor sich hätten, dann projizieren wir um 77 Jahre in deren Zukunft hinein, was für Frauen des *Sterbejahrgangs* 1980 zutraf. Sie *hatten* ‚im Durchschnitt‘ 77 Jahre gelebt. Jeder Leser kann sich nun leicht selbst ausmalen, daß die Lebensläufe deutscher Frauen des Sterbejahrgangs 1980 erheblich von denen des Geburtsjahrgangs 1980 abweichen dürften. Viele unter den ersteren hatten zwei Weltkriege miterlebt, während unter den letzteren...? Die einen wußten, was Hunger bedeutete; die anderen...? Die einen kannten noch todbringende Infektionskrankheiten unter Säuglingen, Kindern, Erwachsenen; die anderen...? Schon diese einfachen Überlegungen lassen es als reichlich unrealistisch erscheinen, die Lebenserwartung der 1980 in einem Alter von

‚durchschnittlich' 77 Jahre gestorbenen Frauen unverändert auf die 1980 geborenen Mädchen zu übertragen und für diese einfach um die gleiche Lebensspanne in die Zukunft hinein zu projizieren.

Dies ist jedoch genau das, was im mathematischen Lebenserwartungs-Modell geschieht. Wie wir in der Abbildung 4 sehen, greift man dabei ‚portionenweise', das heißt Altersgruppe für Altersgruppe in die Vergangenheit zurück und transponiert die ehemalige Lebensspanne immer um denselben Zeitraum in die Zukunft hinein. Mathematisch läßt sich ein solches Prozedere natürlich ohne weiteres durchführen. Allerdings muß man sich dabei im klaren darüber sein, daß dadurch Hunderten von Unsicherheiten *nicht-mathematischer* Art Tür und Tor geöffnet werden. Auf eine dermaßen mechanische Weise wird sich die Vergangenheit in Zukunft bestimmt nicht wiederholen.

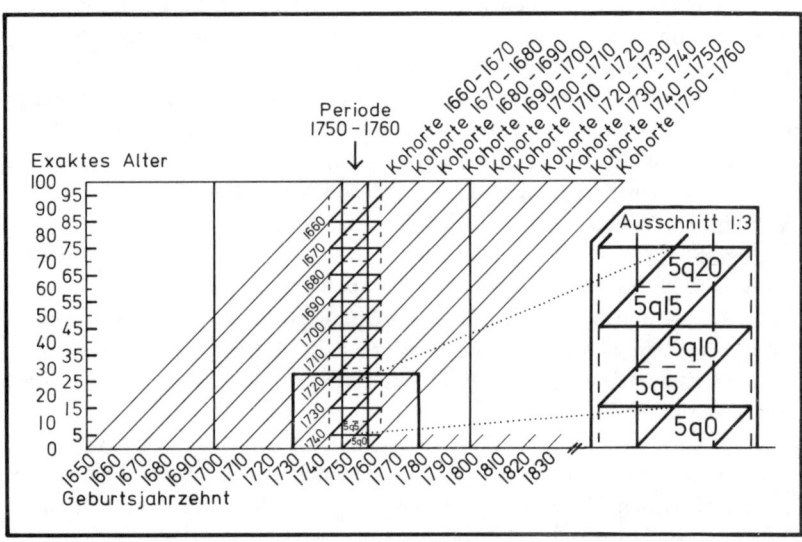

Abb. 4: Das ‚mathematische Modell' der Perioden-Lebenserwartung: Zustandekommen der Lebenserwartung für die verschiedenen Altersgruppen zwischen 0 und 100 Jahren im Zeitraum 1750–1760, ausgehend von den Geburtenkohorten. Gezeigt wird das Verhältnis zwischen Kohorten- und Perioden-Sterbetafeln.

Vergrößernder Ausschnitt rechts außen: Entstehung von Ungenauigkeiten bei ‚einfachen' (= ‚abgekürzten') Tafeln mit Fünfer- oder Zehner-Klassenbreiten. Die international übliche Abkürzung $_nq_x$ meint die ‚n-jährige Sterbewahrscheinlichkeit einer x-jährigen Person'. Der Wert für $_5q_0$ drückt somit die Wahrscheinlichkeit aus, mit der ein Neugeborenes im Verlaufe der ersten fünf Lebensjahre stirbt, $_5q_5$ eines 5jährigen zwischen dem fünften und zehnten Lebensjahr, $_5q_{10}$ eines 10jährigen zwischen dem zehnten und fünfzehnten Lebensjahr usw.

Für einmal vermag der Historiker hier glänzend dazustehen. Eigentlich braucht er sich um diese ganze ‚Zukunfts-Problematik' nicht zu kümmern – anfänglich jedenfalls nicht. Die Menschen, mit denen er es zu tun hat und die er in den kirchlichen Tauf- und Beerdigungsregistern einzeln aufspürt, lebten *und* starben vor zwei, vor drei, vor vier Jahrhunderten, so etwa Johann: geboren am 3. Februar 1648 und gestorben am 21. März 1701, oder Anna: geboren am 5. August 1788 und gestorben am 26. Januar 1845, oder Katharina: geboren am 9. November 1693 und gestorben am 22. Dezember des gleichen Jahres. Habe ich mit meinem Team von Mitarbeitern erst einmal Hunderte, Tausende, ja Zehntausende (Mitte 1989 waren es rund 120 000) solcher abgeschlossener Lebensläufe im Computer gespeichert, ist es für diesen anschließend ein leichtes, die *tatsächliche* Lebenserwartung aller im Jahre 1648 oder 1693 oder 1788 geborenen Männer und Frauen auf Punkt und Komma auszurechnen. Ebenso können wir – falls wir das möchten – exakt feststellen, wieviele unter tausend gleichzeitig Geborenen im Alter von einem, fünf, zehn, dreißig, fünfzig oder siebzig Jahren noch am Leben waren und welche Zeitspanne diese Überlebenden dann im Durchschnitt noch vor sich hatten. Genauso lassen sich Unterschiede zwischen dieser oder jener Region, zwischen Stadt und Land, diesem und jenem Beruf, dieser oder jener Schicht ermitteln. Ohne Überheblichkeit darf der Historiker hierbei stets behaupten, daß alle seine Angaben unvergleichlich viel gesicherter seien, weil eben auf faktischen Verhältnissen beruhend, als sämtliche prophetischen Lebenserwartungsangaben heutiger Statistischer Ämter.

Von daher ist leicht zu verstehen, weshalb das Interesse an diesen zugegebenermaßen äußerst mühsam zustandegekommenen historischen Forschungsergebnissen auch von nichthistorischer Seite groß ist. Es sind die *einzigen sicheren* Resultate, die vorliegen – vorliegen können. Epidemiologen zum Beispiel brauchen auf der Basis dieses Materials nicht darüber zu spekulieren, was allenfalls mit der Lebenserwartung von Männern oder Frauen im Alter von zwanzig, vierzig, sechzig Jahren geschehen *würde*, *wenn* sie diese oder jene Krankheit aus dem Todesursachenspektrum eliminieren *könnten*, wenn also zum Beispiel niemand mehr an Lungenkrebs stürbe (vgl. z.B. Mackenbach et al. 1988). In historischen Zeiten gab es solche Beispiele zu Dutzenden. Man denke etwa an das Verschwinden der Pest in der ersten Hälfte des 18. oder der Pocken zu Beginn des 19. Jahrhunderts sowie anschließend der meisten übrigen Infektionskrankheiten. Kam es hierdurch jeweils zu einem Verlängerungsschub bei der Lebenserwartung? Falls ja: nur bei den Männern? Nur bei den Frauen? In welchen Altern vor allem? Oder veränderte sich gar nicht viel, weil andere, nicht minder tödliche Krankheiten umgehend den verwaisten Platz der Pest oder der Pocken einnahmen? Aufgrund historischen Materials lassen sich derlei Fragen exakt beantworten. (Vor Jahren schon bemühten sich im Rahmen einer

Spezialkonferenz in Berlin ein finnischer und ein Genfer Historiker-Demograph um die Beantwortung solcher Fragen für ihre Regionen; beidenorts ist die Quellenausgangslage besonders günstig; vgl. Perrenoud 1980 und Turpeinen 1980.)

Habe ich weiter oben jedoch nicht selbst darauf hingewiesen, daß sich der Historiker nur ‚anfänglich‘ nicht um die angeschnittene Problematik zu kümmern bräuchte, die aus den heute üblichen prophetischen Lebenslaufsberechnungen zwangsläufig erwächst? In der Tat hat die Sache auch für ihn einen Haken, und zwar besonders dann, wenn er – was ich selbst immer wieder anstrebe – die Zusammenarbeit mit Epidemiologen, Bevölkerungsstatistikern, Soziologen oder Demographen sucht, oder wenn er von diesen zu einer solchen Zusammenarbeit aufgefordert wird. Vergleichen die verschiedenen Disziplinen dann nicht unversehens Äpfel mit Birnen? Gewiß sprechen alle von ‚Lebenserwartung‘. Man möchte konkret zum Beispiel die ‚Lebenserwartung in der Bundesrepublik Deutschland 1983/85‘ mit der ‚Lebenserwartung in der südwestdeutschen Region Ortenau 1783/85‘ vergleichen, um auf diese Weise die mittlerweile erzielten ‚Fortschritte‘ dokumentieren zu können.

Zwar ist beide Male von ‚Lebenserwartung‘ die Rede. Dabei darf man jedoch nicht übersehen, daß es sich um zwei grundsätzlich verschiedene Arten von ‚Lebenserwartung‘ handelt. Bei der historischen Lebenserwartung in der Ortenau, das heißt in einer der von uns näher untersuchten ländlichen Regionen Deutschlands, geht es um die künftige Lebenserwartung der im Zeitraum 1783/85 *Geborenen*, bei der heutigen bundesdeutschen dagegen um die verflossene Lebenserwartung der 1983/85 *Gestorbenen*. Um diese beiden Arten von Lebenserwartung nicht miteinander zu verwechseln, sprechen wir Fachleute im ersten Fall von einer Generationen- oder Kohorten-Lebenserwartung aufgrund einer sogenannten Generationen- oder Kohorten-Sterbetafel, im zweiten Fall dagegen von einer Perioden-Lebenserwartung aufgrund einer Perioden-Tafel. Die erste Art blickt vom angegebenen Zeitraum aus nach vorn in Richtung Zukunft, die zweite hingegen nach rückwärts in die Vergangenheit. Aus naheliegenden Gründen sind die Lebenserwartungen für die einzelnen Alter in einer Generationen-Tafel meist etwas höher als in einer Perioden-Tafel. Neue medizinische Errungenschaften konnten sich auswirken und schlugen zu Buche, ebenso die verbesserte öffentliche und private Hygiene oder eine ausgewogenere Ernährung. Wer 1783/85 *geboren* wurde, kam zum Beispiel in den Genuß der Anfang des 19. Jahrhunderts eingeführten Pockenschutzimpfung; wer 1783/85 *gestorben* war selbstverständlich nicht.

Bei den in Statistischen Jahrbüchern weltweit Jahr für Jahr publizierten Lebenserwartungen handelt es sich ausschließlich um Berechnungen aufgrund von Perioden-Tafeln. Andere sind auch gar nicht möglich, weil die mit unterschiedlichen ‚Lebenserwartungen‘ Bedachten alle noch am Leben sind. Läßt sich nun ein Historiker auf die Zusammenarbeit mit Vertretern anderer Disziplinen ein, dann wird auch er unweigerlich von der soeben dargelegten Problematik eingeholt. Es bleibt ihm gar nichts anderes übrig, als sein geschichtliches Datenmaterial nach denselben Berechnungsmethoden zu reorganisieren und so zu bearbeiten, wie das die heutigen Bevölkerungsstatistiker auch tun. Er *muß* somit deren ‚inadäquates‘ mathematisches Modell übernehmen. Nur so ist zu vermeiden, daß später nicht Äpfel und Birnen miteinander verglichen werden.

Allerdings kann die Anfertigung einer Periodensterbetafel auch dem Historiker bei seiner eigenen Beschäftigung mit geschichtlichen Themen manchmal Vorteile bringen. Dies trifft etwa dann zu, wenn er die Lebenserwartungs-vermindernden Auswirkungen ganz bestimmter zeitlicher Ereignisse, zum Beispiel einer bestimmten Hungersnot in diesem oder jenem Jahr, eines Erdbebens, einer Revolution, eines Krieges auf eine ganze Bevölkerung ermitteln will. Die von einem solchen Ereignis betroffenen Personen standen selbstverständlich jeweils in ganz verschiedenen Altern. Sie gehörten unterschiedlichsten *Generationen* oder *Kohorten* an. Ihnen allen war einzig gemeinsam, daß sie zum selben Zeitpunkt, das heißt in der gleichen *Periode* vom betreffenden Schicksalsschlag heimgesucht wurden und – soweit sie ihn überlebten – alle stets denselben zeitlichen Abstand vom ihm behielten. Was sich bei einer Periodensterbetafel somit als genereller Einbruch in der Lebenserwartung niederschlägt, würde bei einer Generationentafel ein oft kaum sichtbares Resultat ergeben (vgl. hierzu das graphisch-didaktisch eindrücklich gestaltete Beispiel ‚Wirkungen der beiden Weltkriege auf die Sterblichkeit der Männerkohorten‘ bei Birg-Koch 1987, 119).

Die Abbildung 4 zeigt im Detail, auf welche Weise die Transformierung von einer Generationen- in eine Perioden-Sterbetafel vor sich geht. Nehmen wir an, wir wollen – wie es dort geschieht – die Perioden-Lebenserwartung für das Jahrzehnt 1750–1760 berechnen (damit wir sie anschließend zum Beispiel mit der Perioden-Lebenserwartung zwei Jahrhunderte später, also 1950–1960 vergleichen können). Wie erwähnt basiert die Perioden-Lebenserwartung für einen bestimmten Zeitraum, hier also für die Dekade 1750–1760, auf der tatsächlich durchlebten Zeitspanne der in dieser Periode *Gestorbenen*, hier also aller Todesfälle zwischen 1750 und 1760. Die Perioden-Lebenserwartung von 90jährigen 1750–1760 meint somit nicht die künftige Lebenserwartung von Menschen, die 1750–1760 geboren wurden, sondern von Menschen, die zwischen 1750 und 1760 ihr neunzigstes Altersjahr erreicht hatten und in noch höherem Alter gestorben waren. Deren Geburt lag um neun Jahrzehnte zurück, war also in die Zeit zwischen 1660 und 1670 gefallen. Die Lebenserwartung von 80jährigen wiederum errechnet sich aus der Anzahl Jahre, welche die im Jahrzehnt 1670–1680 geborenen und bis ins Jahrzehnt 1750–1760 am Leben gebliebenen Menschen durchlebt *hatten*. Die Lebenserwartung von 70jährigen betraf die Jahrgänge

1680–1690, diejenige von 60jährigen die Kohorte der 1690–1700 Geborenen usw.

Was bei genauem Hinsehen schon in der Mitte von Figur 4 zu erkennen ist, wird im vergrößernden Ausschnitt rechts noch deutlicher, wonach nämlich selbst dem Ergebnis solch mühseliger Umrechnerei noch immer Unstimmigkeiten anhaften. Wenn wir, was in der Praxis häufig geschieht, der Berechnung einer Perioden-Lebenserwartung ein ganzes Jahrfünft oder Jahrzehnt zugrundelegen (im vorliegenden Fall die Dekade 1750–1760) und zugleich Angaben zur Lebenserwartung einer Fünfer- oder Zehnerkohorte machen wollen (zum Beispiel aller 15- bis 20jährigen oder aller 80- bis 90jährigen), muß es zwangsläufig zu Ungenauigkeiten kommen. So wurden Menschen, die im Jahrzehnt 1660–1670 geboren wurden, irgendwann zwischen 1740 und 1760 – und eben nicht exakt in ‚unserer‘ Periode 1750–1760 – achtzig und neunzig Jahre alt (gemäß der einfachen Addition 1660 + 80 und 1670 + 90 = 1740 bis 1760). Wollen wir nach diesen Überlegungen immer noch an der Periode 1750–1760 festhalten und die Lebenserwartung der damals 80- bis 90jährigen ermitteln, müßten wir folglich auch die gesamte Bandbreite der Geburtenjahrgänge zwischen 1660 und 1680 berücksichtigen und nicht bloß je nachdem die Zehnerkohorten der Jahrgänge 1660–1670 beziehungsweise 1670–1680.

Doch wie immer man es bei solchen sogenannten „abgekürzten oder ‚einfachen‘ Sterbetafeln" auch anstellt: eine gewisse Anzahl der fünf- oder zehnjahresweise zusammengefaßten Personen ist immer ‚zu früh‘ oder ‚zu spät‘ geboren oder/und gestorben (vgl. nochmals Figur 4, Bildausschnitt rechts außen). Im Prinzip kann die Aufgabe nur durch Erstellen von „vollständigen Tafeln" sauber gelöst werden. Dabei wird die Lebenserwartung für *jeden Geburtsjahrgang* und *jedes Altersjahr einzeln* ermittelt. Die hierbei anfallende Rechnerei geht allerdings beinahe schon ins Unermeßliche. Zum Trost sei daran erinnert, daß sich selbst das Statistische Bundesamt in Wiesbaden für sein offizielles Jahrbuch mit der ‚abgekürzten‘ Version begnügt.

Zwar haben Perfektionisten auch hiergegen schon wieder Einwände erhoben: „Mortality data are often gathered using 5-year age groups rather than individual years of life. Furthermore, it is common practice to use a large open-ended interval (such as 85 and over) for mortality data at the older ages. These limitations of the data pose problems for the actuary or demographer who wishes to compile a full and accurate life table using individual years of life" (Pollard 1988, 1). Meines Erachtens reicht die abgekürzte Version indes für den ‚praktischen Alltagsgebrauch‘ vollkommen aus. Wer von uns will denn schon wissen, daß die Gesamtlebenserwartung einer 45jährigen Frau von 77,14 Jahren 1971 auf 77,27 Jahre 1972 angestiegen ist? Abgesehen davon wäre angesichts der weiter oben dargelegten Unwägbarkeiten von solchen prophetischen Perioden-Lebenserwartungen jede derartige oder eine gar noch größere *statistische* Genauigkeit weitgehend irrelevant. Wir würden uns mit unserem Genauigkeitsfimmel nur noch mehr Sand in die Augen streuen.

Die trotz allen erwähnten Umrechnungsbedenken unvergleichlich größere Zuverlässigkeit *historischer* Perioden-Lebenserwartungen mit ihren real erfolgten, statistisch exakt meß- und in all ihren Einzelheiten geschichtlich erklärbaren Veränderungen hat zur Folge, daß diese Forschungsergebnisse nicht nur an ihrem Entstehungsort, das heißt bei uns in Mitteleuropa, ein begehrter Artikel sind. Oft fragt man andernorts sogar noch mehr nach ihnen als bei uns. Die Gründe hierfür liegen auf der Hand. Während hierzulande exakte Lebenserwartungs-Analysen auf der Basis von Hunderttausenden von Kirchenbucheintragungen je nach Region und Konfession im 16., 17. oder spätestens 18. Jahrhundert einsetzen können, steht ein auch nur annähernd vergleichbares Quellenmaterial anderswo auf der Welt vor dem 20. Jahrhundert oft nicht zur Verfügung. Selbst die fleißigsten Historiker-Demographen können in den Vereinigten Staaten oder in Kanada, in Australien oder auf Neuseeland etwas Vergleichbares für den Zeitraum zuvor nicht zustande bringen. Detaillierte Angaben über die Lebenserwartungen für Männer und Frauen in den verschiedenen Altersgruppen, für städtische und ländliche Bevölkerungen, unterschiedliche Konfessionszugehörigkeiten, bestimmte Berufe oder Schichten setzen die Ermittlung, Speicherung und Bearbeitung von jeweils Zigtausenden ehemaliger realer Lebensläufe voraus. Ein paar Hundert verstreute Einwanderer in dieser oder jener Gegend Nordamerikas oder Australiens genügen hierfür bei weitem nicht. Da helfen auch die besten Techniken, die ausgefeiltesten Methoden und die modernsten Computeranlagen nicht weiter.

Daß aber die langfristigen Entwicklungn der Lebenserwartung samt deren Ursachen gerade in den erwähnten Ländern – Vereinigte Staaten, Kanada, Australien, Neuseeland – nicht analysiert werden können, ist dort vor allem deswegen mißlich, weil es ausgerechnet jene Länder sind, in denen heute oft am intensivsten in Disziplinen wie Epidemiologie, Demographie, Geriatrie oder Gerontologie geforscht wird. *Deswegen* sind *unsere* Ergebnisse *dort* so hochwillkommen. Wo immer man aktiv an einer Veranstaltung teilnimmt, kann man fast sicher sein, anschließend das eine oder andere Kooperations-Angebot zu erhalten.

Dabei fällt für jene überseeischen Kollegen wenig ins Gewicht, daß meine eigenen, in jahrelanger Arbeit mit einer Forschergruppe erstellten Datenbanken an sich *europäische* Bevölkerungen betreffen, nämlich die beiden städtischen von Hamburg und Berlin sowie sechs über Deutschland verstreute ländliche Regionen. Diese letztgenannten, nach bestimmten Kriterien sorgfältig ausgewählten Forschungsgebiete umfassen jeweils die Bewohner von mehreren nahe beieinander liegenden Kirchengemeinden. Das erste befindet sich in Ostfriesland um Aurich, das zweite im Saarland um Saarbrücken, das dritte in Westfalen um Minden, das vierte in Württemberg um Tübingen, das fünfte in der badischen Ortenau zwischen Offenburg und Freiburg, und beim sechsten handelt es sich um die Schwalm in Nordhessen. Jede dieser Datenbanken enthält in jeweils gleicher Aufmachung die Geburts-, Heirats- und Sterbedaten für stets rund 20- bis 40 000 Personen zwischen dem 16. Jahrhundert und heute (vgl. hierzu im Detail: Imhof und Mitarbeiter 1990). – Waren die meisten Vorfahren heutiger US-Amerikaner, Kanadier, Australier, Neuseeländer denn nicht etwa ebenfalls europäischer Herkunft? Und handelt es sich bei ihnen nicht größtenteils ebenso um weiße Bevölke- rungen? Nur reicht das demographische Quellenmaterial an Ort und Stelle dort eben nicht aus, um genauso weit in die Geschichte zurückreichende Studien durchzuführen.

Nun wäre es nicht etwa so, daß der hiesige Historiker dann anderswo stets auch gleich die Antworten auf alle von Vertretern unterschiedlicher Disziplinen aufgeworfenen Fragen parat haben müßte. Im Gegenteil: je un- umwundener ich meine Unwissenheit zum Beispiel im Bereich medizinisch- epidemiologischer Probleme eingestehe, umso günstiger sind die Vorausset- zungen für eine fruchtbare interdisziplinäre Kooperation. Wenn ich selbst alles schon wüßte, bräuchte ich eine derartige Zusammenarbeit ja gar nicht erst anzustreben. Ich bin der Ansicht, daß es meine Aufgabe als Historiker auch gar nicht sein kann, zum Beispiel abzuklären, in welcher Weise die (restlichen) Säuglings- und Kinderkrankheiten reagierten, als zu Beginn des 19. Jahrhunderts die Pocken im Zuge der eingeführten Schutzimpfung aus dem traditionellen Todesursachenspektrum herausgebrochen wurden. Sehr wohl aber habe ich als Historiker-Demograph jenes Material aufgearbeitet, das den Kollegen aus der Epidemiologie dann gestattet, *ihrerseits* diese Fra- ge anzugehen. Es versteht sich von selbst, daß auch ich anschließend daran interessiert bin, von ihnen zu erfahren, wie die Antwort lautet.

Die technischen Voraussetzungen für eine solche konkrete Zusammenar- beit über alle Fächer- und Ländergrenzen hinweg sind heute besser denn je. Ich denke dabei vor allem an die Möglichkeiten, die sich im Verlaufe der letzten Jahre aus der raschen Entwicklung im Bereich der Personal Compu- ter ergeben haben. So sind zum Beispiel die bei meinen Vorträgen weltweit gezeigten Graphiken wie natürlich auch die ihnen zugrundeliegenden Daten alle entweder auf der Festplatte meines stets im Handgepäck mitgeführten transportablen Personal Computers, eines Toshiba T5100 mit 40 MB Hard disc, oder aber auf 3,5 Zoll-Mikrodisketten gespeichert. Werden im An- schluß an einen Vortrag von besonders interessierten Zuhörern Disketten- kopien bestimmter Datensätze oder/und Graphiken gewünscht, so lassen sich diese in wenigen Sekunden anfertigen und anschließend auf jedem kom- patiblen Gerät weiter bearbeiten. Damit hat der interessierte Fragesteller die Möglichkeit, die nun auch ihm zur Verfügung stehenden Daten und Figuren beliebig auszuwerten und seine Fragen schließlich *selbst* zu beantworten.

Ich möchte dieses Vorgehen an einem Beispiel kurz erläutern. In Abbildung 5 sehen wir eine jener Graphiken, auf die ich mich soeben bezog. Um sie zu ,zeichnen' und dann einen Papierausdruck für die Wiedergabe in diesem Buch anzufertigen, bediente ich mich (seinerzeit im Jahre 1987) folgender Soft- und Hardware: Microsoft CHART, Toshiba Handheld Computer T 3100 (Betriebssystem MS DOS 3.2), Toshiba Matrixdrucker P 351. Auf diese Weise entstanden allerdings, wenn auch in hervorragend druckreifer Qualität, nur Schwarzweiß-Kopien. Für Publikationen in Büchern oder Zeitschriften sind sie jedoch genau das richtige. Welcher Verlag druckt schon preistreibend farbig? Da ich jedoch bei allen Vorträgen und in Seminaren um der besseren Einprägsamkeit willen immer nur Farbgraphiken zeige – sei es von Overhead-Folien oder mittels Diapositiven –, benutzte ich für die Colorversion statt des Matrixdruckers meinen Epson Plot Printer HI-80. Die hierdurch entstandenen Farbfolien (= Overheads) waren vorführbereit. Davon auch Farbdias anzufertigen, bot oder bietet anschließend keinerlei Probleme. Sämtliche Indikatoren für die Graphik-Colorierung werden in der Computerdatei automatisch mitabgespeichert. Sie sind somit über jede Mikrodiskette ebenfalls reproduzierbar. Genauso automatisch werden die Farbanweisungen bei der Anfertigung gewöhnlicher Schwarzweiß-Ausdrucke wieder unterdrückt. – Da die vorliegende Graphik für eine Lehrveranstaltung in Übersee angefertigt wurde, ist die Beschriftung zudem in Englisch.

Zur Darstellung gelangt in Abbildung 5 die ,Sterbewahrscheinlichkeit' (englisch ,Probability of dying') für alle Fünfjahres-Altersgruppen von 0–5 bis 95 Jahre und darüber (vgl. die Altersgruppen-Skala waagrecht unten). Die sechs Kurvenverläufe beziehen sich auf Personen, die zwischen 1715 und 1864 in der südwestdeutschen Ortenau-Region, das heißt in einem unserer oben erwähnten insgesamt acht Untersuchungsgebiete zur Welt kamen. Dabei habe ich Kohorten von jeweils 25 Geburtsjahrgängen zusammengefaßt: also geboren zwischen 1715 und 1739, 1740 und 1764 bis hin zu 1840–1864.

Die senkrechte Skala bezeichnet gemäß internationalem Standard nQx. Wie außen links zu erkennen ist, reichen ihre Werte von 0,01 bis 1. Sie ist logarithmisch unterteilt. Dadurch können sich die sehr zahlreichen Werte im niedrigen Bereich von 0,01 bis 0,1 besser voneinander abheben. Bei nQx handelt es sich um die in Fachkreisen weltweit gebräuchliche Abkürzung für die ,n-jährige Sterbewahrscheinlichkeit einer x-jährigen Person'. Da wir in unserer Graphik ausschließlich die Schicksale von Fünfjahres-Altersgruppen betrachten, meint die ,n-jährige Sterbewahrscheinlichkeit' hier somit die Wahrscheinlichkeit von 0-, 5-, 10-, 15jährigen, im Verlaufe des folgenden Jahrfünfts, also zwischen 0 und 5, 5 und 10, 10 und 15, 15 und 20 Jahren zu sterben. Je niedriger ein Punkt auf einer der sechs Kurven liegt, umso geringer ist die Sterbewahrscheinlichkeit einer Person der betreffenden Generation und der betreffenden Altersgruppe, im anstehenden Jahrfünft das Zeit-

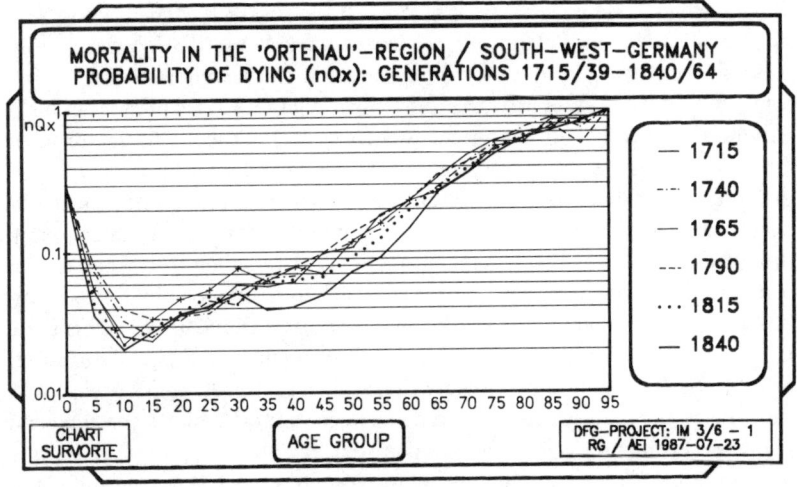

MORTALITY IN THE 'ORTENAU'–REGION / SOUTH–WEST–GERMANY
PROBABILITY OF DYING (nQx): GENERATIONS 1715/39–1840/64

— 1715
--- 1740
— 1765
--- 1790
··· 1815
— 1840

CHART
SURVORTE

AGE GROUP

DFG–PROJECT: IM 3/6 – 1
RG / AEI 1987–07–23

Abb. 5: Graphik aus dem Personal Computer, geplottet von einer Mikrodiskette 3,5 Zoll, Dateiname SURVORTE. Angewandte Hardware (beim Erstellungsdatum am 23.07.1987, vgl. Vermerk unten rechts): Handheld Personal Computer Toshiba T3100, Matrixdrucker Toshiba P351 (für Ausdrucke in Schwarzweiß) beziehungsweise Epson Plot Printer HI-80 (für Farbversionen auf Overhead-Folien); Software: MS DOS 3.20 als Betriebssystem und Microsoft CHART 2.1 als Graphik-Software. – Kopien dieser Mikrodiskette können weltweit von jedermann nach Belieben für eigene Zwecke auf dem eigenen Personal Computer weiter bearbeitet werden. Hierfür sind keinerlei Programmierkenntnisse notwendig.

Dargestellt ist die ‚Sterbewahrscheinlichkeit' (= $_{n}q_{x}$) von sechs Geburtenkohorten à je 25 Jahrgänge im Zeitraum von 1715/1739 bis 1840/1864, und zwar stets für die folgenden fünf Lebensjahre, also im Alter von 0–5, 5–10, 10–15 Jahren usw. bis 95 Jahre und darüber. Die Werteskala hierfür (senkrecht links) reicht von 0,01 bis 1. Ein Wert von 0,01 bedeutet eine 1-prozentige, einer von 1 dagegen eine 100-prozentige Sterbewahrscheinlichkeit. Untersuchungsgebiet: die Ortenau in Südwestdeutschland, bestehend aus den Gemeinden Rheinhausen, Herbolzheim, Rust, Grafenhausen, Kappel, Wittenweier, Nonnenweier, Ichenheim, Schutterzell, Meissenheim, Dundenheim, Altenheim sowie zusätzlichen Judengemeinden. Sie liegen alle zwischen Freiburg und Offenburg in Baden. Die Ortenau-Datenbank umfaßt insgesamt 50 603 Personen.

Quelle: Ortenau-Datenbank, gehörig zum DFG-finanzierten Forschungsprojekt IM 3/6–1 am Fachbereich Geschichtswissenschaften der Freien Universität Berlin. Stand vom 23. Juli 1987.

liche zu segnen. Oder anders ausgedrückt: je niedriger der Kurvenverlauf insgesamt ausfällt, umso höher ist die jeweilige Lebenserwartung.

Konkret würde der Wert 0 für eine Person bedeuten, daß ihre Wahrscheinlichkeit, im folgenden Zeitintervall zu sterben, gleich Null ist. Da jedoch niemand eine absolute Lebensgarantie hat, kommt dieser Wert nicht vor. Umgekehrt besagt der Wert 1, daß die betreffende Person mit hundertprozentiger Wahrscheinlichkeit im anschließenden Zeitintervall sterben wird. Aus unserer Graphik geht hervor, daß dies – aus naheliegenden Gründen – generell erst für die letzte Altersgruppe, also die 95jährigen und noch älteren Menschen der Fall war.

Was hingegen Säuglinge und Kleinkinder betraf, das heißt die Altersgruppe der 0- bis 5jährigen ganz links in der Graphik, so lag deren Sterbewahrscheinlichkeit durchgehend bei 0,3. Man kann sich auch anders ausdrücken und sagen, daß die Säuglings- und Kleinkindersterblichkeit damals dreißig Prozent betragen habe. Drei von zehn Neugeborenen vollendeten 1715–1864 somit nicht einmal ihr fünftes Lebensjahr! Am niedrigsten war die Sterbewahrscheinlichkeit sodann zu allen Zeiten für die 10- bis 15jährigen. In ihrer Altersgruppe schwankten die Werte zwischen höchstens 0,02 und 0,04. Dies meint, daß unter hundert Kindern in dieser Altersgruppe jeweils ,nur' zwischen zwei und vier verstarben, niemals jedoch dreißig wie unter hundert 0- bis 5jährigen.

Betrachtet man alle Kurvenverläufe gemeinsam, so zeigt sich ein deutlicher Rückgang der Sterbewahrscheinlichkeit erst im allerletzten Zeitraum, also bei den Geburtenjahrgängen von 1840–1864. Wiederum anders ausgedrückt erfolgte eine spürbare Zunahme der Lebenserwartung nicht vor der Mitte und in der zweiten Hälfte des vorigen Jahrhunderts. Am augenfälligsten ist das Absinken der Kurve für Erwachsene im ,besten Alter', das heißt die etwa 35- bis 60jährigen. Rechnet man dieses Alter zu den Geburtsjahren hinzu, so ergibt sich, daß der Anstieg größtenteils in die Zeit des Kaiserreiches fiel (1840+30 beziehungsweise 1864+60 Jahre = Zeitraum 1870–1924).

Wem diese recht raffinierte Graphik nun zu unübersichtlich und gedrängt oder aber gerade umgekehrt zu wenig detailliert ist, wer einer normalen Skalierung den Vorzug vor der logarithmischen geben würde, oder wer schließlich die Beschriftung lieber in Deutsch oder Französisch, in Spanisch oder Schwedisch statt in Englisch hätte, der läßt sich einfach eine Kopie der Mikrodiskette geben. Darauf kann er dann selbst alle erwähnten Punkte innerhalb weniger Minuten nach eigenem Gutdünken ändern und auf seinem Diskettenexemplar abspeichern.

Doch reichen die Möglichkeiten für eine Umarbeitung zu eigenen Zwecken noch wesentlich weiter. Da die jeder Graphik zugrunde liegenden Ausgangsdaten stets mitkopiert werden, kann der Inhaber einer solchen Doublette selbstverständlich jederzeit auch darauf zurückgreifen. Dabei lassen sich je nach Wunsch bestimmte Daten inaktivieren beziehungsweise andere Datenkombinationen aktivieren. Dies geschieht dadurch, daß die entsprechenden Daten durch das Vorsetzen eines Minuszeichens ‚inaktiviert‘ oder eines Asteriskus [= *] ‚aktiviert‘ werden. Wenn nun also jemand die Abbildung 5 insofern vereinfachen möchte, daß nur die nQx-Kurven für die erste und die letzte Generation erscheinen, versieht er nur die Daten für die 1715–39 und die 1840–64 Geborenen mit einem Sternchen. Die restlichen Generationen erhalten dagegen ein Minuszeichen. Es werden dann nur zwei Kurven ausgedruckt. Entsprechend beschränkt sich die Legende rechts auf zwei Generationsangaben. Eine solche Vereinfachung schiene mir etwa im Hinblick auf den Beginn einer Lehrveranstaltung empfehlenswert. Auf übersichtliche Weise könnte dadurch die Entwicklung der Lebenserwartung *von* 1715–39 *bis* 1840–69 demonstriert werden. – Selbstverständlich sind die vorübergehend ‚inaktivierten‘ Daten nicht etwa von der Diskette verschwunden, sondern bloß für den speziellen Ausdruck ‚unterdrückt‘. Für andere Ausdrucke lassen sie sich jederzeit wieder mit einem Sternchen versehen und erscheinen dann erneut auf dem Bildschirm und beim Ausdruck.

Wer dagegen im Hinblick auf eigene Fragestellungen etwa wissen möchte, ob die Sterbewahrscheinlichkeit von Frauen größer war als von Männern – oder umgekehrt –, ob dies nur für bestimmte Alter oder/und nur zu bestimmten Zeiten zutraf, der wird sich die Kurven selbstverständlich nach Geschlechtern getrennt anzeigen beziehungsweise ausdrucken lassen. Von dieser Möglichkeit machte ich selbst wiederholt Gebrauch, und zwar im Rahmen des Forschungsthemas: ‚Gibt es eine Übersterblichkeit von Frauen im gebärfähigen Alter während der zweiten Hälfte des 19. Jahrhunderts?‘ – Es gab! Ich stellte fest, daß in jener zweiten Jahrhunderthälfte die ‚Sterbewahrscheinlichkeit‘ von 15- bis 50jährigen Frauen nicht nur deutlich höher lag als bei Männern gleichen Alters, sondern daß sie auch markant über derjenigen gleichaltriger Frauen im Zeitraum zuvor und danach war. Wieso aber kam es zu dieser doppelten Übersterblichkeit, und zwar ausgerechnet in der zweiten Hälfte des 19. Jahrhunderts? Die Antwort ließ nicht lange auf sich warten.

Viele Frauen sahen sich damals einer ihre Gesundheit ruinierenden Dreifachbelastung ausgesetzt. Zum ersten lag die Zahl der *Schwangerschaften* mit durchschnittlich sechs bis acht noch immer relativ hoch. Zum zweiten stieg in jener Zeit die *Arbeitsbelastung* vieler Frauen enorm an. Während es sich hierbei in den expandierenden Städten hauptsächlich um lange Arbeitsstunden in tristen Fabriken handelte, so auf dem Land um den vermehrten Arbeitseinsatz zwecks erhöhter Nahrungsproduktion. Die vielen zusätzlichen Mäuler in den explosionsartig wachsenden Städten wollten ernährt werden. Und zum dritten ergab sich eine erhebliche Mehrbelastung aufgrund der ‚*Hygienisierung*‘, welche die Obrigkeit damals mit großer Intensität betrieb. Um nämlich den in jenem Zeitraum grassierenden Seuchen, insbesondere Cholera und Tuberkulose, Herr zu werden, sollten die Frauen und Mütter alle Kleider, das Bettzeug und Geschirr häufiger und gründlicher waschen, die Wohnungen sorgfältiger lüften und kehren, die Einrichtungen ordentlicher abstauben, die Familienangehörigen bei Erkrankungen aufopfernder pflegen, der Zubereitung von Mahlzeiten größere Aufmerksamkeit widmen und, falls Säuglinge vorhanden waren, diese öfter wickeln und länger stillen. Was da alles gleichzeitig auf die Frauen vor allem in deren ‚bestem Alter‘ von 20 bis 50 einstürmte, reichte aus, um ihre Sterbewahrscheinlichkeit meßbar in die Höhe zu treiben. Nicht vor der Zeit zwischen den beiden Weltkriegen verschwand diese Anomalie wieder und verwandelte sich in ihr heutiges Gegenteil. Seit der Zwischenkriegszeit liegt die Sterbewahrscheinlichkeit von Männern in sämtlichen, vor allem nun auch in *ihren* ‚besten Altern‘ höher als bei den Frauen.

Wiederum andere Zuhörer, so etwa Vertreter der medizinischen Spezialitäten Neonatologie und Pädiatrie, waren in Übersee bisweilen besonders neugierig auf die historische Entwicklung unserer europäischen Säuglings- und Kindersterblichkeit. Ich empfahl ihnen daraufhin, ihre Mikrodisketten-Kopien nur im Bereich der sie in erster Linie interessierenden niedrigsten Altersgruppen zu aktivieren, die Werte dafür detailliert Lebensjahr für Lebensjahr oder gar, was ebenfalls möglich ist, Lebensmonat für Lebensmonat zu untersuchen. Geriater und Gerontologen andererseits wollten wissen, wie sich Anzahl und Prozentsatz lang- und längstlebiger Menschen im Verlaufe der letzten Jahrhunderte entwickelten. Sofern sie Studien zum Dritten Alter betrieben, sollten sie – so mein Rat – die Werte aller 60- bis 80jährigen aktivieren. Standen dagegen, wie in jüngerer Zeit häufig, Untersuchungen zum Vierten Alter im Vordergrund, sollten sie sich die Daten für alle 80 und mehr Jahre alten Personen anzeigen und statistisch wie graphisch ausdrukken lassen.

In den zuletzt genannten Fällen ist möglicherweise unsere Form der Kurvendarstellung dann auch nicht länger die geeignetste. Kreis- oder Stapeldiagramme können hier unter Umständen ein anschaulicheres Bild ergeben als die semilogarithmische Anordnung. Werden derlei Wünsche laut oder gehen auch nur vorläufige Überlegungen in eine solche Richtung, erweisen sich die Disketten-Kopien erneut als hervorragende Arbeitsunterlagen. Die Computer-Graphiken lassen sich nach Belieben, auf bloßen Tastendruck, von der einen Darstellungsform in die andere überführen. Die Flexibilität ist hierbei so groß, daß unserer Phantasie kaum Grenzen gesetzt sind. Probleme ergeben sich – wenn schon – eher aus der Qual der Wahl, sei es im Hinblick auf die Schraffuren, die Umrandungen, die Schriftstärken, die Farbgebung, die Diagrammform. Die Kombinations-Möglichkeiten sind beinahe unendlich groß. Wer sich schöpferisch, ja künstlerisch betätigen will, findet hier ein weites Feld.

Was ich dem Leser soeben an einem einzigen Beispiel erläutert habe, wird den Zuhörern meiner Vorträge seit Jahren bezüglich sämtlicher Graphiken als Angebot gemacht. Einige greifen stets sofort zu, während andere erst Wochen oder Monate später darauf zurückkommen. Selbstverständlich ist es kein Problem, eine Mikrodisketten-Doublette weltweit als Luftpostbrief zu verschicken. Das heutzutage am häufigsten verwendete Diskettenformat von 3,5 Zoll mißt umgerechnet nicht einmal neun Zentimeter im Quadrat (3,5" = 8,89 cm). ‚Platzprobleme‘ auf einem solchen Datenträger gibt es ebenfalls kaum. Selbst eine umfangreiche Graphik bringt es mitsamt allen Form-, Beschriftungs-, Farb- und Schraffur-Anweisungen sowie den mitkopierten Grunddaten selten auf mehr als etwa 100000 Zeichen. Das Fassungsvermögen einer einzigen Diskette liegt jedoch bei rund 720000 Zeichen! – Da es sich bei der von mir benutzten Hard- und Software um international gängige Industrieprodukte handelt (Epson und Toshiba sind japanischer, MS DOS und MS CHART amerikanischer Herkunft), können die entweder gleich an Ort und Stelle überreichten oder später luftpostbeförderten Disketten-Kopien wo auch immer auf der Welt problemlos in der skizzierten Weise weiterbearbeitet werden.

Sollte jemand ob meiner ‚Großzügigkeit‘, mit der ich die sauer erarbeiteten Forschungsergebnisse ‚verschenke‘, in Erstaunen geraten oder sollte er diese ‚Freigiebigkeit‘ gar bewundern, dann erstaunt oder bewundert er zu Unrecht. Mein ständig wiederholtes Angebot hat wenig mit ‚Uneigennützigkeit‘, ‚Großherzigkeit‘ oder ‚Freigiebigkeit‘ zu tun. Zum einen komme ich damit bloß der Aufforderung durch die Deutsche Forschungsgemeinschaft nach, die meine Untersuchungen seit Jahren mit beachtlichen Summen finanziert (allein in den Jahren 1986–1990 mit rund einer Million DMark). Sie vergißt bei ihren Mittelbewilligungen nie zu betonen, daß die auf dieser Basis erzielten Forschungsergebnisse stets auch anderen Wissenschaftlern, und zwar in West *und* Ost, Nord *und* Süd zugänglich gemacht werden sollten. Auf welche Weise könnte ich dieser Ermahnung zur internationalen und interdisziplinären Zusammenarbeit besser nachkommen? Dabei brauche ich auch nicht zu befürchten, hinterher mit Anfragen (zum Beispiel datentechnischer Art) überhäuft zu werden. Sobald die Datenbanken eines bestimmten Forschungsprojekts komplett und die Auswertungen samt Tabellen und Graphiken abgeschlossen sind, wird das gesamte Material in das Zentralarchiv für Empirische Sozialforschung nach Köln überführt, wo es von der Abteilung für historische Sozialforschung verwaltet und betreut wird. Sämtliche Fragen und alle konkreten Kopierwünsche sind von diesem Zeitpunkt an ausschließlich dorthin zu richten (Anschrift: Zentralarchiv für Empirische Sozialforschung an der Universität zu Köln, Abteilung ZHSF-Zentrum für historische Sozialforschung, Bachemer Straße 40, D–5000 Köln 41).

Zum andern hat das permanente Angebot viel mit der Überschrift dieses Kapitels zu tun, das heißt mit der ‚Eintrittskarte‘. Nur wer seine Ergebnisse

– wie eben umrissen – einigermaßen attraktiv präsentieren kann, hat in unseren Tagen noch gute Aussichten, in den Besitz einer solche Karte zu gelangen. Dies trifft vor allem für eine Reihe von Disziplinen und Institutionen zu, auf deren Zusammenarbeit ich mangels eigener Sachkompetenz besonders angewiesen bin: auf Demographen ebenso wie Statistiker, empirisch arbeitende Soziologen und Psychologen genauso wie auf Mediziner verschiedenster Fachrichtungen. Wir brauchen uns hier bloß an die ‚schokkierende Aussage‘ der Kollegen vom renommiertesten medizinischen Forschungszentrum der USA, den ‚National Institutes of Health‘ in Washington-Bethesda aus dem vorangehenden Kapitel zu erinnern: „Hier wird nicht mehr gelesen!“

Was hätte es dort genützt, die schönsten, neuesten Sonderdrucke auszuteilen? Sie wären in den nächsten Papierkorb geworfen worden, im günstigsten Fall zum Verstauben in eine Bibliothek gelangt. Eine Zusammenarbeit hätte sich daraus jedoch nicht ergeben. So aber genügten ein paar Vorträge im Verlaufe einer einzigen Woche, um in Bethesda gleich drei ‚Eintrittskarten‘ zu erhalten. Das ‚National Institute on Aging‘ wünschte nicht nur eine Reihe von Disketten-Kopien im Hinblick auf sein laufendes eigenes Forschungsprojekt zu den ‚Old-Old‘, das heißt den Personen über 85 Jahren in den USA, sondern es schlug auch gleich eine konkrete Zusammenarbeit auf diesem ‚gemeinsamen Forschungsgebiet‘ vor. Im ‚National Cancer Institute‘ war man hellhörig geworden ob der Möglichkeit, anhand des mehrere Jahrhunderte umspannenden europäischen Datenmaterials den Rückgang der Infektionskrankheiten als Todesursachen erfassen und dadurch den wachsenden Spielraum für chronische Krankheiten ermessen zu können, unter anderen eben auch für verschiedene Arten von Krebs. Und in der ‚National Library of Medicine‘ schließlich wollte die ‚History of Medicine Division‘ gleich die gesamten Datensätze auf Disketten haben, um sie den eigenen Beständen einzugliedern.

Zu Beginn des Kapitels hatte ich dem Leser versprochen, die ‚komplizierte Version‘ nur so weit voranzutreiben, bis ersichtlich würde, weshalb es nicht immer und nicht überall mit der ‚einfachen Weise‘ sein Bewenden haben kann, sondern ich es allermeist zuerst ‚kompliziert‘ machen *muß*. Ich halte diesen Punkt hier nun für gekommen. Es dürfte klar geworden sein, daß die eingangs des Kapitels gezeigte Abbildung 3 mit den jeweils dreißig Berliner Sterbefällen aus den Jahren 1738 und 1988 trotz ihrer ‚Richtigkeit‘ nie genügen könnte, um eine ‚Eintrittskarte‘ für hochrenommierte wissenschaftliche Institutionen zu erhalten. Dort brauche ich das komplizierte Material, benötige ich Zehntausende von Sterbefällen, modernste Bearbeitungsmethoden und raffinierteste Darstellungstechniken, um auf Interesse zu stoßen und Angebote zur Zusammenarbeit und für Gastvorträge zu erhalten. Diese engen Kontakte sind jedoch unerläßlich, um im Anschluß daran Wesentliches auch ‚einfach‘ sagen zu können. Ich brauche jene dauernde wissenschaftliche Stimulierung und bin auf die Verbindungen zu den wissenschaftlichen Forschungszentren auf der Welt angewiesen, um zu wissen und beurteilen zu können, was wichtig ist und was bloß untergeordnete Bedeutung hat. Diese Verbindungen aufrecht zu erhalten, sie zu pflegen und auszuweiten, ist Sinn und Zweck meines permanenten ‚großzügigen Angebots'. Wer dieses Verhalten vor dem skizzierten Hintergrund nun immer noch ‚uneigennützig' nennen will, mag es tun. Ich tue es nicht.

Anhand der folgenden fünf Abbildungen möchte ich in diesem Kapitel noch in einer anderen Richtung etwas weiter ausholen. Sie sollen insgesamt verständlich machen, wieso sich die ‚Eintrittskarten' nicht auf Länder der ‚Ersten' Welt beschränken dürfen, das heißt außerhalb Europas nicht nur auf Universitäten, Institute, Forschungszentren in den USA, in Kanada, Japan oder Australien. Ich möchte hier im vornherein jede Anmaßung und Überheblichkeit vermieden wissen und unterstreichen, daß ich die ergänzenden Kontakte zu Kollegen in Ländern der Zweiten, Dritten und Vierten Welt keineswegs als ‚Entwicklungshilfe' betrachte oder sie altruistisch aus purer ‚Uneigennützigkeit' pflegen würde. Drei der Abbildungen (7 bis 9) machen im Gegenteil überdeutlich, daß wir es uns eigentlich gar nicht mehr leisten können, abseits zu stehen und (weiterhin) bloß eine Erste-Welt-interne Nabelschau zu betreiben. Das böse Erwachen dürfte sonst nicht mehr allzu lange auf sich warten lassen. Aus dieser Konstellation wiederum ergeben sich günstige Voraussetzungen für eine fruchtbare Kooperation über sämtliche Grenzen hinweg, denn alle Seiten haben gleichermaßen Interesse an einer Zusammenarbeit. Vor allem aber sind sie dazu motiviert.

Als erstes läßt die Abbildung 6 verständlich werden, weshalb es nicht besonders schwer fällt, ‚Eintrittskarten' keineswegs nur für die reichen Länder der industrialisierten Staatengemeinschaft zu erhalten, sondern praktisch *überall* auf der Welt. Dargestellt sind die sogenannten ‚Absterbeordnungen' der Bevölkerung Berlins (oben), Genfs (Mitte) und Brasiliens (unten). Auf den Teilgraphiken rechts und links sehen wir stets drei Kurvenverläufe, rechts für die Frauen, links für die Männer. In Berlin betreffen die drei Kurven drei verschiedene Zeiträume an einem und demselben Ort, nämlich für die Perioden 1865/68/72, 1910 und 1980/85. In Genf sind es drei verschiedene Bevölkerungsschichten in einem und demselben Zeitraum, näm-

Abb. 6: Die sogenannten ‚Absterbeordnungen', oben: in Berlin für drei Perioden (1865/68/72 und 1910: Alt-Berlin; 1980/85: Berlin-West); in der Mitte: in Genf im 17. Jahrhundert für drei Schichten (I: Ober-, II: Mittel-, III: Unterschicht); unten: in Brasilien 1970 für drei Regionen (Bundesländer RS: Rio Grande do Sul, MG: Mato Grosso, RN: Rio Grande do Norte). Die Teilgraphiken links zeigen an, wieviele unter jeweils 1000 gleichzeitig geborenen Männern ein Alter von 10, 20, 30 Jahren usw. erreichten. Die Teilgraphiken rechts betreffen 1000 gleichzeitig geborene Frauen.

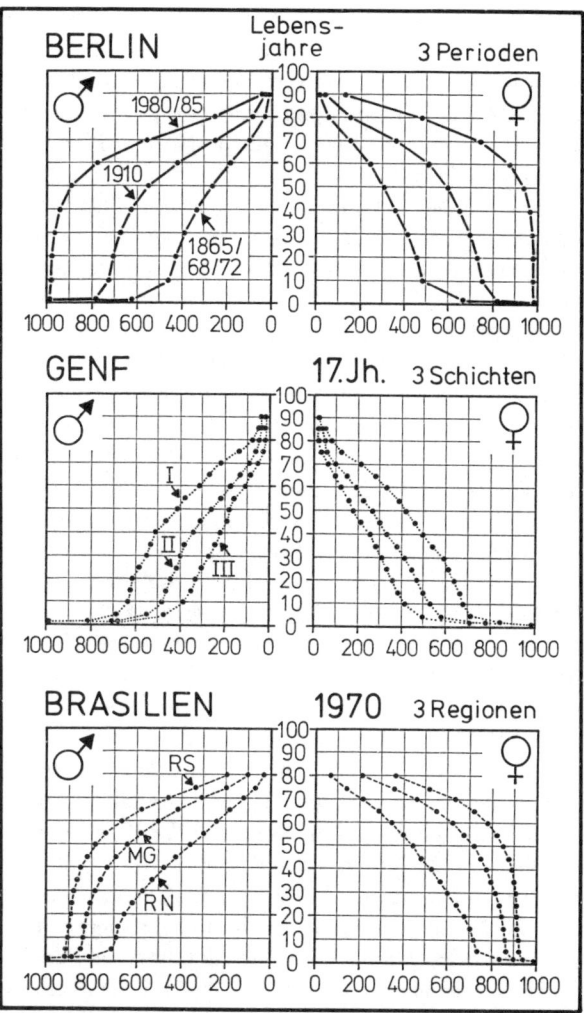

Quellen: Berlin: Speziell angefertigte Materialzusammenstellung durch das Statistische Landesamt Berlin, Oktober 1987. – Genf: Alfred Perrenoud: Die soziale Ungleichheit vor dem Tod in Genf im 17. Jahrhundert. In: Biologie des Menschen in der Geschichte; Stuttgart: Frommann-Holzboog 1978, 137. – Brasilien: Arthur E. Imhof: Von der unsicheren zur sicheren Lebenszeit. Darmstadt: Wissenschaftliche Buchgesellschaft 1988, 52–82, 172–243.

lich im 17. Jahrhundert, und zwar an einem und demselben Ort. Römisch I meint die Ober-, II die Mittel- und III die Unterschicht. In Brasilien handelt es sich um die Bewohner von drei verschiedenen Bundesländern in einem und demselben Zeitraum, nämlich im Jahre 1970, und zwar in einem und demselben Land. RN steht für Rio Grande do Norte, MG für Mato Grosso und RS für Rio Grande do Sul.

Auf der rechten Seite jeder Graphik wird stets von 1000 gleichzeitig geborenen Frauen ausgegangen, auf der linken von 1000 Männern. Anhand des Gitternetzes können wir leicht verfolgen, wieviele unter jeweils 1000 Frauen oder Männern ein Alter von 10, 20, 30, 40 Jahren usw. erreichten, wann nur noch die Hälfte oder ein Viertel eines Jahrgangs am Leben war und wann überhaupt niemand mehr. In guten, das heißt von ‚Pest, Hunger und Krieg‘ verschonten Zeiten erreichten mehr gleichzeitig Geborene ein höheres Alter als in schlechten. Doch ob ‚gute‘ oder ‚schlechte‘ Zeiten: immer und überall gab und gibt es Unterschiede bei den Überlebens-Chancen, sei es aufgrund der Zugehörigkeit zu dieser besser gestellten Ober- oder jener schlechter situierten Unterschicht, sei es wegen der Herkunft aus dieser ärmeren oder jener wohlhabenderen Gegend.

Beginnen wir mit der am stärksten in Mitleidenschaft gezogenen Bevölkerung der Abbildung 6: der Genfer Unterschicht im 17. Jahrhundert. Hierzu zählten rund vierzig Prozent aller damaligen Einwohner. Es waren hauptsächlich die Familien von wenig oder gar nicht spezialisierten Arbeitnehmern im Textil-, Bekleidungs-, Holz- und Baugewerbe sowie Arbeiter in der Landwirtschaft. Von 1000 Knaben vollendeten in dieser Schicht bloß 682 ihr erstes Lebensjahr, von 1000 Mädchen 700. Im Alter von fünf Jahren war die Hälfte schon nicht mehr am Leben. Unter den Knaben lebten dann noch 466, unter den Mädchen noch 490. Knapp ein Drittel erreichte jemals ein Erwachsenenalter von 25 Jahren, nämlich 300 Knaben und 327 Mädchen. Mit 45 war nicht einmal mehr jeder fünfte eines Jahrgangs am Leben. Nur 197 Männer und 208 Frauen erreichten in dieser Schicht je ein so ‚hohes‘ Alter. Wohlgemerkt: es ist von *fünfundvierzig* Jahren die Rede!

Völlig anders sah es gleichzeitig in der Genfer Oberschicht aus. Zu ihr zählten etwa zwanzig Prozent der Bevölkerung, hauptsächlich Angehörige des Groß- und mittleren Bürgertums. Es waren in erster Linie die Handelsherren, freiberuflich Tätige, höhere Amtsträger in Justiz und Staatsverwaltung sowie ihre Familien. Wer in diese privilegierten Kreise hineingeboren wurde, hatte wesentlich bessere Aussichten, den ersten, fünften, fünfundzwanzigsten, fünfundvierzigsten Geburtstag zu erleben. Unter 1000 Knaben waren es am ersten Geburtstag 809, am fünften 681, am 25. noch 576 und am 45. immerhin noch 460, das heißt mehr als doppelt so viele wie im gleichen Alter in der Unterschicht (197! – siehe oben). Auf der Frauenseite lautet die Reihe: 840, 703, 609 und 461 (Unterschicht: 700, 490, 327, 208! – siehe ebenfalls oben).

Die Mittelschicht schließlich trug ihren Namen auch in unserer Hinsicht zu Recht. Die Kurven ihrer ‚Absterbeordnung‘ verliefen stets etwa in der Mitte zwischen Unter- und Oberschicht. Zu ihr waren die restlichen vierzig Prozent der Einwohner zu zählen. Hierbei handelte es sich hauptsächlich um Angehörige aus dem Kleinbürgertum, um Handwerksmeister, Kleinkaufleute, qualifizierte Handwerker, spezialisierte Angestellte und Arbeiter sowie deren Familien.

Vergleicht man den Genfer Graphikteil mit Berlin (ganz oben), so erkennt man auf den ersten Blick, daß es hier noch zwei weitere Jahrhunderte dauerte, bis die gesamte Stadtbevölkerung auch nur annähernd das Niveau der Genfer Oberschicht des 17. Jahrhunderts erreichte. Umso rascher verlief die Entwicklung danach. Nicht nur wurde die Säuglings- und Kindersterblichkeit binnen weniger Jahrzehnte fast ganz zum Verschwinden gebracht, sondern auch 20-, 30-, 40jährige blieben immer länger am Leben. Für 1980/85 zeigt die Absterbeordnung für Männer und noch ausgeprägter diejenige für Frauen ein nie zuvor und nirgendwo sonst je erreichtes Bild maximaler Überlebens-Chancen. Neun Zehntel jeden Jahrganges bleiben mindestens bis zum fünfzigsten Altersjahr am Leben. In der Genfer Unterschicht war es seinerzeit nicht einmal ein Fünftel gewesen! Unter 1000 Berliner Frauen werden heute 871 60, 745 70, 483 (fast die Hälfte!) 80, 135 90 Jahre alt. Wo und wann hätte es das früher je gegeben? – Um einen Augenblick lang auf das Vorwort zurückzukommen: *hierüber* nachzudenken haben wir heute *mehr* Anlaß, als uns über die seinerzeitigen, gewiß großen Unterschiede in Genf zu ereifern. Wir haben *alle* die damalige Genfer Oberschicht längst hinter uns gelassen und gehören inzwischen praktisch ohne Ausnahme einer wahren ‚Superschicht‘ an – haben uns dadurch allerdings auch entsprechende ‚Superprobleme‘ eingehandelt (vgl. z.B. den Titel einer diesbezüglichen Reportage: „Es ist genug. Begegnung mit einer Frau, die des langen Lebens müde ist“ [Bericht von Raimund Hoghe in: Die Zeit, Nr. 11 vom 9. März 1990, 94]).

Was schließlich die Absterbeordnungen in Brasilien 1970 betrifft (Graphikteile ganz unten), so gleicht der Kurvenverlauf in Rio Grande do Norte am ehesten dem Bild in der Genfer Oberschicht zweihundert Jahre früher oder bei den Berlinern einhundert Jahre zuvor. Rio Grande do Sul dagegen weist ein Niveau auf, das dem in Berlin 1980/85 um nicht viel nachsteht. Die Brasilianer – wohl wissend, daß in ihrem Land ein starkes Süd-Nord-Gefälle herrscht – apostrophieren den Bundesstaat Rio Grande do Norte im äußersten Nordosten selbst gern als das ‚Armenhaus der Nation‘. Der südlichste Staat, Rio Grande do Sul, weist dagegen einen Entwicklungsstand auf, wie wir ihn aus Mitteleuropa gewohnt sind. Für brasilianische Verhältnisse gelten die Einwohner dort als sehr wohlhabend. Zwischen diesen beiden Extremen liegt wirtschaftlich und sozial das Bundesland Mato Grosso. Es befindet sich im Herzen des Kontinents an der Grenze zu Bolivien.

Was wir in der Abbildung 6 in drei historisch, regional, schichten- und geschlechtsspezifisch ausgewählten Beispielen vorfinden, sind die Grundmuster aller nur denkbaren Absterbeordnungen. Jede Bevölkerung – egal ob historisch oder gegenwärtig, ob europäisch oder wo immer auf der Welt – läßt sich hier einordnen. Die Bandbreite liegt zwischen den beiden extremen Kurvenverläufen einerseits der Genfer Unterschicht im 17. Jahrhundert und andererseits der Berliner Bevölkerung von 1980/85. Allerdings ist es mit dem Einordnen allein keineswegs getan. Es geht nicht bloß darum zu konstatieren, daß die derzeitige Absterbeordnung zum Beispiel in einem Land der Ersten, Zweiten, Dritten, Vierten Welt am ehesten diesem oder jenem unter den aufgezeichneten Grundmustern entspricht. Wichtiger ist die Tatsache, daß es sich bei jedem einzelnen Kurvenverlauf um das Ergebnis ganz bestimmter Zustände und damit verbundener Probleme handelt. Wir haben es mit getreuen Spiegelbildern zeit-, orts-, schichten-, geschlechtsspezifischer *Realitäten* zu tun. So ist es kein Zufall, daß die Kurve für die Genfer Mittelschicht in der Mitte zwischen Unter- und Oberschicht verläuft. Es ist ebenso wenig ein Zufall, daß die Absterbeordnung im brasilianischen Armenhaus für beide Geschlechter und in allen Altersgruppen wesentlich niedriger ausfällt als im reichen Bundesland Rio Grande do Sul, und es ist schließlich auch kein Zufall, daß sich die Kurven für die Berliner Bevölkerung von 1980/85 im Vergleich zu 1865/68/72 stark ausgebuchtet haben. ,Niedriger Kurvenverlauf' meint konkret: hohe Säuglingssterblichkeit, hohe Kindersterblichkeit, hohe Erwachsenensterblichkeit in allen Altern – wofür es Gründe gab und gibt. Es meint andererseits aber auch, daß weniger Menschen jemals die Beschwerden des Alter(n)s zu spüren bekamen oder bekommen. Sie weil(t)en dann längst nicht mehr unter den Lebenden. ,Ausgebuchteter' Kurvenverlauf wie in Berlin 1980/85 bedeutet hingegen, daß sich eine solche Gesellschaft mit enormen Problemen des Dritten und – je ausgeprägter die Auswölbung ist – des Vierten Alters konfrontiert sieht.

Da diese Kurven somit stets die Ergebnisse bestimmter Entwicklungen und Zustände darstellen, ist es selbstverständlich jederzeit möglich, sie auch zu erklären. Hier nun kommt der Historiker-Demograph zum Zuge. Als Fachmann kann er darlegen, welches in Berlin oder in Genf die Ursachen dafür waren oder sind, daß sich die Kurvenverläufe so stark voneinander unterscheiden, oder welche geschichtlich bedingten Gründe es für die heutigen großen Divergenzen gibt, die zwischen einzelnen Regionen bestehen – auch in Europa, auch in der Bundesrepublik Deutschland. Island ist nicht Sizilien; Schleswig-Holstein nicht Bayern.

Dies ist, was man andernorts von uns wissen möchte und weshalb ich als ein Vertreter dieser Historiker-Demographen-Zunft dort eine ,Eintrittskarte' erhalte. Weltweit verhält es sich so, daß die meisten Völker eine Ausbuchtung ihrer Absterbeordnung anstreben: das heißt eine niedrigere Säuglingssterblichkeit, eine geringere Kindersterblichkeit, eine Verminderung der

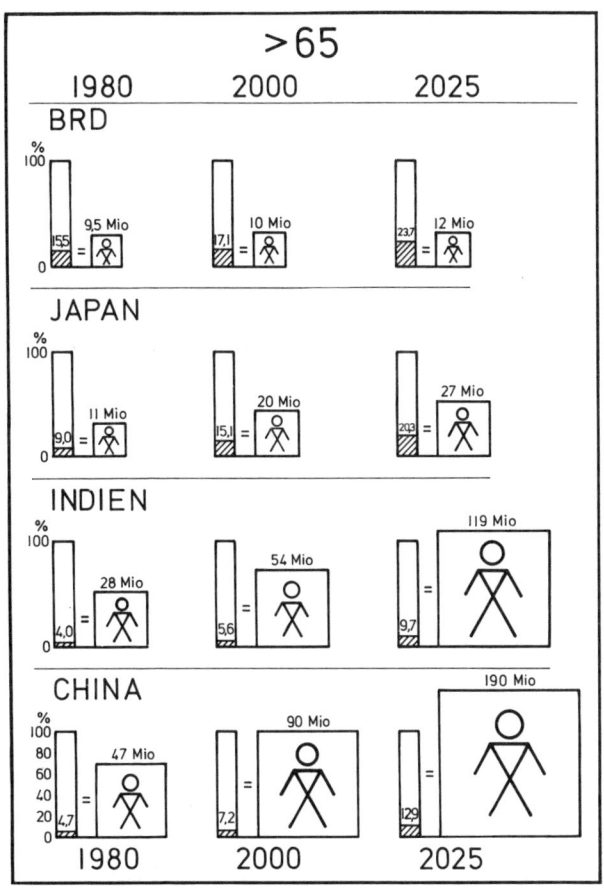

Abb. 7: Anteil der über 65jährigen an der Gesamtbevölkerung in der Bundesrepublik Deutschland, in Japan, Indien und China in den Jahren 1980, 2000 und 2025, einerseits in absoluten Zahlen (Quadrate mit Strichmännchen), andererseits in Prozent der jeweiligen Gesamtbevölkerung. Die Größenverhältnisse der Quadrate entsprechen den Verhältnissen in absoluten Zahlen; die Quadratseitenlängen stellen die Wurzelwerte dar.

Quellen: Maria Maguire: Ageing Populations. The Social Policy Implications. Paris: Organisation for Economic Co-operation and Development (OECD) 1988, 21–22; Linda G. Martin: The Aging of Asia. In: Journal of Gerontology: Social Sciences 43, 1988, 100.

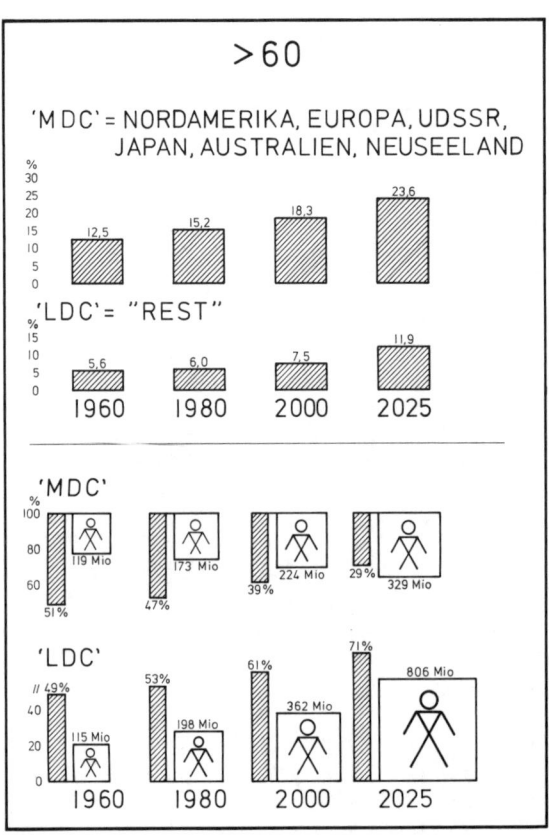

Abb. 8: Oben: Anteil der über 60jährigen in Prozent der Gesamtbevölkerung in den ‚MDC's und ‚LDC's in den Jahren 1960, 1980, 2000 und 2025; unten: dieselben Werte einerseits in absoluten Zahlen, andererseits prozentuale Aufteilung der über 60jährigen Erdbewohner auf die ‚MDC's und ‚LDC's. Zu den ‚MDC's, das heißt den More Developed Countries zählen Nordamerika, ganz Europa, die UdSSR, Japan, Australien und Neuseeland; zu den ‚LDC's, den Less Developed Countries ganz Afrika, ganz Lateinamerika, China, das übrige Ostasien, Südasien, Melanesien und Mikronesien-Polynesien. – Die Größenverhältnisse aller Quadrate entsprechen den Verhältnissen in absoluten Zahlen; die Quadratseitenlängen stellen die Wurzelwerte dar.

Quellen: A.B. Bose: Aging in India: Demographic dimensions. In: A.B. Bose und K.D. Gangrade (Hrsg.): The Aging in India. Problems and potentialities. New Delhi: Abhinav Publications 1988, 9–10. – Gemäß einer Definition der Vereinten Nationen aus dem Jahre 1980 gehören alle Menschen über 60 Jahren generell zu den ‚Älteren', alle über 80 zu den ‚Old old': Vgl. WHO Expert Committee: Health of the elderly. Report of a WHO Expert Committee (= World Health Organization Technical Report Series 779). Genf: World Health Organization 1989, 8.

Erwachsenensterblichkeit, insgesamt also eine höhere Lebenserwartung in allen Altern. Am liebsten möchte man dem Berliner Kurvenverlauf von 1980/85 nahekommen. Da genau dieser Zustand bei uns aber eben bereits existiert, kann ich selbstverständlich auch sagen, ‚wie wir das gemacht haben‘.

Die Lektion fällt dann häufig allerdings nicht ganz so aus, wie es sich die Fragesteller in Indien, Brasilien, China oder wo immer auf der Welt gedacht hatten. Vor lauter anstehenden Tagesproblemen bei der Zurückdrängung der Sterblichkeit in jüngsten, jüngeren und mittleren Altern wird dort – verständlicherweise – leicht übersehen, daß die Lösung der alten Probleme quasi automatisch zu einer Fülle von neuen Schwierigkeiten führt. Man denkt nicht daran, was für Folgen eine immer weitere Ausbuchtung der Kurvenverläufe notwendigerweise mit sich bringt, nämlich immer mehr ältere, alte und sehr alte Menschen, immer mehr chronische Gebrechen und unheilbare Langzeitpatienten, immer höhere Kosten für deren Versorgung und Betreuung. Es ist kein Paradies, in dem wir leben. Und es wird ebenso wenig eines für sie werden, wenn sie den gleichen Zustand erreicht haben. *Deshalb* geht es meines Erachtens nicht an, ihnen nur – wunschgemäß – zu erklären, ‚wie wir es gemacht haben‘. Die Kehrseite der Medaille gehört genauso dazu, und es ist nur fair, sie auch darauf hinzuweisen und bereits hier und heute mit dem vertraut zu machen, was da auf sie zukommt. Und zwar mit großer Geschwindigkeit auf sie zukommt, man schaue sich bloß die Abbildungen 7 und 8 an!

In der Abbildung 7 habe ich zwei führenden Industrienationen der Ersten Welt (der Bundesrepublik Deutschland und Japan) Indien und China als Repräsentanten der Dritten Welt gegenübergestellt. Verglichen werden die Zahlen der über 65jährigen, und zwar für die Jahre 1980, 2000 und 2025. Normalerweise drücken wir solche Vergleiche in Prozenten aus. 1980 hatte die Bundesrepublik zum Beispiel 15,5% ältere Menschen über 65, Japan 9,0%. In Indien waren es dagegen nur 4,0% und in China 4,7%. So richtig solche prozentualen Angaben einerseits sind, weil sie eine wesentliche Aussage über das Gewicht der damit verbundenen Probleme für die betreffende Gesellschaft machen, so ‚unrichtig‘ sind sie andererseits doch auch wieder. 15,5% ältere Menschen in der Bundesrepublik meinen in absoluten Zahlen 9,5 Millionen, 9,0% in Japan 11 Millionen. 4,0% in Indien sind dagegen 28 Millionen Menschen und 4,7% in China gar 47 Millionen. Welche Länder haben nun die größeren Probleme mit älteren Menschen? ‚Nur‘ sind in Indien und China außerdem noch ganz andere und vielfach vordringlichere Probleme zu lösen, als sich den ‚paar Prozent‘ älterer Mitbürger zu widmen. Das heißt allerdings nicht, daß nicht auch dort verantwortungsbewußte Menschen angesichts der schieren Anzahl älterer Mitbewohner und ihrer mit Händen zu greifenden Problemen hellhörig geworden sind und von sich reden machen (für Indien vgl. Bose-Gangrade 1988, Sharma-Dak 1987, für

China vgl. Wang 1988; ferner persönliche Gespräche mit Vertretern der beiden nationalen Organisationen ‚HelpAge India' und dem ‚China National Committee on Aging' in Delhi und Beijing/Peking Ende 1988).

Ein Blick auf die Graphikteile rechts in der Abbildung 7 genügt, um die rasche Verschärfung dieser Problematik bis ins Jahr 2025, das heißt in absehbarer Zeit zu erkennen. Zwar klaffen auch dann die Prozentwerte noch immer weit auseinander. Die Bundesrepublik wird in gut einer Generation 23,7% (ein Viertel!) ältere Menschen haben, Japan 20,3%; Indien dagegen ‚nur' 9,7% (ein Zehntel) und China 12,9%. Man schaue sich jedoch wieder die absoluten Zahlen an: 12 Millionen dann bei uns, 27 Millionen in Japan, dagegen 119 Millionen in Indien und 190 Millionen in China!

Noch drastischer fällt der Anschauungsunterricht aus, wenn wir sämtlichen entwickelteren Ländern der Welt sämtliche weniger entwickelten gegenüberstellen, so wie es in Abbildung 8 geschieht. Als Altersgrenze habe ich dort, wie in den weniger entwickelten Ländern häufig noch üblich, 60 Jahre gewählt. (Es sei darauf hingewiesen, daß die Vereinten Nationen seit 1980 alle über 60jährigen Menschen zu den ‚Älteren' zählen, und alle über 80jährigen zu den ‚Old old': WHO Expert Committee 1989, 8.) Schauen wir auch dort nach, was in absehbarer Zeit auf uns, beziehungsweise unsere nächste Generation zukommt. In den entwickelteren Ländern werden im Jahr 2025 23,6% aller Einwohner 60 und älter sein, in den weniger entwickelten 11,9%. In absoluten Zahlen nimmt sich das allerdings anders aus. Da stehen dann 329 Millionen älteren Menschen in den entwickelteren Ländern 806 Millionen in den weniger entwickelten gegenüber! Oder anders ausgedrückt: 71% aller älteren Menschen werden zu jenem Zeitpunkt in den weniger entwickelten Ländern der Welt leben, nur 29% in den entwickelteren.

Mit dieser Weitung des Blicks will ich in keiner Weise von unseren *eigenen* Problemen ablenken, sie weder verniedlichen noch verharmlosen, im Gegenteil. Denn wir stehen schon heute nun einmal dort, wo wir stehen. Bei uns *ist* jeder sechste Einwohner älter als 65 und wird es 2025 jeder vierte sein. ‚Immerhin' sind auch das 9,5 Millionen Einzelpersonen und werden es in einer Generation 12 Millionen Einzelschicksale sein. Wenn ich mich in diesem Buch nun *unseren* Problemen zuwende, dann meint das eben nur vor-

Abb. 9: Prozentuale Verteilung der Weltbevölkerung nach: a) Großregionen, b) den großen geistigen Strömungen. Entwicklung im Zeitraum 1980–2100.

Quelle: Jean Bourgeois-Pichat: Du XXᵉ au XXIᵉ siècle: L'Europe et sa population après l'an 2000. In: Population 43, 1988, 9–44; für die Graphik speziell 17, 18, 19, 20. – Die Studie liegt inzwischen auch in englischer Übersetzung vor: From the 20th to the 21st century: Europe and its population after the year 2000. In: Population 44, 1989, English selection No. 1, 57–90; für die Graphik speziell 65, 66, 67, 68.

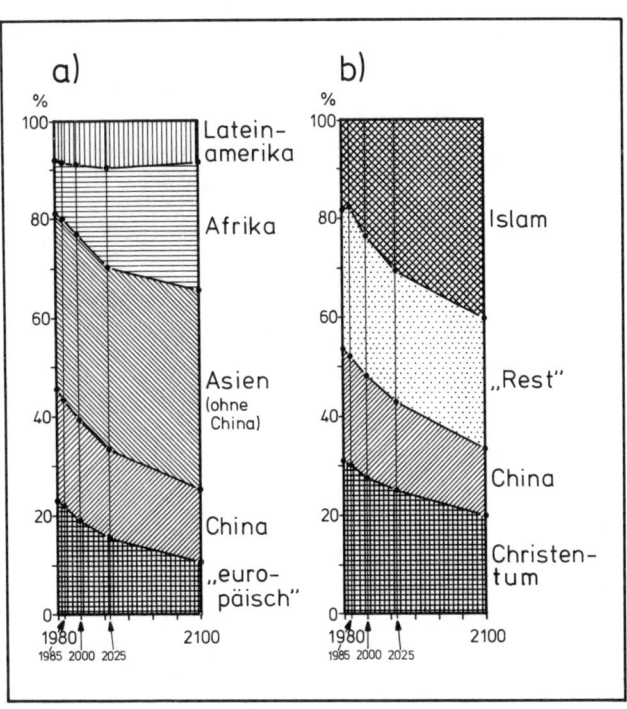

a) Großregionen:	1980	1985	2000	2025	2100
Lateinamerika	8,1	8,4	9,0	9,6	8,5
Afrika	10,7	11,4	14,3	20,1	25,8
Asien (ohne China)	35,7	36,3	37,3	36,8	40,5
China	22,5	22,0	20,5	17,8	13,4
Europa, „europäisch"*)	23,0	21,9	18,9	15,7	11,8
Welt insgesamt in %	100,0	100,0	100,0	100,0	100,0
Welt insgesamt in Mio	4453	4842	6127	8177	11011

*) UdSSR, Nordamerika, Ozeanien

b) Strömungen:	1980	1985	2000	2025	2100
Islam	18,0	17,7	23,3	30,6	40,1
Rest der Welt	28,4	30,1	28,4	26,3	26,2
China	22,5	22,0	20,5	17,9	13,5
Christentum	31,1	30,2	27,8	25,2	20,2
Welt insgesamt in %	100,0	100,0	100,0	100,0	100,0
Welt insgesamt in Mio	4453	4842	6127	8177	11011

dergründig, daß ich mich ausschließlich mit ihnen beschäftigen würde, weil ich sie täglich vor meiner Tür vorfinde. Wir stehen bloß an vorderster Stelle in einer Entwicklung, die sich andernorts mit größerem oder geringerem Zeitverzug in ähnlicher Weise vollzieht. Wir sollten uns unserer Probleme somit nicht nur unseretwegen intensiver als bislang annehmen, weil wir sie bereits haben, sondern auch ihret-, der anderen auf der Welt wegen. Absolut sind die Älteren dort heute schon in der Überzahl und werden es binnen kurzem bei weitem sein.

Die großen Zahlen der über 60jährigen in Indien oder China, beziehungsweise in den weniger entwickelten Ländern insgesamt sind jedoch nur zum Teil darauf zurückzuführen, daß jene Länder wesentlich volkreicher sind als die Bundesrepublik oder Japan, respektive die entwickelteren Staaten zusammen genommen. 4% unter 700 Millionen Indern ergaben 1980 bereits 28 Millionen, 15,5% unter 61 Millionen Bundesdeutschen dagegen nur 9,5 Millionen. Vor allem die rasche *Zunahme* – absolut wie in Prozent – beruht vielmehr auf dem Umstand, daß auch dort einerseits immer mehr junge Menschen älter und immer mehr ältere noch älter werden (sogenannter ‚Alterungsprozeß von oben‘), daß aber auch dort andererseits die Geburtenzahlen zurückgehen. Dadurch nehmen die Älteren prozentual automatisch auf Kosten der Jüngeren zu (= ‚Alterungsprozeß von unten‘).

Weltweit betrachtet führt diese Entwicklung *in absehbarer Zeit* zu enormen Gewichtsverschiebungen. Ich gebe sie jedem Leser anhand von Abbildung 9 eindringlich zu bedenken. In ein paar wenigen Generationen, das heißt im Jahre 2100, wird der ‚europäische‘ beziehungsweise ‚europäischstämmige‘ Teil der Weltbevölkerung auf 11,8% geschrumpft sein. Heute (1985) sind ‚wir‘ immerhin noch 21,9%. Das bedeutet eine Reduzierung um die Hälfte: von einem Fünftel der Weltbevölkerung auf einen Zehntel. Die größten Zuwächse werden Afrika von heute 11,4% auf dann 25,8% (von einem Zehntel auf ein Viertel!) sowie Asien (ohne China) von 36,3% auf 40,5% erfahren. Betrachtet man die großen Geistesströmungen, so schmilzt die ‚christliche Welt‘ von 30,2% auf 20,2%. Die ‚islamische‘ dagegen verzweieinhalbfacht sich von 17,7% auf 40,1%. – Zusammenfassend kann ich hier nur noch einmal die Aussage von oben wiederholen und unterstreichen: „Die drei Abbildungen (7 bis 9) machen überdeutlich, daß wir es uns eigentlich gar nicht mehr leisten können, abseits zu stehen und (weiterhin) bloß eine Erste-Welt-interne Nabelschau zu betreiben. Das böse Erwachen dürfte sonst nicht mehr allzu lange auf sich warten lassen" und die Brisanz von Themen wie „Die islamische Herausforderung" explosionsartig anwachsen (Konzelmann 1988; vgl. ferner Busse 1989, Ende-Steinbach 1989, Haarmann 1987, Steinbach-Robert 1988 und Rodinson 1985).

Damit ist der demographische Rahmen für dieses Buch gelegt. Wer ihn sich bei der Lektüre stets bildlich-konkret vor Augen halten möchte, präge sich insbesondere die Berliner Absterbeordnung von 1980/85 ein. *Drei Vier-*

tel aller Frauen erreichen bei uns nunmehr ihren siebzigsten Geburtstag (74,5%). Fast *die Hälfte* wird achtzig (48,3%), knapp ein Drittel fünfundachtzig (30,1%) und mehr als ein Achtel neunzig Jahre alt (13,5%). Unter den Männern erreichen zwei Fünftel ihr fünfundsiebzigstes (40,4%) und ein Viertel ihr achtzigstes Lebensjahr (24,9%). Jeder neunte wird 85 Jahre alt (11,9%). Das sind – in des Wortes eigentlichem Sinn - *unerhörte Zahlen*. So etwas gab es noch nie und gibt es sonst nirgendwo. Wer zum weiblichen Geschlecht zählt, hat heute eine Chance von fünfzig zu fünfzig, mindestens achtzig Jahre zu leben. Unter den Männern wird die Hälfte mindestens siebzig. Unsere biologische Lebensspanne hat eine früher nie gekannte Sicherheit erreicht. Was fangen wir mit diesem langen Leben an? Wir, bei uns, heute? Und was andere, immer mehr sehr bald auch anderswo auf der Welt? Dutzende, Hunderte Millionen Inder, Chinesen, Menschen in der Zweiten, Dritten, Vierten Welt?

Bei uns, die wir am weitesten in der Entwicklung vorangeschritten sind, scheinen es noch nicht alle zu wissen. Einen erschütternden Denkanstoß versetzt uns Abbildung 10. Sie zeigt die Anzahl begangener Selbstmorde in Berlin (West) 1987 nach Altersgruppen und Geschlecht, oben in absoluten Zahlen, unten je 100 000 Männer, beziehungsweise Frauen der betreffenden Altersstufe. Die sich abzeichnende starke Zunahme der Suizide jenseits der 70, bei den Männern vor allem jenseits der 80 müßte konsternierend genug sein, um uns alle aufzurütteln und zum Nachdenken anzuhalten. Welches waren bei diesen betagten Menschen die Beweggründe? ‚Nur‘ schlechte Gesundheit? ‚Nur‘ wirtschaftliche Sorgen? ‚Nur‘ soziale Isolierung? (Ältere Menschen führen ihre Selbsttötungsversuche mit größerer Entschlossenheit bei einem gleichzeitig schwächeren Organismus als jüngere durch; vgl. hierzu Häfner 1989.)

Ob in manchen Fällen nicht vielmehr eine entsetzliche Leere den Ausschlag gegeben haben mochte, in welche jene Menschen im Vierten Alter fast zwangsläufig stürzen müssen, die nicht beizeiten gelernt haben, aus den vielen auf sie, auf uns alle zukommenden Jahren erfüllte Jahre zu machen? Hiervon handelt dieses Buch, und wie dies erreicht werden könnte. Als Historiker versuche ich es mit dem Bilderansehen und führe in den einzelnen Kapiteln aus, wie ich das meine. Andere dürften andere Beispiele und Konzepte in die Tat umzusetzen versuchen. Immer aber wird es darum gehen, den stark erweiterten Lebensrahmen sinnvoll und mit dem Ziel des Erreichens auch noch des Vierten Alters vor Augen zu füllen. Sonst wäre es schade um die Entwicklung, die die Berliner Absterbeordnung von 1980/85 im Vergleich zu derjenigen der Genfer Unterschicht im 17. Jahrhundert vollzogen hat (vgl. Gattiker 1989, auch Franke 1987).

Es müssen nicht immer Graphiken oder Bilder sein, an denen sich unsere Gedanken und Überlegungen entzünden. Zum Abschluß möchte ich dem Leser vielmehr zwei Zitate berühmter Männer auf den Weg mitgeben, die

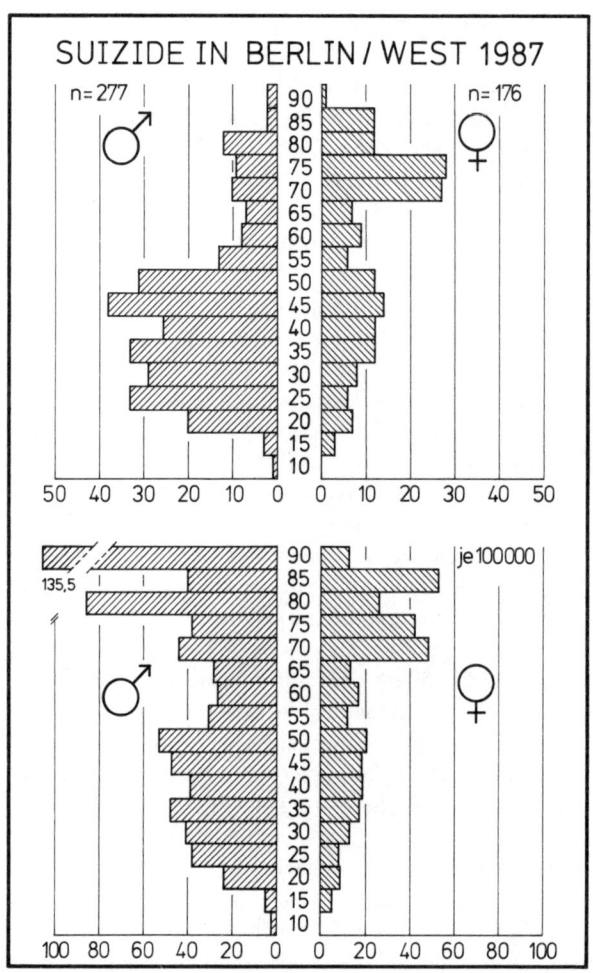

Abb. 10: Durch Selbstmord gestorbene Personen in Berlin (West) 1987 nach Altersgruppen und Geschlecht, links männlich, rechts weiblich. Oben: in absoluten Zahlen; unten: je 100 000 der betreffenden Altersgruppe und des betreffenden Geschlechts.

Quelle: Zusammenstellung und freundliche Überlassung des Materials durch Professor Dr. Eckart Elsner vom Statistischen Landesamt Berlin. Vgl. ferner ders.: Selbstmord in Berlin. In: Berliner Statistik 37, 1983, 218–239 sowie Titelgraphik von Nr. 11/83: Durch Selbstmord gestorbene Personen in Berlin (West) und in der Bundesrepublik Deutschland 1981. Für einen Überblick über den Trend der Selbstmordraten in einem industrialisierten Land vgl.: Renée Beneteau: Trends in suicide. In: Canadian Social Trends 11, (Winter) 1988, 22–24.

lange vor uns über ‚unsere‘ Probleme nachdachten. Ihre Äußerungen können uns noch heute anregen, es ihnen gleich zu tun. Anfang 1517 schrieb Erasmus von Rotterdam, der wohl bedeutendste Vertreter des europäischen Humanismus, an seinen Basler Theologen-Hebraisten-Kollegen Wolfgang Fabricius Capito: „Meiner Meinung nach habe ich beinahe schon genug gelebt; ich habe ja mein einundfünfzigstes Jahr schon begonnen" (der Brief vom 26. Februar 1517 ist abgedruckt bei Allen 1910, Nr. 541, 487–492; die angeführte Stelle S. 487; über die Beziehungen zu Capito vgl. Halkin 1989, 124, 133, 139, 143, 176). – Es kommt offensichtlich nicht so sehr darauf an, wie lange man lebt, sondern was man mit seinem Leben anfängt. Fünfzig erfüllte Jahre können mehr sein als achtzig leere. Beim fünfzigjährigen Erasmus äußert sich Lebenssattheit, nicht Lebensüberdruß in einer Midlife Crisis. (Erasmus war 1466 – andere meinen 1469 – in Rotterdam geboren worden; er starb 1536 in Basel. Zu seiner Biographie vgl. generell Halkin 1989.)

Noch unmißverständlicher heißt es im 18. Jahrhundert bei Jean-Jacques Rousseau, dem französischen Schriftsteller-Philosophen (1712–1778): „Der Mensch, der am meisten gelebt hat, ist nicht derjenige, der die meisten Jahre zählt, sondern derjenige, der das Leben am stärksten empfunden hat. Mancher hat sich hundertjährig begraben lassen, der schon gleich bei seiner Geburt starb. Er hätte durch einen frühen Tod gewonnen; wenigstens hätte er dann bis zu dieser Zeit gelebt" (Rousseau 1979, 17). Der Roman ‚Emile oder Von der Erziehung‘, dem dieses Zitat entnommen ist, war 1762 erschienen, sein Verfasser damals also ebenfalls fünfzig Jahre alt. Auch er war somit ein reifer Mann, der wußte, wovon er sprach.

3

Der Bildersaal: ein Bild voller Bilder

‚Der Bildersaal': So ist ein Gemälde im Museum von Berlin-Dahlem betitelt. Mit seinen Ausmaßen von fast einem Meter Höhe und über einem Meter Breite sollte es eigentlich unübersehbar sein. Doch die meisten Besucher scheinen es nicht zu beachten. Jedenfalls halten nur wenige auf ihren Rundgängen davor inne. Gemalt hat es Frans Francken der Jüngere (Antwerpen 1581 – Antwerpen 1642), und entstanden ist es, wie man auf dem Bild selbst lesen kann, im Jahre 1636.

Gewiß handelt es sich nicht um ein ‚einfaches' und auch um kein besonders attraktives Werk. Mit einem ‚Rubens', einem ‚van Dyck' oder einem ‚Rembrandt' kann es das Gemälde schwerlich aufnehmen. Zwar ist es gut komponiert und gewandt gezeichnet. Es hat freundliche Farben, und der Wechsel von Hell und Dunkel wirkt belebend. Aber aufregend ist das alles nicht. Obwohl ich häufig im Museum Dahlem bin, brauchte auch ich einige Jahre, bevor es mir auffiel.

Schaut man genauer hin, entdeckt man auf dem Gemälde ein Sammelsurium von größeren und kleineren Bildern. Dicht an dicht gedrängt hängen sie neben-, über- und untereinander an den Wänden des weiten Raumes. Andere, die dort keinen Platz mehr fanden, stehen auf dem Boden an Möbel gelehnt. Ein weiteres in Großformat befindet sich noch auf der Staffelei und wartet auf die Fertigstellung. Vor, neben, hinter, zwischen den gemalten Werken stehen, sitzen, reden, gestikulieren allenthalben Frauen und Männer unterschiedlichen Alters und Standes. Auch sonst wirkt der Raum überfüllt mit Tischen und Stühlen, Kisten, Truhen, Schalen, Vasen, Skulpturen, Büchern und einer Menge Krimskrams. Würde das Bild nicht durch einen soliden Rahmen zusammengehalten, müßte es – wie einem scheinen will – alsbald auseinanderfallen und sich in die vielen Einzelteile auflösen.

Damit bin ich bei meinem Thema angelangt, oder wieder bei meinem Thema, dem ‚Rahmen'. Denn wenn wir es recht bedenken, handelten schon die beiden vorangegangenen Grundsatzkapitel über diesen Inhalt. Dort hatte ich dargelegt, wie aufgrund von Zehntausenden von einzeln untersuchten Lebensspannen zwischen dem 16. Jahrhundert und heute immer deutlicher wurde, daß wir im Vergleich zu unseren Vorfahren praktisch alle über zwei, wenn nicht drei Leben verfügen (vgl. nochmals die Abbildung 3 mit den durchschnittlichen Sterbealtern in Berlin 1738 und 1988, nämlich 28,1 und 75,6 Jahre). Am Schluß meinte ich, wer unter den Lesern den ‚Rahmen' für die Lektüre des Buches stets gerne bildlich-konkret vor Augen behalten möchte, sollte sich insbesondere die Berliner ‚Absterbeordnung‘ von 1980/ 85 einprägen. Damals erreichten drei Viertel aller Frauen ihren 70., fast die Hälfte ihren 80., knapp ein Drittel ihren 85. und immerhin noch ein Achtel ihren 90. Geburtstag. *Diesen* Rahmen, einen binnen weniger Generationen unerhört erweiterten Lebensrahmen, oder anders und drastischer ausgedrückt: unsere wie aufgeblasen wirkende ‚Lebenshülse‘ gelte es zu füllen. Es wäre schade um die längere Lebenszeit, wenn wir die sich daraus ergebenden Chancen nicht wahrnähmen und nicht nutzten.

Sie ‚nutzen‘ meint, sie zielbewußt und *planmäßig* ausschöpfen, meint die Lebenshülse bis an den Rand mit Inhalt füllen. Ohne einen solchen Plan – einen ‚Lebensplan‘ – geriete unser langes Leben nur allzu leicht in Gefahr, mehr und mehr einem ‚Bildersaal‘ à la Francken zu gleichen. Nur wäre es noch wesentlich überfüllter als sein Gemälde – jedenfalls so, wie wir das Bild auf Anhieb wahrnehmen. Jeder Leser kann sich leicht vorstellen oder sich während einer Pause am Fernsehgerät ausmalen, daß auf uns im Verlaufe eines einzigen Monates mehr Eindrücke, mehr Bilder einstürmen als auf Frans Francken vor dreieinhalb Jahrhunderten wahrscheinlich während seines ganzen Lebens. Längst schaffen wir es gar nicht mehr, sie alle zu verdauen. ‚Gezielt beschränken‘ lautet die Parole, die man uns als Heilmittel gegen das Überschwemmtwerden anpreist oder auf die wir schließlich auch selbst kommen.

Sich ‚ge*zielt* beschränken‘ vermag jedoch nur, wer eben ein *Ziel* hat, wer den Rahmen kennt, wer nach einem Plan zu ordnen vermag, oder wenn man es auf das lange Leben bezieht: wer ein *Lebensziel* hat, wer den *Lebensrahmen* kennt, wer nach einem *Lebensplan* ordnen kann. Ohne Ziel und Rahmen und Plan wird's alsbald uferlos. Tagein – tagaus, jahrein – jahraus häuft sich Eindruck auf Eindruck, und Bild reiht sich an Bild, neben-, unter-, über-, hintereinander.

Frans Franckens ‚Bildersaal‘ *hat* einen solchen Rahmen. Obwohl es ein Bild voller Bilder ist, fällt es nicht auseinander und zerbirst nicht in seine Teile. *Jetzt* erst bemerkte ich das Gemälde in der Galerie Dahlem, *weil* ich es einordnen konnte in meinen Rahmen. Dort macht es Sinn, ist es fest verankert, erfüllt seinen Zweck. An ihm lernte ich, was das meint, einen Rahmen zu haben und Dutzende einzelner Dinge darin am richtigen Ort plazieren zu können.

Wenn wir uns nun mehr und mehr in Franckens Werk vertiefen, stellen wir überdies bald fest, daß der Rahmen nicht nur um das Bild herum verläuft und daß dadurch nicht nur irgendwelche beliebigen Einzelheiten zusammengehalten werden. Vielmehr sind alle Einzelteile nach einem bestimmten Schema ausgewählt und gemäß einem festen Plan angeordnet. Franckens ‚Bildersaal‘ ist ein Mosaik, so wie unser Leben ein Mosaik ist. Doch wenn wir ein paar Schritte zurücktreten und das gesamte Gemälde des flämischen Meisters betrachten, sehen wir nicht länger nur Mosaikstein neben Mosaikstein. Vielmehr fügen sich die Einzelteile zu einem Gesamtkonzept zusammen. In ihrer Summe ergeben sie einen Sinn. Dies ist es, was auch wir am Ende unserer vielen Erdenjahre konstatieren können sollten: die vielen Einzeleindrücke, die wir während eines langen, sehr langen Lebens behielten, machen in ihrer Summe einen Sinn. Dann sollten wir sagen können: ich habe aus der Überfülle so ausgewählt, daß die Tausende von Bruchstücken ein Bild ergeben, sich nach einer Ordnung, einem Plan in ein Gesamtkonzept fügen.

‚Ein Historiker schaut Bilder an‘ kann bei mir somit niemals heißen, zum Beispiel das Manuskript eines Buches, mit dem ich eben fertig geworden bin, nachträglich mit einigen ‚schönen Bildern‘ zu garnieren, nur um dadurch möglicherweise dessen Verkaufschancen zu erhöhen. Bilder werden von mir aber auch nicht, wie das andere Historiker mit Fug und Recht tun, als Geschichtsquellen herangezogen. So geht es mir bei Franckens ‚Bildersaal‘ nicht darum, dem Leser anhand dieses Gemäldes zu zeigen, wie in der Stadt Antwerpen im 17. Jahrhundert der Repräsentationsraum eines reichen und gleichzeitig kunstliebenden Großkaufmanns ausgesehen haben könnte, oder welche Kleider die sich darin bewegenden Menschen trugen, ob die Männer kurze oder lange Haare hatten, ob sie sich Schnurr- oder Backenbärte wachsen ließen oder aber glatt rasiert waren, ob die Damen Hüte trugen oder ihre Frisuren offen zeigten, oder ob sie die Hüte nur ablegten, wenn sie saßen. Ich habe mir nicht vorgenommen, eine Geschichte des Wohnens, des Sich-Kleidens, des Sich-Benehmens zu schreiben. Es geht mir weder um Sitten-, noch um Kulturgeschichte. Vielmehr schaue ich Bilder an und frage mich dabei – und frage den Leser –, was sie uns *heute* zu sagen haben und wie sie sich gegebenenfalls als Mosaiksteine in meinen, in unseren Rahmen einfügen lassen. Gewiß: der Rahmen ist bei mir durch historisches Forschen zustande gekommen. Die Auswahl der Bilder, in diesem Kapitel genauso wie in den späteren, geschieht jedoch ausschließlich mit dem Blick auf die Gegenwart, das heißt um den Rahmen des langen Lebens sinnvoll zu füllen.

Schon im ersten Kapitel hatten wir von Erwin Panofsky gelernt, wie wir als Historiker oder allgemeiner als kunsthistorische Laien Bilder ansehen könnten, ohne dabei unnötigerweise und allzu naiv in Fußangeln zu treten. Anhand eines dreigliedrigen Schemas führte er uns von der vorikonographischen Bildbeschreibung der Farben und Formen über die ikonographische Motivsuche hin zu den ikonologischen Deutungsmustern in einem umfassend geistig-kulturellen Sinn. Selbstverständlich können wir bei Franckens ‚Bildersaal‘ diesem Schema folgen und ohne weitere Anleitung zu Maler und Werk ‚selbständig‘ vorgehen. Doch gibt es gerade zum ‚Bildersaal‘ leicht greifbare zusätzliche Hilfen. Sie betreffen drei Bereiche.

Zum einen hat die Gemäldegalerie in Berlin-Dahlem *zu diesem Bild* ein sechsseitiges Führungsblatt erarbeitet. Für dessen Qualität bürgt niemand geringerer als Jan Kelch, seines Zeichens langjähriger Betreuer der Flämisch-Niederländischen Abteilung (Bentinck et al. 1979; Jan Kelch steht nur aus alphabetischen Gründen an zweiter Stelle). Zum andern existiert eine umfangreiche Studie *zum Thema* der ‚gemalten Bildergalerien' im 17. Jahrhundert in Antwerpen (Winner 1957; eine Dissertation von 150 Seiten). Wer sich somit thematisch vertiefen will, kann das auf dieser Grundlage leicht tun. Und zum dritten handelt eine fast 500seitige, mit über 130 Farbtafeln und Abbildungen versehene Untersuchung *über unseren Maler* (Härting 1983). Diese Studie mit repräsentativem Werkkatalog stammt aus dem Jahre 1983 und korrigiert das zuerst erwähnte, schon 1979 erschienene Führungsblatt in nur wenigen, eher nebensächlichen Punkten. Hierin ändert auch der 1989 erschienene Prachtband derselben Verfasserin „Frans Francken der Jüngere (1581–1642). Die Gemälde mit kritischem Oeuvrekatalog" nichts. Nur an drei Stellen wird kurz auf unser Gemälde eingegangen und dabei ausdrücklich Bezug auf Bentinck-Kelch genommen (Härting 1989, 66, 113, 346–348; angesichts eines abschreckenden Ladenpreises von DM 560,– scheint es mir allerdings zweifelhaft, daß dieses Werk eine weite Verbreitung findet). Das Blatt liegt deshalb zu Recht noch immer direkt neben dem Gemälde zur einführenden Belehrung jedes interessierten Besuchers aus. (Zu Vergleichs- oder Übungszwecken kann man sich in ganz ähnlicher Weise aufgrund der Anleitungen von Ben Broos, wissenschaftlichem Mitarbeiter am Museum Mauritshuis in Den Haag, in die dort gezeigte ‚Gemäldegalerie' von Willem van Haecht, ebenfalls eines Antwerpener Malers [1593–1637], vertiefen [Broos 1987, 162–174].)

Da es mir als Historiker in diesem Buch weder darum geht, ausführlich über Leben und Werk des Malers Frans Francken zu berichten, noch – was mir selbstverständlich auch gar nicht zustünde – kunsthistorisch in das Thema ‚gemalte Bildergalerien' oder allgemeiner in die damalige sogenannte ‚Kabinettmalerei' einzuführen, beschränke ich mich in diesen beiden Hinsichten auf resümierende Angaben aus dem Führungsblatt. Wer sich dadurch angeregt fühlt, mag dann selbst zu der am Ende des Buches zu diesem Kapitel angegebenen Literatur greifen. Allerdings habe ich mir inzwischen Franckens ‚Bildersaal' so oft und so gründlich angesehen, daß ich – zwar in Anlehnung an frühere Arbeiten von Max Ley – eine eigene Strichnachzeichnung vornahm und sie dem Leser in Abbildung 11 vorlege (Max Ley in Bentinck et al. 1979, Rückseite von Blatt 759 c). Hier wie bei allen anderen Abbildungen/Nachzeichnungen kam es mir darauf an, selbst hinzusehen, lange hinzusehen und immer wieder hinzusehen und mich auf diese Weise mit dem Werk in allen Einzelheiten auseinanderzusetzen. Mag das Resultat solcher eigenen Bemühungen auch noch so ‚wenig künstlerisch' ausfallen, lernte ich bei diesen Nachzeichnungen doch wesentlich mehr, als wenn ich – alternativ – bloß einmal auf den Auslöser eines Fotoapparates gedrückt oder mir ‚schöne Hochglanzfotos' als Druckvorlagen besorgt hätte.

Abb. 11: Frans Francken II. (Antwerpen 1581 – Antwerpen 1642): Der Bildersaal, 1636; Eichenholz, 93,5 × 122,5 cm. Berlin: Gemäldegalerie der Staatlichen Museen Preußischer Kulturbesitz (Leihgabe). Umzeichnung in Anlehnung an das museumseigene Führungsblatt Nr. 759c mit Übernahme der dortigen Nummerierung und der im folgenden wiedergegebenen Gemälde-im-Gemälde-Bestimmungen durch Vanessa Bentinck und Jan Kelch (759c verso, mit eigenen Ergänzungen):

„1. Die ‚Freien Künste‘. Vermutlich von Frans Francken II. Einige Figurenmotive im Vordergrund sind Raffaels berühmtem Fresko mit der ‚Schule von Athen‘ in der Stanza della Segnatura in Rom nachgebildet (Raffaello Santi, Urbino 1483 – Rom 1520).

2. Die letzte Ölung eines Franziskanergeistlichen. Vermutlich von Frans Francken II.

3. Der Triumphzug von Neptun und Amphitrite. Vermutlich von Frans Francken II.

4. Das Urteil des Midas. Vermutlich von Frans Francken II.

5., 6. Teile eines Flügelaltars; auf dem rechten Flügel die Figur eines Stifters in Anbetung Christi (Darstellung Christi auf der Mitteltafel). Vermutlich von Frans Francken II.

7. Musizierendes Ehepaar. Nach einem Kupferstich von Lucas van Leyden, 1524 (Leiden 1494 – Leiden 1533). In sinnbildlicher Auslegung ist die Harmonie der Ehe veranschaulicht. Die Frau stimmt ihr Instrument nach der ‚tonangebenden‘ Laute des Mannes.

8. Bildnis des Kurfürsten Friedrichs des Weisen. Nach einem Kupferstich von Albrecht Dürer, 1524 (Nürnberg 1471 – Nürnberg 1528).

9. Die wunderbare Sau von Landser. Nach einem Kupferstich von Albrecht Dürer, um 1496.

10. Die Fliege auf dem Buch; Sinnbild ‚aufdringlicher Unwissenheit‘.

11. Selbstbildnis des Malers Quentin Massys (auch Quinten Metsys, Löwen 1465/66 – Antwerpen 1530). Als Vorlage benutzte Francken vielleicht das gemalte Selbstbildnis, das Massys um 1495 für die Antwerpener Lukasgilde geschaffen hatte. Das Original ist seit dem Ende des 18. Jahrhunderts verschollen.

12. Landschaft mit Brücke. Art des Denis van Alsloot (Geburtsort und -jahr unbekannt, in Brüsseler Malerrolle um 1599 nachgewiesen, Sterbeort unbekannt, Sterbejahr 1628[?]).

13. Landschaft. Art des Josse de Momper (Antwerpen 1564 – Antwerpen 1635; vgl. auch 19).

14. Seestück. Die Marinemaler A. Eertvelt (Antwerpen um 1590 – Antwerpen 1635) und A. Willaerts (Utrecht um 1603 – Antwerpen 1669) haben verwandte Seestücke geschaffen.

15. Jonas mit dem Walfisch. Art des Maerten de Vos (Antwerpen 1531/32 – Antwerpen 1603).

16. Landschaft. In der Art von Jan Brueghel dem Jüngeren (Brüssel 1601 – Antwerpen 1678; vgl. auch 25).

17. Johannes auf Patmos.

18. Bildnis eines Mannes. Art des Frans Pourbus, zweite Hälfte des 16. Jahrhunderts (Brüssel 1545 – Antwerpen 1581).

19. Landschaft. Art des Josse de Momper (vgl. auch 13).

20. Loth auf der Flucht. Art des Gilles Mostaerts (Hulst bei Antwerpen, Geburtsjahr unbekannt, um 1554 als Meister in Antwerpen – Antwerpen 1598).

21. Bildnis eines Mannes. Vermutlich italienisch. Im Werk Raffaels lassen sich vergleichbare Porträtdarstellungen nachweisen (vgl. auch Nr. 1).

22. Maria mit Kind. Variation auf Michelangelos Madonna in der Kirche ‚Onze Lieve Vrouwe‘ zu Brügge (Michelangelo Buonarotti: 1475 bei Arezzo – Rom 1564).

23. Bildnis eines Mannes. Art des Joos van Cleve, erste Hälfte des 16. Jahrhunderts (Kleve [?] um 1470/85 – Antwerpen 1540).

24. Männerkopf. Art des Adriaen Brouwer (Oudenaarde 1605/06 – Antwerpen 1638).

25. Waldige Landschaft. In der Art des jüngeren Jan Brueghel (vgl. auch Nr. 16)“.

Bei den Franckens hießen Vater, Sohn und Enkel alle Frans, und alle waren sie Maler. Um sie leichter voneinander zu unterscheiden, hat ihnen die Kunstgeschichte Nummern gegeben: Vater Frans Francken I. (1542–1616), Sohn Frans Francken II. (1581–1642, *unser* Frans) und Sohnessohn Frans Francken III. (1607–1667). Unser Frans war zeitlebens ein Antwerpener. Hier wurde er geboren, und hier lernte und arbeitete er als junger Mann in der Werkstatt seines Vaters. 1605 erfolgte seine Aufnahme unter die selbständigen Meister der Sankt Lukas-Malergilde. 1614 übertrug sie ihm das Mitdekanat, 1615 für ein Jahr das Dekanat, ein ehrenvolles Amt, das auch sein Vater 1587 schon innehatte. 1607 heiratete Frans II. Elisabeth Placquet. Von den sieben Kindern wählten nicht weniger als drei Söhne ebenfalls den Malerberuf, unter ihnen Frans III. Frans II. starb am 6. Mai 1642 – in Antwerpen (eine Vita von Frans Francken II. bei Härting 1989, 9–18, über die Vatergeneration: 18–21, über seine Brüder und Söhne: 167–189, eine Stammtafel der Maler-Dynastie Francken: 388).

Der ‚Bildersaal‘ im Museum Dahlem ist nicht die einzige Gemäldegalerie, die Frans II. geschaffen hat. Vielmehr scheint das Thema in der Familie Tradition gehabt zu haben. An ähnlichen Kompositionen versuchte sich schon der Vater, Frans I. Doch außerhalb des flämischen Antwerpen – damals eines der herausragendsten künstlerischen und intellektuellen Zentren nördlich der Alpen – taucht das Motiv in so früher Zeit nur selten auf. Galerie-Interieurs nehmen im übrigen aber auch bei Frans II. keine herausragende Stellung ein. In seinem thematisch breit gefächerten Typenreservoir sind sie die Ausnahmen (vgl. hierzu das Kapitel „Aspekte und Analysen einzelner Werkgruppen" bei Härting 1989, 68–129, speziell zu Galeriedarstellungen: 83–91).

Wer Franckens ‚Bildersaal‘ unbefangen betrachtet, mag leicht den Eindruck gewinnen, als hätte er es mit einem getreuen Abbild einer damals existierenden Gemäldesammlung zu tun. Schaut man näher hin, kommen einem einige Werke sogar noch heute bekannt vor. Allerdings wird man durch diese Feststellung auf eine falsche Fährte gelenkt. Francken ging es bei seinem ‚Bildersaal‘ nicht darum, gemalte Inhaltsverzeichnisse wirklicher Gemäldesammlungen anzufertigen. Solche ‚Kataloge‘ gab es im 17. Jahrhundert zwar auch, vor allem in höfisch-adligen Kreisen, wo man sich große und teure Kunstkollektionen leisten konnte. Nur gut ein Dutzend Jahre später als Franckens Werk von 1636 entstanden kurz hintereinander zwei ‚Bildersäle‘ des ebenfalls in Antwerpen geborenen jüngeren David Teniers (Antwerpen 1610 – Brüssel 1690). Bezeichnenderweise heißen beide ‚Erzherzog Leopold Wilhelm in seiner Galerie in Brüssel‘. Heute hängen sie im Kunsthistorischen Museum in Wien. Die erste Version stammt aus dem Jahre 1651, die zweite von 1653. Hier wie dort steht der Hofmaler und Galeriedirektor Teniers neben dem erzherzoglichen Mäzen. Mit gelehrten Hinweisen und sachverständigen Erläuterungen schmeichelt er dessen Besitzer- und Sammlerstolz. Zudem stillt er dadurch den Eifer und Bildungshunger des reichen Kunstfreundes. Daß die prächtige Kulisse im übrigen dem Repräsentationsbedürfnis *beider* hier Verewigter – Erzherzog wie Galeriedirektor – entgegenkam, versteht sich beinahe von selbst.

Bei Francken verhält sich das anders. Wir sind hier nicht am Hof in Brüssel und stehen keinem Erzherzog gegenüber. Vielmehr befinden wir uns in einem Bürgerhaus in Antwerpen und haben es mit lauter unbekannten Leuten zu tun. Heute glaubt man nicht einmal mehr, daß sich Frans II. rechts außen auf halber Höhe selbst porträtierte, wie das Vanessa Bentinck und Jan Kelch 1979 noch annahmen (Bentinck-Kelch 1979, 759b verso; vgl. hiergegen jedoch Härting 1983, besonders den kritischen Anhang zur dortigen Abbildung 93, ferner Härting 1989, 346–348). Wenn wir es demzufolge hier aber mit einer ‚erfundenen Galerie‘ zu tun haben und sich ihr ‚Erfinder‘ überdies selbst zu schade war – oder sich nicht für würdig genug befand? –, unter den gemalten Bildern mit seinem Konterfei persönlich in Erscheinung zu treten und sich auf diese Weise zu verewigen: was wollte Frans Francken denn dann zum Ausdruck bringen? Man wird ja kaum annehmen dürfen, daß das ganze Sammelsurium von Gemälden, Plastiken, Kunstgegenständen aller Art bloß eine zufällige Anhäufung von bekannteren und unbekannteren Werken oder Dingen sei, so wie es ihm halt grad in den Sinn kam oder wie es mehr oder weniger gut in den Bildrahmen paßte.

Fest steht, daß Francken bei der Ausführung seiner Werke bis zu einem gewissen Grad Rücksicht auf den Geschmack und die Wünsche seiner Antwerpener Auftrag- und damit Geldgeber zu nehmen hatte. Das aber waren städtische Bürger und nicht höfische Adelige. Dieses Entgegenkommen läßt sich zum Beispiel in der Tatsache ablesen, daß er gutverkäufliche Kompositionen in nur leicht veränderter Form vielfach wiederholte oder von seinen Schülern oder Gesellen im Atelier kopieren ließ. Wer wollte ihm eine solche Verbeugung vor dem Publikumsgeschmack auch verübeln, und zwar gerade bei einem etwas größerformatigen und daher teureren Bilde wie dem hier vorliegenden (Größe 93,5 x 122,5 cm)? Schließlich hatte er eine vielköpfige Familie zu ernähren. Zwar gab es damals unter den etwa 50 000 Einwohnern Antwerpens eine Reihe wohlhabender Leute, vor allem in der reichen Kaufmannsschicht, die willens und finanzkräftig genug waren, um Bilder zu erwerben oder in Kunst zu investieren – vorausgesetzt, daß die Werke *ihren* Erwartungen entsprachen und *sie* sie verstehen konnten.

‚Verstehen‘ meinte bei ihnen jedoch vor allem, Einzelheiten, einzelne Dinge verstehen, da und dort ein Aha-Erlebnis haben. Das eine Mal mochte es sich vielleicht um eine berühmte Statue aus einer benachbarten Kirche oder einer Kathedrale der Umgebung handeln, die sie wiedererkannten, das andere Mal darum, diesen oder jenen durch den Buchdruck weit verbreiteten Holzschnitt oder Kupferstich eines angesehenen Künstlers identifizieren zu können. Auch wollten sie möglichst alle ihnen geläufigen Bildgattungen in so einer Gemäldegalerie vertreten sehen: von Stilleben und Porträts über Landschaften und Seestücke bis hin zu religiösen oder antik-mythologischen Themen.

Nicht übergangen werden durfte ferner die in jenen Kreisen damals übliche Sammelleidenschaft als Zeugnis eines humanistisch geprägten gelehrten Eifers. Den hierbei erworbenen Kenntnisstand konnte man dann vor Freunden und Bekannten anhand von ‚Kunstkabinetten‘ oder ‚Wunderkammern‘ auf eindrückliche Art und Weise demonstrieren. Egal ob Gemälde und Skulpturen, Kupferstiche und Holzschnitte, Schmuckstücke und Edelsteine, Münzen und Medaillen oder Geweihe, Herbare und Präparate: alles konnte einer staunenden Besucherschaft vor Augen geführt werden. Je ausgefallener und universaler die Sammlungen waren, um so imposanter mußten sie wirken. Zudem wurde bürgerlichem Besitzerstolz und der Freude am Repräsentieren auf diese Weise gleichermaßen Genüge getan.

Nun ließ sich ein solches Zurschaustellen entweder real durchführen oder aber, wenn dazu die Mittel nicht ausreichten, stellvertretend anhand von ‚gemalten Galerien‘. Im zweiten Fall wurde der Maler zum gelehrten Künstler oder Künstler-Gelehrten. Als ‚Pictor doctus‘, wie man ihn dann nannte, sollte er womöglich die Wirklichkeit des Alltags noch übertreffen. Ob jedoch real oder stellvertretend: in solchen Sammler- und auftraggebenden Mäzenatenkreisen wurde die Frage nach dem Sinn des Ganzen kaum oder allenfalls in zweiter Linie gestellt. Allzu aufdringliche Belehrungen didaktisch-moralischer Art durch den bestellten ‚Pictor doctus‘ hätte man sich wohl auch verbeten.

Selbstverständlich hindert uns nichts und niemand daran, Franckens ‚Bildersaal‘ auch heute noch in dieser eher oberflächlich punktuellen Weise zu betrachten und damit irgendwo zwischen den Stufen eins und zwei im Panofsky-Schema stecken zu bleiben. Wir können eines nach dem anderen der abgebildeten Stücke je für sich zur Kenntnis nehmen: die dargestellte Landschaft als Landschaft, das Porträt als Porträt, das Stilleben als Stilleben, die Statue als Statue, das Schmuckstück als Schmuckstück. Francken lädt uns zu dieser Sehweise an einigen Stellen auch geradezu ein. So zeigt er auf halber Höhe im Hintergrund eine kleine Gruppe von Personen, die selbst in ein solch losgelöstes Anschauen eines einzelnen Porträts vertieft ist. Der elegant gekleidete Jüngling mit dem Federbusch am Hut hält das Bildnis eines Mannes à la Raffael in Händen (Raffaello Santi, Urbino 1483 – Rom 1520; in der Umzeichnung Nr. 21). Er tut dies merkwürdigerweise jedoch so, daß nicht in erster Linie seine beiden Gesprächspartner, sondern *er* und *wir* es zu sehen bekommen. Wie könnte man uns freundlicher – und deutlicher! – zum eingehenden Betrachten *dieses* Einzelporträts einladen? Warum sich nicht für einmal auf ein solches Spiel einlassen und daran seine Freude haben? Ich kann nichts Verwerfliches dabei finden.

Vertieft man sich anschließend dann aber in das *gesamte* Gemälde, beginnen sich einem zunehmend Fragen aufzudrängen, deren Beantwortung allmählich zu einem Verständnis des Ganzen und zu seiner ‚Entschlüsselung‘ führen. So ist zum Beispiel unübersehbar, daß es in Franckens ‚Gemäldegalerie‘ größere Bilder gibt und kleinere. Ferner gibt es solche, die an prominenter Stelle hängen, oder die uns gar auf einer Staffelei beziehungsweise ganz vorn im Bild an einen Stuhl gelehnt direkt unter die Augen gehalten werden. Andere dagegen figurieren irgendwo im hinteren Nebenraum sozusagen unter ‚ferner liefen‘. Auch ist ihr Inhalt manchmal kaum oder überhaupt nicht mehr zu erkennen. Angesichts einer so klar gegliederten Bildhierarchie geht man gewiß nicht fehl in der Annahme, daß es sich bei den größeren und prominenter plazierten Bildern offensichtlich um die wichtigeren handelt. Es sind diejenigen, mit denen uns Francken etwas sagen und eine Botschaft vermitteln will. *Seine* Botschaft! *Ihren* Inhalt gilt es vor allem zu entschlüsseln.

Genauso auffällig ist die unterschiedliche Art, wie die agierenden Personen dargestellt sind. Da gibt es welche, die uns aus dem Bild heraus ansehen und – so haben wir den Eindruck – mit uns reden wollen. Dies betrifft etwa die an der Staffelei sitzende Malerin. Sie hält für einen Augenblick in ihrer Arbeit inne und wendet sich vorübergehend *uns* und nicht ihrem angefangenen Bild zu. Andere Akteure sind dagegen auf Nebenschauplätze verbannt. Dort schwatzen sie miteinander und sind dermaßen in ihre eigenen Gespräche vertieft, daß sie uns keines Blickes würdigen. So wäre das Bemühen sicher vergeblich, wenn wir versuchten, die Tischgesellschaft am rechten Bildrand im Hintergrund in ein seriöses Gespräch zu verwickeln.

Bedenkt man diese Gewichtungen und versucht dann, so weit das einem als Nicht-Fachmann möglich ist, die aufgeworfenen Fragen zu beantworten, sieht man in Franckens ‚Sammelsurium‘ doch recht bald etwas klarer. Bezüglich der uns ‚bekannt‘ vorkommenden Motive etwa dürfte mancher Laie auch heute noch in den beiden Kupferstichen im aufgeschlagenen Buch vorn richtigerweise Kopien nach Albrecht Dürers ‚Bildnis des Kurfürsten Friedrich des Weisen‘ und der ‚Wunderbaren Sau von Landser‘ erkennen (Nummern 8 und 9; Lebensdaten des in Nürnberg geborenen und gestorbenen Dürer: 1471–1528). Schaut man auf dem Original genau hin, sieht man sich in dieser Annahme übrigens bestätigt. Beide Male ist das Künstlermonogramm AD deutlich zu erkennen.

Nicht wenige unter uns können wahrscheinlich auch die prominent auf dem Tisch links außen aufgestellte Muttergottes-Statue (Nr. 22) als eine freie Nachschöpfung von Michelangelos ‚Madonna mit Kind‘ identifizieren (Michelangelo Buonarotti: 1475 bei Arezzo – Rom 1564). Wahrscheinlich schwebte Frans Francken das Original in der Liebfrauenkirche zu Brügge als Vorbild vor Augen. Brügge liegt nicht einmal hundert Kilometer von Antwerpen entfernt. Mancher Kunstliebhaber an Franckens Wirkungsstätte dürfte hier somit sein Aha-Erlebnis gehabt haben.

Etwas schwieriger wird es bei den Nummern 7 und 11. Beide gehören offenbar ebenfalls noch zur ‚Prominenz‘, sei es, daß sie ganz nach vorn gerückt sind wie das ‚Musizierende Ehepaar‘ in Nummer 7, sei es, daß sie von einem nach uns guckenden Mann hoch- und uns somit entgegengehalten werden wie das ovale Porträt in Nummer 11. Beim ersten Werk handelt es sich um einen Kupferstich nach Lucas van Leyden (Leiden 1494 – Leiden 1533), beim zweiten um das Selbstbildnis des Quentin Massys (Löwen 1465/66 – Antwerpen 1530). Hier wie dort haben wir es mit einer Reverenz Franckens vor damals hoch angesehenen und von ihm wie von vielen seiner Zeitgenossen verehrten Vorgängern heimischer Malkunst zu tun.

Als weitere derartige Reverenzen lassen sich die ‚Zitate‘ aus Werken von Franckens Kollegen in Antwerpen anführen, so etwa die beiden Landschaften Nummern 13 und 19 in der Art des Josse de Momper (Antwerpen 1564 – Antwerpen 1635) oder die zwei weiteren Landschaften Nummern 16 und 25 in der Art von Jan Brueghel dem Jüngeren (Brüssel 1601 – Antwerpen 1678). Zu denken wäre hier wohl auch an den ‚Männerkopf‘ in Nummer 24 nach Adriaen Brouwer (Oudenaarde 1605/06 – Antwerpen 1638) oder an das biblische Thema ‚Jonas mit dem Walfisch‘ auf Gemälde 15 in der Art des damals zwar schon verstorbenen, aber in der Scheldestadt sicher noch bekannten Maerten de Vos (Antwerpen 1531/32 – Antwerpen 1603; weitere ‚Zitate‘ von Malerkollegen sind in der Legende zu Abbildung 11 belegt).

Aufschlußreicher dürfte für uns nun jedoch sein, auf die von Frans Francken selbst stammenden Bilder in der ‚Galerie‘ einzugehen, insbesondere auf die beiden großformatigen und damit recht eigentlich in die Augen springenden Nummern 1 und 4. Sie haben die Ehrenplätze bekommen: Nummer 4 auf der Staffelei, Nummer 1 als beherrschendes Mittelstück an der rückwärtigen Galeriewand. Das letztgenannte Bild hielt Francken offenbar für so wertvoll, daß er es als einziges mit einem Vorhang zum Schutz vor Staub und Licht versah.

Wie auch anderswo in seinem breiten Oeuvre bedient sich Francken in diesen beiden Bildern ausgiebig allegorischer Ausdrucksmöglichkeiten. Was er uns sagen will, teilt er uns in Form oder mit Hilfe von Symbolen und Attributen mit. Abstrakte Inhalte werden in Handlungen gekleidet; Eigenschaften treten als Personen auf. Dabei greift er auf die mythologischen Themen und literarisch geformten Vorstellungen der Antike zurück. So läßt sich auf dem großen Gemälde 1 bei zurückgezogenem Vorhang im Bildvordergrund eine Reihe von Gelehrten ausmachen, die grüppchenweise um einen Tisch herum versammelt sind. Während die einen wissenschaftliche Gespräche führen, hantieren andere – wie etwa ein Vertreter mathematisch-geometrischer Disziplinen – mit Globus und Zirkel. Sie alle werden beschützt von dem über ihnen im Bildmittelteil erkennbaren Tugendhelden Herkules. Neben ihm sieht man die Verkörperung einer mit Flügeln angetanen ‚Fama‘. Sie kündet vom Sieg der sich mühenden Wissenschaften über

Ignoranz sowie über die allenthalben lauernden Verlockungen und Versuchungen durch Laster. Im obersten Bildteil öffnet sich der himmlische Olymp. Unser Blick wird freigegeben auf die dort versammelte und dem Treiben wohlgefällig zusehende Götterschar.

Was in diesem Bild angesprochen wird, kommt in Franckens Gemäldegalerie noch zwei weitere Male zum Ausdruck. Zum einen wiederholt und vertieft er das Thema im angefangenen Bild auf der Staffelei; zum andern betrifft es das gesamte ausgeklügelte Arrangement des Werkes überhaupt. Die kopierten Gemälde, die aufgestellten Gerätschäften, die agierenden Personen sind bei ihm nicht beliebig angeordnet und bilden keineswegs ein chaotisches ‚Sammelsurium‘, wie uns anfänglich scheinen wollte. Wenn man erst einmal auf die Zusammenhänge aufmerksam geworden ist, steht sogar alles mit allem in einer durchdachten Beziehung. Das ganze macht Sinn, ist nach einem bestimmten Schema, einem Plan geordnet.

Auf der Staffelei hat das angefangene Gemälde bereits so klare Konturen gewonnen, daß die berühmte Geschichte ‚Von den Eselsohren des Midas‘ aus den ‚Metamorphosen‘ von Ovid zu erkennen ist. Im elften Buch seines Meisterwerkes über allerlei ‚Verwandlungen‘ erzählt uns der römische Dichter (43 vor – etwa 18 nach Christus), wie eines Tages der griechische Gott der Künste Apollo und der Satyr Pan in einen musikalischen Wettstreit miteinander traten. Zu aller Entsetzen fiel der Schiedsspruch des phrygischen Königs Midas zugunsten Pans aus. Was für eine Geschmacklosigkeit, die barbarische Hirtenflötenmusik eines Pan schöner zu finden als das edle Saitenspiel des Musengottes Apollo! Schlimmer noch: das Fehlurteil des Phrygiers war vor allem deswegen so schwerwiegend, weil es auf nichts anderes als auf einen Sieg der von Pan personifizierten triebhaft-animalischen Seiten des Menschen über seine geistig-künstlerischen Fähigkeiten hinauslief. Dermaßen törichte Ohren waren nicht würdig, noch länger ihre menschliche Form zu behalten! So wuchsen dem König zur Strafe Eselsohren. Sie brandmarkten ihn fortan als verständnislosen Banausen und kompletten Ignoranten (P. Ovidius Naso: Metamorphosen, Buch XI, Verse 146–193; vgl. z. B. in der Neuübersetzung von Gerhard Fink 1989, 264–266).

Auf alberne Unwissenheit, mangelndes Kunstverständnis, lästiges Schwätzertum verweist wie zur Unterstreichung des eben Gesagten in wiederum allegorischer Sprache auch die unappetitliche, ganz und gar überproportioniert wirkende Fliege auf der leeren Buchseite im Vordergrund (Nr. 10). Sie galt in der damaligen Zeit als reinstes Sinnbild ‚aufdringlicher Unwissenheit‘. An ‚Aufdringlichkeit‘ gemahnen zudem die vier protzigen Vasen und Kannen, die in der rechten unteren Bildecke unseren Blick stören. Wie die Schmuckstücke, Muscheln, Schnecken und Austern sowohl in der auf dem Boden stehenden Schatzkiste wie auch in der offenen Wandtruhe deuten die überladenen Prunkgefäße aus Edelmetall auf die Nichtigkeit irdischer Werte und materieller Güter.

Was die agierenden Personen betrifft, haben wir an herausragender Stelle im Vordergrund drei Vertreter der Schönen Künste vor uns. Von links nach rechts erkennen wir Pictura als Verkörperung der Malkunst, Poesis als leiblich anwesende Dichtkunst und Musica als Personifikation der wohltönenden Klänge. Pictura sitzt an der Staffelei. Sie wendet sich an den Betrachter und fordert ihn zur eingehenden Beschäftigung mit ihrem Werk auf. Hierbei geht die lorbeerbekränzte Poesis mit gutem Beispiel voran. Während sie in der rechten Hand ihr Berufswerkzeug – eine Schreibfeder – hält, stützt sie sich mit dem gebeugten linken Arm auf ein Buch, das Zeichen ihrer Gelehrsamkeit. Nachdenklich wie eine Philosophin oder eben wie eine Poetin läßt sie ihren Kopf auf dem Handrücken ruhen und schaut konzentriert auf das Werk der Pictura.

Irritation geht dagegen vom Sinnbild der Musik aus, dargestellt von einem lautenspielenden Kavalier, der am selben Tische sitzt. Während jedoch Poesis aufmerksam das Handeln von Pictura verfolgt und Pictura ihrerseits damit beschäftigt ist, ein Werk der Dichtkunst, eben die Geschichte ‚Von den Eselsohren des Midas' aus Ovids Metamorphosen bildnerisch umzusetzen, scheint der Lautenspieler ganz in sich versunken. Er lauscht nur sich selbst und seiner eigenen Musik: ein deutliches Zeichen dafür, daß er den Verlockungen der ‚Ohrenlust' erlegen ist. Anders als Pictura und Poesis, die beide als Bewahrerinnen hoher sittlicher Werte auftreten und dadurch die für das Francken'sche Künstlerethos so wesentliche Forderung nach tugendhafter Lebensführung erfüllen, ist Musica ganz der Sinnenwelt verfallen. Dabei bestünde deren Aufgabe doch genauso darin, moralisch-geistige Werte zu vermitteln, wie dies Poesis und Pictura in ihren Bereichen tun.

Zur Ehrenrettung der Musik muß allerdings gesagt werden, daß sie genau diese Forderung an anderer Stelle in der ‚Gemäldegalerie' auf hervorragende Weise erfüllt. Wir haben davon schon oben bei den Erklärungen zum großen Gemälde an der Galerierückwand gehört. Kein geringerer als Apollo, der griechische Gott der Harmonie, der Ordnung, der Künste hat dort diesen Part übernommen. Trotz Fehlurteil des Midas entschied er den musikalischen Wettstreit mit dem triebhaften Satyr Pan nach allgemeinem Dafürhalten zu seinen Gunsten. – Vor diesem Hintergrund ist es wohl kein Zufall, daß die Protzgefäße ausgerechnet zu Füßen des Musik-Kavaliers aufgestellt sind. Sie unterstrichen nur noch einmal das rein Irdische seines Tuns.

Erst recht hat man diesen Eindruck nichtigen irdischen Tuns, wenn man über den Kopf des Lautenspielers hinweg auf das Gelage im Nebenraum blickt. Die dort versammelte Tischgesellschaft kümmert sich keinen Deut um all die Gemälde und sonstigen Kunstgegenstände in der Galerie. Ebenso wenig würde sie sich an irgendwelchen wissenschaftlichen Diskussionen beteiligen. Sie gibt sich ganz den weltlichen Genüssen hin und frönt ungeniert dem Essen und Trinken. Einem der Zechkumpane wird gerade der geleerte Becher wieder nachgefüllt.

Faßt man die Bildaussagen zu den Vertretern der Schönen Künste zusammen, kommt man zum Schluß, daß Pictura hier nicht die Rolle einer ‚Prima inter pares‘ innehat. Sie ist eindeutig die Primadonna, weit vor Poesis und Musica. Für Francken rangierte Malerei also nicht kollegial gleichwertig mit Dichtkunst und Musik, sondern sie war ihnen überlegen. Diese Feststellung trifft auf die Wissenschaften ebenfalls zu, läßt er sie doch im ‚Bildersaal‘ nicht real, sondern nur auf einem Gemälde an der Rückwand auftreten. Auch sonst mangelte es Francken nicht an künstlerischem Selbstbewußtsein. Abgesehen von den weiter oben erläuterten ‚Zitaten‘ aus der antiken Welt und den kopierten Arbeiten von Renaissancekünstlern sowie Werken zeitgenössischer, vor allem Antwerpener Meister ‚zitiert‘ er am liebsten und häufigsten sich selbst. Im ‚Bildersaal‘ tut er dies nicht weniger als ein halbes Dutzend Mal (in den Nummern 1 bis 6, vgl. hierzu wiederum die Legende zu Abbildung 11. – Ähnlich selbstbewußt gibt sich der oben erwähnte Willem van Haecht in seiner ‚Gemäldegalerie‘, wo er den Hofmaler Alexanders des Großen, Apelles, ebenfalls ganz selbstverständlich von gleich zu gleich mit seinem mächtigen Gönner auftreten läßt; vgl. nochmals Broos 1987, 162–174).

So offenbart sich uns der flämische Künstler bei einer Analyse seines Werkes in der Tat als ‚Pictor doctus‘, als ein wahrhaft gelehrter, gebildeter Maler. Ob er hierbei allerdings nicht weit über das hinausging, was seine Antwerpener Kundschaft von ihm erwartete? Und ob oder wie weit sie ihm in seiner tiefgründig allegorischen Bildsprache überhaupt zu folgen vermochte oder folgen wollte? *Wir* haben heute Zeit und Muße, uns lange Gedanken über die hier ausgebreiteten Zusammenhänge zu machen. Dabei können wir auf alle nur denkbaren Hilfsmittel zurückgreifen. Wem unter den Antwerpener Kaufleuten stand im 17. Jahrhundert schon das eine und das andere in ebensolchem Ausmaß zur Verfügung? Nützen wir unsere vielen Jahre! Füllen wir sie gezielt! Es gibt so unendlich viel in allernächster Nähe zu entdecken, und die Möglichkeiten, jede noch so kleine Entdeckung durch Gespräche, durch Lektüre, durch eigenes Nachdenken zu vertiefen und in einen größeren Zusammenhang einzuordnen, waren nie besser als heute. Und sie sind nirgendwo auf der Welt besser als bei uns.

Zu Beginn wie auch noch im Verlaufe des Kapitels hatte ich mich bisweilen recht salopp ausgedrückt und keine übermäßige Begeisterung für Franckens ‚Bildersaal‘ gezeigt. So hieß es etwa, sein Gemälde wäre ‚wenig attraktiv‘. Das Bild könnte es nie mit einem ‚Rubens‘, einem ‚van Dyck‘ oder einem ‚Rembrandt‘ aufnehmen. In seiner imaginären Gemäldegalerie gäbe es Stücke, die nur unter ‚ferner liefen‘ figurierten. Alle diese Formulierungen habe ich an den betreffenden Stellen bewußt gewählt. Ich möchte hier nun nochmals darauf zurückkommen.

Unsere Museen erziehen uns dazu, ihre Exponate hierarchisch zu sehen. Aus ihren überbordenden Sammlungen wählen sie nur die Glanzstücke aus.

Weniger hervorragende Arbeiten bleiben wegen Platzmangels in den Magazinen. Allermeist sind die dort gelagerten Werke in der Überzahl. Ich maße mir nicht an, hieran etwas zu kritisieren, zumal man bei geduldigem Nachfragen und Bitten auch für eine beschränkte Zeit unter gehöriger Wärteraufsicht Zutritt zu den Magazinbeständen erhalten kann. Häufig sind es beglückende Begegnungen mit Kunstwerken, die man dabei macht.

Kann das wirklich zutreffen? Beglückende Begegnungen mit – immer relativ gesehen – zweit- oder drittrangigen Werken? Ja und nochmals ja! Ich halte viele dieser Begegnungen sogar für die anregenderen und fruchtbareren. Dabei ist von untergeordneter Bedeutung, ob die nicht spitzenplazierten Kunstwerke in den Depots von Spitzenmuseen aufbewahrt werden, oder ob sie den Weg in die Ausstellungsräume von ‚Provinzgalerien‘ gefunden haben, oder ob sie schließlich in den Museen von Weltrang sozusagen als Füllsel irgendwo an einer wenig prominenten Stelle unter ‚ferner liefen‘ zu sehen oder wohl zutreffender: zu übersehen sind. So hängt ‚unser‘ Francken in Berlin-Dahlem ‚um die Ecke herum‘ im Rubenssaal, ganz unauffällig zwischen Türdurchgang und Fenster.

Doch gerade *weil* der ‚Bildersaal‘ auf uns heute im ersten Augenblick so unattraktiv wirkt und er zudem ‚schlecht‘ plaziert ist, habe ich ihn meist ganz für mich. Niemand stört mich, selbst dann nicht, wenn ich eine halbe Stunde vor dem Gemälde stehe oder auf einem museumseigenen Klappstühlchen eine volle Stunde mit ihm Zwiesprache halte. Dies geschieht in letzter Zeit öfter. Was nützt mir die schönste ‚Mona Lisa‘, wenn ich im Fünfsekundentakt an ihr vorbeigeschoben werde, weil die nächsten in der Schlange schon drängeln?

Eine fruchtbare Zwiesprache scheint mir vor allem dann möglich, wenn sich zwei Partner auf etwa der gleichen Ebene begegnen. Nicht daß ich mich mit einem Frans Francken vergleichen möchte. Wie käme ich dazu, wo mir selbst jedes Maltalent abgeht! Aber das, was er mit *seinen* Mitteln versuchte, versuche ich schließlich mit *meinen* auch. Deswegen schreibe ich dieses Buch. Selbstverständlich habe ich dabei in Kauf zu nehmen, daß sich Francken als Maler so ausdrückt, wie sich Maler eben auszudrücken pflegen. Ich gestehe ihm sogar zu, daß er der Malkunst und ihren Möglichkeiten den Vorrang vor den anderen Künsten und auch vor der Wissenschaft einräumt. Nicht einmal sein erhobener Zeigefinger vermag mich zu stören, obwohl die penetrante Forderung nach dem Sieg der Tugend über das Laster, des Wissens über die pure Ignoranz manchem Leser zu moralisierend vorkommen mag. Das sind nicht eben die verbreitetsten Zielvorstellungen unserer Tage. Auch werden viele Franckens Anspruch auf Vorherrschaft der Malerei in Kunst und Wissenschaft nicht teilen. Wer Nachsicht üben will, mag seine Überbetonung des Malerischen historisch damit entschuldigen, daß damals die Kunstmaler der gleichen Handwerkerzunft angehörten, angehören *mußten* wie gewöhnliche Anstreicher, Buchbinder, Vergolder, Bildsticker, Wa-

120

gen- oder Schiffsdekorateure. Von ihnen galt es sich abzuheben und den Anspruch auf Höherwertigkeit immer wieder deutlich kundzutun.

Doch selbst für den, der eine ganze Reihe von Abstrichen vornimmt, bleibt noch genügend übrig, was aus diesem Bild zurückzubehalten sich lohnt, und zwar für uns, hier und heute. So ist es – scheint mir – mehr als bloß eine kurze Überlegung wert, daß es offensichtlich Zeiten gab, in denen ein lebenslanges Sichmühen um Kunst und Wissenschaft Menschen ganz zu erfüllen vermochte und Ziel und Inhalt ihrer Existenz ausmachen konnte. Wer hieraus etwas lernen will, braucht gar nicht erst an das antike Bildungsideal anzuknüpfen, wie das bei Francken geschieht. Jenen Vorstellungen gemäß hatten Künste und Wissenschaften die ethische Aufgabe, dem Menschen zu freier und tugendhafter Selbstverwirklichung zu verhelfen. Es genügt, sich immer wieder vor Augen zu halten, daß viele, sehr viele unter uns und noch mehr unter unseren Nachkommen nicht nur das Dritte, sondern auch das Vierte Alter erreichen werden. Dann – jenseits der 75, der 80, der 85 – wird unser lebenslang betriebener, von allen Seiten geforderter und geförderter Aktivismus nachlassen, nachlassen *müssen*. Selbst wenn heute bekannt ist, daß erst bei den über 85jährigen die Zahl derjenigen, die auf tägliche Hilfe angewiesen sind, mehr als fünfzig Prozent ausmacht, werden wir bei nachlassenden körperlichen Kräften dann doch mehr und mehr aus uns selbst heraus leben müssen. Jemand, der das zuvor nie bedachte und nie übte, dürfte es in jenen späten Jahren schwer haben (Abelin 1988). Wer jedoch einen langfristigen Lebensplan entworfen hat, wird gerade diesen Umstand schon früh in seine Überlegungen miteinbeziehen. Fürs höhere und hohe Alter wird er somit nicht nur Reisen, nicht nur körperliche Aktivitäten, nicht nur sportbetonte Hobbies und Jogging vorsehen, sondern auch und vor allem seine geistigen Fähigkeiten ein Leben lang sorgsam pflegen. Es könnte sein, daß sie ihm während der letzten Jahre seines Lebens allein übrig bleiben. Jene Jahre aber sollten nie als bedrohlich oder gar angsteinflößend vor uns stehen, sondern mit all ihren möglichen Implikationen in den Lebensplan eingehen und ihn von früh an prägen.

Beim Betrachten von Franckens übervollem ‚Bildersaal' hatten wir anfänglich den Eindruck, daß nur der kräftige äußere Rahmen das ganze – wie ich mich damals despektierlich ausdrückte – ‚gemalte Sammelsurium' zusammenhielte. Ohne ihn müßte es alsbald in die unzähligen Einzelteile auseinander fallen. Inzwischen wissen wir es besser. Es *schien* nur so. Je mehr wir uns in das Gemälde vertieften, umso zahlreicher wurden die Verbindungslinien, die es überall zu entdecken gab. Die Einzelteile waren keineswegs zufällig eingesetzt oder beliebig aneinander gereiht. Alles stand mit allem in einer Beziehung. Am Ende achteten wir überhaupt nicht mehr auf den Rahmen, sondern nur noch auf den Inhalt. Das Bild hält auch ohne ihn zusammen. Selbst eine scheinbar so unbedeutende Einzelheit wie die Fliege hat ihren Sinn, und zwar nicht für sich, damit wir an ihr anatomische

Studien betreiben, sondern im Gefüge aller anderen Einzelheiten. Dasselbe läßt sich von der anstößig lockeren Tischgesellschaft im Nebenraum sagen oder den anfänglich so irritierend wirkenden Protzgefäßen zu Füßen des lautenspielenden Mannes von Welt.

Und noch eines ist wichtig. Das Hauptgemälde, an dem die wichtigste Person, Pictura, arbeitet, ist noch nicht fertig. Sie ist nach wie vor mit ihm beschäftigt und müht sich unablässig um dessen Vollendung. Doch längst wird auf der Staffelei erkennbar, was das Bild zum Ausdruck bringen soll. – Auch mein ‚Gemälde‘ ist noch nicht fertig. Selbst am Ende dieses Buches wird es das nicht sein. Wie sollte es das bloß, wo ich doch selbst nach wie vor im Zweiten Alter stehe? Aber auch für mich ist längst erkennbar, wie das Thema heißt, wo das Ziel liegt, was am Schluß herauskommen soll, wohin die Reise des Lebens geht. Noch ist der Rahmen manchmal wichtig, muß ich mir das *lange* Leben, die noch bevorstehenden *vielen* Jahre, das wahrscheinliche Erreichen des Dritten *und* des *Vierten* Alters stets in Erinnerung rufen und immer wieder vor Augen führen. Die Aussichten *darauf* zwingen mich dazu, meinem eigenen Lebensplan treu zu bleiben und – wenn's manchmal auch schwer fällt – jetzt in den besten Jahren des Zweiten Alters nicht einfach drauflos zu leben.

Ein Bild voller Bilder: so habe ich Frans Franckens ‚Bildersaal‘ eingangs charakterisiert. Es hat uns immer wieder an das Mosaik unseres eigenen Lebens erinnert und uns zum Nachdenken darüber angeregt. Nun entläßt es uns mit – wie es im Englischen trefflich heißt – ‚Much food for thought‘, viel Nahrung für eigenes Nachdenken. Wer möchte verneinen, daß es sich *gelohnt* hat, Frans Francken zuzuhören und zuzusehen?

4

Zwei Früchte-Stilleben:
eines aus dem 17. und eines vom Anfang des
20. Jahrhunderts

Die beiden nun folgenden Kapitel tragen ähnliche Überschriften. Das eine heißt: „Zwei Früchte-Stilleben: eines aus dem 17. und eines vom Anfang des 20. Jahrhunderts", das andere: „Zwei Stilleben mit Brot: eines von 1637 und eines von 1898". Wer bei einem *Historiker* auf solche zeitbezogene Formulierungen stößt, nimmt zurecht an, daß es ihm dabei in erster Linie um das Aufzeigen von *Entwicklungen* geht, um ein ‚von – zu'.

Beide Male ist bei mir der historische Rahmen, in dem ich jeweils ein Themen-Bildpaar ansehe, derselbe. Was ich dem Leser im diesem Kapitel aufgrund von zwei Früchte-Stilleben zeige und erläutere, wiederhole ich im nächsten anhand von zwei Stilleben mit Brot. Indem ich den Rahmen durch zwei komplementäre Beispiele auffülle, kommt es jedoch zu einer erheblichen Vertiefung meines zentralen Anliegens, des Anschauens und Einordnens von Bildern durch einen Historiker. Diese zweifache und dadurch in größere Tiefen vordringende Exemplifizierung ist mir deshalb so wichtig, weil ich dadurch den Leser in die Lage versetzen möchte, anschließend die Probe aufs Exempel in seinem eigenen Umfeld zu wiederholen. Sind einem erst einmal die Augen aufgegangen, wird man sich ähnliche Überlegungen vor Dutzenden anderer Bildpaare ebenfalls machen können.

Wie schon Franckens ‚Bildersaal' im vorangegangenen Kapitel fielen mir auch die vier nun ins Zentrum rückenden Werke Van der Asts, Kokoschkas, Flegels und Ankers erst auf, als oder weil ich sie in einen vorgegebenen Rahmen einzuordnen vermochte. Ich nahm sie als Historiker mit einer ganz bestimmten Fragestellung und einem ausgemachten Ziel vor Augen wahr. Dabei spielte es eine untergeordnete Rolle, wo sich diese Bilder heute befinden, ob ich ihnen wöchentlich im universitätsnahen Museum von Berlin-Dahlem begegnete (wie Van der Asts Früchte-Stilleben), ob ich sie im Berner Kunstmuseum nach einem Vortrag auf mich wirken lassen konnte (wie Ankers Stilleben mit Brot), oder ob sie mir im Louvre anläßlich einer Konferenz in Paris auffielen (wie Flegels ‚Nature morte au flacon de vin et aux petits poissons'). Ohne Fragestellung und ohne Ziel vor Augen hätten mich die umfangreichen Bestände dieser Museen eher ‚erschlagen' als mir langfristig etwas eingebracht. So aber fiel es mir leichter, rigoros aus der Fülle auszuwählen, mich zu beschränken und auf einige wenige Werke zu konzentrieren. Diese aber blieben in mir haften, denn sie ließen sich wie passende Mosaiksteine in einem vorgegebenen Rahmen plazieren. – War das nicht genau das, was wir im letzten Kapitel als erstrebenswert und angesichts der heute allgegenwärtigen Flut von Bildern, Informationen, Zerstreuungsmöglichkeiten und Ablenkungsgefahren als *unumgänglich* herausgestrichen hatten? Über ‚Informationsflut' klagt nur, wer nicht *ziel*strebig auswählen kann.

Bei einer derart intensiven Beschäftigung mit nur wenigen Bildern konnte ich jedoch noch eine ganze Reihe weiterer Erfahrungen machen. Durch das gezielte Nachfragen und Ratsuchen bei zuständigen Fachleuten *über diese Werke* kam es sowohl zu einer Fülle von fruchtbaren Anregungen, Bereicherungen und Belehrungen, als auch zu notwendigen, manchmal segensreichen *Ent*-Täuschungen. – Erwähnt sei als *ein* positives Beispiel das Vorgelassenwerden in Museums-Magazinbestände 1987/88. Damals hielt die Nationalgalerie der Staatlichen Museen Preußischer Kulturbesitz in Berlin (West) Oskar Kokoschkas Früchte-Stilleben aus dem Jahre 1907 unter maginiertem Verschluß (vgl. hierzu weiter unten die Abbildung 12). Erst seit Ende 1989 hängt es wieder unter den permanent ausgestellten Werken, so wie es dies vor vielen Jahre schon einmal tat. 1987/88 aber war es nur nach schriftlicher Anfrage mit Nennung von Gründen unter Aufsicht im Keller einzusehen. Das *gezielte* Suchen erwies sich hierbei in zweifacher Hinsicht als vorteilhaft. Zum einen gelang es – da ich nach *einem* ganz *bestimmten* Bild fragte und *weil* ich es mit einem thematisch verwandten Früchtestilleben im Dahlemer Museum vergleichen wollte –, den Zutritt zu *diesem* Gemälde leichter zu erlangen. Da zum andern die Depotbestände unserer Museen meist um ein Vielfaches größer sind als die Zahl der ausgestellten Werke, wäre ohne dieses Ziel vor Augen die Gefahr des Überschwemmtwerdens und Sichverlierens beim Besuch im Magazin kaum abzuwenden gewesen.

Obwohl ich die nun zur Sprache kommenden Bilder bewußt als *Historiker* ansah und sie in (m)einem *historischen Rahmen* sehen *wollte,* wurde mir doch bald klar, daß selbst ein elementares Verständnis der Bilder ohne aufklärende Gespräche mit Spezialisten und ohne belehrende Lektüre von Autoren aus anderen Disziplinen nicht möglich war. Wie auch sollte ich als Historiker, der nie Botanik oder Zoologie studiert hat, zum Beispiel beurteilen können, was in Van der Asts holländischem Früchtekorb aus dem 17. Jahrhundert an einzelnen Obst- und Beerensorten dargestellt ist (vgl. ebenfalls weiter unten die Abbildung 12), oder welche Fische Georg Flegel in seinem gleichzeitig entstandenen Stilleben ‚au flacon de vin et aux petits poissons' malte (vgl. hierzu die Abbildung 14)? Wie sollte es mir – im übernächsten Kapitel – ohne epidemiologische Ausbildung gelingen, etwas Zutreffendes über Läuse als gefährliche Seuchenträger bei einer der damals wichtigsten Todesursachen, dem Flecktyphus zu sagen? Und wie schließlich als kunsthistorischer Laie den Bild*sinn* auch nur annähernd ‚richtig‘ interpretieren? Was etwa ist im Bild Van der Asts ‚real‘ und was bloß ‚symbolisch‘ gemeint? Oder ist gar schon die Frage ‚falsch‘ gestellt? Interessierte es den niederländischen Künstler möglicherweise überhaupt nicht, ob seine ‚Birne‘ wie eine ‚richtige‘ Birne aussah oder eher einer Quitte glich? Verschwendete er keinen Gedanken daran, daß Flecken auf seinen Äpfeln von irgendwelchen spätklugen Betrachtern aus dem 20. Jahrhundert vielleicht einmal als ‚Zeichen der Vergänglichkeit‘ gedeute(l)t werden könnten? War Van der Ast also gar kein verkappter Moralist und calvinistischer Prediger, wie manche annehmen? Vielleicht hatte er als ein sinnenfreudiger Mensch einfach *Freude* an kontrastierenden Farben? Ist sein buntscheckiger Apfel, aus dem ein Wurm hervorlugt, denn nicht etwa attraktiver als zum Beispiel ein glatt und gleichmäßig roter, der keinerlei Besonderheiten aufweist und deshalb eben auch ‚nichts Besonderes‘ ist?

Was andererseits die *ent*-täuschenden Gespräche betrifft, so verliefen nicht alle *segenbringend* ent-täuschend. Vielmehr waren sie manchmal auch *herb* enttäuschend. Beschränkte sich die Antwort eines um Rat gefragten Kunstspezialisten etwa darauf – was allerdings selten vorkam –, daß er zu solchen „abstrusen Fragen“ (so ein zuständiger Museumsreferent) nichts sagen könne, war die von meiner Seite angestrebte Interdisziplinarität im Keim erstickt und gestorben, noch bevor sie geboren war. Meist wurden die ungewohnten Fragen jedoch bereitwillig, wenn anfänglich auch verwundert aufgegriffen und geduldig und ausführlich beantwortet.

In diesem Buch brauche ich selbstverständlich nicht immer das viele, was ich allüberall beim Recherchieren und Fragen dazugelernt oder mir zu diesem und jenem Bild im Verlaufe der Zeit selbst angeeignet und überlegt habe, in allen Details auszubreiten. Wo ich allerdings in diesem oder in den folgenden Kapiteln *Beispiele* interdizsiplinären Vorgehens anführe, tue ich dies in relativer Ausführlichkeit, sei dies nun bezüglich der genauen Beschreibung etlicher Schadstoffe in unserer Ernährung, des Besuchs bei Museumsfachleuten im Louvre oder des Kunsthistorikerstreits über den symbolischen Gehalt niederländischer Gemälde. Wem ‚Interdisziplinarität‘ kein – wie leider so häufig – bloßes Lippenbekenntnis ist, muß wissen, daß der fruchtbare Austausch zwischen den Disziplinen ein mühsames Unterfangen ist. Es setzt ein gerüttelt Maß an Einarbeitung und Vertrautheit in und mit der jeweiligen anderen Disziplin voraus. Auch hier kann ich das dem Leser an den betreffenden Stellen nicht ersparen. Umgekehrt wird er dadurch in die Lage versetzt, anschließend selbst zu beurteilen, welche Bereicherung und Erfüllung ein solches Tun mit sich bringen kann.

Beginnen wir in Abbildung 12 mit der Gegenüberstellung der beiden Früchte-Stilleben, einem aus der ersten Hälfte des 17. Jahrhunderts und einem vom Beginn unseres eigenen. Das erste entstand in den Niederlanden – in Utrecht oder Delft –, das zweite in Wien. Das erste hat Miniformat

(14,3 x 20 cm) und zwingt somit zum genauen Hinsehen aus allernächster Nähe, sozusagen mit der Lupe. Das zweite ist größer (109 x 78 cm) und lädt wie von selbst zu einem distanzierteren Betrachten ein. Auf dem einen sehen wir – falls ich es richtig beurteile -: Pfirsiche, Aprikosen, Äpfel, Birnen, Quitten, Amarellen, Bergamotten, Mispeln, Renekloden, Mirabellen, rote Trauben, schwarze Trauben, grüne Trauben. Auf dem andern fällt als erstes eine große, aufrechtstehende Ananas ins Auge. Das Bild heißt ihr zufolge denn auch ‚Stilleben mit Ananas‘. Vor und neben dieser namengebenden Frucht sind weiters auf dem Gemälde erkennbar: Bananen, Birnen, Äpfel, Feigen, Pfirsiche, Aprikosen, Pflaumen, grüne Trauben, blaue Trauben, Nüsse, Paranüsse.

Und vielleicht ist auch folgender Umstand eingangs noch des Erwähnens wert: der Maler des ersten Bildes war bereits um die vierzig, als er es malte; der zweite dagegen halb so alt: gut zwanzig. Genauso wie bei uns ändern sich auch bei Künstlern im Verlaufe ihres Lebens die Gesichtsfelder, die gesellschaftlichen Beziehungen, die Auftraggeber, die Lebensbedingungen, die Interessenlagen. Je nachdem stehen unterschiedliche Themen im Vordergrund und werden behandelt.

In der Umzeichnung der beiden Stilleben habe ich in der Abbildung 12 alle Früchte mit Nummern versehen. Die beigefügte Legende listet sie einzeln auf und nennt ihre Namen. Schaut man sich diese Zusammenstellung an, stößt man auf einen merkwürdigen Unterschied zwischen Van der Ast und Kokoschka. Dies beruht nicht etwa darauf, daß beim wesentlich größeren Kokoschka-Gemälde 27 Früchte-Nummern angeführt sind, beim kleineren Van der Asts dagegen nur 19. Wenn wir stutzig werden, ist das vielmehr dem Umstand zuzuschreiben, daß beim Niederländer noch eine ‚zweite‘ Zusammenstellung auftaucht, die bei Kokoschka fehlt. Sie enthält die Namen von zehn ‚Tieren‘. Ich habe sie mit den Buchstaben a bis j gekennzeichnet.

Da hat Van der Ast doch tatsächlich eine deutlich erkennbare grün-blaue Fliege (d) auf die pralle Quitte (9) am Korbrand gesetzt. Ihrer Größe nach könnte es eine Schmeißfliege sein. Sogar die kennzeichnenden sechs Beine und die beiden Flügel sind mit bloßem Auge zu erkennen. Dasselbe trifft zu auf die viel kleinere rote Fliege, die am linken Bildrand frei im Raum schwebt (b). Über deren Artzugehörigkeit läßt sich allerdings nichts sagen. Während die erste noch ‚an der Arbeit‘, das heißt auf Nahrungssuche ist und vergnüglich über die flaumige Quittenhaut zappelt, surrt das kleinere Viech schon davon.

Was die etwas voluminöseren ‚Tiere‘ betrifft, fällt es uns heute – ausgerüstet mit Vergrößerungsgläsern und Dutzenden von Bestimmungsbüchern – natürlich leicht, dem Holländer verschiedentliche ‚Fehler‘ nachzuweisen. Er hätte diese ‚Tiere‘ ja auch nicht so auffällig in den Raum zu setzen brauchen wie etwa das farbenprächtige Exemplar eines Schmetterlings rechts oben (f) oder die gestelzte Libelle (g) auf dem Apfel unten rechts (17). So aber stachelt er unsere Neugierde doppelt an und drängt uns geradezu zum exakten Hinsehen.

Wo wir uns schon im Bestimmen üben, so dürfte es sich beim Schmetterling (f) aller Wahrscheinlichkeit nach um eine Schwalbenschwanz-Art aus der Familie der *Papilionidae* handeln. Einige Einzelheiten wären dann allerdings nicht ganz korrekt wiedergegeben. So hätte Van der Ast die ‚Flügelschwänzchen‘ eigentlich länger zeichnen müssen. Auch fehlen die roten sogenannten Augenflecken an den Hinterflügeln, und die Enden der Fühler sind − fälschlicherweise − nicht keulig verdickt. Bei der Libelle, die ihrem Körpervolumen nach der Gruppe von Großlibellen zugeordnet werden muß, irritiert die atypisch hochgestellte Ruhehaltung der Flügel (g). Korrekterweise müßten sie waagrecht sein. Abgesehen davon ist der für eine nähere Bestimmung wesentliche Augenabstand nicht zu erkennen. Bei der bläulichen Libelle oben links (a) ist zwar die Haltung der Flügel richtig beobachtet und in Ruhestellung zusammengelegt wiedergegeben. Sie dürfte somit zur Gruppe der *Zygoptera*, also den Kleinlibellen gehören. Über Gattung und Art kann ich jedoch wiederum nichts Näheres sagen. Der Schmetterling (c), der sich ganz links im Bild auf dem abstehenden Stachel eines ‚Schneckenhäuschens aus wärmeren Gegenden‘ niedergelassen hat (i), soll vermutlich ein Bläulings-Männchen sein. Die unterschiedlichen Färbungen von Flügelober- und -unterseiten sind durchaus richtig gesehen.

Während die Schmetterlingsraupe, die man bei genauem Hinsehen über den Korbrand kriechen sieht (e), für uns unbestimmbar bleibt und wir zum kleineren Schneckenhaus (j) auch nicht mehr sagen können, als daß es möglicherweise zu einer einheimischen Art gehört, so diente dem Maler bei der Eidechse im Vordergrund rechts (h) vermutlich eine *Lacerta agilis*, das heißt eine Zaun-Eidechse als ‚Modell‘. Ungewöhnlich ist bei ihr allerdings die Haltung der Beine − und lustig ihr geringelter Schwanz. Amüsiert fragt man sich, was es da wohl zwischen dieser Eidechse und der ihr zugewandten Großlibelle mit den ‚fälschlicherweise‘ hochgestellten Flügeln zu tuscheln gibt? Es scheint fast so, als ob die beiden in einen Dialog verwickelt wären. Da einer Libelle natürlich keine Haare zu Berge stehen können, tun es ob der vielleicht haarsträubenden Geschichte des kleinen Vierbeiners eben ihre Flügel? Wo stünde geschrieben, daß Van der Ast keinen Humor gehabt hätte? Und wo, daß nicht auch wir beim Betrachten seines kleinen Bildes dreieinhalb Jahrhunderte später keinen haben dürften?

Ich stelle mir diese Frage, *obwohl* mir jene Stellen des profunden Kenners Laurens J. Bol über die Bilder Van der Asts durchaus bekannt sind, in denen es heißt, daß der Niederländer neben Früchten, losen Blumen, Schmetterlingen, Raupen, Wespen, Hummeln, Bienen oder Libellen eine besondere Vorliebe für Grashüpfer wegen deren eckigen Springbeinen und für Eidechsen wegen ihrer barock schlängelnden Haltungen gehabt habe (Bol 1969/1982,

Abb. 12: Umzeichnung je eines Früchte-Stillebens aus dem 17. und von Anfang des 20. Jahrhunderts. Mit Kennzeichnung der erkennbaren Früchte und Tiere.
Oben: Nach Balthasar Van der Ast (Middelburg um 1593/94 – Delft 1657): Stilleben mit Fruchtkorb, um 1632. Eichenholz, 14,3 × 20 cm. Gemäldegalerie Dahlem der Staatlichen Museen Preußischer Kulturbesitz Berlin.
Unten: Nach Oskar Kokoschka (Pöchlarn an der Donau 1886 – Montreux 1980): Stilleben mit Ananas, 1907. Öl auf Leinwand, 109 × 78 cm. Nationalgalerie der Staatlichen Museen Preußischer Kulturbesitz Berlin (bis November 1989 unter den magazinierten Beständen, seit damals unter den ausgestellten Werken).
Die Bestimmung von Fauna und Flora erfolgte vor den Originalen. Die Festlegungen gehen auf Rita Gudermann zurück. Wertvoll waren die zusätzlichen Nachforschungen durch Marion Klinke in den museumseigenen Bild-Dokumentationen. Für ungewöhnliches Entgegenkommen und Diskussionsbereitschaft danke ich Professor Dr. Henning Bock, Direktor der Gemäldegalerie Dahlem, sowie Dr. Lucius Grisebach, Abteilungsleiter an der Nationalgalerie, für engagiertes Recherchieren ferner Rita Gudermann und Marion Klinke, beide aus meiner Forschergruppe. (Zahlreiche Pflanzen-, Früchte- und Tierdetails sind in einem thematisch ähnlichen, aber sehr viel größeren Stilleben Balthasars Van der Ast aus der Mitte der 1620er Jahre im Kunsthaus Zürich zu erkennen: ,Stilleben mit Früchten, Muscheln und Insekten'. Öl auf Eichenholz, 66,5 × 90 cm. Erstmals farbig reproduziert in: Waddingham-Klemm 1988, 35, vgl. auch die Seiten 34 und 159–160.)

Legende zu Balthasar Van der Asts ,Stilleben mit Fruchtkorb':

Früchte:

  1) vermutlich eine Aprikose
  2) zwei Bergamotten oder Mispeln (mit Lentizellenröte)
  3) eine Reneklode
  4) rote Trauben
  5) vermutlich Mirabellen
  6) ein Apfel
  7) eine Birne
  8) eine Aprikose
  9) eine Quitte mit Fallstelle oder Finger-Eindruck
10) unbestimmbar
11) unbestimmbar
12) unbestimmbar
13) ein Pfirsich
14) schwarze Trauben
15) grüne Trauben
16) ein Zweig mit Amarellen (Glaskirschen)
17) ein Apfel mit Druck- oder Fallstelle; auch Schalenflecke wegen Überreife möglich, weitere schadhafte Stellen, die auf Scheuern, Schorf, Berostung oder Witterungseinfluß zurückgehen können
18) ein Apfel
19) rote Trauben

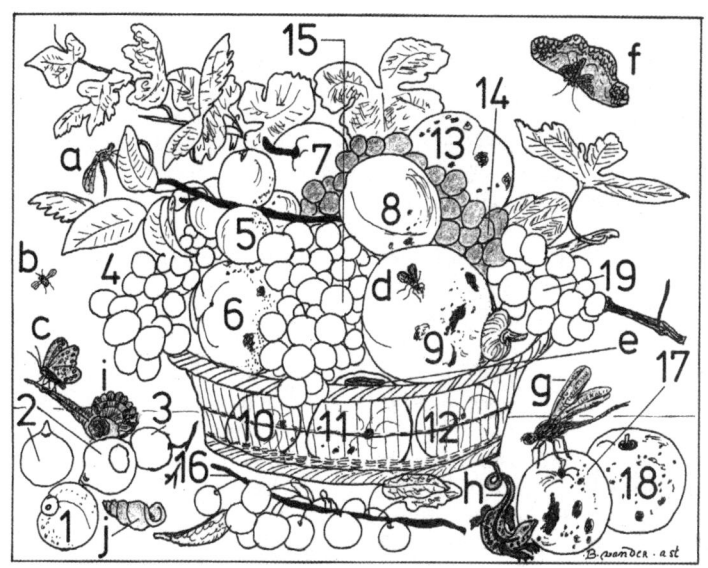

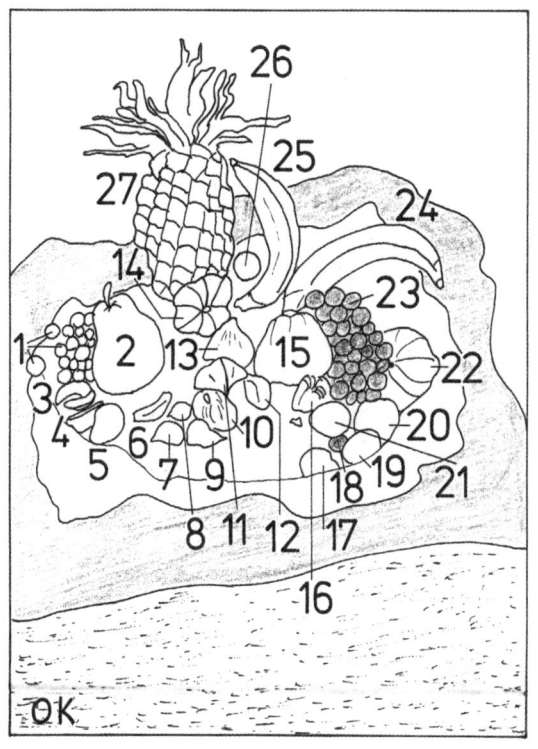

OK

Tiere:

a) eine vielleicht streichholzlange bläuliche Libelle, der Haltung nach (Flügel in Ruhestellung zusammengelegt) eine Kleinlibelle (*Zygoptera*). Gattung und Art unbestimmbar.

b) eine kleine rote Fliege im Flug, verschiedene Einzelheiten wie etwa die Anzahl der sechs Beine und der zwei Flügel richtig beobachtet, als Art jedoch unbestimmbar.

c) ein Schmetterling; vermutlich sollte ein Bläulings-Männchen (*Lycaenidae*) dargestellt werden. Bei diesem Insekt fällt die Zweidimensionalität der Abbildung besonders auf: die Ober- und Unterseite der Flügel sind nicht im geringsten schattiert. Vielmehr wirken sie so, als ob der Maler ihre Umrisse vorgezeichnet und sie dann farbig ausgemalt habe. Immerhin sind ihre voneinander abweichenden Färbungen richtig beobachtet.

d) eine große, grün-blaue Fliege, der Größe nach möglicherweise zur Familie der Schmeißfliegen (*Calliphoridae*) gehörig. Während die Anzahl der sechs Beine und der zwei Flügel wiederum – wie schon bei b – richtig beobachtet ist, sind keine anatomischen Details zu erkennen. Schmeißfliegen findet man häufig auf organischen, besonders in Verwesung befindlichen Substanzen.

e) eine Schmetterlingsraupe auf dem Korbrand; unbestimmbar.

f) ein großer Schmetterling; offensichtlich handelt es sich um eine Schwalbenschwanz-Art aus der Familie der Papilionidae. Einige Einzelheiten sind nicht korrekt, so sind die „Flügelschwänzchen" zu kurz, die roten Augenflecken an den Hinterflügeln fehlen; die Enden der Fühler sind fälschlicherweise nicht keulig verdickt.

g) eine Libelle, die ihrer Größe nach der Gruppe der Großlibellen zugeordnet werden müßte; dagegen spricht allerdings die atypisch hochgestellte Ruhehaltung der Flügel (korrekterweise wären sie waagerecht). Der zur Bestimmung wesentliche Augenabstand ist nicht zu erkennen.

h) eine Eidechse; vermutlich diente eine Zaun-Eidechse (*Lacerta agilis*) als Modell; ungewöhnlich ist die Beinhaltung des Tieres.

i) eine Meeresschnecke aus wärmeren Gebieten.

j) eine Schnecke, möglicherweise einheimisch.

26). Außerdem weiß ich auch, daß Symbol-Deuter wie etwa Sam Segal uns immer wieder einschärfen, jene Bilder nicht allzu naiv bloß mit heutigen Augen zu sehen. Bei ihm lesen wir: „... kriecht eine Eidechse, Symbol des Betrugs, also der Sünde, neben einem wurmstichigen Apfel. ... Sie stellen, mit einigen anderen Insekten, das Irdische dar, im Gegensatz zu den Schmetterlingen und Libellen, die Himmelssymbole sind. Die Blumen sind Vanitassymbole, wie auch die angefressenen Früchte und Blätter" (Segal 1983, 57). Um dies alles *richtig* zu verstehen, müsse man – meint er – gründlich in die Mentalität jener Zeit eintauchen. Man könne dies zum Beispiel, indem man die folgenden, jene damaligen Vorstellungen prägenden Quellen studiere: Die Bibel und die Apokryphen, die Schriften der Kirchenväter und vor allem

Legende zu Oskar Kokoschkas ‚Stilleben mit Ananas‘:

Früchte:

1) grüne Trauben
2) eine Birne
3) eine aufgeplatzte Feige oder Pflaume
4) eine Paranuß
5) eine Steinfrucht (Pfirsich, Aprikose, Pflaume?)
6) eine Paranuß
7), 8), 9) nicht näher bestimmbare Nüsse
10) eine Feige
11) zwei Paranüsse
12) zwei Paranüsse
13) eine Feige
14) ein Apfel
15) ein Apfel
16) eine Feige
17) ein Pfirsich
18) einzelne blaue Traube
19) eine Aprikose
20) ein Pfirsich
21) ein Pfirsich
22) ein Apfel
23) blaue Trauben
24), 25) Bananen
26) eine Steinfrucht (Pfirsich, Aprikose, Pflaume?)
27) eine Ananas

Tiere:

Keine

die Exegeten des Mittelalters, zeitgenössische Enzyklopädien und andere informative Bücher sowie wissenschaftliche Werke des Altertums, literarische Arbeiten einschließlich der Mythologie und der religiösen Poesie, Sprichwörtersammlungen, graphische Serien mit Texten, Emblem- und Symbolsammlungen, handbuchartige Anweisungen für Künstler, damals entstandene Gemälde beziehungsweise auch andere Kunstwerke, ferner die medizinische inklusive die Kräuterbuch-Literatur, auch Blumen- und Gartenbücher sowie Rezeptsammlungen und Kochbücher (Segal 1983, 18). Vor diesem weiten Hintergrund würde uns dann einleuchten, daß damals ein jeder die Botschaft der Stilleben ‚richtig‘ verstanden habe, nämlich: „Ein Vanitas-Bild war als Mahnung an den Tod gemeint, ein *memento mori*, als

Hinweis auf die Kürze und Vergänglichkeit des Daseins, vor allem aber sollte es dazu auffordern, das Beste aus der uns bemessenen Zeitspanne zu machen" (Segal 1983, 21).

Und wie verhält es sich in dieser Hinsicht bei Kokoschka? Schauen wir auf der Legende zu Abbildung 12 nach, dann steht dort bei ihm unter ‚Tieren‘ lapidar: ‚Keine‘. Auch wenn wir weiter unten Kokoschkas ‚Früchte‘ mit denen Van der Asts vergleichen, wird es beim Österreicher nicht gleicherma-ßen spannend werden wie beim Niederländer. Genau hierauf aber kommt es mir an: auf den *Vergleich* nämlich, im vorliegenden Fall auf den Vergleich von zwei Früchte-Stilleben, die in einem zeitlichen Abstand von mehr als zweihundertfünfzig Jahren entstanden sind. Werden solche Zeitspannen ge-nannt, fühlt sich der Historiker sofort angesprochen. Schließlich ist er aus-gebildeter Fachmann für die Analyse zeitlicher Abläufe, Entwicklungen, Unterschiede. Hierbei kommt er voll auf seine Rechnung. So geht es mir hier denn auch nicht um ein *kunsthistorisch* richtiges Ansehen der beiden Bilder. Dafür fehlen mir die Voraussetzungen. Somit betrachte ich die Bilder auch nicht jedes für sich und studiere sie nicht einzeln aufgrund der jeweils nur für sie existierenden Literatur. Vielmehr sehe ich sie *gleichzeitig* an, *inner-halb eines und desselben Rahmens*. Deshalb wird das Bildpaar in der Abbil-dung 12 von *einem einzigen Rahmen* umgeben und ist darin *gemeinsam* festgehalten.

Diese Klarstellung meint keineswegs, daß wir deswegen so tun könnten oder sollten, als ob die Kunsthistoriker noch nie etwas zu diesen Bildern gesagt hätten. Im Gegenteil! Nicht nur haben sie sogar sehr viel dazu gesagt, sondern je mehr wir uns mit ihrem umfangreichen Schrifttum auseinander-setzen oder uns in Diskussionen mit ihnen einlassen, umso deutlicher wird, welche Dinge die einen – sie – und welche die anderen – wir – in erster Linie suchen, und welche sie und welche uns am gleichen Thema faszinieren.

Was also finden wir konkret bei den Kunsthistorikern zu Balthasar Van der Ast und seinem ‚Stilleben mit Fruchtkorb‘, das er im Jahre 1632 malte? Ich möchte den Leser teilhaben lassen an einer Reihe neuerer Forschungser-gebnisse samt kontrovers vorgetragenen Ansichten einiger herausragender Vertreter zeitgenössischer Kunstgeschichte. Es handelt sich dabei um Arbei-ten von Svetlana Alpers (aus den Jahren 1985 und 1987), Ingvar Bergström (1956/1982), Laurens J. Bol (1955 und 1982), Josua Bruyn (1985), Bob Haak (1984), Fred G. Meijer (1989), Justus Müller Hofstede (1984), Hans-Joachim Raupp (1986) und Sam Segal (1983; alle Publikationen sind im Literaturverzeichnis mit genauen Titeln und Erscheinungsorten angegeben; vgl. zum Thema ‚Stilleben. Realität und Symbolik der Dinge. Die Stilleben-malerei der frühen Neuzeit‘ generell auch Schneider 1989, zu [Van der Asts] ‚Obststilleben [Früchtekorb]‘ z. B. 121–133).

Lernen wir als erstes den *Menschen* Balthasar Van der Ast kennen. Er wurde 1593 oder 1594 – man weiß es nicht genau – in Middelburg geboren, also in der Hauptstadt der niederländischen Provinz Zeeland. Schon als Heranwachsender verlor er 1609 seinen Vater. Da die ältere Schwester Maria in der gleichen Stadt wohnte, nahm sie den verwaisten Jüngling zu sich. Sie hatte 1604 den Maler Ambrosius Bosschaert geheiratet. Dieser war 1573 in Antwerpen zur Welt gekommen. Bei ihm erlernte Balthasar das Malerhandwerk. 1610 begann er, seine Bilder selbst zu signieren. 1613 siedelte er mit Schwester und Schwager nach Bergen op Zoom und 1619 nach Utrecht über. Dort blieb er nach dem frühen Tod von Ambrosius (1621) bis 1632 wohnhaft. Die letzten 25 Jahre verbrachte Balthasar in Delft. Er starb 1657. – Unser ‚Stilleben‘ war somit auf der Höhe seiner Laufbahn – vielleicht noch in Utrecht, vielleicht schon in Delft – entstanden. Es stammt aus der Hand eines gereiften Mannes um die vierzig.

Mit seinen insgesamt 63 oder 64 Lebensjahren hatte Balthasar ein stattlicheres Alter erreicht, als er es in jenen unruhigen Zeiten erwarten durfte. Schwager Ambrosius war nur 48 geworden. Nicht etwa, daß jener ein Opfer des ‚Achtzigjährigen Krieges‘ geworden wäre, der von 1568 bis 1648 zwischen den calvinistisch-reformierten nördlichen und den spanisch-katholischen südlichen Niederlanden herrschte. Ambrosius war eines ‚natürlichen‘ Todes gestorben, so wie ihn damals jeder Mensch zu jeder Stunde sterben konnte. Im nahe gelegenen Den Haag lieferte er ein eben fertig gewordenes Blumengemälde ab, das der Kämmerer des holländisch-zeeländischen Provinzstatthalters Moritz von Oranien bei ihm bestellt hatte. Auf der Reise erkrankte er und starb bereits nach wenigen Tagen noch in der Residenzstadt.

Dieser knappe biographische Rückblick läßt manches im Werk des Balthasar Van der Ast besser verstehen und leichter erklären. Weder war sein Lehrer Ambrosius Bosschaert ‚irgendein‘ Maler, noch waren Middelburg oder die anderen Stationen seines Lebens – Bergen op Zoom, Utrecht, Delft – ‚irgendwelche‘ Städte. Vor allem aber handelte es sich bei jenem Zeitraum, in dem er wirkte, nicht um ‚irgendeinen‘ Zeitraum der niederländischen Geschichte. Am Ende des ‚Achtzigjährigen Krieges‘ hatten die nördlichen Niederlande ihre vollständige Unabhängigkeit vom ehemaligen Herrscherhaus Spanien erreicht. Und noch viel weniger würde es bei jener Periode um ‚irgendeine‘ Periode der niederländischen Kunstgeschichte gehen. Wer hätte noch nie vom ‚Goldenen Zeitalter der holländischen Malerei‘ gehört, womit die Kunsthistoriker jene unerhörte Blüte niederländischen Kunstschaffens bezeichnen, die sich in der ersten Hälfte des 17. Jahrhunderts entfaltete (vgl. Haak 1984, dazu Raupp 1986)? Dieses ‚Goldene Zeitalter‘ fiel praktisch mit den Lebensdaten Balthasar Van der Asts zusammen (1593/94–1657). Da dessen Geburtstadt Middelburg auf der – Antwerpen vorgelagerten – Insel Walcheren liegt, suchten dort viele überzeugte Calvinisten nach der Wiederunterwerfung der Scheldestadt unter katholisch-spanische Herrschaft 1585 vor den hereinbrechenden Religionsverfolgungen Schutz. Unter ihnen befanden sich auch die Bosschaerts. Zudem war Zeeland nach Holland die wohlhabendste unter den sieben nördlichen Provinzen. Sie wirkte wie ein Magnet auf die Künstler, bestanden für sie dadurch doch günstige Aussichten auf ein reiches Mäzenatentum.

Was so manchem Maler damals indes zu Arbeit und Brot verhalf, bereitet den Kunsthistorikern seit Jahrzehnten dagegen erhebliches Kopfzerbrechen. Ihre Meinungen gehen weit, sehr weit auseinander. Uneinig ist man sich vor allem darüber, was wir in den Bildern aus dem ‚Goldenen Zeitalter der niederländischen Malerei‘ eigentlich vor uns haben. „Wie das?“ – höre ich den Leser fragen. Hatte ich oben denn nicht des langen und breiten aufgezählt und erläutert, daß wir in Van der Asts Stilleben neunzehn verschiedene Früchte und zehn ‚Tiere‘ erkennen und sogar namentlich benennen könnten: hier eine Aprikose, da eine Quitte, dort einen Pfirsich? Oder das eine Mal eine kleine rote Fliege, ein ander Mal ein Bläulings-Männchen, das dritte Mal eine Zaun-Eidechse? In der Tat läßt sich das bei einiger Geduld und etlicher Mühe so machen, und für mich als Historiker war es aufregend genug. Seit meiner Schulzeit hatte ich mich nie mehr so intensiv mit biologischer und zoologischer Bestimmungsarbeit beschäftigt und mich von Kollegen jener naturwissenschaftlichen Disziplinen fachmännisch belehren lassen wie ob diesen beiden Stilleben mit Früchten: alles sehr, sehr interessant. Seitdem besuche ich auch wieder häufiger Naturkundemuseen, so etwa das Naturmuseum Senckenberg in Frankfurt am Main mit seinen didaktisch geschickt präsentierten Sammlungen. Es war, als ob sich mir eine neue Welt eröffnete, und mehr als einmal ertappte ich mich seit damals dabei, Teilen dieses Buches im Geiste versehentlich den Titel ‚Ein Historiker schaut Präparate an‘ zu geben. Wir werden im nächsten Kapitel im Zusammenhang mit Georg Flegels Fischgericht nochmals hierauf zurückkommen.

Würden wir an diesem Punkt unserer Bildbetrachtung stehen bleiben, hätten wir weiter nichts getan, als die ersten beiden Schritte in Erwin Panofskys Dreierschema zu nehmen, von dem wir im ersten Kapitel hörten. Zuerst hätten wir in den beiden Stilleben eine Menge Formen, Linien, Konturen und Farben gesehen – und uns daran legitimerweise gefreut! Anschließend hätten wir eine Anzahl von Früchten und ‚Tieren‘ erkannt und bestimmt – und uns ob unserer aufgefrischten oder neu angeeigneten wissenschaftlichen Kenntnisse selbstzufrieden auf die Schulter geklopft. Warum auch nicht? Eine Zeitlang war ich selbst stolz auf meine diesbezüglichen ‚Leistungen‘.

Doch die Stilleben bestehen nicht nur aus Konturen und Farben, und auch nicht nur aus unzusammenhängenden Früchten und ‚Tieren‘. So wie Frans Francken in seinem ‚Bildersaal‘ nicht einfach irgendwelche beliebigen Bilder neben- und übereinander reihte und er keine reale Gemäldesammlung wiedergeben wollte, sondern größere und kleinere Werke nach einem bestimmten Schema arrangierte und diese insgesamt eine planmäßige Aussage machten, so verhält sich das auch bei Van der Ast, bei seinem Lehrer Bosschaert und bei all den anderen größeren und kleineren damaligen Meistern in den Niederlanden (vgl. Bol 1982). Wenn nun aber jene niederländischen Künstler ihre Bilder schon nicht in erster Linie deshalb malten, weil es damals noch keine Fotoapparate gab: was wollten sie denn dann wiedergeben? Wieviel in ihren Bildern ist Porträt, ist getreues Abbild der Wirklichkeit? Und wieviel ist Arrangement, ist zum Zweck einer bestimmten Gesamtaussage sorgfältig arrangiert und minutiös komponiert? Und was ist schließlich eine solche ‚Gesamtaussage‘?

Wir haben uns zu vergegenwärtigen, daß die Kunstmäzene auf Walcheren keine Kaiser und Könige waren, die in prächtigen Palästen wohnten, auch keine Kardinäle, Bischöfe oder Äbte reicher Klöster oder Kathedralen. Es handelte sich um Kaufleute, Magistrate, wohlhabende Stadtbewohner. Und vor allem handelte es sich um Calvinisten. Seit geraumer Zeit interessierten sich damals viele von ihnen für Blumen als Handelsware und von daher auch für die Züchtung von immer neuen Sorten. Besonders beliebt waren dabei die Tulpen. Ferner hatten manche ein Faible für jene Merkwürdigkeiten, die ihre seefahrenden Zeitgenossen von fernen Gestaden mit nach Hause brachten, so etwa exotische Muschel- und Schneckenhäuschen. Einige legten wahre ‚Raritäten-Kabinette‘ an. Andere pflegten liebevoll ihre kleinen ‚botanischen Gärten‘ (vgl. hierzu insgesamt nochmals das Kapitel über Franckens gemaltem ‚Bildersaal‘ aus dem Jahre 1636, der vor ähnlichem Hintergrund entstanden ist).

Von Ambrosius Bosschaert, dem Lehrer und Schwager Van der Asts, ist bekannt, daß er nicht nur ein hervorragender Maler derartiger Bildinhalte war, sondern daß er sich selbst auch aktiv im Kunsthandel betätigte. Er wußte somit besonders gut, was bei potentiellen Kunden ankam und was schwerverkäufliche Ladenhüter blieben, und er gab diese Kenntnisse – so darf man annehmen – auch an seine Schüler weiter. Herrliche Blumen- oder Früchte-Stilleben gingen gut. Sie kamen den damaligen Interessen und Bedürfnissen der Mitbürger entgegen. Auch ein paar Schnecken und Muscheln sahen die Käufer oder bestellenden Auftraggeber gern. Solche botanisch-zoologischen Bilder wurden von ihnen ‚verstanden‘. Man hängte sie an die Wand oder verschenkte sie, und zwar umso eher und umso lieber, je perfekter sie der Natur nachgebildet waren oder diese – wie etwa die Sträuße mit Blumen aus ganz unterschiedlichen Blütezeiten – gar ‚übertrafen‘. Dagegen waren auch damals schon die ‚Blümchen‘ der früheren Altar- oder Andachtsbilder außer Mode geraten. Veilchen als jahrhundertealte Sinnbilder für Bescheidenheit oder Maiglöckchen als Symbole der Jungfräulichkeit hatten ausgedient. Als Motive gehörten sie der Vergangenheit an. (Zum ehemaligen, noch ganz mittelalterlich geprägten Symbolverständnis und dessen hier angedeutetem Wandel vgl. Behling 1964 und 1967, Prinz-Beyer 1987. Für eine weit ausholende neuere Kulturgeschichte der Niederlande im Goldenen Zeitalter vgl. Schama 1987. Die deutsche Übersetzung des Werkes [Überfluß und schöner Schein] trägt den Untertitel ‚Zur Kultur der Niederlande im Goldenen Zeitalter‘. Allerdings darf nicht übersehen werden, daß Schamas Werk umstritten ist. Vgl. etwa die Rezension von J.L. Price in der ‚American Historical Review‘ 94, 1989, 158–159. Der erste Satz lautet: „Simon Schama's book is unusually difficult to review, for it is a frustrating mixture of the very good and the surprisingly bad"; der letzte: „It must by now be clear that this book is at least as irritating as it is interesting". Immerhin kommen die der Bildbetrachtung und -interpretation gewidmeten Partien des Buches noch relativ am besten weg.)

Und dennoch: sprachen nicht auch die ‚neuen Realisten‘ weiterhin ‚durch die Blume‘? Dieser Ansicht scheinen jedenfalls manche prominente Kunsthistoriker von gestern wie von heute zu sein. Vergessen wir nicht, daß wir es beim ‚Goldenen Zeitalter‘ mit einem *religiös* geprägten Zeitalter zu tun haben, sei es nun im weiteren europäischen Rahmen (‚Dreißigjähriger Krieg‘ 1618–1648!), sei es im engeren der nördlichen und südlichen Niederlande, wo die Angehörigen der katholischen und reformierten Konfessionen über Jahrzehnte hinweg miteinander im Streite lagen und wo die Glaubensflüchtlinge von hüben wie drüben ständig an das ungelöste Problem erinnerten. Vor diesem Hintergrund kann man sich gut vorstellen, daß für heilsgeschichtliche Ermahnungen auch in gemalter Form durchaus eine gewisse Grundempfänglichkeit bestand. Es brauchten ja nicht immer Predigten von Pastoren zu sein. Ganz abgesehen davon weiß der Mentalitätshistoriker sehr wohl, daß sich Jahrhunderte lang eingeübte und dadurch selbstverständlich gewordene kollektive Sehweisen nicht über Nacht ändern.

So setzte sich *neben* dem neuen botanisch-zoologisch-entomologischen Interesse die alte Tradition fort, in bestimmten Blumen oder Tieren Sinnbilder für diese oder jene Eigenschaft zu sehen. Daß dem auch noch zu Beginn des 17. Jahrhunderts in den Niederlanden so war, läßt sich anhand eines Blumengemäldes aufzeigen, das Jan Brueghel dem Älteren zugeschrieben wird (dem sogenannten ‚Blumen‘- oder ‚Sammet-Brueghel‘, Brüssel 1568 – Antwerpen 1625. Antwerpen war damals genauso wie Middelburg, Amsterdam, Haarlem, Utrecht, Delft oder Den Haag ein Zentrum der Stilleben-Malerei. Es betrifft das Bild ‚Blumenvase‘; Öl auf Kupfer, 30,5 x 20,3 cm; Privatbesitz, wiedergegeben in Haak 1984, Abb. 219, S. 118). Zuerst ist man wie überwältigt von der herrlichen Fülle verschiedenster vollaufgeblühter Blumen, worunter zahlreiche Tulpen. Nur allmählich entdeckt man, daß auf einer Tischkante am vorderen Bildrand Schriftzüge angebracht sind. Im Original lauten sie:

„Wat kyckt ghy op dees blom die v soo schone schynt
En door des sonnen cracht seer lichtelyck verdwindt
Ledt op godts woordt alleen dwelck eeuwich bloeyden siet
Waerinverkeert de rest des werelts dan, In niet".

Oder auf deutsch:

„Was blickst du auf diese Blume, so schön an diesem Ort,
Die doch schon bald im mächtgen Sonnenglanz vergeht.
Gib acht, die einzig ewige Blüte ist Gottes Wort;
Und was ist denn der Rest der Welt? – verweht."
(Haak 1984, 118).

Sind diese Blumen- und eng damit verwandt die Früchte-Stilleben nicht also doch in erster Linie Symbole der Vergänglichkeit? Müssen wir sie somit vor allem als Vanitas-Stilleben betrachten und in ihnen Sinnbilder für die Kürze unseres irdischen Lebens sehen? Handelt es sich demzufolge bei den eingestreuten Raupen, Schmetterlingen, Fliegen, Libellen oder Eidechsen um damals allgemein verständliche Unterstreichungen des rasch dahingehenden Lebens und der eigenen Endlichkeit? „Memento mori! O Mensch, sei stets deines Todes eingedenk!" Selbst wenn diese Vanitas-Symbolik hier nicht in der penetranten Deutlichkeit gemalter Totenköpfe, verglimmender Kerzenstummel, ausrinnender Sanduhren daherkommt, hätte man die ‚verblümt' verschlüsselte Botschaft dennoch überall verstanden: „Macht das Beste aus der knappen euch bemessenen Spanne Zeit!" (Für eine neuere Einbettung und Deutung der ‚Memento mori'-Präsenz bzw. -Verdrängung vgl. Nassehi-Weber 1989.)

Begeben wir uns mit solchen Überlegungen und bei unseren Versuchen, noch tiefer in die Problematik einzutauchen, jedoch nicht bloß immer weiter aufs Glatteis hinaus? Gewiß, es gibt eine Reihe von Fachleuten, die sich schon länger und gründlicher mit diesen Fragen auseinandergesetzt haben und deren Arbeiten wir studieren können. Doch auch dadurch gewinnen wir nicht wieder festeren Boden unter den Füßen. Im Gegenteil, wir werden nur noch weiter verunsichert. So ist es bereits ein halbes Jahrhundert her, seitdem der große niederländische Historiker Jan Huizinga (1872–1945) in seinen Groninger Vorlesungen zur ‚Holländischen Kultur im siebzehnten Jahrhundert' eindringlich warnte: „Der Betrachter von heute muß sich vor der Verleitung hüten, die ihm sein modernes Bewußtsein nahelegt, in der Darstellung des Gegenstandes mehr und etwas anderes zu sehen als der Künstler beabsichtigt haben kann" (Huizinga 1932/1961, 112–113). Und betrübt stellte er fest: „Ein Teil des Sinnes dieser Kunst wird uns immer entgehen". Um nämlich jene Bilder „als Äußerungen der Kultur unserer Vorväter [zu verstehen], muß man sich in die Unbefangenheit und Grobheit ihres Geistes und Geschmacks versetzen können". Das aber – so Huizinga – wäre uns Heutigen schlechterdings verwehrt. Die Mentalität jener Zeit *sei* versunken. Eine dreihundertjährige kulturelle Weiterentwicklung bilde ein *unüberwindliches Hindernis* (alles a. a. O., 113). Umso erstaunter liest man weiter, wie er selbst dann doch uneingeschränkt auf eine rein symbolische Betrachtungsweise einschwenkte: „[Diese Kunst] steckt voll von verdeckten

Hinweisen und Anspielungen, die wir auch mit dem genauesten Studium nicht alle enträtseln können. Im Blumenstück liegt hinter jeder Blume ein Sinnbild. Im Stilleben enthält jeder Gegenstand neben seiner natürlichen auch eine emblematische Bedeutung" (noch auf derselben Seite 113).

Hatte diese Sicht auch unter Kunsthistorikern anschließend eine ganze Zeitlang dominiert (vor allem im Gefolge der Arbeiten von Ingvar Bergström; vgl. Bergström 1956/1982), so mögen sich heute bei weitem nicht mehr alle Fachvertreter einer so einseitigen Auffassung anschließen. 1982 rechnete sogar ein Landsmann des Groninger Gelehrten mit seinem großen Vorgänger ab: „Die Ansicht von J. Huizinga, daß bei dem Blumenbild des 17. Jahrhunderts hinter jeder Blume ein Sinnbild steht, ist für das florale Stilleben [von Boesschart und seinen Schülern, also auch Van der Asts] nicht haltbar" (Bol 1969/1982, 21). So ‚überholt‘ manche Ansichten Huizingas inzwischen somit auch sein mögen, so nachdenkenswert sind viele andere geblieben. Selbst jedenfalls rufe ich mir immer wieder die oben zitierte Ermahnung aus den 1930er Jahren in Erinnerung. Sie gilt für uns noch genauso wie für seine Zeitgenossen: „Der Betrachter von heute muß sich vor der Verleitung hüten, die ihm sein modernes Bewußtsein nahelegt, in der Darstellung des Gegenstandes mehr und etwas anderes zu sehen als der Künstler beabsichtigt haben kann" (Huizinga 1932/1961, 112–113). In der Zwischenzeit sind wir in unserem ‚Bewußtsein‘ bloß nur noch ‚moderner‘ geworden – und vergessen darüber schon wieder etwas, was wir bereits im ersten Kapitel lernten, damals von Erwin Panofsky. Auch jene Weisheit ist nun schon ein halbes Jahrhundert alt – und doch noch immer taufrisch: „Um [die eigentliche Bedeutung eines Kunstwerkes] zu erfassen, benötigen wir eine geistige Fähigkeit, die derjenigen eines Diagnostikers vergleichbar ist – eine Fähigkeit, die ich nicht besser beschreiben kann als durch den ziemlich in Mißkredit geratenen Ausdruck ‚synthetische Intuition‘ und die in einem begabten Laien besser entwickelt sein kann als in einem belesenen Gelehrten" (Panofsky 1939/1978, 48).

Es sind seltene Glücksfälle, wo sich beides paart, wo also auch ‚belesene Gelehrte‘ nicht nur auf ihre Belesenheit abstellen, sondern ihrer Augenfreude ebenfalls Spielraum lassen – so wiederum etwa Laurens J. Bol im schönen Werk mit der Summe seiner Erfahrungen und Erkenntnisse aus dem Jahre 1982: „Es ist interessant, dies [d. h. die im Stilleben enthaltenen verständlichen Symbole des Sterbens und der Vergänglichkeit] alles zu wissen, aber dieses Wissen möge uns nicht dazu verleiten, das köstliche kleine Bild nur als Rätsel in Ölfarbe anzusehen. Die Darstellung der Blumen – die botanische Rose, die Kiebitzblume, die Levkoje, die Tulpe, Iris, Orchidee, Akelei, Vergißmeinnicht, Stiefmütterchen, Gartenrosen – und der Insekten und kriechenden Tiere, es ist Realismus in feinster Äußerung" (Bol 1982, 36).

Glücksfälle sind rar, die unversöhnlicheren Standpunkte dagegen – wenn ich richtig sehe – noch immer in der Überzahl. Daran dürfte sich auch in absehbarer Zukunft wenig ändern, so lange jedenfalls nicht, wie „die Frage, ob der Ikonologie unter den Forschungsgebieten der holländischen Malerei nicht eine Führungsposition besonderer Art zugefallen" sei, für viele Gelehrte noch immer zentral ist (Müller Hofstede 1984, XI). „Sie [die Ikonologie] befragt die künstlerischen Phänomene gleichsam in letzter Instanz. Alle Arbeitsrichtungen haben in den letzten zwei Jahrzehnten ihre Verständnisansätze vertieft und ihre diagnostischen Instrumente verfeinert; sowohl die *Behandlung der Themenfächer* [z. B. Landschaft, Marinemalerei] wie auch die *monographische Darstellung von Künstlern*, die *ikonographische Betrachtung* ebenso wie die *Darlegung von Chronologie und Stilentwicklung*, die *Erforschung von Quellenschriften und Terminologie* wie auch die *Sammlungs- und Sozialgeschichte* haben eine Differenzierung und Kontrolle ihrer Verfahren erreicht, die kaum noch überboten werden könnte. Und doch ist kein Arbeitsergebnis dieser durchaus unterschiedlichen Forschungsrichtungen vorstellbar, das nicht von der Ikonologie noch überprüft und gegebenenfalls modifiziert werden könnte, um in kurzen Hinweisen oder ausführlicher Argumentation einem größeren Zusammenhang zugeordnet zu werden" (a. a. O., XI).

Angesichts eines solchen letztinstanzlichen Anspruchs auf die Wahrheit möchte man die Hände in den Schoß legen und an jeder anderen, gegebenenfalls der *eigenen* Vorgehens- und Betrachtungsweise verzweifeln; – wenn nicht wieder Müller Hofstede selbst erlösend einräumen würde: „Und doch melden sich Fragen und Zweifel, bleibt die Erfüllung des ikonologischen Konzepts für die niederländische Malerei bruchstückhaft" (a. a. O., XII). Mögen sich andere in ihren Kontroversen noch so rabiat gebärden: für den einsichtigen Bonner Gelehrten sind dadurch zwar „die gegensätzlichen Interpretationsmöglichkeiten schärfer hervorgetreten: der Streit der Positionen erscheint keineswegs bereits definitiv entschieden" (a. a. O., X).

Zwei dieser ‚anderen‘, das heißt unversöhnlicheren Kontrahenten möchte ich abschließend nun auch noch selbst zu Worte kommen lassen. Einerseits handelt es sich um Svetlana Alpers, ihres Zeichens Professorin für Kunstgeschichte an der kalifornischen Universität Berkeley, und andererseits – aus hiesigen Landen – um Hans-Joachim Raupp, Professor am Institut für Kunstgeschichte der Universität Münster. Svetlana Alpers wurde bei uns 1985 durch die Übersetzung ihres zwei Jahre zuvor in englisch erschienenen Buches „Kunst als Beschreibung. Holländische Malerei des 17. Jahrhunderts" auch einem breiteren Publikum bekannt. Ihre pointierten Thesen hatte sie damals allerdings schon während eines vollen Jahrzehnts mit angriffslustiger Vehemenz in einschlägigen Fachzeitschriften vertreten (so in ‚Simiolus‘ 8 und 10, 1975–1976 und 1978–1979 gegenüber Hesel Miedema vom Kunsthistorischen Institut der Universität Amsterdam, vgl. ferner ‚Simiolus‘ 9, 1977).

Ich zitiere relativ ausführlich aus dem Klappentext zur deutschen Übersetzung, und tue dies, obwohl oder gerade weil er – in sicherlich verkaufsstrategischer Absicht – den ‚neuen Ansatz‘ von Alpers so offen zur Sprache bringt: „Mit diesem Buch tritt die Behandlung der niederländischen Malerei des ‚Goldenen Zeitalters‘ der Jahre 1600 bis 1650 in eine dritte Phase der Wissenschaftsgeschichte. Es ist ein seltener Augenblick, wenn uns scheinbar Vertrautes auf ganz neue Weise sichtbar gemacht wird. Dies ist der Fall bei Svetlana Alpers’ Buch über die holländische Malerei im 17. Jahrhundert.

Nachdem Spezialisten und Kenner zunächst den großen Werkbestand holländischer Malerei in gesicherte Oeuvreverzeichnisse einzugliedern versuchten, lehrte die Kunstgeschichte in den letzten Jahrzehnten, auf den mehr oder weniger leicht zu erratenden Hintersinn der Bilder jener Zeit zu achten, möglichst hinter jedem Element in der Welt des Sichtbaren eine moralische Bedeutung zu entdecken: Das lebensvolle Spiel der sichtbaren, realen Dinge sollte in Wahrheit eine ernste Predigt sein.

Es ist Svetlana Alpers‘ Verdienst, daß sie entgegen dieser massiven Tradition der Kunstgeschichte daran erinnert, daß es bei der holländischen Malerei in erster Linie um das geht, was sich dem *Auge* darbietet: Die Malerei des 17. Jahrhunderts ist Bestandteil einer einzigartigen visuellen Kultur, gehört neben den zeichnenden Künsten in einem ganz nüchternen Sinne zur theoretischen, sozialen und praktischen Weltorientierung. Malerei und Zeichnung sind den zeitgenössischen Gebrauchskünsten wie zum Beispiel der Kartographie und der wissenschaftlichen Illustration verwandt. Zahllose Gemälde dieser Zeit sind Bilder über Bilder, über das Malen und die Darstellung des Sichtbaren: *geradezu eine Verherrlichung visueller Kultur*. Es ist eine eminent das Handwerkliche betonende Kunst und Kultur, aber auch die ostentative Zurschaustellung ihres Erfahrungsreichtums und der Herrschaft über die sichtbare Welt.

Das Buch von Svetlana Alpers hat bereits zu heftigen Debatten innerhalb der Kunstwissenschaft geführt. Es ist *eine Herausforderung an eingeschliffene Seh- und Deutungsgewohnheiten*. Nicht einen neuen Deutungszwang will dieses Buch ausüben, sondern es plädiert für eine *Vervielfältigung* der Gesichtspunkte, unter denen wir uns der großen Kunst der Vergangenheit nähern sollten. Und vor allem gelingt es Svetlana Alpers, die ‚Sehlust‘, die sie als psychohistorische Konstante der Niederländer herausarbeitet, dem heutigen Leser in vielen Einzelanalysen und überraschenden Vergleichen zu vermitteln“ (Alpers 1985, Klappentext).

Lakonisch hatte die ‚Neue Zürcher Zeitung‘, der dieser Streit nicht entgangen war, schon vor der Publikation der deutschen Ausgabe vermerkt: „Svetlana Alpers hat mit ihrem 1983 erschienenen Buch ‚The Art of Describing. Dutch Art in the Seventeenth Century‘ die Fachleute aufgestört; der ikonographischen Befragung der Bilder auf ihren Sinn und ihre moralische Bedeutung hält sie eine Betrachtung entgegen, die zu einem neuen Begriff des Bildes gelangt, indem sie dieses als Ausdruck und Verherrlichung einer einzigartigen visuellen Kultur versteht" (Neue Zürcher Zeitung, Fernausgabe Nr. 235 vom 11. Oktober 1985, 32).

Kaum lag die deutsche Übersetzung hierzulande dann vor, wetterte auch schon der Münsteraner Hans-Joachim Raupp mit unverhohlener Polemik dagegen. Er nutzte dazu seine ausführliche Besprechung von Bob Haaks ‚Goldenem Zeitalter der holländischen Malerei' in der ‚Zeitschrift für Kunstgeschichte' 1986 und schrieb dort mit kaum zu übertreffender Schärfe: „Insgesamt stellt sich Haak mit guten Gründen auf die Seite der Ikonologen um E. de Jongh [d. h. einen der führenden und fruchtbarsten Interpreten der ikonologischen Forschungsrichtung], deren Einsichten er sich – hier und da mit vorsichtigen Einschränkungen – zu eigen macht. Es ist außerordentlich zu begrüßen, daß Haak den seit einiger Zeit vornehmlich aus den USA importierten postmodernen Interpretationsmoden keine Zugeständnisse macht. Die Diskussion über diese, vor allem von Svetlana Alpers vertretenen Thesen sollte nach der vernichtenden Rezension von Josua Bruyn als abgeschlossen betrachtet werden dürfen" (Jahrgang 49, 1986, 112; die – holländische – Besprechung von Josua Bruyn in: Oud Holland 99, 1985, 155–160).

Doch die Diskussion *ist nicht* abgeschlossen, und sie wird es – was die Sache vor allem für uns Historiker im Augenblick so interessant macht – auch nicht so rasch sein. 1987 öffnete nämlich die in Paris erscheinende Zeitschrift ‚Annales-Economies-Sociétés-Civilisation' der umstrittenen amerikanischen Kunsthistorikerin erstmals ihre Spalten (Alpers 1987). Da es sich bei diesem Organ seit vielen Jahren um eine der international einflußreichsten Geschichtszeitschriften überhaupt handelt, könnte es durchaus sein, daß das Pendel in absehbarer Zeit ganz zu Svetlana Alpers' Gunsten ausschlagen wird.

„Bis hierher und nicht weiter!" – so hatte ich oben gemeint, könne man jederzeit sagen, wenn man die Gefahr der Ablenkung vom eigentlichen Thema erkannt habe. An diesem Punkt meiner Ausführungen angekommen, möchte ich es nun selbst sagen. Wir haben einen ausgedehnten Ausflug in kunsthistorische Gefilde unternommen und könnten uns noch tagelang immer weiter in das Thema vertiefen, – um schließlich von jenen, die es stets *noch* besser wissen, doch bloß zu hören bekommen, daß wir deswegen noch lange nicht gefeit seien gegen die „Risiken einer unkontrollierten Vereinfachung und Verkürzung". Diese lähmende Formulierung bezieht einer, der es tatsächlich *noch besser* wissen muß, allerdings auf sich selbst. Es sind die Skrupel des oben wiederholt erwähnten Bonner Kunsthistorikers Müller Hofstede. Er äußert sie im Zusammenhang mit seinen eigenen Bemühungen um Ausgleich zwischen den verhärteten Positionen. (Das ganze Zitat lautet: „Damit sei versucht, Sinnbild und Realitätsfigur als doppelt gerichteten Grundimpuls der holländischen Malerei und Graphik anzusprechen, dies gewiß mit allen Risiken einer unkontrollierten Vereinfachung und Verkürzung. Er konzentrierte sich einmal auf die Sphäre der rationalen Lebensführung, der religiösen Praxis und des humanistischen Bildungsgutes, zum andern aber auf die gesamte Dimensionierung der äußeren, sichtbaren Realien der holländischen Welt" [Müller Hofstede 1984, XVI].)

„Bis hierher und nicht weiter!" meint aber auch, daß ich in diesem Kapitel dem Leser an *einem* Beispiel aufzeigen wollte, wie rasch und wie leicht man sich verunsichern und von seinem selbst gestellten Thema abbringen lassen kann, wenn man *nur* auf jene hört, die sich bislang hauptsächlich damit beschäftigten, oder die von sich meinen, sie wären allein dafür zuständig – wie etwa jene erwähnten ,Ikonologen' bezüglich der Beurteilung von Früchte-Stilleben aus dem ,Goldenen Zeitalter der holländischen Malerei'. Eine ähnliche Ausführlichkeit werde ich bei allen späteren Gemälden vermeiden, die wir uns im Verlaufe dieses Buches noch gemeinsam ansehen wollen. Dies trifft auch schon im nächsten Kapitel bei Flegels ,Fischgericht' zu, obwohl gerade dort die hier abgebrochenen Überlegungen zu den damaligen Stilleben noch über Dutzende von Seiten weiter ausgewalzt werden könnten. (Wer das *selbst* tun möchte, findet einen leichten Zugang über die am Schluß des Buches angegebene Fachliteratur.)

Halten wir einen Moment lange inne und ziehen Bilanz! Was haben wir da soeben bloß gemacht? Vor lauter *Lesen über* die Bilder und vor lauter Vertiefen in die andauernden Kontroversen von Fachgelehrten haben wir es über viele Seiten versäumt, das zu tun, was wir uns in erster Linie vorgenommen hatten, nämlich *Bilder anzusehen*. Dabei befinden sich sowohl das Stilleben von Balthasar Van der Ast wie dasjenige von Oskar Kokoschka in Berliner Museen. Der Intellekt hielt uns vom eigentlichen Vorhaben ab. Die Kunsthistoriker vermochten unser Interesse zu wecken und uns in ihren Bann zu schlagen. Wiederum meine ich, daß dies an sich nicht nur eine gute, sondern sogar eine wesentliche Sache ist. Auf diese Weise kommen die tragfähigen Fundamente des ,Lebensplanes' zustande.

Wer allerdings zu viele Interessen hat und wem ob des Vertiefens in bloß immer weitere Themen nichts langweilig wird, kommt zwangsläufig in Zeitbedrängnis. Schließlich muß er sie gegeneinander abwägen und seine Wahl treffen. Wer glaubt, daß ihn die oben angeschnittene Stilleben-Problematik über Jahre und Jahrzehnte hinweg zu erfüllen vermag, setze hier seine Prioritäten. Wer jedoch der Ansicht ist, daß es für ihn eigentlich Wichtigeres gäbe, wird schon nach ein paar Stunden sagen: „Bis hierher und nicht weiter". Selbst wenn unser Leben nun siebzig und achtzig Jahre währt, reicht es noch immer nicht aus, um *alle* Interessen gleichermaßen zu pflegen.

Selbst gesetzt den Fall, es würde doppelt und dreimal so lange dauern, schiene mir die Zeit doch immer noch zu schade, um auch dann nur einen Bruchteil davon für bloßes Fliegenbeinezählen, für Nichtigkeiten, für rechthaberisches Gezänk abzuzweigen. Doch wie oft muß man sich nicht selbst zur Vernunft bringen, wenn einem die vielfältigen Versuchungen hierzu im

Alltag zu nahe kommen wollen. Bisweilen braucht es die Mahnung aus den Schicksalsschlägen anderer, um wachgerüttelt zu werden. So mag sich zum Beispiel in einem Stapel eingegangener Post einerseits eine Reihe von ‚ehrenvollen' Einladungen befinden: ob ich nicht da noch einen Vortrag halten könnte und dort noch einen Aufsatz veröffentlichen möchte? Schon will man zusagen, doch plötzlich fällt der Blick auf einen schwarzumrandeten Brief mit der Hiobsbotschaft: „... muß ich Dir noch mitteilen, daß Andreas, unser gemeinsamer Schulfreund und später Professor in x, letzten Dienstag in aller Stille beigesetzt wurde. In zwei Wochen wäre er fünfzig geworden. Doch überlebte er seinen zweiten Herzinfarkt nicht mehr". Wahrscheinlich war ihm nicht einmal mehr Zeit geblieben, noch lange zu überlegen, ob er nicht vielleicht zu viele Aufsätze geschrieben und zu häufig Vorträge gehalten, aber zu wenig gelebt habe. – Es ist höchste Zeit, zu den *Bildern*, zu unserem eigentlichen Anliegen zurückzukehren: zuerst zu Van der Ast, dann zu Kokoschka.

Als ich im Rahmen meiner Lehrveranstaltungen mit den Studenten Van der Asts ‚Stilleben mit Fruchtkorb' in der nur wenige Schritte vom Institut entfernten Gemäldegalerie Dahlem aufsuchte, fiel uns nach eingehender Betrachtung auf, daß der Maler die Insekten auf dem Bild ‚zweidimensional' dargestellt hatte, dies im Gegensatz sowohl zur Eidechse wie vor allem den plastisch wirkenden Früchten samt Fruchtkorb. Natürlich vermochten wir die sich hieran anschließende Frage, ob diese ‚Tiere' vielleicht erst bei einer späteren Restaurierung oberflächlich überpinselt worden waren, nicht aus dem Stand zu beantworten. Möglicherweise hatte Van der Ast von Anfang an weniger Sorgfalt auf sie verwandt? Auch hätten sie ja erst nachträglich von einem anderen Maler dem Bild hinzugefügt worden sein können?

Derlei bildbezogene Fragen ließen sich jedoch ohne viel Mühe im Museum selbst abklären. Das Interesse der Studenten war geweckt, und ihr neugieriger Enthusiasmus öffnete im Verein mit meinem ‚professoralen' Vorstoß alsbald die Türen bis zum Allerheiligsten der Galeriedirektion. Dort nämlich wird zu jedem im Museum befindlichen Gemälde eine Dokumentationsmappe aufbewahrt. Sie enthält in der Regel nicht nur sämtliche Daten über Ankauf und Erwerb, vorgenommene Restaurierungen und Ausleihen, über wissenschaftliche Publikationen samt Sonderdrucken oder Kopien der entsprechenden Studien, sondern auch verschiedene Schwarzweiß-, Farb-, Infrarot-, Ultraviolett- und Röntgenaufnahmen sowie die dazu gehörigen Fachgutachten. In den Direktionsräumen durften wir somit Einsicht in ‚unsere' Van der Ast-Mappe nehmen. Die uns speziell interessierenden Materialien bildeten daraufhin die Grundlage einer längeren Aussprache mit Professor Henning Bock, dem Direktor der Gemäldegalerie.

Das von einer teilnehmenden Studentin angefertigte Protokoll über Einsichtnahme in die Mappe sowie die ansschließende Aussprache hat folgenden Wortlaut: „Es existieren verschiedene Bildaufnahmen, ein Infrarotbild, eine Ultraviolettaufnahme und ein Foto vom Zustand vor der Reinigung. Auf der Infrarotaufnahme ist eindeutig zu erkennen, daß das Bild niemals retuschiert worden ist. Eine genaue Vorzeichnung ist gut erkennbar. Die einzige Änderung, die Van der Ast an der Vorzeichnung vorgenommen hat, bezieht sich auf den unteren Zweig der rechts im Bild befindlichen Traube. Er war von ihm in erster Version mit einem Blatt versehen und tiefer gesetzt. So hätte er sich mit der Großlibelle im unteren Teil des Bildes überschnitten. Jetzt überbrückt die Libelle, die zuerst wahrscheinlich an dieser Stelle gar nicht vorgesehen war, die harte Kontur zwischen Tischplatte und Hintergrund. Alle Tiere sind von Van der Ast aufs genaueste vorgezeichnet worden, insbesondere der Schmetterling. Diese Umrisse sind dann mit Farbe gefüllt worden. Die flache, meist unschattierte Darstellung der Tiere entspricht der generellen Malweise Van der Asts. Man vergleiche das vorliegende Bild etwa mit dem ‚Stilleben mit Apfelblütenzweig‘, das sich im selben Raum befindet.

Auch die Eidechse wirkt zweidimensional. Ihre Körperform suggeriert allerdings zunächst etwas anderes. Genau betrachtet sieht man, daß die Tiere auf festen Gegenständen wie dem Tisch oder dem Obst einen Schlagschatten werfen. Es ist anzunehmen, daß der Maler vorhatte, auf Kosten der Plastizität, das heißt Tiefe durch Abschattierung, eine möglichst ‚haargenaue‘ Wiedergabe der einzelnen Tierarten zu erreichen. So wirken sie wie in einen ‚flachen Luftraum‘ geklebt. Selbst die Schlagschatten befinden sich schon auf der Vorzeichnung" (Protokoll vom 15. Januar 1988, aufgezeichnet von Marion Klinke, Studentin der Geschichte und Kunstgeschichte sowie langjährige Mitarbeiterin in meiner Forschergruppe. – Der hier erwähnte Vergleich zwischen Vorzeichnung und endgültiger Version läßt sich für jeden Leser auch anhand von Segal 1983, Seite 58 anstellen, wo Van der Asts 'Früchtekorb, auf der gleichen Seite wie die dazugehörige Infrarotaufnahme wiedergegeben ist. Am selben Ort [Seiten 15–45] auch weitere Bemerkungen zur ‚symbolischen Bedeutung von Früchten‘ sowie [Seiten 57–58] speziell zu Van der Asts Werk).

Bezüglich Oskar Kokoschkas ‚Stilleben mit Ananas‘ aus dem Jahre 1907 war das Erlebnis, wiederum mit einer Gruppe von Teilnehmern an der Lehrveranstaltung im Wintersemester 1987/88, etwas anderer Art. Es hinterließ bei uns allen jedoch einen ebenso nachhaltigen Eindruck, wie es das Betrachten von Balthasar Van der Asts Minigemälde und das Studium der dazu gehörigen Dokumentationsmappe samt Aussprache mit dem Dahlemer Galeriedirektor getan hatten. Kokoschkas Bild befindet sich ein paar Kilometer vom Campus der Freien Universität Berlin entfernt in der Nationalgalerie. Es wurde 1928 erworben. Schon damals war es jedoch nicht der erste Ankauf von einem Werk dieses Künstlers gewesen. Seit 1925 besaß man das 1909 entstandene Porträt ‚Der Wiener Baumeister Adolf Loos‘. Weitere Gemälde folgten. Doch während diese 1987/88 in den Ausstellungsräumen der Galerie hingen und somit frei zugänglich waren, wurde – wie eingangs erwähnt – das ‚Stilleben mit Ananas‘ damals und noch bis Ende 1989 im Magazin aufbewahrt. Es brauchte einigen Aufwand, um dort mit einer Studiengruppe Zutritt zu erhalten. Nach langen Begründungen bekamen wir schließlich grünes Licht. Am festgelegten Tag schloß uns der zuständige Fachreferent die Sicherheitstüren zum Kellerdepot der Galerie auf und führte uns an vielen Hängeregalen voller Bilder entlang zum gesuchten Gemälde. Er wußte auf Anhieb, wo ‚unser‘ Bild zu finden war. An dessen Standort angekommen, schob er mehrere an Gleitschienenwänden dicht an dicht hängende Werke beiseite und tauchte Kokoschkas ‚Stilleben mit Ananas‘ in gleißendes Scheinwerferlicht.

Da hatten wir das Gemälde plötzlich vor uns – und hatten es ganz für uns. Und zwar so lange wir nur wollten, denn wir hatten uns zu Beginn auf ein ‚open end‘ geeinigt. Der Referent hielt sich, wiewohl scharf aufpassend, diskret im Hintergrund und überließ uns unserem Tun. Die Überlegungen, Fragen, Gespräche, die wir Besucher zwei Stunden lang untereinander austauschten und miteinander führten, mußten ihm, wie er später durchblicken ließ, merkwürdig vorgekommen sein, so ganz und gar nicht ‚kunsthistorisch‘. Wir wollten damals nämlich in erster Linie anhand des 109 x 78 Zentimeter messenden Originals herausfinden, um welche Früchte es sich in diesem Gemälde handelte und in welchen Farbtönen sie gehalten waren. Da uns bis zu jenem Zeitpunkt nur einige meist stark verkleinerte und zudem schwarzweiß wiedergegebene Reproduktionen vorgelegen hatten, waren in dieser Hinsicht manche Fragen offen geblieben. Nun gingen wir Frucht für Frucht auf dem Bild durch. Wo nötig behalfen wir uns mit einer Taschenlampe und der Lupe, und selbstverständlich stützten wir uns auf eine große Zahl mitgebrachter botanischer Bestimmungsliteratur. Die Quintessenz unserer damaligen Arbeit findet sich umgesetzt im unteren Teil der Abbildung 12 sowie in der dazu gehörenden Legende wieder. Auf ‚Tiere‘ allerdings stießen wir bei Kokoschka, wie schon vermerkt, trotz intensiven Suchens *nicht*. Wir hätten es uns ersparen können, eigens einen Fachmann für Entomologie ins Depot mitzunehmen. Er blieb zwei Stunden lang beschäftigungslos. Wie war doch Van der Asts kleines Stilleben in dieser Hinsicht für ihn – und für uns – spannend gewesen!

Wir könnten nun, wie wir es oben bei Van der Ast getan haben, die kunsthistorische Literatur zu Kokoschka (und seiner Zeit) zu Rate ziehen und lesen und studieren und vergleichen. Zwar habe ich das selbst ausgiebig getan, mußte ich mich doch auf meine Lehrveranstaltungen gründlich vorbereiten. Doch erspare ich hier dem Leser ähnlich weitläufige Erläuterungen, wie ich sie bezüglich des ‚Goldenen Zeitalters der holländischen Malerei‘ und des darin eingebetteten Van der Ast vorgetragen habe. Denn darum geht es hier nicht mehr. Das eine Exempel kunsthistorischen Fragens, Argumentierens, Diskutierens war oben genug. Außerdem ließe sich zum deponierten Bild wie überhaupt zu Kokoschkas damaliger Schaffensperiode wenig Fundiertes sagen. Beim ‚Stilleben mit Ananas‘ handelt es sich um eines der *sehr* frühen Werke des Heranwachsenden. Manche Kokoschkaforscher scheinen es sogar für einen so unreifen Malversuch zu halten, daß sie es in ihren Publikationen nicht einmal erwähnen, geschweige denn kritisch würdigen. Ob dies nicht möglicherweise auch einer der Gründe dafür war, weshalb die Nationalgalerie gerade *dieses* Kokoschka-Gemälde so lange im Depot verwahrte? Bei vorsichtigem Nachfragen verneinte man das an Ort und Stelle zwar vehement und machte ausschließlich Platzgründe geltend.

Wie dem auch sei, man würde sich die Sicht auf dieses Werk eines Anfängers gewiß verstellen, hätte man die gesamte spätere Entwicklung des Künstlers, der schließlich zu einem der bedeutendsten unseres Jahrhunderts werden sollte, dauernd mit vor Augen. Kokoschka starb, nachdem er mehrere unterschiedliche Schaffensperioden durchlaufen und sich aufgrund jahrelangen Arbeitens in Deutschland, in der Tschechoslowakei, in England und in der Schweiz sowie durch viele Reisen zum eigentlichen Kosmopoliten entwickelt hatte, im hohen Alter von 94 Jahren 1980 in Montreux am Genfer See.

Wo unser Frühwerk von 1907 in der inzwischen fast unübersehbaren Kokoschka-Literatur dennoch einer Erwähnung für würdig befunden wird, liest man nicht gerade schmeichelhafte Worte darüber. Frank Whitford, seines Zeichens ‚Lecturer in Art History at Cambridge University and Visiting Tutor to the Royal College of Art‘, wertet in seiner Kokoschka-Biographie: „There is one still life (Still Life with Pineapple) in which an apparently haphazard arrangement of fruit sits uneasily on a cloth-covered table. They [the fruits] appear clumsy, but their very naive appearance gives them power" (Whitford 1986, 18). Schon 1982 hieß es bei Hans Maria Wingler, der sich ein Leben lang mit dem Werk Kokoschkas befaßte, über dessen erste Arbeiten: „Die Ölgemälde, hervorgebracht ohne fachliche Anleitung, zeigen, wie sehr sich der junge Künstler zu orientieren mühte; nach ersten Ansätzen, die beinahe biedermeierlich wirken, faßte er beim *Stilleben mit Ananas*, das wahrscheinlich im Herbst 1907 entstand, den Mut, die Farben ungestüm aufzutragen" (Wingler 1982, 310). ‚Orientieren‘ meint hier, sich an Techniken, Motive, Themen, Malweisen anlehnen, die der junge Kokoschka, der bis damals also keinen ordentlichen Malunterricht genossen hatte, auf Wiener Ausstellungen sah und die ihn offensichtlich stark beeindruckten. Zu denken ist vor allem an die Arbeiten der beiden eine Generation älteren Ferdinand Hodler (Bern 1853 – Genf 1918) und Vincent van Gogh (Zundert bei Breda 1853 – Auvers-sur-Oise 1890).

Einige zusätzliche Hintergrundinformationen möchte ich dem Leser dennoch nicht vorenthalten, jedenfalls so weit nicht, wie sie für unsere späteren Überlegungen von Belang sein können. – Wie in allen Biographien nachzulesen ist, wurde Oskar Kokoschka am 1. März 1886 im österreichischen

Pöchlarn an der Donau geboren. Das trifft zwar zu, ist aber nicht richtiger als die Erwähnung oben, daß Van der Asts Lehrer und Schwager Ambrosius Bosschaert 1621 in Den Haag gestorben sei. Der Geburtsort des einen war genauso ein Zufall wie der Sterbeort des anderen. Der in Utrecht wohnhafte Bosschaert lieferte im nahen Den Haag ein in Auftrag gegebenes Gemälde ab, als er dort erkrankte und starb. Die Kokoschkas ihrerseits wohnten in Wien. Oskars Vater Gustav stammte aus einer ursprünglich mährischen Familie. Er selbst war aus Prag nach Wien zugezogen. Die Mutter gehörte einem bäuerlichen Geschlecht aus der Steiermark an. In Pöchlarn weilte die hochschwangere Frau nur zufällig zu einem Besuch bei Verwandten. Bis ins Donaustädtchen halbwegs zwischen Wien und Linz waren es auf dem Wasserweg nur ein paar Dutzend Kilometer.

Oskar wuchs mit seinen Geschwistern Berta und Bohuslav in bescheidenen Verhältnissen ganz am Rande der damals rasch wachsenden österreichischen Hauptstadt auf. Nicht nur waren Boden und Mieten dort billiger als im Zentrum, sondern die sozialen und gesundheitlichen Verhältnisse schienen auch nicht so drückend und unhygienisch wie in manchen inneren Bezirken mit noch ungenügend ausgebauter Infrastruktur. Am Stadtrand konnte man sich einen Garten halten. Fast unmittelbar anschließend begannen schon die Wiesen, Weinberge und Wälder. 1903 erhielt der talentierte Jugendliche, der von Anfang an selbstbewußt ‚Zeichenlehrer‘ werden wollte und in diesem Bestreben von seiner Mutter unterstützt wurde, ein Stipendium an der Kunstgewerbeschule. Neben dem Training handwerklicher Fähigkeiten gab es hier zwar Zeichenunterricht; Malen war dagegen nicht Lehrfach. In jener frühen Schaffensperiode bevorzugte der junge Kokoschka das Arbeiten nach *lebenden* Modellen. Als einmal Studien an einem Leichnam betrieben werden sollten, wurde ihm übel.

Im gleichen Jahr wie das ‚Stilleben mit Ananas‘ entstanden 1907 auch die ersten Dichtversuche des Mehrfachtalents. Im Auftrage des ‚Wiener Werkstätten‘-Ateliers, das sich gern an begabte Kunstgewerbeschüler wandte, schuf er ein ‚illustriertes Märchen‘ unter dem Titel ‚Die träumenden Knaben‘. Es wurde 1908 publiziert (wiedergegeben sowohl bei Wingler 1956, 107–120, wie auch bei Spielmann 1973, 7–16; vgl. hierzu die Kommentare bei Wingler 1956, 450–451, bei Spielman 1973, 273). Manche Kokoschka-Kenner sind der Ansicht, es habe damals den Anschein gehabt, als ob „seine größere Begabung im Dichterischen lag" (Wingler 1982, 312). Whitford gibt sich angesichts dieser literarischen Versuche sogar – im Gegensatz zum ‚Stilleben mit Ananas, – enthusiastisch: „It is by no means only the immediately attractive illustrations which make the Dreaming Youths [= ‚Die träumenden Knaben‘] interesting. The book also marked Kokoschka's debut as a writer. As the work of an unpractised author, the text is uncommonly original and remarkably assured … A natural and impressive literary gift is made plain by this little book which proved to be the first in a series of plays, poems, stories and essays which Kokoschka produced intermittently throughout his life. Indeed, if he had not painted a single picture his reputation as a writer would be assured" (Whitford 1986, 21).

„Bis hierher und nicht weiter!" – jedenfalls was die ausschließlich kunsthistorische Seite unseres Früchte-Stilleben-Themas in diesem Kapitel generell betrifft. Was ich mit den diesbezüglich zum Teil weit ausholenden Darlegungen aufzeigen wollte, war, daß auch Nicht-Kunsthistoriker nie so tun dürfen, als gäbe es dieses umfangreiche kunsthistorische Schrifttum nicht oder als wären die dort geführten Diskussionen ohne Bedeutung für die eigenen Betrachtungen. Ebenso wenig aber darf darob in Vergessenheit geraten, daß es sich dabei weder um das einzige Schrifttum zum Thema handelt, noch daß es keineswegs der einzig mögliche Zugang oder der einzig lohnende Gegenstand von Erörterungen ist. Andere Menschen als Kunsthistoriker haben auch Augen im Kopf, und ihre Sehweise ist im allgemeinen sogar weniger einseitig vorgeprägt.

Kommen wir nach diesen langen, aber *notwendigen* Anleihen bei den Kunsthistorikern auf unsere *historische* Themenstellung zurück, auf den Vergleich zweier Stilleben mit Früchten, gemalt im zeitlichen Abstand von knapp dreihundert Jahren. Ob die Kunsthistoriker meine Verbeugung vor ihnen im übrigen akzeptieren oder ob sie meine diesbezüglichen Bemühungen als dilettantisch zurückweisen, ist eine andere, ist *ihre* Sache. *Mein* generelles Bemühen gilt dem Wachrufen und Vertiefen von lang anhaltenden sinnstiftenden Interessen angesichts eines nunmehr allermeist erst im Dritten beziehungsweise Vierten Alter endenden Lebens – auch bei Nicht-Kunsthistorikern (vgl. nochmals die ‚Erzählungen und Erinnerungen' von Marie Gattiker: Wenn es hoch kommt sind es 100 Jahre. Stäfa: Rothenhäusler 1989; ferner Erik Blumenthal: Der hohen Jahre Ziel und Sinn. Luzern: Rex 1984).

Wir können davon ausgehen, daß sich in einem Zeitraum von fast drei Jahrhunderten auf dem europäischen Kontinent manches gewandelt haben dürfte, was ‚Früchte' betrifft. Diese Veränderungen aber müßten – so kann man ebenfalls annehmen – ihren Niederschlag eigentlich auch in Bildern von und mit ‚Früchten' gefunden haben. Ich meine nicht einmal so sehr die Tatsache *neuer* Früchte, so wie sich das bereits in der Benennung von Kokoschkas Gemälde niederschlägt: ‚Stilleben mit *Ananas'*. Diese namengebende Exotenfrucht hätten wir dreihundert Jahre zuvor bestimmt vergeblich in einem europäischen Früchtekorb gesucht. Ich denke vielmehr an die Darstellung der gezeigten Früchte selbst: ihre Größe, ihre Farbe, ihre Form, ihr gesundes oder kränkliches Aussehen, ihre Appetitlichkeit.

Um dem Leser den Vergleich zwischen ‚damals' und ‚heute' in *dieser* Hinsicht zu erleichtern, habe ich – in Übereinstimmung mit den Entstehungszeiten von Van der Asts und Kokoschkas Früchtegemälden – die Abbildung 13 angefertigt. Im oberen Teil sehen wir einen Apfel aus dem 17.,

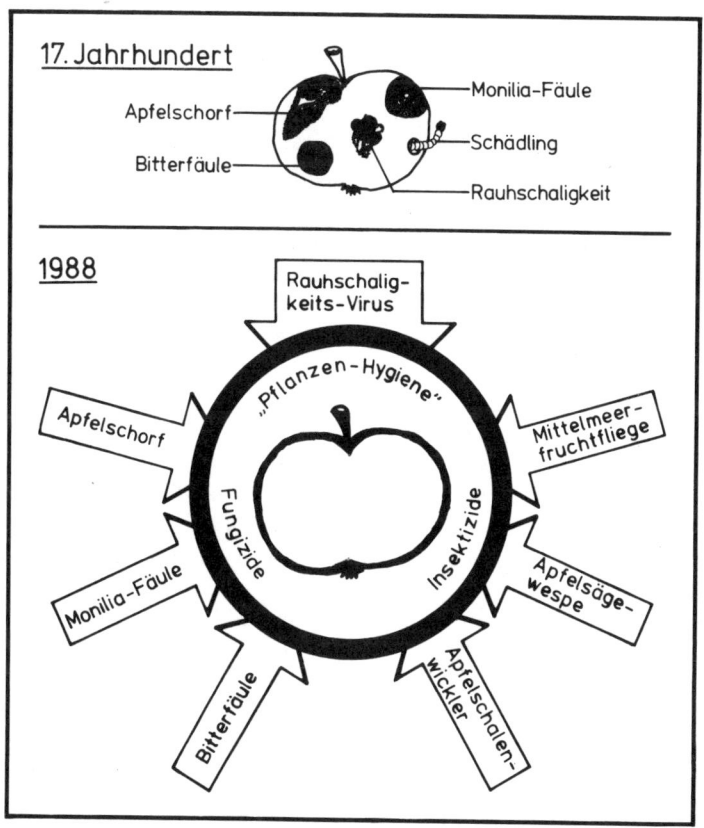

Abb. 13: Ein Apfel aus dem 17. Jahrhundert und einer aus dem zwanzigsten: Krankheiten und Schutz vor Krankheiten bei Äpfeln.

Oben: Aufgrund fehlenden Pflanzenschutzes konnte ein Apfel im 17. Jahrhundert unter anderem befallen sein von: Apfelschorf, Bitterfäule, Rauhschaligkeit, Insekten-Schädlingen, Monilia-Fäule. Man sehe sich die beschädigten Äpfel im Früchte-Stilleben des Balthasar Van der Ast aus dem Jahre 1632 an (Abbildung 12 oben, Umzeichnungs-Nummern 17 und 18).

Unten: Umfassende Pflanzenschutz-Maßnahmen vermögen heute Äpfel gesund zu erhalten. So beugt Pflanzen-Hygiene unter anderem dem Befall durch Rauhschaligkeits-Viren vor; Fungizide (= Pilz-tötende Mittel) verhüten Apfelschorf, Monilia- und Bitterfäule; Insektizide (= Insekten-tötende Mittel) wehren Apfelschalenwickler, Apfelsägewespen und Mittelmeerfruchtfliegen ab. Man sehe sich die unbeschädigt gesunden Äpfel im Früchte-Stilleben von Oskar Kokoschka aus dem Jahre 1907 an (Abbildung 12 unten, Umzeichnungs-Nummern 14, 15 und 22).

im unteren aus dem 20. Jahrhundert. Der erste könnte somit aus einem Gemälde Van der Asts stammen, der zweite aus einem von Kokoschka. Aus der Legende geht hervor, daß „aufgrund fehlenden Pflanzenschutzes ein Apfel im 17. Jahrhundert unter anderem befallen sein konnte von: Apfelschorf, Bitterfäule, Rauhschaligkeit, Insekten-Schädlingen, Monilia-Fäule". Heute dagegen „vermögen umfassende Pflanzenschutz-Maßnahmen Äpfel gesund zu erhalten. So beugt Pflanzen-Hygiene unter anderem dem Befall durch Rauhschaligkeits-Viren vor; Fungizide verhüten Apfelschorf, Monilia- und Bitterfäule; Insektizide wehren Apfelschalenwickler, Apfelsägewespen und Mittelmeerfruchtfliegen ab."

Ähnlich wie wir oben zwecks eigener Aufklärung einen Abstecher in die Kunstgeschichte gemacht haben, wollen wir uns nun – wiederum an einem einzigen Beispiel – etwas in die Wissenschaft von Pflanzenkrankheiten und Pflanzenschutz vertiefen. Bei einem Vergleich zwischen den Stilleben Van der Asts und Kokoschkas ist das nicht nur ebenso legitim, sondern genauso wichtig, wie die Ansichten der Kunsthistoriker zur Kenntnis zu nehmen. Selbstverständlich gibt es über diesen Zweig der Natur- beziehungsweise der Agrar- und Ernährungswissenschaften eine ebenso umfangreiche und für den Laien nur schwer überschaubare Literatur: von allgemeinen Darstellungen und Lehrbüchern über Dissertationen und andere Spezialabhandlungen bis hin zu Kongreßberichten und verschiedenen Fachzeitschriften. In einigen Bereichen gehen die Meinungen der Autoren hier ebenso weit auseinander, wie wir das oben bei den Kunsthistorikern festgestellt haben. Ich brauche nur an ein paar umstrittene Themen zu erinnern wie: ‚Anwendung von Insektiziden', ‚chemische Bekämpfungsmaßnahmen', ‚integrierter Pflanzenschutz', ‚Giftstoffe in unserer Nahrung', ‚Rückstände von Pestiziden', ‚Optimierung der Erträge', ‚Wohin mit den Ernteüberschüssen?', ‚Obst macht krank – Giftrückstände in Nahrungsmitteln', ‚Für schöne Früchte muß man leiden – Wenn Normen Qualität genannt werden', ‚Verkaufserfolge – Wie sich Gift in Geld verwandelt', ‚Was Pestizide alles können – Übersicht über die wichtigsten Substanzen, Präparate und ihre Wirkung' (vgl. kritisch abwägend und gleichzeitig praxisorientiert aufklärerisch z.B. die Broschüre ‚Krebs und Ernährung', hrsg. von der Schweizerischen Krebsliga 1989).

Natürlich kann es an dieser Stelle nicht darum gehen, so etwas wie einen Schnellkurs in Phytopathologie oder Pflanzenschutz anzubieten. Dafür bin ich in keiner Weise Fachmann. (Wer eine zuverlässige Kurzorientierung wünscht, greife zum Beispiel zum übersichtlichen Kompendium von Horst Börner: Pflanzenkrankheiten und Pflanzenschutz. Fünfte durchgesehene Auflage. Stuttgart: Ulmer 1983. – Einige weitere Titel habe ich am Ende des Buches angegeben.) Mit diesem Exkurs möchte ich vielmehr eine Grundlage schaffen, um anschließend in *unserem* Zusammenhang auf zwei bestimmte Punkte aufmerksam machen zu können und den Leser zum eigenen weiteren Nachdenken darüber anzuregen.

Zum einen müssen meine Ausführungen zu den in der Abbildung 13 unten beispielhaft ausgewählten Schäden Rauhschaligkeit, Apfelschorf, Monilia-Fäule, Bitterfäule, Apfelschalenwickler, Apfelsägewespe und Mittelmeerfruchtfliege eingehend und wissenschaftlich genug sein, um klar zu machen, daß Äpfel (wie auch andere Früchte) im 17. Jahrhundert nur ausnahmsweise ‚gesund‘ waren, überhaupt ‚gesund‘ sein konnten. Zwar gab es selbstverständlich immer einige Früchte, die allen Krankheiten und allen Schäden entgingen und die zur vollendeten Reife gelangten, genauso wie es unter den damaligen Menschen auch immer einige Ausnahmen gab, die von sämtlichen Seuchen verschont blieben und die selbst in jenen Zeiten schon ein Alter von 70, 80 oder 90 Jahren erreichten und somit ihrerseits ‚zu einer vollendeten Reife‘ gelangten. ‚Natürlich‘ aber war das nicht. Erst als man verstand, die Seuchen von den Menschen fernzuhalten oder den Krankheiten zumindest ihre Gefährlichkeit zu nehmen, überlebten immer mehr Säuglinge und Kinder ihre ersten Lebensjahre, und immer mehr Erwachsene erreichten und erreichen ein immer höheres Alter. Genauso blieben unter den Früchten auch erst ab jenem Zeitpunkt immer mehr länger gesund, als man lernte, die Schäden von ihnen fernzuhalten. Sie konnten dann nicht nur vermehrt bis zur Reife kommen, sondern sie erhielten auch zunehmend ihr heutiges ‚schönes‘, ‚gesundes‘ Aussehen.

Ähnlich wie im Hinblick auf die großen seuchenbildenden Infektionskrankheiten erfolgten auch in der Phytopathologie die ersten großen Durchbrüche im Verlaufe des 19. Jahrhunderts. Das sind zwei Jahrhunderte später, als Van der Ast sein Früchte-Stilleben malte. So wurden 1859 in Holland die erste Pflanzen-Viruskrankheit und 1877 in den USA die erste bakterielle Erkrankung: der Feuerbrand der Birne entdeckt. Mächtigen Auftrieb erfuhr ferner die Pilz-Biologie aufgrund der verheerenden Kraut- und Knollenfäule, die in den Jahren 1845/46 – von Irland ausgehend – die Kartoffelernte in weiten Teilen Europas vernichtete. Kurzum: Zur Entstehungszeit von Kokoschkas Früchte-Stilleben 1907 war man bei weitem nicht mehr so ‚unwissend‘ wie zu Zeiten Van der Asts.

Zum andern möchte ich darauf aufmerksam machen, daß wir uns mit dieser ‚schönen‘ Entwicklung nicht nur Vorteile eingehandelt haben und inzwischen nicht bloß über unvergleichlich mehr, bessere und ‚gesündere‘ Früchte verfügen. Die Medaille hat eine Kehrseite, und diese ist weniger erfreulich. Erneut drängt sich der Vergleich mit der parallel erfolgten ‚schönen‘ Entwicklung im menschlichen Bereich auf. Auch wir haben uns durch die Zurückdrängung der Seuchen und Infektionskrankheiten und dem daraus resultierenden immer längeren Leben für immer mehr Menschen eine Fülle neuer Probleme eingehandelt: ein oft jahrelanges Dahinsiechen an chronischen Leiden in fortgeschrittenem Alter, ein ‚Sterben auf Raten‘ im beruflichen, familiären, gesellschaftlichen Leben, eine drohende ‚entsetzliche Leere‘ im hohen Vierten Alter, wenn uns kein Aktivismus noch länger benebeln kann. In beiden Bereichen eignen sich die vielfältigen Negativa-spekte gleichermaßen für reißerische Titel und umsatzsteigernde Überschriften von Büchern, Medienbeiträgen, Politdiskussionen. In unserem Früchte-, oder weiter gefaßt Ernährungszusammenhang mögen sie dann etwa heißen: ‚Wie ungesund sind unsere Lebensmittel?‘ (Classen 1988), ‚Iß und stirb. Chemie in unserer Nahrung‘ (Kapfelsberger-Pollmer 1982–1983), ‚Grundsätze einer Ethik der Ernährung. Konsum als Götzendienst des ausgehenden 20. Jahrhunderts‘ (Mieth 1988), ‚Gift-Grün. Chemie in der Landwirtschaft und die Folgen‘ (Ernst-Langbein-Weiss 1988).

Mir ist an Polemik hier jedoch nicht gelegen. Wer Polemik sucht, findet sie leicht, so in Büchern, die etwa folgendermaßen vorgestellt werden: „Längst ist es bekannt, daß nicht zuletzt durch den Einsatz von Pestiziden in der Landwirtschaft immer mehr Pflanzenarten gefährdet oder bereits ausgestorben sind; und mit jeder ausgestorbenen Pflanzenart verschwindet die zehn- bis fünzehnfache Anzahl von Tierarten. Weniger bekannt ist, daß auch Menschen direkt gefährdet sind: Experten schätzen, daß alljährlich 750 000 Menschen bei der Herstellung oder Anwendung von Pestiziden Vergiftungen erleiden und mindestens 14 000 davon die Folgen nicht überleben. Daneben sind die gesundheitsgefährdenden Auswirkungen der Pestizid-Rückstände in den Nahrungsmitteln nicht zu unterschätzen“ (Ernst-Langbein-Weiss 1988, 1).

Doch kommen wir auf die Abbildung 13 zurück und konzentrieren uns auf die dort angegebenen Krankheitserreger und Schädlinge. Ausgewählt habe ich für unser Beispiel einerseits eine Virus-Krankheit und andererseits je drei Formen von Pilz- und von Insekten-Schäden. Dem pflanzenpathogenen Rauhschaligkeits-Virus ist – wie in der Abbildung angedeutet – nur durch vorbeugende ‚Pflanzen-Hygiene‘ beizukommen, während die pflanzenpathogenen Pilze, die zu Apfelschorf, Monilia-Fäule und Bitterfäule führen, durch Fungizide bekämpft werden. Gegen die pflanzenschädlichen Insekten (die Mittelmeerfruchtfliege, die Apfelsägewespe und den Apfelschalenwickler) schließlich setzt man Insektizide ein. Selbstverständlich handelt es sich bei dieser Auswahl nur um einige unter den vielen hierzulande wichtigen Schadmöglichkeiten.

Meine Ausführungen sind im folgenden stets dreiteilig. Sie erwähnen die Hauptsymptome, die Biologie und die Bekämpfungsmöglichkeiten, und zwar alles gemäß unserem *heutigen* Kenntnisstand. Ferner beziehen sie sich ausschließlich auf die *Frucht*, also den Apfel, nicht jedoch auf den Baum, seine Wurzeln, Zweige, Blätter, Knospen oder Blüten, die alle auf verschiedenste zusätzliche Weisen gefährdet sein können. (Man sehe sich vor diesem Hintergrund einmal Obstbäume auf Gemälden des 17. Jahrhunderts an! Ihre Maler malten sie nicht [nur] deswegen knorrig und verkrüppelt, weil dies ‚interessanter‘ zu zeichnen und attraktiver anzusehen war als gerade gewachsene Bäume, sondern weil das damals der Wirklichkeit entsprach.)

Schon die überblicksartigen Zusammenfassungen, die ich im folgenden gebe, dürften genügen, um uns im Vergleich zu Van der Ast überaus gelehrt vorkommen zu lassen. Was der bloß alles *nicht* wußte! – und folglich seine Früchte, wie es der Zeit entsprach, ‚ungesund‘ malte. Abgesehen von den *Symptomen*, die auch ihm selbstverständlich im 17. Jahrhundert schon auffielen, weil er sie mit bloßem Auge allenthalben feststellte, war dem Maler das meiste bezüglich der Biologie oder der Bekämpfungsmöglichkeiten noch unbekannt, konnte ihm aufgrund des damaligen Kenntnisstandes auch gar nicht bekannt sein.

Rauhschaligkeit oder Sternrissigkeit wird beim Apfel verursacht durch ein Rauhschaligkeits-Virus aus der Gruppe der pflanzenpathogenen Viren. Das Hauptsymptom sind kleine, berostete und oberflächlich verkorkte Früchte. Die Krankheit zeigt sich vorwiegend an älteren Bäumen. Eine Übertragung erfolgt mechanisch durch die Pfropfung von bereits erkranktem Baumschulmaterial. Zur Bekämpfung ist deshalb gesundes Vermehrungsmaterial unerläßlich. Reiser dürfen nur von ständig überwachten und auf Virusfreiheit getesteten Mutterbäumen geschnitten werden. Alle viruskranken Obstgehölze sind aus den Anlagen zu entfernen. Rauhschaligkeit führt zu einer etwa zehnprozentigen Verringerung von Fruchtgewicht und -größe. (Ich stütze mich hier wie im folgenden hauptsächlich auf Börner 1983, hier: 198, 377.)

Der Apfelschorf (*Venturia inaequalis*) wird, wie auch die Monilia-Fruchtfäule, durch Schlauchpilze (*Ascomyceten*) hervorgerufen. Es handelt sich hierbei um eine Untergruppe der pflanzenpathogenen Pilze. Als Hauptsymptome gelten verkrüppelte Äpfel mit korkartigen Flecken und Rißbildung. Beim Apfelschorf handelt es sich in wirtschaftlicher Hinsicht um die wichtigste pilzliche Apfelkrankheit. Der Pilz überwintert in abgefallenen Apfelblättern, an deren Ober- und Unterseiten sich nach der Blüte rundliche, olivgefärbte, später braune Flecken gebildet hatten. Die Erstinfektion erfolgt bei Knospenaufbruch im nächsten Frühjahr durch Sporen, die durch Luftzug auf die jungen Blätter gelangen. Die dort an Ober- und Unterseiten nun wiederum entstehenden kleinen, oliv gefärbten samtartigen Flecke ergeben Lager von Konidien. Das sind durch Abschnürung entstehende pilzliche Fortpflanzungszellen. Sie werden durch Wind und Regen auf gesunde Blätter weiterverbreitet und rufen während der gesamten Vegetationsperiode immer neue Infektionen hervor. Außer den Blättern werden in diesem Stadium auch die Früchte befallen. Sie zeigen als typische Symptome alsbald die erwähnten braunschwarzen Flecken und die teilweise verkorkten Risse. Die mit chemischen Mitteln betriebene Bekämpfung richtet sich einerseits gegen die Sporeninfektion im Frühjahr und andererseits gegen die Konidieninfektion während der Vegetationsperiode. Hierbei – wie auch zur Schorfbekämpfung – kann eine Vielzahl verschiedener Fungizide zum Einsatz gelangen, so etwa Triforin, Thiocarbamate wie Propineb, Metiram oder Ferbam,

Thiurame wie das Thiram, Phthalimidabkömmlinge wie Captan, Captafol, Folpet, Dichlofluanid, Tolylfluanid, Kupferverbindungen wie das Kupferoxychlorid, Schwefel und eine Reihe von Kombinationspräparaten, so zum Beispiel Captan plus Mancozeb, Metiram plus Nitrothal-isopropyl und andere mehr. Darüber hinaus läßt sich an mechanische Maßnahmen denken, so an die Beseitigung von Blattrückständen, in denen sich die Sporen entwickeln (Börner 1983, 232, 240, 376, 378).

Bei der Monilia-Fäule (*Sclerotinia fructigena*) sind die Hauptsymptome gebräunte Äpfel mit konzentrischen grauen bis gelblichen Pilzpolstern. Am Baum können Fruchtmumien hängenbleiben. Während der Lagerung der Äpfel bilden sich schwarze Flecken; das Fruchtfleisch erscheint gebräunt. Die Überwinterung des Pilzes geschieht im Holzkörper befallener Zweige oder in Fruchtmumien. Sofern diese zu Boden fallen, vermögen sich in ihnen nach zweijähriger Lagerung dicht unter der Erdoberfläche Pilzsporen zu entwickeln. Treffen diese bei heranreifenden Früchten auf Verletzungen, die zum Beispiel durch Apfelwickler, Wespen oder Schorf hervorgerufen sein können, kommt es zu einer Infektion. Von hier geht dann ein Fäulnisprozeß aus, wobei sich an der Apfeloberfläche alsbald konzentrische Ringe von Konidienlagern abzeichnen. Unter günstigen Bedingungen kann sich die Bildung von Konidien während der ganzen Vegetationsperiode in kurzen Zeitabständen mehrfach wiederholen. Die Pilzzellen werden durch den Wind weiterverbreitet. Sie sind infektionsfähig. Die infizierten Früchte bleiben als Furchtmumien teilweise am Baum hängen, wo sie überwintern und im Frühjahr erneut Konidien ausbilden. Sie stellen den Ausgangspunkt für Neuinfektionen im Frühjahr und Sommer dar. Diesen Entwicklungsgang nennt man asexuell. Die für den sexuellen Entwicklungsgang notwendigen Sporen bilden sich nur in den zu Boden gefallenen Fruchtmumien nach zweijähriger Lagerung. Eine Bekämpfung erfolgt einerseits mechanisch durch Abschneiden und Vernichten befallener Triebe und Fruchtmumien. Andererseits werden chemische Mittel eingesetzt. Hierbei versucht man vor allem, mit Hilfe von Kupferoxychlorid eine Verletzung der Früchte durch Apfelwickler, Wespen oder Schorf zu verhindern (Börner 1983, 234, 240–241, 377–378, 380–383).

Die Bitterfäule (oder Lagerfäule; *Gloeosporium album, Gloeosporium fructigenum, Gloeosporium perennans*) wird durch eine andere Untergruppe von pflanzenpathogenen Pilzen hervorgerufen. Man nennt sie *Fungi imperfecti* oder *Deuteromyceten*. Der Name rührt daher, daß diese Pilze nur einen asexuellen Entwicklungsgang über Konidien kennen, insofern also ‚nicht perfekt' sind. Als Hauptsymptome zeigen sich an den Äpfeln kreisrunde braune, etwas eingesunkene Faulstellen mit grauen oder weißlichen Sporenlagern. Die Früchte bekommen, vor allem bei der Lagerung, einen bitteren Geschmack. Die Infektion geschieht während der Vegetationszeit von den auf den befallenen Teilen des Baumes gebildeten Konidien in ähnlicher

Weise wie bei der Monilia-Fäule. Bei der Bekämpfung gelangen Fungizide wie Dichlofluanid, Captan oder Folpet zum Einsatz. Damit versucht man in erster Linie, eine Infektion der Früchte während der Vegetationsperiode zu verhindern (Börner 1983, 267, 378).

Die noch verbleibenden drei Schad-Erreger zählen alle zur Gruppe der pflanzenschädlichen Insekten. Der Apfelschalenwickler gehört zur Untergruppe der Schmetterlinge (*Lepidopteren*), die Apfelsägewespe zur Untergruppe der Hautflügler (*Hymenopteren*) und die Mittelmeerfruchtfliege zu derjenigen der Zweiflügler (*Dipteren*). Als Hauptsymptome bei einem Befall durch den Apfelschalenwickler (oder Fruchtschalenwickler: *Capua reticulana*; zu unterscheiden vom Apfelwickler: *Carpocapsa pomonella*) zeigen sich unregelmäßig umrandete muldenartige Schadstellen mit mehreren kleinen, kurzen Bohrlöchern. Später kommt es zu oberflächlichem Schalenfraß durch die Larven unter einem angesponnenem Blatt oder zwischen zwei Früchten. Die Überwinterung erfolgt als Larve unter Rindenschuppen. Im Frühjahr setzt der Blattfraß ein. Die Verpuppung geschieht an den Orten des Befalls, die Eiablage an den Blättern. Eine Bekämpfung wird durch die versteckte Lebensweise stark erschwert. Außerdem zeigt sich bei den Larven eine zunehmende Altersresistenz gegenüber chemischen Mitteln. Man versucht deshalb, ihnen nach dem Verlassen der Winterverstecke mit Phosphorsäureestern wie Dimethoat sowie Decamethrin und Fenvalerat beizukommen (Börner 1983, 338, 378).

Als Hauptsymptome bei einer Beschädigung durch die Apfelsägewespe (*Hoplocampa testudinea*) zeigen sich an jungen haselnußgroßen Früchten Einbohrlöcher mit ausgehöhlten Fraßgängen im Innern. Darin befindet sich eine weiße Sägewespenlarve. An älteren Früchten stellt man bogig verlaufende, von der Larve verursachte Miniergänge fest, die an der reifenden Frucht verkorken. Die Mehrzahl der geschädigten Früchte fällt ab. Die Überwinterung des Schädlings geschieht in Larvenform in der Erde. Während der Blüte und kurz danach erfolgt die Eiablage einzeln in den Blütenkelch. Der Name ‚Apfelsägewespe‘ rührt daher, daß die Weibchen mit ihrer am Hinterleibsende befindlichen ‚Säge‘ den Kelch der Apfelblüte anstechen und in die Einstichstelle ein Ei ablegen. Jede Larve schädigt durch ihren Fraß drei bis vier Früchte. Die Bekämpfung erfolgt auf chemischem Wege. Unmittelbar nach Abfall der Blütenblätter werden Phosphorsäureester wie Azinphosmethyl, Parathion, Demeton-S-methyl oder Trichlorfon eingesetzt, bisweilen auch Carbamate wie Promecarb oder Propoxur sowie Endosulfan und Decamethrin (Börner 1983, 328, 330, 378).

Bei der Mittelmeerfruchtfliege (*Ceratitis capitata*) handelt es sich um einen bedeutenden Schädling nicht nur von Äpfeln, sondern aller wichtigen Obstarten wie Birnen, Quitten, Pfirsichen oder Aprikosen. In unseren Breitengraden kommt sie fast nur südlich des Mains vor. Die Hauptsymptome erkennt man äußerlich am weichen Fruchtfleisch sowie an gelblichen und bräunlichen Fraßgängen. Im Innern ist die Frucht faulig und von weißen Fliegenmaden durchsetzt. Die Überwinterung geschieht in Puppenform im Boden; die Eiablage erfolgt in eine ‚Eitasche‘ unter die Fruchthaut. Bei der Bekämpfung von Fliegen und Larven gelangen auch hier Phosphorsäureester wie Trichlorfon oder Tetrachlorvinphos in mehrmaliger Behandlung zum Einsatz (Börner 1983, 348, 378, 383).

Durch die der Übersichtlichkeit halber vorgenommene Beschränkung auf einige wichtige Schad-Erreger gelangten hier auch nur drei Bekämpfungsarten zur Sprache: die Fungizide gegen Pilze, die Insektizide gegen Insekten sowie allgemein die Pflanzenhygiene. Daneben gibt es jedoch eine Reihe weiterer Mittel, so eine Fülle zusätzlicher ‚-izide‘. Sie alle bezeichnen Mittel mit abtötendem Effekt: Akarizide wirken Milben-tötend, Aphizide Blattläuse-tötend, Bakterizide Bakterien-tötend, Herbizide Unkraut-tötend, Larvizide Larven-tötend, Molluskizide Schnecken-tötend, Nematizide Fadenwürmer-tötend, Ovizide Eier-tötend, Rodentizide Nagetier- (Ratten-, Mäuseusw.) tötend.

Während die Pflanzenhygiene versucht, durch vorbeugende Maßnahmen wie zum Beispiel eine geeignete Standortauswahl, eine sorgfältige Bodenbearbeitung, die Beachtung äußerer und innerer Quarantänen oder die Züchtung resistenterer Sorten zu einer Gesunderhaltung von Kulturpflanzen zu gelangen, so ist der chemische Pflanzenschutz in den meisten Fällen zwar auch als Vorbeugung gedacht. Er unterscheidet sich von der Pflanzenhygiene jedoch dadurch, daß er sich gezielt gegen die Krankheitserreger und Schädlinge richtet und erst dann zum Einsatz gelangt, wenn die Schad-Erreger bereits vorhanden oder doch unmittelbar zu erwarten sind (vgl. hierzu Börner 1983, 70–83, 84–154, 184–187).

Das Stichwort ‚chemischer Pflanzenschutz‘ genügt, um manche Gemüter in Wallung zu bringen. Ich möchte hier jedoch daran erinnern, daß manche unter uns nicht ganz unschuldig an dessen lange Zeit und vielerorten noch immer übertriebenem Einsatz sind. Nüchtern stellt Horst Börner, Professor für Phytophathologie an der Universität Kiel fest: „Die vorbeugenden Maßnahmen sollten bei allen Bekämpfungsüberlegungen an erster Stelle stehen. Sie allein reichen jedoch nicht aus, um unsere Kulturen gesund zu erhalten. Der Mangel an Arbeitskräften, der Zwang zum Anbau marktgängiger Erzeugnisse und überhöhte Qualitätsforderungen der Verbraucher zwingen zum Einsatz chemischer Mittel" (Börner 1983, 84).

Wesentlich schärfer formuliert das Journalisten-Fernseh-Redakteurtrio Andrea Ernst, Kurt Langbein und Hans Weiss: „Wer annimmt, Pestizid-Rückstände in Obst und Gemüse seien vor allem das Ergebnis unwissender oder gewissenloser Gärtner und Bauern, irrt. Die Schaffung von ‚Güternormen‘ durch Behörden und Großabnehmer zwingt die Landwirte zum Gifteinsatz. Die ‚Qualitätsklassen‘, nach denen Produkte bezahlt werden, richten sich nicht danach, wie gut etwas schmeckt oder wie bekömmlich es ist.

Bezahlt wird absolute Makellosigkeit, Eignung zur mechanischen Ernte, zur Konservierung, zum Transport – und Stoßfestigkeit, Lagerfähigkeit, Farbe und Größe. Produkte, die in den Supermärkten in Reih und Glied unter der Bezeichnung ‚Obst‘ und ‚Gemüse‘ verkauft werden, verdienen dann oft ihren Namen nicht mehr. ‚Größte Erzeugnisse mit höchsten Preisen haben meist geringste Wertstoffgehalte‘, ermittelte Professor Werner Schuphan. Er zeigt am Beispiel von Äpfeln auf, daß sogar die Farbe – hier wohl treffender die Färbung – durch Pestizide gesteuert wird: ‚Bei Anwendung bestimmter Pestizide‘ zum Beispiel von Captan und Pomarsol forte, erhalten sie eine lebhafte, vom Verbraucher geschätzte Ausfärbung. Damit würden die Verbraucher getäuscht, weil leuchtende Farben Sonnenlichteinwirkung und damit einen höheren Vitamin-C-Gehalt vortäuschen. Die Konsumenten bezahlen die Rechnung dafür mehrfach: Sie erhalten oft weniger nährstoffreiche, schlechter schmeckende sogenannte ‚Qualitätsware‘. Und sie müssen dafür auch noch mehr Geld ausgeben. Sie riskieren damit Allergien – und manchmal sogar noch Schlimmeres. Der Verkauf von Captan etwa wurde im Februar 1986 in der Bundesrepublik wegen der krebserzeugenden Wirkung des Mittels verboten" (Ernst-Langbein-Weiss 1988, 28).

Abgesehen davon, daß der Einsatz von chemischen Pflanzenschutzmitteln zu Umweltbelastungen in der Luft, im Boden und im Wasser führt und nicht nur schädliche, sondern auch nützliche Insekten wie etwa Bienen davon betroffen werden, bringt die prinzipielle Giftigkeit all dieser Chemikalien auch für den Menschen Probleme mit sich. Zu nennen wären vor allem die Rückstände. Zwar sind zur Sicherheit der Verbraucher eine Reihe von Gesetzen, Verordnungen und Vorschriften erlassen worden. Sie sollen verhindern, daß überhöhte Rückstände von Pflanzenschutzmitteln in die für den Menschen bestimmte Nahrung gelangen. Hierzu gehören in erster Linie die Höchstmengenverordnungen. Das sind maximal erlaubte Konzentrationen von einzelnen Wirkstoffen auf Obst oder Gemüse, in Milch oder Fleisch. Ferner rechnen dazu bestimmte Wartezeiten zwischen der letzten Anwendung eines Pflanzenschutzmittels und der Ernte. Schließlich gehören Zulassungsverfahren, Anwendungsverbote und -beschränkungen hierzu.

Erinnert sei an ein weiteres Problem, das wir uns durch die Anwendung chemischer Mittel eingehandelt haben: nämlich eine zunehmende Giftresistenz vor allem bei Schädlingen mit einer schnellen Generationsabfolge wie Fliegen oder Milben. Ihre wachsende Widerstandskraft kommt allerdings nicht etwa dadurch zustande, daß sie bei wiederholter Konfrontation mit denselben Chemikalien eine zunehmende Resistenz zu entwickeln vermöchten. Vielmehr handelt es sich um einen Selektionsvorgang. Bei jedem Einsatz eines bestimmten chemischen Präparats überlebt jeweils eine Anzahl giftresistenter Exemplare. Von Generation zu Generation kommen diese bei der Fortpflanzung von selbst immer stärker zum Zuge. Die Folge ist, daß *deren* Abtötung nur mit immer höheren Konzentrationen erreicht werden kann.

So wissen wir zum Beispiel von unseren Hausfliegen (*Musca domestica*), daß sie innerhalb von zwanzig bis fünfzig Generationen eine tausendfache DDT-Giftdosierung überleben können (Börner 1983, 92).

Eine Reihe weiterer Punkte haben wir bislang offensichtlich ebenfalls nicht oder zu wenig bedacht, so daß wir nun einer wachsenden Zahl von Problemen oder vielmehr Folgeproblemen gegenüber stehen. Viele Schwierigkeiten erwachsen prinzipiell aus der Tatsache, daß es – mit Ausnahme der Muttermilch für die ersten Lebensmonate – keine Nahrungsmittel gibt, die die Natur speziell für uns Menschen bereitstellt. Da es deshalb keine ideale, rundum befriedigende Ernährung für Kinder, Jugendliche, Pubertierende, Erwachsenen, Schwangere, ältere und alte Menschen gibt, behelfen wir uns damit, daß wir aus der großen Fülle von Tier- und Pflanzenprodukten oder -arten diejenigen als Nahrungsmittel auswählen, verarbeiten, kombinieren, die unseren Hunger am zweckmäßigsten stillen. Dabei sollen einerseits die Nährwerte, das heißt Fette, Kohlenhydrate, Eiweiße, Vitamine, Mineralstoffe, und andererseits die Genußwerte, also Geschmack, Geruch, Farbe, Textur, Erscheinung möglichst optimal sein und vor allem keine nachteiligen Wirkungen zeigen.

Doch darüber, was eine ‚gesunde Ernährung‘ sei, gehen die Meinungen selbst bei Experten weit auseinander. Ihre Ansichten können auch kaum übereinstimmen, denn was für den einen Menschen ‚gesund‘ ist, macht den andern ‚krank‘. So ist zum Beispiel eine zuckerreiche Mahlzeit für den ‚süßen Typ‘ ein Genuß, während sie für den Zuckerkranken Gift bedeutet. Allergiker wiederum reagieren auf bestimmte *natürliche* Lebensmittel wie Fisch, Eier, Nüsse, Erdbeeren, Milch, Sellerie, oder auf einzelne Zusätze zu Lebensmitteln wie Farb- oder Konservierungsstoffe überempfindlich und bekommen abwechselnd kolikartige Leibschmerzen, Durchfälle, juckende Hautausschläge, Atembeschwerden, Asthmaanfälle, Blutgerinnungsstörungen, Weichteilschwellungen.

Über die Ursachen der unerwünschten Nebenwirkungen – insbesondere von umstrittenen Zusatzstoffen – wissen wir jedoch vielfach noch sehr wenig. Allerdings ist bereits so viel bekannt, daß eine schädigende Wirkung mit umso größerer Wahrscheinlichkeit eintritt, je höher die Gesamtmengen und je länger die Einwirkungszeiten sind. Ein die Forschung erschwerender Umstand ist jedoch gerade dieser Zeitfaktor. So weiß man etwa von einzelnen Krebskrankheiten, daß nach dem auslösenden Ereignis mindestens fünfzehn, meist aber um die dreißig Jahre verstreichen müssen, ehe die latente Krankheit zum Ausbruch kommt. Während einer so langen Wartezeit können viele andere Faktoren, zum Beispiel Erbanlagen, das Geschehen sowohl beschleunigen als auch hemmen.

Da die allgemein erweiterte Lebensspanne bei uns einen grundlegenden Wandel im Todesursachenspektrum zur Folge hatte, beziehungsweise sie diesen herbeiführte, und dadurch immer mehr Menschen an Herz- und

Kreislauferkrankungen sowie an Krebs sterben, machen sich die Langzeitauswirkungen selbstverständlich auch bei immer mehr Menschen bemerkbar. Außerdem scheint es so zu sein, daß besonders viele Herz- und Kreislauferkrankungen wie auch einige Krebsformen, so die Magen-Darm-Tumore, eng mit einer falschen Auswahl von Nahrungsmitteln sowie mit überhöhten Aufnahmemengen von chemischen Zusatzstoffen zusammenzuhängen (vgl. Schweizerische Krebsliga 1989). Zu den hierbei verdächtigten Stoffen gehören Pilzgifte, insbesondere Aflatoxine, ferner Räucherungsschadstoffe wie Benzo(a)pyren. Es zählen dazu die Pyrolyseprodukte, die bei starkem Erhitzen in den meisten Lebensmitteln entstehen können, und nicht zuletzt die Gruppe der Nitrosamine. Zu ähnlichen Bedenken geben einige toxische Schwermetalle, Begasungsmittel und Rückstände mehrerer Pestizide Anlaß. Sie alle sollten deshalb in Lebensmitteln eigentlich nichts zu suchen haben. Dennoch lassen sie sich meist nur schwer vermeiden, ganz unabhängig davon, wie das jeweilige Produkt produziert und bearbeitet wird oder wurde. Gesetzlich festgelegte Höchstgrenzen und Toleranzen garantieren zwar, daß die Belastung so gering wie möglich gehalten wird. Trotzdem bleiben Bedenken angesichts der Summe dieser Stoffe, und zwar selbst dann, wenn die jeweiligen Höchstmengen eingehalten werden.

Auf ein weiteres, bisher ebenfalls wenig ins allgemeine Bewußtsein gedrungenes Problem unseres verlängerten Lebens machte vor einiger Zeit der Leitartikler einer Tageszeitung-Spezialbeilage mit mehreren Beiträgen zum Thema ‚Ernährungswissenschaft‘ aufmerksam: „In weiten Teilen der Welt nimmt das Durchschnittalter der Menschen zu. Mit dem höheren Alter zeigen sich allerdings verstärkte *Mangelerscheinungen* wie beispielsweise die Osteoporose (Knochenschwund). Natürlich weiß man schon lange, daß eine Minimalzufuhr von Kalzium zur Abwehr dieser Krankheit notwendig ist. Eine gewisse Abhilfe kann mit einer Reihe von Milchprodukten wie Magermilch und Käse erzielt werden. Allerdings ist es fraglich, ob Kalziumzufuhr im späteren Lebensabschnitt noch wesentlich zur Lösung des Problems beiträgt. Wie wäre es aber, wenn man auf vorbeugende Weise bereits in jungen Jahren mit einer vernünftigen Kalziumzufuhr anfinge, in der Periode also, in der sich die Knochen noch im Aufbau befinden? Könnte man nicht eine *Reserve* schaffen, um somit mit einem höheren Gehalt an Kalzium in der Knochenmasse in die Lebensphase einzusteigen, in der der Abbau auf alle Fälle einsetzen wird? Gibt es nicht auch noch andere Mangelerscheinungen, die in der Jugend ihren Anfang nehmen und 40 bis 50 Jahre später in Erscheinung treten?" (Neue Zürcher Zeitung, Fernausgabe Nr. 74 vom 30. März 1988, 41; die ganzen Beiträge auf den Seiten 41–44 mit einer Literaturauswahl zur Thematik auf Seite 42).

In Ko-Autorschaft erörtern hier Jürg Solms und Felix Escher, beides Dozenten am Institut für Lebensmittelwissenschaft an der Eidgenössischen Technischen Hochschule in Zürich, eine prinzipielle Frage, über die nachzudenken es sich meines Erachtens für uns alle lohnt: „Die Ernährung war seit jeher geprägt durch den *Lebensstil* und die *Umwelt des Menschen*. Die Lebensweise in der modernen Industriegesellschaft mit einem schier unbegrenzten Angebot an preisgünstigen Nahrungsmitteln einerseits, mit den verminderten Bedürfnissen an *Nahrungsenergie* anderseits – und mit den unveränderten Bedürfnissen an Lust und Freude am Essen – wirft die grundsätzliche Frage auf, ob die traditionelle Nahrung überhaupt noch *adäquat* ist" (Solms-Escher 1988, 43). Ihre Frage kann eigentlich nur rhetorisch gemeint sein, denn sie weisen selbst darauf hin, daß „der Essende erfahrungsgemäß ein sehr konservativer Mensch ist" (a. a. O., 43). Auch wenn ihre ‚Lebensmittelwissenschaft‘ noch so viele neue Erkenntnisse zu Tage förderte, so würde sich am Konsumverhalten, konkret an der Ernährungsweise der meisten Menschen so rasch wohl doch nichts ändern. Mentalitätsstrukturen – auch im Bereich der Nahrungsaufnahme und der Eßgewohnheiten – sind zählebig. Es sind Elemente von langer Dauer.

Vielleicht schließen wir uns deshalb am besten dem Ratschlag eines weiteren, seit vielen Jahren auf diesem Gebiet forschenden und lehrenden Fachmannes an. Der Pharmakologe und Ernährungstoxikologe Hans-Georg Classen von der Universität Stuttgart-Hohenheim meint: „Da sich gegen praktisch jede Gruppe von Lebensmitteln *irgendwelche Einwände* finden lassen, empfiehlt sich als Grundregel eine *abwechslungsreiche, ausreichende Menge* an Ballaststoffen enthaltende *Mischkost*, damit gleichsam eine ‚Verdünnung‘ möglicher Schadfaktoren stattfindet. Möglicherweise werden die Abwehrkräfte des Körpers durch reichliche Zufuhr von ‚anti-risk-factors‘ erhöht, hier sind bezüglich der Krebskrankheit vor allem die Vitamine C und E zu nennen sowie das Magnesium zur Vorbeugung streßbedingter Herz- und Kreislauferkrankungen. Vermieden werden sollte eine ständige, unbegründete Angst, da hierdurch die *Widerstandskräfte* des Körpers *gesenkt* werden. Obwohl man sich über die Ursachen streitet, ist es hinlänglich erwiesen, daß eine möglichst konstant mäßig erniedrigte Gesamtenergiezufuhr insgesamt *lebensverlängernd* wirkt bei signifikant herabgesetzter Tumorhäufigkeit. ‚Mäßigung im Überfluß bei voller Schaffenskraft und erhaltener Fähigkeit‘ genießen zu können, – so etwa sollte das Motto lauten" Classen 1988, 43, sowie persönliche Mitteilungen vom 01.09.1988).

Gemäldesammlungen sind in aller Regel so angelegt, daß sich die ‚Alten Meister‘ nicht in denselben Räumen befinden wie die ‚Modernen‘. Wenn wir es mit großen Sammlungen zu tun haben, sind sie sogar häufig in verschiedenen Gebäuden untergebracht. So verhält es sich auch in Berlin. Während Van der Asts ‚Früchtekorb‘ aus den 1630er Jahren in der Dahlemer Gemäldegalerie gezeigt wird, befindet sich Kokoschkas ‘Stilleben mit Ananas‚ von 1907 in der einige Kilometer entfernten Nationalgalerie. Die zeitliche Trennlinie zwischen den Sammlungsgebieten beider Museen verläuft um 1800. Wir können die beiden Bilder somit nicht gleichzeitig nebeneinander betrachten und also auch nicht unmittelbar miteinander vergleichen. Vielleicht ist das auch gut so, werden wir dadurch doch gezwungen, uns die Bildinhalte so stark und detailliert einzuprägen, daß wir sie anschließend im Geiste nebeneinanderhalten und vergleichen können.

Treten wir also einen Schritt von den beiden hier diskutierten Bildern zurück und überdenken, worauf wir *als Historiker* in diesem Kapitel gestoßen sind. Aufgefallen waren uns zwei Früchtestilleben, gemalt auf dem europäischen Kontinent in einem zeitlichen Abstand von knapp dreihundert Jahren. Kokoschkas Früchte aus dem 20. Jahrhundert waren schön, groß, ohne Runzeln und Faulstellen, so wie wir sie heute in jedem Supermarkt das ganze Jahr über kaufen können. Die Früchte auf Van der Asts Bild aus dem 17. Jahrhundert waren dagegen verrunzelt, klein, fleckig, korkig, überreif, zum Teil angefault. Dazu paßte, daß sich bei ihm – im Gegensatz zum lebensmittelhygienisch einwandfreien Früchtearrangement aus dem 20. Jahrhundert – eine Menge Ungeziefer tummelte: Fliegen, Raupen, Schmetterlinge, Libellen, ja sogar Eidechsen und Schnecken. Wer von uns würde heute schon so einen Früchtekorb kaufen oder gar verschenken wollen? Undenkbar!

Als *Historiker* überlegte ich sodann, wieso sich das alles so verhalten könnte. Dabei zogen wir ausführlich in Betracht, was einerseits die Fachleute der Kunstgeschichte bisher zu diesen Bildern, ihren Malern und deren Umfeld gesagt und publiziert hatten, und andererseits, worauf die Unterschiede in den Augen von Lebensmittelfachleuten, Biologen, Chemikern, Hygienikern zurückgeführt werden. All diese Teilaspekte, die Spezialauskünfte und fachbezogenen Erörterungen gilt es nun zusammenzufassen, gemeinsam zu überdenken und mit den eigenen historischen Erkenntnissen zu kombinieren. Als Historiker und ganz besonders als einem Historiker-Demographen ist mir bekannt, wie unsicher im 17. Jahrhundert jegliches menschliche Leben war und wie unvergleichlich sicherer es heute ist. Zurückgeführt werden kann dies auf die Tatsache, daß Menschen damals quasi permanent von der Trias ‚Pest, Hunger und Krieg‘ bedroht waren. Der Maler des ersten Bildes lebte zur Zeit des ‚Achtzigjährigen Krieges‘. Weder Pestilenzen noch Hunger in Verbindung mit Mißernten dürften ihm unbekannt gewesen sein. Anders verhielt sich dies beim Maler des zweiten Bildes. Er lebte, als er sein Werk schuf, in einer Friedensperiode. Viele der ehemaligen seuchenbildenden Infektionskrankheiten waren bereits unter Kontrolle gebracht oder auf dem Weg dazu, und ebenso sorgte die mittlerweile wesentlich verbesserte Infrastruktur auf dem europäischen Kontinent sowie dessen Integration in den Welthandel dafür, daß Nahrungsmittelengpässe – falls überhaupt noch vorkommend – rechtzeitig ausgeglichen werden konnten.

Was lag vor diesem Hintergrund im einen wie im anderen Fall näher, als daß die beiden Maler ihre Früchtestilleben mit der größten Selbstverständlichkeit, das heißt ohne viel Hin- und Herüberlegens so malten, wie sie sie eben malten? Als Historiker bin ich der Auffassung, daß wir hier *Spiegelbilder mentaler Selbstverständlichkeiten* vor uns haben. *Historiker* schauen Bilder an! Wir ordnen sie in *unsere* Rahmenbedingungen ein.

Unsere Rahmenbedingungen: das bedeutet für mich jedoch noch ein zweites. Wenn die Lebensspanne im Verlaufe der drei letzten Jahrhunderte bei uns so viel sicherer geworden ist, meint das genauso, daß heute unvergleichlich mehr Menschen länger leben, also auch wesentlich mehr Jahre zur Verfügung haben. Wie füllen sie all diese Jahre auf? Wiederum stellt der *Historiker* fest, daß diese Entwicklung zu einem sicheren Leben dermaßen rasch verlaufen ist, daß sie sich in der Mentalität vieler Menschen noch gar nicht ausgeprägt hat. Mancher lebt mit der Mentalität von gestern und vorgestern, das heißt von einem Tag zum andern, von einem Jahr zum andern. Viele haben noch nicht realisiert, daß ihr Leben nun sehr wahrscheinlich erst im Vierten Alter, also hoch in den Siebzigern oder Achtzigern zu Ende gehen wird. Das sind zehn, fünfzehn, zwanzig und mehr Jahre, nachdem sie in den Ruhestand getreten sind und ihren elterlichen und/oder gesellschaftlichen Pflichten Genüge getan haben.

Um auch diese zusätzlichen Jahre zu erfüllten Jahren zu machen, bedarf es heute frühzeitig im Leben eines ‚Plans‘. Dieser langfristig ausgelegte ‚Lebensplan‘ muß von Anfang an jene späten Jahre mitbedenken. Es werden Jahre eines notwendigerweise allmählich nachlassenden Aktivismus sein, was wiederum bedeutet, daß es sich dann im wesentlichen um eine geistige Erfülltheit handeln muß. *Deshalb* zeigte ich dem Leser in diesem Kapitel und werde es auch in den folgenden tun, auf welche Weise er tiefe Interessen in sich wecken und anlegen kann, um sie dann jahrelang bis ins hohe Alter zu pflegen. Als Historiker-Demograph hatte ich in den beiden ersten Grundsatzkapiteln den Rahmen skizziert, das heißt die erweiterte Lebenshülse. Als ein hierüber selbst nachdenklich gewordener Historiker führte ich nun ein Beispiel an, wie diese erweiterte Hülse gezielt gefüllt werden könnte. Beim ‚Bilder-Ansehen‘ wurden zuerst kunsthistorische Interessen geweckt und ihnen ein Stück weit nachgegangen. Von da kamen wir auf biologische und zoologische Interessen, alles immer im Hinblick auf unseren Bildervergleich. In diesem vorgegebenen Rahmen ließe sich der eingeschlagene Weg fast beliebig fortsetzen und vertiefen. Wichtig ist am Ende – wie hier am Schluß knapp skizziert –, alle Teilbereiche *für sich selbst* zusammenzufassen und dadurch zu einem einheitlichen *Schauen* zu gelangen.

Könnte hierin dann jedoch nicht auch der Anfang zu einer ‚Welt*anschauung*‘ liegen, die viele heute schmerzlich vermissen? Wem dieses Wort zu groß klingt oder wer auch nur schon die eben geäußerte Forderung nach einem ‚Lebensplan‘ zu betont geraten oder gar zu aufdringlich findet, dem möchte ich entgegenhalten, daß ‚Geschichte‘ für mich nie bloß darin bestand, Ereignisse aneinander zu reihen, Entwicklungen nachzuzeichnen, Zusammenhänge zu sehen, zu analysieren und zu interpretieren. Jenseits solchen puren handwerklich berufsbezogenen Tuns ist es vielmehr die ungeheure Herausforderung, Konsequenzen aus all dem, was ich da sehe und mache, zu ziehen. *Dies* läßt mich an ihr nicht los; und *hierin* liegt die Botschaft, die ich auch für den Leser habe. Weder kann, noch will ich sie abschwächen.

5

Zwei Stilleben mit Brot:
eines von 1637 und eines von 1898

Dieses Kapitel besteht aus zwei Teilen. Im ersten Teil möchte ich dem Leser eine Aufgabe stellen. Die beiden nun zur Sprache kommenden Bilder sind fast gleichzeitig entstanden wie im letzten Kapitel Van der Asts ‚Stilleben mit Fruchtkorb' (1632) und Kokoschkas ‚Stilleben mit Ananas' (1907). Diesmal stammt Flegels ‚Stilleben mit Fischgericht' aus dem Jahre 1637 und Ankers Stilleben ‚Bier und Rettich' von 1898 (vgl. Abbildung 14). Der geschichtliche Entwicklungszeitraum zwischen beiden Werken ist somit erneut derselbe. Manche Überlegungen, die wir letztes Mal beim Vergleich zwischen den Früchte-Stilleben angestellt haben, müßten sich hier in ähnlicher Weise wiederholen lassen. Dazu aber sollte der Leser inzwischen selber in der Lage sein – jedenfalls dann, wenn ich ihm einleitend einige Hintergrundinformationen zu Malern und Werk gebe.

Im anschließenden zweiten Teil will ich dann einen Schritt darüber hinaustun. Ging es letztes Mal ‚nur' um die Gesundheit von Früchten und darum, wie man Schad-Erreger von ihnen fernhalten kann, so stehen diesmal Gesundheit und Krankheit von uns Menschen selbst im Mittelpunkt, und zwar einerseits im 17. und andererseits im 20. Jahrhundert. Damit aber sind wir wieder bei unserem zentralen Thema angelangt, nämlich der unerhörten Zunahme von Lebensgewißheit im Verlaufe dieser drei Jahrhunderte. Entsprechend lautet die Frage dann, was *wir* tun müssen (oder müßten), um ‚Schad-Erreger' von uns fernzuhalten beziehungsweise um nicht wieder hinter den erreichten Zustand zurückzufallen.

Beginnen wir mit den Hintergrundinformationen zu den beiden Malern und den ausgewählten Werken. Diesmal haben wir es mit zwei Künstlern aus dem deutschen Sprachraum zu tun. Georg Flegel war in Frankfurt am Main ansässig, Albert Anker im schweizerischen Ins zwischen Bern und Neuenburg. Beide wurden alt. Flegel lebte von 1566 bis 1638, Albert Anker von 1831 bis 1910. Der erste erreichte somit ein Alter von 72, der andere von 79 Jahren. Ihre Stilleben malten beide als reife Männer, Flegel mit 71, Anker mit 67 Jahren. Beim Frankfurter Künstler muß ich etwas weiter ausholen als beim Berner, denn Anker ist zweifellos noch heute der populärste Maler in der Schweiz. Reproduktionen seiner Werke hängen bis in die hintersten Orte der Eidgenossenschaft an den Wänden. Jede Anker-Ausstellung kann dort von vornherein mit einem großen Besucher-Erfolg rechnen.

Bei Flegel verhält sich das anders. Nicht nur ist er – selbst hierzulande – weniger bekannt, sondern es bereitet auch erheblich mehr Mühe, sich in die Entstehungszeit seiner Bilder hineinzudenken und sie, falls man das anstrebt und soweit es überhaupt möglich ist, mit damaligen Augen zu sehen.

Bei diesen Bemühungen können einem manchmal ganz unerwartete Früchte in den Schoß fallen. Ich finde, man sollte auch dafür stets offen bleiben und nicht einfach achtlos daran vorbeigehen. Da uns Flegel in seinem Bild ein ‚Fischgericht‘ vorsetzt, nahm es mich als Historiker wunder, welche Rolle Fische damals im Speisezettel deutscher Haushalte spielten. Nicht daß ich im folgenden nun die Ergebnisse jener Nachforschungen ausbreiten gedächte. Das geschah in den seinerzeitigen Vorlesungen und Seminaren. Außerdem haben andere in jüngerer Zeit ausführlich über das Thema gehandelt, so daß jeder interessierte Leser den Zugang leicht selber findet (zum Einstieg vgl. etwa Teuteberg-Wiegelmann 1986 oder Jütte 1987 a).

Überraschend war für mich, auf handfeste ‚Lebensmittelskandale‘ schon vor drei- oder vierhundert Jahren zu stoßen. Sie sind keineswegs eine moderne Erscheinung. Plötzliche Umsatzeinbrüche, wie sie die deutsche Fischindustrie 1987 aufgrund von Larvenfunden in einigen Fischprodukten hinnehmen mußte, gab es schon zu Zeiten Flegels. Ein solcher ‚alter‘ Fischskandal war sogar genügend medienträchtig, um noch mehr als vier Jahrhunderte später für Schlagzeilen zu sorgen. 1987 veröffentlichte die ‚Frankfurter Allgemeine Zeitung‘ unter dem Aufmacher „Die Wurmkrise des Kölner Fischhandels im Jahre 1582" einen Bericht von Robert Jütte, den dieser Kölner Sozialhistoriker aufgrund sorgfältiger Archivforschungen zusammengestellt hatte (Jütte 1987b). Zu Beginn jenes fernen Jahres waren auf dem Kölner Fischmarkt Heringe aufgetaucht, in denen man ebenfalls – wie vier Jahrhunderte später – ‚sclenglin‘ (‚Schlänglein‘, also Larven) gefunden haben wollte. Schlagartig ging der Absatz zurück. Kostete eine Tonne Salzheringe Anfang Januar 1582 noch zwischen dreizehn und fünfzehn Talern, so wurde dieselbe Menge auf dem Kölner Großmarkt wenige Wochen später für acht, auf dem Höhepunkt der Krise und der Massenhysterie Mitte März sogar für vier Taler gehandelt. Es sollte bis 1586 dauern, bis der Preis für Hering sein altes Niveau nicht nur wieder erreichte, sondern mit achtzehn Talern pro Tonne übertraf. – Esser scheinen vergeßliche Leute zu sein. Schon in den 1580er Jahren war das offenbar nicht anders als in den 1980ern. Wer erinnert sich heute noch an jenen Skandal aus dem Jahre 1987, von dem damals die ganze Bundesrepublik sprach? (Vgl. zwei Jahre nach der 1987er Krise den Artikel von Hinrich Lührssen mit dem aussagekräftigen Untertitel „Der Wurm ist raus – Fisch steht wieder auf dem Speiseplan"; Lührssen 1989.) Eßgewohnheiten gehören zu den zählebigsten Mentalitätsstrukturen. Hier handelt es sich wahrlich um ‚Elemente von langer Dauer‘, wie unsere französischen Historiker-Kollegen zu sagen pflegen.

Doch kehren wir zurück zu Leben und Werk von Flegel und Anker. Georg Flegel lebte und wirkte nicht nur zur gleichen Zeit wie Balthasar Van der Ast, und er behandelte auch nicht nur ähnliche Themen wie jener Niederländer, sondern die beiden Künstler waren keine unbekannte Größen füreinander. So hatte der Schwager und Lehrer Balthasars, Ambrosius Bosschaert (Antwerpen 1573 – Den Haag 1621), schon 1613 einem Middelburger Sammler das Bild ‚Teller mit Pfirsichen‘ von Flegel besorgt (Haak 1984, 205). Bosschaert war zwar selbst ebenfalls Maler. Doch betätigte er sich gleichzeitig auch aktiv im Kunsthandel. Es ist bekannt, daß die damaligen Kunstzentren Europas auf vielfältige Weise miteinander verbunden waren. Dies geschah durch reisende Künstler, durch eine gut organisierte Vermarktung von Drucken und Stichen, oder eben durch den gezielten An- und Verkauf bestimmter Werke von seiten einzelner Kunsthändler. Was zudem die Verbindungen zwischen Frankfurt und Holland betraf, so beherbergte die protestantische Stadt eine beachtliche Kolonie niederländisch-reformierter Glaubensflüchtlinge. Zu Beginn des 17. Jahrhunderts soll sie zwischen zwei- und viertausend Personen umfaßt haben (Meyn 1980, 226; vgl. auch Meijer 1989, 7). Hinzu kam eine eigentliche Malerkolonie niederländischer Künstler in Hanau, der neugegründeten Nachbarstadt Frankfurts. Zu ihr gehörte unter anderen auch Peter Binoit (1590/93–1632), auf den ich weiter unten noch zurückkommen werde.

Über den Menschen Georg Flegel wissen wir nicht allzu viel. Aus seinen nur in den letzten Lebensjahren signierten und dabei manchmal auch mit einer Altersangabe versehenen Bildern läßt sich schließen, daß er 1566 zur Welt gekommen sein muß. Der Geburtsort war jedoch nicht Frankfurt, sondern Olmütz – tschechisch Olomouc – in Nordmähren. Wieso und wann genau er von dort wegzog, steht nicht fest. Möglicherweise lag der Grund in den Drangsalierungen der Nicht-Katholiken, zu denen Flegel gehörte. Vor allem während der 1570er und 80er Jahre war es in der Bischofsstadt immer wieder zu rigorosen gegenreformatorischen Aktionen gekommen. Möglicherweise trugen auch die Kriegswirren Anfang der 90er Jahre zu seinem Abwanderungsentschluß bei. Damals verwandelten die langanhaltenden Auseinandersetzungen mit den Türken weite Teile Mährens in einen permanenten Kriegsschauplatz. Die erste sichere Nachricht, die wir von Flegel nach der Übersiedlung haben, ist ein Taufeintrag für den Sohn Martin. Laut Frankfurter Kirchenbüchern geschah dies am 14. November 1594. Mit Ehefrau Brigitta hatte Georg bis 1608 noch sechs weitere Kinder, drei Mädchen und drei Knaben. 1595 kam Lucia zur Welt, 1597 Friedrich, 1600 Abigail, 1602 Leonhard, 1605 Susanna und 1608 schließlich Peter (Müller 1956: vgl. dort insbesondere den Teil ‚Versuch einer Lebensgeschichte des Georg Flegel‘, 64–77).

Es scheint, als ob die Flegels in Frankfurt Wurzeln zu schlagen vermocht hätten. Jedenfalls stimmte der Rat der Stadt ihrem Gesuch um Aufnahme in die Bürgerschaft im Jahre 1597 zu. Solche Wurzeln hatten die Flegels auch bitter nötig. Denn ein ‚gesichertes Leben‘ bedeutete die ‚Seßhaftigkeit‘ in Frankfurt allein noch lange nicht. Ein Blick auf die wechselvolle Geschichte der Stadt in jenen Jahren zeigt, daß sie im Zeitraum 1612–1616 von bürgerkriegsähnlichen Wirren heimgesucht wurde. Historiker sprechen vom sogenannten ‚Fettmilch-Aufstand‘ – so genannt nach dem einen Anführer Vinzenz Fettmilch. Kaum war der schwere Konflikt beigelegt, wurde die Reichsstadt wie weite Teile Deutschlands in den Dreißigjährigen Krieg (1618–1648) einbezogen. 1631/1632 kam es sogar dazu, daß der Schwedenkönig Gustav Adolf in ihr regierte – und den Bewohnern entsprechend hohe Kriegsabgaben aufbürdete. Vater Georg erlebte das Ende der dreißigjährigen Auseinandersetzungen und aller damit verbundenen Unsicherheiten nicht mehr. Er starb bereits 1638, also zehn Jahre, bevor ein brüchiger Friede der Stadt vorübergehend Ruhe brachte. – Als ob die direkten Auswirkungen jenes längsten Krieges auf deutschem Boden allein noch nicht ausgereicht hätten, schlug in den 1630er Jahren auch noch die Pest mit aller Wucht zu. Frankfurt mochte um 1630 etwa 30 000 Einwohner gezählt haben. Davon fielen der Seuche allein 1635 7000 und 1636 nochmals 3000 Menschen zum Opfer. Die Bevölkerung schrumpfte um ein Drittel. Gewiß handelt es sich bei diesen Angaben um ‚runde Zahlen‘. Als Historiker möchte ich hinzufügen: ‚typischerweise‘. Denn wer zählte damals den einzelnen schon? Und was zählte ein einzelner schon?

Die Zeitläufte waren jedoch nicht ‚nur‘ äußerlich unruhig. Sieben Geburten bei den Flegels meinten damals keineswegs, daß Georg und Brigitta eine ‚Familie‘ mit sieben Kindern gehabt hätten. Auch abgesehen von Krieg und Pest waren in jenen Tagen Menschen allen Alters vor den tödlichen Folgen ‚gewöhnlicher Krankheiten‘ nie sicher. Besonders schmerzhaft mußte für Georg Flegel der frühzeitige Tod zweier Söhne gewesen sein, die wie ihr Vater Maler werden wollten. 1616 starb laut Kirchenbuch ‚der kunstreiche Junggesell‘ Friedrich (19 Jahre), 1623 sodann Leonhard (21 Jahre). Nachdem Georg 1633 auch noch seine Frau verloren hatte, mochte es still um ihn geworden sein. Vielleicht verbrachte er seine letzten Jahre bei einer seiner Töchter? Von Abigail zumindest wissen wir, daß sie erst 1673 starb.

Ich begann die Hintergrundinformationen bewußt mit dieser düsteren Kulisse Flegelscher Lebensumstände. Zusätzlich will ich nun vier kleine Stilleben-Gemälde aus den letzten Jahren des Malers vorstellen, und zwar so, wie *Kunsthistoriker* sie anzusehen, zu beschreiben, zu deuten pflegen. Anschließend frage ich mich dann – und frage den Leser –, ob dies eingedenk jener dunklen Kulisse wirklich die einzig mögliche Sehweise ist. Jeder möge sich dabei seine *eigenen* Gedanken machen. Zudem lasse ich noch einen ‚Außenstehenden‘ zu Wort kommen, nämlich den Essayisten und Lyriker Hans Magnus Enzensberger (Jahrgang 1929). Mancher Leser dürfte sich von seinen ‚Laien‘-Betrachtungen wahrscheinlich ebenso angeregt fühlen wie von dem nun als erstes auszubreitenden kunsthistorischen Sachverstand. Ich selbst bilde hierbei keine Ausnahme.

Die vier Täfelchen, von denen die Rede sein soll, stammen alle aus den Jahren 1635–1637. Schon im Jahre darauf starb Flegel. Das erste Bild ‚Stillleben mit Kirschen‘ hängt heute in der Staatsgalerie Stuttgart (Öl auf Holz, 18,4 × 25 cm). Es wurde 1635 gemalt und konnte 1975 aus Schweizer Privatbesitz erworben werden. Das zweite und dritte Bild: ‚Brot und Zuckerwerk‘ (Öl auf Holz, 21,5 × 17 cm) sowie ‚Wein und Konfekt‘ (Öl auf Holz, 19,6 × 23,7 cm) befinden sich im Frankfurter Städel. Sie entstanden beide um 1637 und gelangten 1954 und 1955 in die Gemäldesammlung am Main. Beim vierten Täfelchen schließlich handelt es sich um ‚unseren‘ Flegel, also das ‚Stilleben mit Fischgericht‘ (Öl auf Holz, 19,8 × 15 cm). Es ist heute im Louvre in Paris zu sehen. Dort trägt es den Titel ‚Nature morte au flacon de vin et aux petits poissons‘. Wie die beiden vorher genannten Frankfurter Stilleben entstand es im Jahr vor Flegels Tod, 1637. Es wurde 1960 in Südfrankreich entdeckt und gelangte über Nizza und Pariser Privatbesitz 1981 in die französische Staatsgalerie.

Keines der vier kleinformatigen Spätwerke Flegels zählt somit zum Altbestand der erwähnten Museen, die allesamt Weltrang haben. Dies mag ein Grund dafür sein, daß sich mehrere Kunsthistoriker in jüngerer Zeit ausführlich mit den Neuerwerbungen beschäftigten. Ich lasse sie deshalb im folgenden relativ ausführlich selbst zu Worte kommen. Zum Stuttgarter ‚Stilleben mit Kirschen‘ lesen wir bei Wolfgang J. Müller: „... gehört zu der reich differenzierten Gruppe der Spätwerke aus den Jahren 1635–38; in ihnen hat er sein Höchstes gegeben. – Auf einer Fichtenholzplatte mit deutlich erkennbarer Maserung und Aststellen steht vorn links ein zierliches Weinglas, dessen reptilienhaft verschlungener Fuß gerade noch den Rand eines blanken Metalltellers überschneidet. Er nimmt fast die gesamte dargestellte Tischfläche ein, auf seinem schimmernden Rund spiegeln sich verstreute Mandeln, eine Johannesbeerrispe und einige Kirschen vor einem angeschnittenen Fettkäse. Auf seiner graugrünlichen Rinde liegt ein Messer mit buntemailliertem Griff neben einem Kanten Graubrot, auf dem sich eine Libelle niedergelassen hat.

Schon diese Aufzählung zeigt, daß Flegel in dem Bild mit außerordentlicher Feinfühligkeit die Dinge in ihrer malerischen Erscheinung erfaßt hat. Von dieser Malerei geht eine Faszination aus, über ihr vergißt man fast die sachliche Treue in der Wiedergabe der Gegenstände, die mit Virtuosität nach ihrer Stofflichkeit vergegenwärtigt werden. Als Flegel dieses Täfelchen bemalte, war er fast 70 Jahre alt, er schaltete frei mit dem Schatze seiner Erfahrung aus vier Jahrzehnten. Virtuos schildert er, wie sich gegen die schrundige Käserinde die glatte mahagonifarbene Kruste des Brotes legt – und stellt diesen Gegensatz buchstäblich auf des Messers dunkelglatte Schneide, die aus dem geschliffenen zartfarbigen Email des Griffes vorstößt.

Mit der blaugrün glitzernden Libelle auf der porigen Schnittfläche des Brotes deutet Flegel an, wie raffiniert er diesen Aufbau ausbalanciert hat, ohne sich in leere Bravour oder in Pedanterie zu verlieren. Trotz allem Raffinement gerinnt Flegels Malerei auf der Bildfläche nicht zu preziöser Starre.

Diese Betrachtung weist dem Stilleben mit Kirschen einen besonders hohen Rang zu, es gibt sich zu erkennen als Schlußpunkt einer Meditation über Farbenklänge und Formzusammenhänge. Schon hier ist ‚alles besonderlich, vernünftig, fleißig und natürlich gemahlt‘, wie sich Flegels Frankfurter Stadtgenosse Joachim von Sandrart ausdrückt in seiner 1675 erschienenen ‚Teutschen Academie‘, wenn er sich an Flegels Bilder erinnert" (Müller 1968, wortgetreue Textpassagen der Seiten 122–129).

Wolfgang J. Müller, der sich wiederholt und ausführlich mit Flegel beschäftigt hat, ist allerdings ehrlich genug, um einzugestehen: „Unsere Beurteilung geschah aus unserer Zeitlage und orientiert sich auch am Verständnis der Kunst unserer Zeit – aber auch in ihrer Zeitgebundenheit bestätigt sie noch, was der Frankfurter Kunstliebhaber Heinrich Sebastian Hüsgen schon 1780 über Flegels Stilleben geschrieben hat: ‚Bey dem allem bemercket man in jeder Art einen Meister-Pinsel, dessen Wercke einstens einer vernünftigen Nachwelt noch Vergnügen machen werden'" (Müller 1968, 126).

Lassen wir nun zum gleichen Stuttgarter Gemälde auch Johannes Zahlten zu Wort kommen. Im Anschluß an die Bildbeschreibung führt er aus: „... Flegel hat die aufgezählten Alltagsgegenstände nicht nur genau beobachtet und in ihrer Stofflichkeit exakt wiedergegeben, sondern sie in Komposition und farbiger Erscheinung sorgfältig aufeinander abgestimmt. Diese künstlerisch gestaltete Dinglichkeit gibt nicht nur eine vordergründige Zusammenstellung von Eßwaren und Tafelgerät wieder. Die kunstgeschichtliche Forschung der letzten Jahre hat verstärkt gerade für Stillebendarstellungen deutlich gemacht, welche Rolle die symbolische Bedeutung der Gegenstände für das umfassende Verständnis der Kunstwerke spielt. Vielfach sind es sogenannte ‚Vanitas‘-Darstellungen, das heißt der Gedanke der Vergänglichkeit alles Irdischen steht hinter ihnen. Dies ist auch hier mit angesprochen: die mit dem Messer aufgebrochene Mandelschale, das zufällig Verstreute, Unstabile der Gegenstände, die schimmelige Käserinde und das vertrocknende Brot deuten darauf hin. Doch die bisherige Deutung, „‚Schein und Scheines Versinken‘, aller Dinglichkeit in der unablässig rinnenden Zeit: Was der Mensch benötigt, muß er berühren und zerstören‘, läßt sich noch um eine positivere und anders akzentuierte Schicht vermehren. Wie in anderen Stilleben Flegels wird hier mehrfach auf einen religiösen Gehalt angespielt, wie er sich aus zeitgenössischen symbolischen Deutungen der Dinge belegen läßt. Ein Hinweis auf die Eucharistie, das heißt die in der Meßfeier der Kirche erfolgende Verwandlung von Brot und Wein in den Leib Christi, steckt in eben jenen Gegenständen. Der damit gemeinte Opfertod Christi am Kreuz überwindet das Böse, hier die im Stiel des Glases erstarrte Paradiesschlange. Die folgende Auferstehung aus dem verschlossenen Grab versinnbildet die gesprengte Schale der Mandel. Mandeln und Nüsse galten als Symbole der Menschwerdung und Auferstehung. In ihnen und den Kirschen steckt zudem ein Hinweis auf die süßen Früchte des Paradieses, die den Christen nach seinem Tod erwarten. In den Kirschen als Himmelsfrüchte sah man weiter auch Symbole der Fleischwerdung Christi, in den Johannisbeeren ein Zeichen für das Martyrium um Christi willen, abgeleitet von der Enthauptung Johannes des Täufers. Die Libelle (wie den Schmetterling) verstand man als Motiv der Vergänglichkeit, gleichzeitig aber auch als Verweis auf das Neue Leben nach dem Tode, denn aus der verpuppten Raupe schlüpft nach einer Ruhezeit der Falter. So verbargen sich für den Menschen der Barockzeit in den Gegenständen des Alltags Gedanken religiöser Andacht, wurden einfache Dinge als Geschenke Gottes und damit als Hinweis auf das Heilsgeschehen verstanden" (Zahlten 1987, wortgetreue Textpassagen der Spalten auf Seite 5).

Kurt Wettengl, der schon mit einer mehr als 300seitigen Dissertation über ,Die Mahlzeitenstilleben von Georg Flegel' promovierte (Wettengl 1983), schreibt in seiner ,Kleinen Werkmonographie' zu den beiden Frankfurter Bildern: „Auf dem Stilleben ,Brot und Zuckerwerk' sehen wir im Vordergrund Zuckerwerk verschiedener Größe und Form; links befindet sich ein winziges Weißbrot, darauf ein Zuckerstängelchen und eine Libelle. Im Hintergrund steht eine Porzellanschale mit weißem Zuckergebäck, darauf sitzt ein Schmetterling. Ein herzförmiges Backwerk überschneidet einen Teil des Fußes des aufragenden Weinglases, durch das die räumlichen Schichten des Bildes miteinander verbunden werden.

Das Stilleben ,Wein und Konfekt' ist mit diesem hochformatigen Stilleben Flegels hinsichtlich des Motivrepertoires und der Komposition vergleichbar. Im Vordergrund liegt diverses Zuckerwerk und ein Messer. Im Mittelgrund wird ein Zinnteller mit getrocknetem Obst von einem Porzellanteller mit in Sirup eingelegten Früchten leicht überschnitten. Der Porzellanteller steht auf einigen Lebkuchen. Die in die Tiefe führende Stellung der beiden Teller klingt an in der Schräglage des Messers. Das aufragende Weinglas gibt dem Bildraum Tiefe.

Die sorgfältige, detaillierte Beobachtung und Charakterisierung der stofflichen Qualitäten der Objekte ist typisch für Flegel, der die Natur intensiv studierte. Diese ästhetische Qualität von Flegels Malerei lobte schon Joachim von Sandrart in seiner ,Academie der Bau-, Bild- und Mahlerey-Künste' im Jahre 1675: „... ware zu Frankfurt Georg Flegel, meines Behaltens aus Mähren, der ein glücklicher Mahler in Nachfolgung des Lebens, an Obst, Früchten, Fischen, Bancquetten, Gläsern, Pocalen und Bechern von allerley Metallen gewesen und alles besonderlich, vernünftig, fleißig und natürlich gemahlt ...'.

Die Absichten solcher Stilleben bestanden jedoch nicht allein in der Vermittlung ästhetischer Reize, und im Unterschied zum heute vorherrschenden Wahrnehmungsinteresse für solche Darstellungen wurden sie nicht vornehmlich unter formal-ästhetischem Aspekt betrachtet. Diese beiden Stilleben sind im Zusammenhang mit den sich verändernden Bedürfnissen einer kleinen privilegierten Schicht zu sehen: seit dem Ende des 16. Jahrhunderts zeichnet sich eine Tendenz zur Verfeinerung des Luxus ab. Zu den Erscheinungsformen dieses ‚Delikatessenkultes‘ gehörte auch gerade das erhöhte Angebot an Mehl- und Süßspeisen. Zur Zeit der Entstehung dieser Bilder war Frankfurt am Main ein bedeutsames Zentrum der Süßwarenproduktion im süddeutschen Raum. Durch die Frankfurter Messen als Umschlagplatz für Fernhandelswaren bot sich die Möglichkeit, die Mahlzeiten zu verfeinern und abwechslungsreicher zuzubereiten.

Die Wiedergabe von bürgerlichem Reichtum und Genuß und deren Prestigefunktion sind jedoch nicht die einzigen Aspekte dieser Stilleben. In diesen trivialen Sujets der Flegelschen Mahlzeitenstilleben ist auch ein Moment der religiösmoralischen Kritik des materiellen Reichtums und dessen Verausgabung enthalten. Einzelne Motive repräsentieren symbolische Werte, die moralisierend eingesetzt werden. So läßt sich die Libelle im Sinne überlieferter Symbolik als Zeichen der Vergänglichkeit aller irdischen Dinge verstehen, der Schmetterling auf demselben Bild kann als mahnender Hinweis vor Leichtlebigkeit und törichter Liebe gesehen werden. Wurde er jedoch als Symbol für die Auferstehung Jesu Christi oder für die menschliche Seele interpretiert, so stehen sich die beiden Insekten gegensätzlich gegenüber: Zeichen des ‚Niederen‘, das Böse, die Sünde, gegen Zeichen des ‚Höheren‘, der Glaube, die Seele. Der mit moralisierender Absicht verschlüsselt vorgetragene Zwiespalt zwischen Gut und Böse findet seine Entsprechung in der formalen Relation von unten und oben der beiden Insekten. Durch die Speisen wird der Geschmackssinn auf diesen Bildern repräsentiert und insofern stehen sie in der Tradition der Fünfsinne-Ikonographie. Gerade den Geschmackssinn kritisierten die Humanisten und Moralisten neben dem Gefühl besonders heftig. So schrieb Nicolaus Brontius: ‚Jeder von ihnen (den Sinnen; d. Verf.) ist häßlich und schlecht, aber die Lust, die aus übermäßiger Hingabe an den Geschmack und das Gefühl kommt, ist die abscheulichste. Jene, die sich dieser hingeben, werden zum Vieh gerechnet‘ " (Wettengl 1985, wortgetreue Textpassagen der Seiten 3–4).

Geben wir abschließend dem eingangs zitierten Wolfgang J. Müller das Wort zurück, diesmal zu ‚unserem‘ Pariser Gemälde: „Das 1960 in Südfrankreich gefundene Stilleben von 1637 zeigt ein Fischgericht, mit Würzkräutern angerichtet auf einem Zinnteller, vor einer Karaffe Rotwein und angeschnittenem Weizenbrot. Als Flegel dieses ausgezeichnet erhaltene Kleinbild in seinem letzten Lebensjahr schuf, hatte seine Kompositionskunst ihre höchste Stufe erreicht. Das Fischgericht von 1637 schildert auf eng genommener Bildfläche nur drei Gegenstände, verschieden nach Stoff, Farbe und Masse: den matt glänzenden Zinnteller mit den metallisch glitzernden Fischchen inmitten blasser und kräftig grüner Würzkräuter, die gläserne Karaffe mit hellrotem Wein, dessen rötlicher Abglanz auf den porig-dichten Anschnitt des knusprigen Weizenbrotes fällt. Flegel hat die Ähnlichkeitsbeziehung der flächigen Erscheinung dieser Gegenstände entdeckt: Fischteller, Karaffe und Brotanschnitt präsentieren ein Oval in Aufsicht, als Volumen und in Ansicht. Deshalb erscheinen die Dinge dicht aufeinander bezogen, hinter ihrer eigentümlich spannungserfüllten Gesamterscheinung wird die ornamentale Figur des damals gebräuchlichen Knorpelwerkes erkennbar. Diese ‚Hintersinnigkeit' eines Mahlzeitbildes läßt sich wohl als deutsche Sonderform einer internationalen Bildgattung ansprechen, geschaffen als Alterswerk eines damals 70jährigen, der stoffliche Differenzierung umgedeutet hat zum kostbaren Ornament schöner Malerei" (Müller 1968, wortgetreue Zusammenfassung der Seite 122).

Und was meint nun ein Außenstehender zu all dem? Hören wir Hans Magnus Enzensberger. Es wirkt so frisch und herzhaft selbständig, was uns der Essayist zu sagen hat, daß auch er das Wort ausführlich bekommen soll. Nach all den gelehrten Erörterungen sind seine Worte ganz dazu angetan, uns die Balance zurückzugeben. Enzensberger sah sich das etwa 1620 im Umfeld Flegels in Hanau entstandene ‚Stilleben mit Schalentieren' von Peter Binoit an (37,2 × 54,5 cm; Privatsammlung; abgebildet in Enzensberger 1988). Dabei kamen ihm folgende Gedanken: „Ganz einfach: nichts weiter als ein Brot, ein Teller, eine Zitrone, ein Krebs, ein Glas Wein; wer genauer hinschaut, findet im Schatten eine Maus, die an einem Stück Zuckerwerk knabbert. Das ist alles. Warum werfen wir heute noch gern einen langen Blick auf dieses Brot aus dem frühen siebzehnten Jahrhundert, als wäre es etwas anderes als ein gewöhnliches Brot?

So alltäglich die Dinge und die Lebewesen, die auf diesem Bild zu sehen sind, so sonderbar wirkt ihre Versammlung. Ich glaube kaum, daß – außer dem Maler – je ein Mensch vor einem solchen Tisch gesessen hat. Was uns da aufgetischt wird ist eine höchst eigentümliche Mahlzeit: ein Menü aus Zwieback und Garnelen, Oliven und Zuckergebäck. Wer hätte je einen Krebs zusammen mit einer Orange verspeist? Das kann kein wirkliches Essen sein. Besteck und Tischtuch fehlen, kein Stuhl steht bereit. Wir haben überhaupt kein Zimmer vor uns, keinen Raum, nur ein dunkles Ungefähr, in das, wer weiß woher, ein starkes Licht fällt. Ein äußerst künstliches Ensemble wird uns vorgeführt. Daß es der Erfinder darauf abgesehen hätte, uns zu schockieren, ist ausgeschlossen. Wenn von einer Absicht überhaupt die Rede sein kann, so liegt sie jedenfalls nicht auf der Hand.

Eine Maus ist eine Maus ist eine Maus. Tautologie ist undurchdringlich. Das hat die Wissenschaft nicht ruhen lassen. Die Kunsthistoriker haben sich angewöhnt, gerade die lapidarsten Bilder als Bilderrätsel zu lesen. Es ist kein

Wunder, daß sie dabei fündig geworden sind. Wer sucht, der findet; wer an die hermeneutische Pforte klopft, dem wird aufgetan; und was keine Bedeutung zur Schau trägt, läßt die vielfältigsten Deutungen zu.

Brot und Wein zum Beispiel – sagt uns das nichts? Auch wenn wir nicht ganz bibelfest sind, werden wir uns an die Eucharistie erinnern, ein Ritual, um dessentwillen damals die eine Hälfte Europas die andere mit einem dreißigjährigen Krieg überzog. Einmal auf diesen Weg gebracht, ist die Entzifferung des Bildes nicht mehr aufzuhalten. Die Literatur des 17. Jahrhunderts bietet dazu einen ganzen Schlüsselbund, die sogenannten Emblemata, mit deren Hilfe sich die Welt in ein Repertoire von Sinnbildern verwandeln läßt. Mit Hilfe des Emblems ist es möglich, der gewöhnlichen Erscheinung eine Bedeutung einzupflanzen, und schon wird aus dem Bild ein Sinnbild: Der Krebs steht für die Verkehrtheit dieser Welt, die Garnele, die so schnell verdirbt, für die Vergänglichkeit; die Maus bedeutet Gier, Geilheit und Völlerei; die Zitrone, außen schön, innen bitter, bezeichnet die Fragwürdigkeit aller irdischen Genüsse.

Alles schön und gut, doch läßt die Deutung ein paar naheliegende Fragen offen. Wie kam beispielsweise die große Strandkrabbe von der Nordsee an den Main, in eine hessische Kleinstadt, anno 1620? [Mit ‚hessischer Kleinstadt‘ ist Hanau bei Frankfurt gemeint, wo Binoit in der niederländischen Künstlerkolonie lebte.] Sicherlich war sie nicht beim Pfragner an der Ecke zu finden. Und wer konnte sich damals so luxuriöse Lebensmittel leisten wie Oliven und Orangen? Selbst das weiße Brot deutet auf einen gewissen Wohlstand hin, ganz zu schweigen von Zwieback und Konfekt. Diese gewöhnlichen Dinge sind, genau betrachtet, ziemlich ungewöhnlich. Sie zeugen von einem ostentativen Delikatessenkult. Mit einem erweist sich der karge Tisch als die Tafel des Verschwenders, und seine Darstellung beginnt zu schillern zwischen Lockung und Warnung, Faszination und moralischer Fastenpredigt.

Und so fort: Je länger wir dem Streit der Gelehrten zuhören, je mehr wir uns in Zeitumstände und Allegorien vertiefen, desto dichter füllt sich unser Bild mit ‚Bedeutungen‘, die einander häufig widersprechen und von denen keine uns zu überzeugen vermag.

So lautlos ist diese Malerei in die Welt getreten, daß wir kaum mehr begreifen, wie unerhört und bahnbrechend ihr Schritt war. Die alltäglichen Gegenstände, von denen der Mensch umgeben ist, waren bis zur Wende des sechzehnten Jahrhunderts in der Kunst nur als spielerisches Beiwerk oder als symbolisches Attribut geduldet worden. Nun auf einmal taucht das Gewöhnliche als Gegenstand der Kunst auf, selbständig, für sich, aus eigenem Recht. Es ist, als wäre es nie zuvor wirklich erblickt worden. Die Genauigkeit, mit der die alltäglichsten Dinge nun festgehalten werden, läßt eher an das Zeitalter der Entdeckungen denken als an den frommen Nebensinn, den die Emblembücher suggerieren. So bleibt ihre Erscheinung in der Schwebe

Abb. 14: Umzeichnung von zwei Stilleben mit Brot, einem aus dem Jahre 1637 und einem von 1898. Mit Kennzeichnung der erkennbaren Tiere.

Oben: Nach Georg Flegel (Olmütz 1566 – Frankfurt am Main 1638): ‚Nature morte au flacon de vin et aux petits poissons‘ (wörtlich: ‚Tote Natur mit Weinkaraffe und kleinen Fischen‘. Im Deutschen ist der Titel ‚Stilleben mit Fischgericht‘ gebräuchlicher), 1637. Holz, 19,8 × 15 cm. Original im Louvre Paris.

Unten: Nach Albert Anker (Ins 1831 – Ins 1910): ‚Stilleben, Bier und Rettich‘, 1898. Öl auf Leinwand, 32,8 × 52 cm. Original im Kunstmuseum Bern, Gottfried Keller-Stiftung. – Frau Judith Durrer, Wissenschaftliche Assistentin am Kunstmuseum Bern, danke ich für freundliches Entgegenkommen beim Recherchieren, ebenso der Museums-Restauratorin, Frau Anne Trembley, für die Anfertigung einer Infrarotaufnahme. Dank schulde ich auch Frau Lidia Brefin-Urban, Konservatorin des Ankerhauses in Ins, für ihre persönlichen Ausführungen im Atelier des Malers Anfang August 1989.

Legende zu Georg Flegels ‚Stilleben mit Fischgericht‘:

Die Bestimmung der beiden Insekten nahmen der Berliner Entomologe Professor Dr. Ekkehard Wachmann und Frau Rita Gudermann vor. Die Identifizierung der Fische erfolgte durch Professor Dr. Wolfgang Klausewitz, Leiter der Abteilung Zoologie I des Naturmuseums und Forschungsinstituts Senckenberg der Senckenbergischen naturforschenden Gesellschaft in Frankfurt am Main. Es sei daran erinnert, daß Flegels Bild 1637 in Frankfurt am Main entstand und es sich somit wohl um eßbare Fische aus diesem Fluß handelt. Alle drei Fachleute betonten jedoch die Schwierigkeit derartiger ‚Bestimmungen‘ aufgrund von Kleingemälden aus dem 17. Jahrhundert und behielten sich deshalb mögliche Irrtümer gegenüber ihren eigenen Aussagen vor.

Identifizierbare Insekten:

1) eine Hummel (Gattung *Bombus*)
2) eine Schmeißfliege (aus der Familie der *Calliphoridae*)

Identifizierbare Fische:

(alle aus der Familie der Karpfen- oder Weißfische: *Cyprinidae*):

a) und b): zwei Ellritzen (*Phoxinus phoxinus*, auch Ellerling, Pfrille oder Bitterfisch genannt): werden 6 bis 10, höchstens jedoch 14 cm lang, sind heute im Main sehr selten.

c) ein junger Döbel (*Leuciscus cephalus*, auch Aitel, Dickkopf oder Alet genannt), wird ausgewachsen 30 bis 40, maximal 60 cm lang.

d) ein Gründling (*Gobio gobio*, auch Grundel oder Gressling genannt), wird 8 bis 15, höchstens 20 cm lang, ist noch heute häufig im Main anzutreffen.

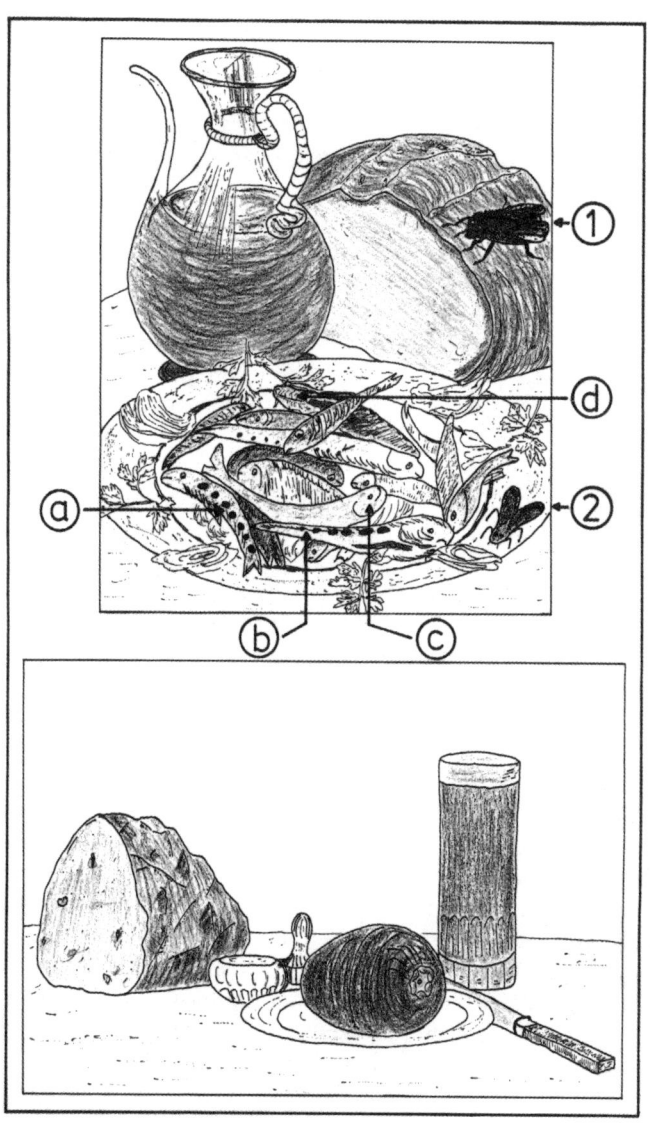

zwischen Frömmigkeit und Forschung, Predigt und Empirie. Sie lassen sich nicht festlegen. Das Spiel der Entzifferung kommt an kein Ende, und doch sind wir versucht, es fortzusetzen; denn wir fühlen, daß diese Malerei sich nicht als Selbstzweck setzt, daß sie weit entfernt ist von einer peinture, die ihre Technik anbetet, und die sich ihrem Gegenstand gegenüber, ob Kürbis oder Madonna, indifferent verhält.

Das Bild gibt seine Antwort nicht preis. Gerade daß es so selbstlos ist, daß es sich allen ‚Bedeutungen' verschließt, macht sein Geheimnis aus. Der Abgrund zwischen dem Brot auf meinem Tisch und dem Brot, das Peter Binoit uns hinterließ, ist durch keine Theorie zu überbrücken. Der Maler freilich – ich stelle mir vor, wie er von seiner Arbeit aufblickt und uns zuhört –, der Maler hätte, um so besser für ihn, seinen Ohren nicht getraut und, mit einem unmerklichen Zucken seiner Schultern, den nächsten Strich an seinem Brot getan" (Enzensberger 1988, wortgetreue Textpassagen der Seiten 6–8).

Nachdem wir uns so ausführlich die Meinungen der verschiedenen Kunsthistoriker und auch den Essayisten-Lyriker Enzensberger angehört haben, fragen wir uns unwillkürlich, ob es überhaupt noch möglich sei, daß wir *etwas Eigenes* zum Thema beitragen könnten? Dieser Ansicht bin ich allerdings durchaus, und zwar deshalb, weil unser Rahmen, in dem *wir* das Bild ansehen, ein anderer ist als sowohl bei den Kunsthistorikern wie auch bei dem Schriftsteller. Wir brauchen uns zu diesem Zweck bloß an die Abbildung 14 zu erinnern. Wie schon im vorangegangenen Kapitel wollen wir uns ja nicht bloß *ein* Bild ansehen, oder uns nur das Oeuvre *eines* Malers oder nur *eines* Zeitraums vornehmen. Uns interessiert in erster Linie ein historischer Ablauf. Die beiden in einem und demselben Rahmen festgehaltenen Bilder sind für uns Fixpunkte einer mehrere Jahrhunderte umfassenden Entwicklung (vgl. analog zu Abb. 14 auch nochmals Abb. 12). Um diesen Sachverhalt noch deutlicher werden zu lassen, habe ich bei der Umzeichnung in Abbildung 14 jene Dinge, auf die es mir besonders ankommt, hervorgehoben und in der Legende aufgeschlüsselt. Im Stilleben von Flegel, oben, sind es die Nummern 1 und 2 sowie die Buchstaben a bis d. Im Stilleben von Anker, unten, finden wir dagegen keinerlei Nummern und auch keine Buchstaben eingetragen. Sein Bild ist ‚sauberer' als dasjenige Flegels. Es wirkt ‚hygienischer', dadurch aber auch steriler, uninteressanter. Die beiden Bilder *gemeinsam* betrachtet drängt sich die Frage auf, wieso es diese Nummern und Dinge bei Flegel gibt und wieso bei Anker nicht. Ein Zufall? Daran mag der Historiker nicht glauben. Ich wiederhole deshalb die Frage nochmals: Wieso gibt es auf dem Bild von Flegel aus dem Jahre 1637 eine dicke Hummel (Nummer 1) und eine unappetitliche Schmeißfliege (Nummer 2)? Und wieso ist dergleichen bei Anker fast drei Jahrhunderte später 1898 nicht oder nicht mehr zu sehen?

Wenn ich die Frage so stelle und die im Bild an- oder abwesenden ‚Tiere' dermaßen stark in den Mittelpunkt rücke, ergibt sich für mich als erstes von selbst die Aufgabe, genau hinzusehen, um welche ‚Tiere' es sich denn handelt. Zwar sagte ich bereits, daß wir es bei Flegel – und nur in seinem Bild gibt es ‚Tiere' – mit einer Schmeißfliege und einer Hummel zu tun hätten. Diese Feststellung ist jedoch bereits das Ergebnis längerer Recherchen. Auf den ersten Blick war mir das keineswegs klar. Als Laie meinte ich vorerst vielmehr, auch in der Hummel auf dem Brotlaib eine Schmeißfliege vor mir zu haben. Ich mußte mich von Fachleuten jedoch eines besseren belehren lassen.

Wie aber machte ich das, „mich eines besseren belehren lassen"? Ich hatte mir zwei Wege ausgedacht, die ich beschreiten könnte. Wenn schließlich auch nur der eine zum Ziele führte, so waren die Erlebnisse auf beiden doch dermaßen anregend, daß ich die dabei gemachten Erfahrungen nicht missen möchte. Beide brachten mir das Bild von Flegel bloß immer noch näher und weckten nachhaltig neue, in die Tiefe führende Interessen in mir. Sie hatten somit genau das zur Folge, was ich anhand dieses Buches generell aufzeigen will. Ich lasse deshalb den Leser am Gang beider Recherchen teilhaben, in der Hoffnung, daß sich ähnliches auch bei ihm wiederholen möge.

Als erstes versuchte ich herauszufinden, ob nicht vielleicht jene Museumsfachleute, in deren Obhut sich ‚unser' Flegel heute befindet, doch noch etwas ‚mehr' wüßten, als ich bislang in der Literatur zu ihm und seinem Stilleben gefunden hatte. Das war allerdings leichter gesagt als getan. Wie erwähnt, gehört das Bild seit 1981 zu den Beständen des Louvre in Paris. Mit den verantwortlichen Ressortleitern dieses weltberühmten Museums in persönlichen Kontakt zu kommen und eine ‚Audienz' bei ihnen zu erhalten, setzt viel Geduld voraus. Eine längere Korrespondenz, die sich an ganz präzise Fragen knüpfte, führte zum Erfolg. Am Rande einer mehrtägigen Konferenz, an der ich aus anderen beruflichen Gründen in Paris teilzunehmen hatte, ließ man mich zu den abgeschirmten Räumen der ‚Conservateurs au Département des Peintures' vor. Dort konnte ich dann mit dem – wie sich herausstellte – Ehepaar Jacques Foucart und Elisabeth Foucart-Walter zusammentreffen. Gemeinsam sind sie für die wissenschaftliche Betreuung der ‚Section allemande' zuständig, also die ‚Abteilung deutscher Meister'. Das Eis war bald gebrochen, denn ich hatte ihnen meinerseits einiges, was sie interessierte, mitgebracht. Hierbei handelte es sich im wesentlichen um die Ergebnisse meiner bereits erfolgreich verlaufenen Recherchen auf dem zweiten Weg. Es ist ungewöhnlich, daß man bei einem solchen Besuch hinter die Kulissen gleich die gesamte Dokumentationsmappe über ein Bild zum unbeaufsichtigten Studium vorgelegt bekommt, beinhaltet sie doch meist neben Restaurationsberichten, Kopien von bildbezogenen Artikeln, verschiedenen fotografischen Aufnahmen und dergleichen mehr auch die Verhandlungen, Rechnungen und Quittungen über den Kaufvorgang. Hier aber war es zu meinem Erstaunen der Fall.

Abgesehen von der persönlichen Bereicherung durch das ausführliche Gespräch mit den Foucarts und der anschließenden gemeinsamen Besichtigung von Flegels Stilleben unter kundigster Führung an Ort und Stelle blieben Diskussion wie auch Vor- und Nachkorrespondenz in wissenschaftlicher Hinsicht allerdings eher dürftig. Es ergab sich ein einziger, in unserem Zusammenhang allerdings wesentlicher neuer Punkt. Frau Foucart-Walter machte mich darauf aufmerksam, daß „bei allen bisherigen Beschreibungen von Flegels ‚Stilleben mit Fischgericht‘ merkwürdigerweise jeder Hinweis auf die beiden an sich nicht zu übersehenden Insekten auf dem Bild fehlt, einerseits eine Art überdimensionierter Hummel mit beunruhigenden, fast menschlichen Augen auf dem Brotlaib (laut Auskunft von Professor X, Zoologe an der Universität von Dijon, stimmt sie mit keiner wirklich existierenden Art überein), andererseits einer gewöhnlichen Schmeißfliege unten rechts auf der Fischplatte. Die Größe beider im Vergleich zu den übrigen Gegenständen überrascht. Tatsächlich gehören diese Insekten nicht zur Welt des Gemäldes. Sie kommen von außerhalb, das heißt sie gehören zur Welt des Betrachters (beide Insekten sind in natürlicher Größe wiedergegeben; wir haben es demzufolge mit einem Trompe-l'oeil zu tun).

Gleichzeitig haben die beiden Insekten im Bild jedoch noch eine tiefere Bedeutung: sie erinnern uns an die leichte Verderblichkeit jeglicher Nahrung sowie, allgemeiner gesehen, aller irdischer Dinge. Auf diese Weise wird der Gedanke der Vergänglichkeit symbolisiert. Als Antwort hierauf ist die Hervorhebung von Brot, Wein und Fischen in diesem Bild zu betrachten, das heißt die traditionelle Anspielung auf die eucharistische Mahlzeit, die das Seelenheil garantiert. Erinnern im übrigen nicht auch die vier Petersilienzweige in ihrer Kreuzform an die Auferstehung?“ (so schon schriftlich Foucart-Walter 1983, 14–15, sowie verschiedene zusätzliche Briefmitteilungen 1987–1988; meine Übersetzung aus dem Französischen).

An diesem Punkt, dem speziellen Interesse von Frau Foucart-Walter an den bisher ‚übersehenen‘ Insekten in Flegels Stilleben, konnte ich einhaken. Wochen vor der Abreise zur Tagung nach Paris hatte ich mich bei verschiedenen Fachleuten in Deutschland kundig gemacht über die ‚Tiere‘, also nicht nur über die ‚Insekten‘, die in Flegels Bild zu sehen sind. Was ‚eine Art Hummel‘ und die ‚gewöhnliche Schmeißfliege‘ betrifft, so belehrten mich die Berliner Entomologen Professor Ekkehard Wachmann vom Institut für Allgemeine Zoologie der Freien Universität Berlin sowie Frau Rita Gudermann von meiner eigenen Forscher-Gruppe, daß Hummelarten zwar generell schwer zu bestimmen wären, doch könne es sich beim oberen Insekt auf dem Brotlaib unmöglich – wie ich zuerst meinte – um eine Schmeißfliege handeln. Fliegen hätten nur zwei Flügel, das dort gemalte Tier jedoch deren vier. Für eine Hummel sprächen außerdem Körperaussehen, Beine, Antennen und die Augenform. Eine genauere Bestimmung ließe sich nur vornehmen, falls auf dem Hinterleib ein – oder mehrere – rot-gelb-bräunliche Streifen zu sehen wären (was wir auf dem Original in Paris dann doch nicht beobachten konnten). In bezug auf das Insekt an den Fischchen im Teller unten handle es sich jedoch eindeutig um eine Fliege. Größe, Rückenfurchung, Augen und Antennen sprächen für eine Schmeißfliegen-Art. (Wiederum ließ sich bei der Besichtigung am Original keine metallische Färbung, weder blau, goldgelb noch grün feststellen, woraus sonst die Art noch exakter hätte bestimmt werden können.) Insgesamt könnten sie also das summarische Urteil ihres Kollegen aus Dijon bestätigen.

Die beiden Foucarts hörten meinen Ausführungen erstaunt zu. Insbesondere nahmen sie die präzisen Angaben mit wachsendem Interesse zur Kenntnis. Ganz offensichtlich wirkten die Erläuterungen alles andere als laienhaft. Das ‚Professionelle‘ daran ließ mich in ihren Augen zum ernstgenommenen Gesprächspartner avancieren. Die Unterhaltung schien sich auch für sie zu lohnen. Neben der uneingeschränkten Einsicht in die Dokumentationsmappe wurde mir hier dadurch ein zweites Erfolgserlebnis beschieden. – Dies ist gewiß nicht die Art, wie Kunsttouristen ‚normalerweise‘ die Gemäldegalerien des Louvre abschreiten.

Bei meinen Recherchen zu Flegels Stilleben war ich in den Wochen zuvor jedoch noch einen Schritt weiter gegangen und hatte nach ähnlich exakten Angaben auch zu den abgebildeten Fischen gesucht. Schließlich hieß das Täfelchen ‚Stilleben mit *Fischgericht*‘ und nicht ‚mit Insekten‘. So konnte ich den Foucarts in dieser Hinsicht ebenfalls mit konkreten Ergebnissen aufwarten – zu deren erneutem sichtlichen Erstaunen. Das Gespräch zog sich in die Länge und wurde zu einem gegenseitigen Geben und Nehmen. Meine wegleitende Überlegung beim Eruieren der von Flegel dargestellten Fischarten war folgende. Da der Künstler sein ‚Stilleben mit Fischgericht‘ nachweislich in Frankfurt *am Main* gemalt hatte, sollte eigentlich jemand, der sich dort heute in den örtlich vorkommenden Fischarten auskennt, fundierte Aussagen über die abgebildeten Fischchen machen können. So benutzte ich einen Vortragsaufenthalt in Frankfurt Ende 1987 dazu, um mich in der Fischabteilung des Naturmuseums Senckenberg zuerst umzusehen, dann aber vor allem umzuhören. Dabei kam ich in Kontakt mit einem der sachkundigsten Fischfachleute überhaupt, nämlich dem stellvertretenden Direktor und Leiter der Abteilung Zoologie I, Professor Wolfgang Klausewitz. Eines seiner Hauptforschungsgebiete ist die Ichthyo-Ökologie der Rhein-Main-Gewässer (vgl. Klausewitz et al. 1986).

Doch auch mit meinen ihm vorgetragenen Fragen beschäftigte er sich gründlich. Im Mai 1988 legte er mir gar eine ausführliche ‚Expertise‘ zu dem als Foto unterbreiteten Flegelschen Gemälde vor. Darin heißt es wörtlich: „Das in Frankfurt entstandene ‚Stilleben mit Fischgericht‘ von Georg Flegel zeigt auf dem Teller kleinere Fische, bei denen es sich nach der Ausbildung der Rückenflosse um Angehörige der Familie *Cyprinidae* (Karpfen- oder Weißfische) handelt. Während die meisten Tiere keine Einzelheiten erkennen lassen, so daß nähere artliche Bestimmungen nicht möglich sind, weisen zwei, am Vorderrrand des Tellers liegende Fische (a und b meiner Skizze) auf den Flanken schwarze Flecken auf. Auch scheint die bartellose Mundspalte unterständig zu liegen. Nach diesen Kriterien dürfte es sich um zwei Ellritzen oder Pfrillen (*Phoxinus phoxinus*) handeln. Heute ist diese Art sehr selten beziehungsweise im Main überhaupt nicht mehr zu finden. Außerdem käme heute niemand mehr auf die Idee, solch kleine Fische, die höchstens 10 cm lang werden, zu essen. Doch früher gehörten diese Weißfische zum täglichen Eiweißangebot der Menschen und insbesondere auch der ärmeren Bevölkerung. So heißt es bei Reider und Hahn (1834) über die Pfrille, daß sie ‚gebacken zur Speisse benützt‘ wird. Zenk (1889) berichtet, daß er bei aller Kleinheit ein sehr schmackhafter und gesunder Fisch sei. Außerdem: ‚Als Backfisch wegen seines feinen bitterlichen Geschmacks beliebt‘.

Der direkt darüber liegende Fisch (c) läßt – zumindest nach dem Schwarzweiß-Photo – keinerlei Zeichnungsmuster auf den Flanken erkennen. Nach der Breite des Kopfes könnte es sich um einen jungen Döbel (*Leuciscus cephalus*) handeln. Dieser Fisch wird ausgewachsen (30–50 cm lang) noch heute recht gern gegessen.

Der am oberen Tellerrand gelegene, verdeckte Fisch (d), an dem nur die Körperunterseite mit geöffnetem Bauch zu sehen ist, läßt am rechten Mundwinkel mindestens eine Bartel erkennen. Hierbei könnte es sich um einen Gründling (*Gobio gobio*) handeln. Auch diese Fische haben gefleckte Flanken. Bei Reider und Hahn heißt es über diesen, 8–14 cm lang werdenden Fisch: ‚Ist gebacken eine sehr angenehme Speise.‘ Zenk schreibt: ‚Als Backfisch hochgeschätzt und in Würzburg massenhaft gefangen und gegessen.‘ Er kommt nach unseren Beobachtungen trotz der Gewässerverschmutzung noch heute im unteren Main recht häufig, stellenweise sogar in Massen vor.

Das wäre, mit allem Vorbehalt, meine ‚Bestimmungsarbeit‘. Sicher könnte man am Original mehr Einzelheiten erkennen, doch müßte man dafür extra den Louvre aufsuchen. Wahrscheinlich würde auch eine Farbaufnahme mehr Details wiedergeben" (Klausewitz 1988, wortgetreue Zusammenfassung der Expertise).

Das einzige, worum mich Kollege Klausewitz im Gegenzug ersuchte, war folgende Bitte: „Wie Sie beim Besuch unserer Fischausstellung gesehen haben dürften, sind noch nicht alle Vitrinen eingerichtet. So möchte ich links neben der Main-Fisch-Vitrine Fragen der Süßwasserfischerei darstellen, darunter auch deren Bedeutung in früherer Zeit. Sicher würde unser Graphiker und Designer das Bild von Flegel gern in seine Vitrinengestaltung mit einbeziehen, zumal es ja sozusagen ein Frankfurter Dokument ist. Daher wäre ich Ihnen sehr dankbar, wenn Sie mir eine Schwarzweiß-Kopie des Photos zukommen lassen könnten" (Klausewitz 1988, Seite 2). Natürlich bekam Kollege Klausewitz umgehend einen solchen Foto-Abzug. Die interdisziplinäre Kooperation wirkte sich zu meiner Freude also wechselseitig positiv und stimulierend aus.

Da damals die erwähnte Reise nach Paris sowieso kurz bevorstand und dabei ein Besuch im Louvre miteingeplant war, wollte ich das, was Wolfgang Klausewitz in Erwägung gezogen hatte, an Ort und Stelle in die Tat umsetzen, das heißt überprüfen, ob „am Original mehr Einzelheiten" zu erkennen wären. Ganz spezielle Einzelheiten erkennen und sie vor allem deuten konnte ich aber nur, wenn ich wußte, worauf ich minutiös zu achten hatte. Also machte ich mich vor der Reise an das Studium der einschlägigen Fachliteratur. Besonders hilfreich war mir dabei das Werk von Horst Müller: ‚Fische Europas. Beobachten und bestimmen; mit Zeichnungen von Jürgen Scholz' (Stuttgart: Enke 1983).

Es schlug mich, wie unwissend ich bezüglich der elementarsten Kenntnisse in der Ichthyologie, das heißt der Fischkunde war. Nicht einmal die gebräuchlichsten und von Klausewitz völlig selbstverständlich benutzten Begriffe wie ‚unterständig' oder ‚Bartel' kannte ich. So lernte ich aus dem Buch von Müller: „Die Mundstellung ist je nach Bau von Ober- und Unterkiefer ober-, end- oder unterständig. / Endständig: Ober- und Unterkiefer sind gleichlang; unterständig: der Oberkiefer ist länger als der Unterkiefer; oberständig: der Unterkiefer ist länger als der Oberkiefer" (Müller 1983, 30). – Und was waren ‚Barteln'? „Grundfische haben in den Mundwinkeln, an Ober- und Unterlippe fleischige, fadenförmige, zuweilen gefranste Anhänge von unterschiedlicher Länge und Stärke. Diese Barteln, Bärtel oder Bartfäden sind dicht mit Tastsinneszellen besetzt und helfen dem Fisch beim Auffinden der Nahrung" (Müller 1983, 31).

Vor allem aber mußte ich mich über die vom Frankfurter Kollegen ‚bestimmten' Fische orientieren, also über Ellritzen, Döbel und Gründlinge. Wiederum erwarb ich mir die neuen Kenntnisse aus der Literatur: „Ellritze (*Phoxinus phoxinus*; Ellerling, Pfrille, Bitterfisch), Länge 6 bis 10 cm (max. 14 cm). Der gestreckte Körper der Ellritze ist im Rumpfabschnitt fast rund, am Schwanzstiel leicht kompreß. Am kegelförmigen Kopf fallen der kleine endständige Mund und die großen Augen auf. Die zarten kleinen Schuppen sind fast rund, die Seitenlinie ist oft unvollständig. Beide Geschlechter zeigen in der Nackenregion Laichausschlag. Sie sind in allen Jahreszeiten zu schnellem Farbwechsel befähigt. Lebensweise: Ellritzen bevorzugen als Schwarmfische flache Gewässer vom Brackwasser der Ostsee bis in Gebirgsbäche in über 2000 m Höhe, wenn sie klar und sauerstoffreich sind. Dort ernähren sie sich von niederen Bodentieren, aber auch von Anfluginsekten. Bei Gefahr verstecken sie sich unter Steinen oder im Wurzelwerk des Ufers (Erlen, Ellern – Name!)" (Müller 1983, 165, mit einer farbigen Abbildung von *Phoxinus phoxinus* auf Seite 166).

„Döbel (*Leuciscus cephalus*; Aitel, Dickkopf, Alet); Länge 30 bis 40 cm (max. 60 cm). Der fast walzenförmige Körper trägt einen großen, dicken Kopf mit einem endständigen stumpfen Maul, das fast bis zu den Augen gespalten ist. Größere Exemplare haben dunkel gerandete Schuppen, so daß insgesamt eine Netzzeichnung entsteht" (Müller 1983, 156–157, mit einer farbigen Abbildung von *Leuciscus cephalus* auf Seite 157).

„Gründlinge (*Gobio*): Kleine langgestreckte Fische, deren Körper vorn im Querschnitt rund, hinten kompreß und mit relativ großen Schuppen bedeckt ist. Der Kopf wirkt abgeplattet, die Augen liegen hoch. Am unterständigen Mund sitzt in den Winkeln je 1 Bartel. Rücken- und Afterflossen sind nur kurz. Beim Männchen sind die Brustflossen groß und reichen fast bis zur Basis der Bauchflosse. Die nur selten 20 cm lang werdenden Angehörigen der Gattung gelten nur örtlich als Speisefische, obwohl sie gebacken oder gebraten sehr wohlschmeckend sind. Als Futter- und Köderfische sind sie dagegen in ihrem gesamten Verbreitungsgebiet von Bedeutung. Die Gattung ist in den Gewässern Europas durch 5 Arten und mehrere Unterarten vertreten, von denen die verbreitetsten nachstehend aufgeführt werden. [Hier wird an erster Stelle ‚unser' Gründling angeführt: *Gobio gobio*.] Gründling (*Gobio gobio*; Grundel, Gressling), Länge 10 bis 15 cm (max. 20 cm). Die kurzen Barteln reichen höchstens bis zur Augenmitte. Auf den Körperseiten befinden sich 7 bis 11 blauschillernde Flecken bzw. Querbinden" (Müller 1983, 180–182, mit einer farbigen Abbildung von *Gobio gobio* auf Seite 181).

Selbst wenn ich vor dem Original in Paris dann doch nicht fündiger wurde, als es Wolfgang Klausewitz mit seinen geschulten Augen schon aufgrund des Schwarzweiß-Fotos geworden war, so hätte ich selten ein so kleines Gemälde wie Georg Flegels ‚Stilleben mit Fischgericht' so lange und so aufmerksam betrachtet. Ich werde es so rasch nicht vergessen. Ein neuer Mosaikstein ist im Rahmen meines Lebensplans fest eingefügt.

Auch Albert Anker zeigt uns ein einfaches Mahl. Es besteht einzig aus einem angeschnittenen Laib Brot – Bauernbrot! –, einem großen Rettich, etwas Salz in einem Fäßchen und einem eingeschenkten Glas Bier. Ein Messer liegt zum Abschneiden von Rettich und Brot bereit. – Zu Beginn will ich auch hier einen Fachmann zu Worte kommen lassen und die Betrachtungsweise eines Kunsthistorikers wörtlich wiedergeben. Da das Bild 1974 der Eidgenössischen Gottfried Keller-Stiftung vermacht wurde, finden wir in deren Bericht für die Jahre 1973–1976 folgende Beschreibung: „Das angeschnittene Brot, der Rettich auf dem Teller, Messer und Salzfaß daneben, das gefüllte Bierglas – alles ist zum Imbiß bereit, erwartet den Esser. Das Gedeck gilt einem einfachen, wohl auf dem Land befindlichen Benutzer oder Genießer, am ehesten dem Bauern, aus dessen Garten die stolze Erdfrucht kommen mag. Die Gegenstände sind zu einer Gruppe geordnet, einem gut gefügten Bau – mit Brot und Glas als seitlichen Pfeilern, zwischen denen Hell-dunkel-Gewichte lagern: in formaler Entsprechung stehen das weiße Tellerrund zur Schnittfläche des Brotlaibes, der Kegel des Rettichs zum Glaszylinder. Das Gewürzfaß mit der horizontalen Schale und dem aufrechten Griff, glänzend und kristallinisch, bildet das Zentrum, auch seinem

Inhalt gemäß den Kern. Doch sind diese Dinge zu keinem eigensüchtigen Dasein bestimmt: die Schräge des leicht nach vorn gerückten Messers leitet den Blick zwischen sie hinein; den geschlossenen Kreis durchbrechend, fügt die Diagonale sie zwanglos in den umgebenden Raum. Beschränkt auf Weiß und Braun in mehreren Stufen – vom rötlichen Dunkelbraun des Rettichs zum gräulichen Beige der Standfläche – entsteht ein durchsichtig heller Gesamtton, den man als golden bezeichnen darf. Der Auftrag der Farben entspricht der Qualität von Komposition und Kolorit: die Strichweise ist in der Tischplatte flüssig und locker, sie strafft und schließt sich zu Flächen in Mauer und Glas, um in Brot und Rettich dicht und kompakt zu werden" (Huggler 1973–1976, 115–116).

Heute befindet sich dieses Bild als Depositum der Gottfried Keller-Stiftung in der ansehnlichen Sammlung von Anker-Gemälden im Kunstmuseum Bern (Kuthy 1982, 1988a, 1988b; vgl. auch Bianchi-Will 1989). Dessen Direktor Hans Christoph van Tavel (*1935) wie auch sein Stellvertreter Sandor Kuthy (*1934) sind beide selbst Anker-Forscher und haben mehrfach über den Maler und sein Werk publiziert (von Tavel 1985; Kuthy 1981, 1982, 1985, 1987, 1988a, 1988b, Kuthy-Lüthy 1985, vgl. auch Lüthy 1989). Aus ihren Büchern und Aufsätzen konnte ich somit viel lernen. Hätte ich darüber hinaus jedoch auch hier das vertiefende persönliche Gespräch mit ihnen gesucht, wäre mir dies wahrscheinlich noch schwerer gefallen, als das in bezug auf Flegels Stilleben im Louvre und den dort zuständigen Konservatoren, dem Ehepaar Foucart der Fall gewesen war. Denn ich hätte mit ,leeren Händen' an ihre Türen klopfen müssen. Auf dem Stilleben von Anker ist nämlich nichts, aber auch gar nichts in der Art zu entdecken, wie es beim Gespräch in Paris zum Durchbruch geführt hatte. Das Bild von Anker zeigt weder Fliegen, noch Hummeln, noch sonst etwas ,Tierisches', was ich im voraus hätte ,bestimmen' und womit ich die erwähnten beiden Kunsthistoriker allenfalls hätte aus der Reserve locken können.

Etwas ganz anderes war, daß Nachfragen und Nachforschen an Ort und Stelle dann doch zu einer Reihe höchst aufschlußreicher Hintergrundinformationen führten. Zu bekommen waren derlei Auskünfte von wissenschaftlichen Mitarbeitern und Restauratoren im Kunstmuseum Bern ebenso wie von Fachreferenten in der bernischen Stadt- und Universitätsbibliothek, wo ich mir die von Anker mitillustrierte neunbändige Gotthelf-Ausgabe aus dem Jahre 1900 vorlegen ließ (Gotthelf 1900; Jeremias Gotthelf, eigentlich Albert Bitzius, Schweizer Dichter, 1797–1854; vgl. hierzu auch Lüthy 1989, inbesondere das Kapitel „Albert Anker und Jeremias Gotthelf", 41–55). Ins Gespräch kam ich aber auch mit Menschen in Ankers Geburts-, Wirkungs- und Sterbeort Ins, eine halbe Eisenbahnstunde von Bern in Richtung Neuenburg. Hier ist die Erinnerung an den großen Sohn des einstigen Dorftierarztes noch heute lebendig, und zwar nicht nur bei der derzeitigen Konservatorin des auf Anfrage zugänglichen Ankerhauses (Brefin-Urban 1983, 1989).

Insbesondere auf dem Friedhof läßt sich ein Gespräch kaum vermeiden, denn kein Hinweisschild macht auf die Grabstätte Ankers aufmerksam. Will man nicht viel Zeit verlieren, muß man sich somit bei anderen Friedhofsbesuchern erkundigen.

Was mich beim Betrachten von Ankers Gemälde ‚Bier und Rettich‘ so fesselte und seit Jahren nicht mehr losläßt, ist weniger, was ich dort sehe, als vielmehr, was ich *nicht* sehe. Weshalb ist sein Bild so leblos? Warum ist es zu einem ‚Stilleben‘, zu ‚nature morte‘, zu ‚toter Natur‘ erstarrt? Es entstand im Mai 1898 im eben genannten Ins, wo Anker 1831 zur Welt kam und wo er 1910 auch starb. Das bernische Bauerndorf liegt in der Ebene zwischen Neuenburger-, Bieler- und Murtensee, von allen dreien nur je gut fünf Kilometer entfernt. Es ist äußerst unwahrscheinlich, daß es dort zu Lebzeiten Ankers keine Fliegen und Hummeln, überhaupt so gar kein Ungeziefer in den Küchen und Stuben oder eben auf den Eßtischen von Bauern gegeben haben soll. Noch heute stößt man in allernächster Nähe des Ankerhauses auf jauchetriefende, ungezieferwimmelnde offene Miststöcke vor vielen behäbigen Bauernhäusern und ihren breitausladenden Scheunen und Ställen. In seinen *Briefen* hatte Anker dies alles durchaus zur Kenntnis genommen: „Hier sind die Häuser so stattlich wie irgendwo auf der Welt, und was für Misthaufen, wahre Denkmäler! Eines Abends saß ich in der Gaststube mit Bauern zusammen. Da erzählte einer, wie manches Faß Jauche er im Herbst geführt habe. Was für ein Leben, in welchem sich die ganze Existenz um diese Fässer dreht! Er besitzt fünfundzwanzig Kühe“ (Brief Albert Ankers an seine Familie aus Utzenstorf vom 17. August 1899; Meister 1983, 114). Warum aber tauchen Jauche und Mist samt den dort sich tummelnden Käfern und Fliegen auf seinen Bildern nicht auf? Warum gehören sie bei diesem Maler, der in seinem langen Leben so viele bäuerliche Interieurs und Stilleben festgehalten hat, nicht ganz selbstverständlich dazu, nicht *mehr* mit dazu? Auf ‚unserem‘ Bild fehlten sie von allem Anfang an. Eine zur Überprüfung dieses Sachverhalts von der Museums-Restauratorin eigens angefertigte Infrarotaufnahme ergab erwartungsgemäß keinen Hinweis auf irgendwelche von der endgültigen Version abweichenden Vorzeichnungen auf der Leinwand. Die aufgetragenen Ölfarben verbargen nichts. (Der Restauratorin Anne Trembley danke ich für ihr diesbezügliches Entgegenkommen im Sommer 1989.)

Gewiß hatten sich die Sauberkeits- und Hygienestandards in den zweieinhalb Jahrhunderten seit Flegel gewandelt, angehoben, verbessert. Aber dermaßen steril wie auf Albert Ankers Darstellung ging es Ende des 19. Jahrhunderts im Berner Seeland denn doch nicht zu. Beides, das heißt die mittlerweile eingetretenen hygienischen Verbesserungen ebenso wie die weiterhin existierenden ‚historischen Zustände‘ samt deren üblen Folgen lassen sich sogar mühelos durch Ankers überkommene Aussagen selbst belegen. Nur knapp drei Monate, bevor er das Stilleben ‚Bier und Rettich‘ malte, schrieb er an seine Bekannte Julia Hürner: „Das Wetter ist diesen Winter ganz gelinde, jedoch sind ziemlich viele Leute krank; es starben aber ganz wenige Patienten, in diesem Jahr haben wir, meine ich, nur einen Todesfall. In unserer Nähe war Diphteritis unter den Kindern, in Kerzers [knapp zehn Kilometer von Ins entfernt in Richtung Bern], so daß man die Schulen schließen mußte; Sie werden in den Zeitungen auch gesehen haben, wie der Arzt dort Impfungen dagegen vorgenommen hat. Dies Impfen für alle Krankheiten ist sehr in Mode gekommen seit Pasteur, es nähme mich nicht wunder, wenn ein Spital eingerichtet würde, um Leute zu impfen, die kein Geld in der Tasche haben" (Brief vom 24. Februar 1898; Meister 1983, 140).

Suchen wir nun nach einer ‚Erklärung' für diesen widersprüchlichen Sachverhalt, so könnten wir uns zwar einfach jenen Interpretationen anschließen, die wir in der bisherigen Anker-Literatur dazu etwa finden. So lesen wir bei Sandor Kuthy: „Anker gehört zu den Künstlern, welche auf herkömmliche Art ihren Beruf ausüben, ohne – wie zu Ankers Zeit beispielsweise die Impressionisten – die künstlerische Ausdrucksweise durch neue Impulse zu bereichern. Anker lehnt sich in der Hauptsache an die in seiner Jugend in der Schweiz übliche realistische Malweise an: er zeichnet und malt seine Landsleute an Sonn- und Feiertagen beziehungsweise beim Spiel oder in der Muße. Konflikte meidet er oder stellt sie harmlos dar. Die perfekte Zeichnung allein ist Grundlage der Malerei, gedämpfte Farbharmonien die Regel; niemals bunt wirken, Bewegungen der dargestellten Figuren meiden, jeglicher Effekthascherei aus dem Weg gehen. In der Stillebenmalerei – in der Schweizer Malerei des 19. Jahrhunderts nur von wenigen gepflegt – erreicht Anker Höhepunkte, die weit über die Landesgrenzen hinaus Beachtung verdienen. Anker lauscht das Beruhigende und Getroste seiner unmittelbaren Umgebung ab, um es als lebensbejahendes Bekenntnis zu übermitteln. Nebst dem hohen Rang seiner Malerei sind es diese hoffnungsfreudige innere Haltung und deren unvermittelte Eröffnung, die seine Kunst jedermann zugänglich machen" (Kuthy 1987, wortgetreue Zusammenfassung aus dem Führungsblatt zur museumseigenen Ankersammlung. Es enthält auch eine Abbildung von ‚Bier und Rettich', Seite 2).

Und bei Hans Christoph von Tavel heißt es: „Sein Geburts- und Sterbeort Ins am Rande des Großen Mooses, der Ebene zwischen Neuenburger- und Murtensee, war auch der Mittelpunkt von Ankers Wirken. Ins hat bis heute den Charakter eines stattlichen Bauern- und Pfarrdorfes bewahrt. Während Ankers Lebzeiten wurde das Dorf mehrmals Opfer von Feuersbrünsten, wurde die Bahnlinie Bern-Neuenburg mit Station in Ins erbaut, wurde das Große Moos durch die erste Juragewässerkorrektion entsumpft und entstand in der Folge der größte landwirtschaftliche Betrieb der Schweiz: die Strafkolonie Witzwil. In den Gemälden hat sich sozusagen nichts von dieser Entwicklung niedergeschlagen. Die Geschichte von Ins und dem Großen

Moos ist im Schaffen Ankers ohne Wirkung geblieben. Die Menschen und ihre Welt sind in den Bildern Ankers um 1900 dieselben wie um 1860" (von Tavel 1985, 12; eine Farbreproduktion von ‚Bier und Rettich' findet sich bei ihm auf Seite 61).

Gewässerkorrektion? Entsumpfung? Strafkolonie? Feuersbrünste? – Wir werden hellhörig! Es scheint, als ob die Alltagswelt des Albert Anker also doch nicht identisch war mit jener Sonntagswelt (Kuthy), die er uns in seinen weitherum bekannten Bildern, seinen vielen volkstümlichen Gemälden und Aquarellen fast ausnahmslos zeigt – und was dazu führt, daß so mancher unter uns nun seine ‚heile Bilderwelt' mit so viel Nostalgie und Sentimentalität betrachtet. Sie war es *nicht*! (Zum korrigierenden Ausgleich schaue man sich die mehr als dreihundert Bilder in Albert Hausers ‚Schweizer Alltag im 19. Jahrhundert' an; Hauser 1989.) Als Anker sein Stilleben in einem Alter von 67 Jahren malte, wußte er aus langer eigener, zum Teil schmerzlicher Erfahrung keineswegs nur, welche verheerenden Folgen damals der Ausbruch einer Feuersbrunst in einem Bauerndorf mit strohbedeckten Höfen haben konnte, sondern er wußte auch, was lebensbedrohliche Krankheiten waren, was Krieg bedeutete, was der vorzeitige Tod von Menschen in allernächster Umgebung, ja von Angehörigen der eigenen Familie meinte. – Ein paar Daten mögen zur Illustration genügen.

Schon im April 1847 verlor der damals erst 16jährige Albert seinen 19jährigen Bruder Friedrich Rudolf, im August des gleichen Jahres seine Mutter. Sie war ganze 45 Jahre alt geworden! 1852 starb die einzige Schwester Louise – mit 15. 1861 erkrankte Albert während einer erster Studienreise nach Italien selbst schwer. Drei Wochen lag er in Florenz bewußtlos an Typhus darnieder. 1864 heiratete er Anna Rüfli (1835–1917), Tochter eines im nahen Biel wohnhaften Metzgermeisters. Mit ihr hatte er sechs Kinder. Zwei davon überlebten nicht einmal das Kleinkindalter. Am 25. August 1869 hielt Mutter Anna in ihrem Gedenkbüchlein fest: „Heute hat Gott der Allmächtige unsern Ruedi zu sich gerufen, 2 Jahre 1 Monat und 19 Tage alt" (Meister 1983, 60). Und Vater Albert schrieb gleichentags an seinen alten, aus Straßburg gebürtigen Malerfreund François Ehrmann (1833–1920): „Ich muß dir die schreckliche Nachricht vom Tod unseres geliebten Kleinen, deines Patenkindes mitteilen. Die Halsbräune hat ihn nach sehr kurzer Dauer weggerafft" (Meister 1983, 60; Faksimile des Originals in französischer Sprache auf Seite 61). Zwei Jahre später lesen wir in Mutters Gedenkbüchlein erneut: „3. Dezember 1871: Heute hat es dem lieben Gott gefallen, unsern Emil zu sich zurufen, 13 Monate und 13 Tage alt. Der Herr hat ihn gegeben, der Herr hat ihn genommen, der Namen des Herrn sei gelobt" (Meister 1983, 66). Emil war das zweite Söhnchen gewesen.

Ich weiß nicht, wieviele unter uns Heutigen noch Trost in solcher Glaubenszuversicht fänden und sich klaglos in ein derartiges Schicksal fügten. Allerdings brauche ich mir die Frage heute so auch gar nicht mehr zu stellen, sind wir doch auf Trost der erwähnten Art in aller Regel nicht mehr angewiesen. Abgesehen davon, daß in unseren Tagen die wenigsten Menschen (bei uns) noch einen ,zweiten Sohn' haben, würde dieser kaum je die einstige Gefahr laufen, bereits im Säuglingsalter zu sterben. Der Herr nimmt ihn nicht länger. Auch sonst nimmt ihn niemand mehr. Doch *gibt* ihn der Herr denn wenigstens noch? Auch da stellen sich, angesichts nahezu perfekter Geburtenplanung, Zweifel ein. Wenn ihn der Herr also weder länger gibt, noch ihn nimmt: wieso sollte dann der Name des Herrn noch gepriesen werden? Er wird es in der Tat auch meist gar nicht mehr. Über Leben und Tod scheinen heute andere zu entscheiden.

Albert Anker stammte zudem aus einer Familie, in der die Ausübung des Tierarztberufes eine lange Tradition hatte. Sein Vater Samuel Anker, sein Großvater Rudolf Anker, sein Onkel Mathys Anker: alle waren sie Tierärzte bei den Bauern im Bernbiet gewesen. Albert mußte von Kindsbeinen an gewußt haben, wie katastrophal sich eine Viehseuche in den Ställen und auf den Weiden auswirken konnte, wie sie die Rinder-, Kälber-, Schweine-, Hühner-, Kaninchen-Bestände binnen kurzem gnadenlos dezimierte, wie sie auch die Arbeitspferde nicht verschonte und ebenso wenig Halt vor den Wach- und Zughunden machte. Wer sollte nun lautgeben und die Bauersleute wecken, wenn sich des Nachts ein ungebetener Gast ihrem Hof näherte? Und wer sollte fortan die Milchwägelchen zu den Sennerei-Milchsammelstellen schleppen? ,Vor Pest, Hunger und Krieg bewahre uns, o Herr!' meinte für unsere bäuerlichen Vorfahren nicht nur ,uns Menschen', sondern ebenso – und manchmal noch mehr! – auch ,unsere Haustiere'.

Und was schließlich den ,Krieg' als letztes Glied in der todbringenden Trias betraf, so wurde zwar nicht Ankers Heimatort Ins vom deutsch-französischen Krieg 1870–71 in Mitleidenschaft gezogen, sondern Paris durch Belagerung und Kommune. Das war für die Ankers allerdings fast ebenso schlimm, denn seit den frühen 1860er Jahren wohnten sie meist nur sommers in der Schweiz, die restliche Zeit in Paris. Auf Albert traf dies sogar schon seit 1854 zu. Damals hatte er erstmals ein eigenes Zimmer an der Seine gemietet, und zwar in der Rue Notre-Dame-des-Champs. Er wollte die Werke von Tizian, Rubens, Rembrandt, Murillo und anderen Meistern im Louvre kopieren. 1855 immatrikulierte er sich an der Ecole Impériale et Spéciale des Beaux-Arts. Paris wurde ihm zur zweiten Heimat. Seit 1859 hatte er sein eigenes Atelier in der Stadt. Doch vom Sommer 1870 bis Anfang November 1871 blieben die Ankers Paris wegen der andauernden Kriegswirren und der damit verbundenen Unsicherheiten fern und weilten die ganze Zeit in Ins. Anschließend wurde die Seinemetropole erneut ihr Hauptwohnsitz. Erst 1890 löste Albert Anker das Atelier in Paris auf und wohnte fortan wieder ganz in Ins.

Während Albert 1870/71 mit seiner Familie in Ins in Sicherheit war, hatte er – so lange der Krieg dauerte – doch um viele seiner französischen Kolle-

gen und Freunde zu bangen. So erlebte etwa der oben erwähnte Pate von
Sohn Rudolf, François Ehrmann aus Straßburg, die Belagerung in seiner
Heimatstadt. „Mein lieber Ehrmann; Ich schreibe dir aufs Geratewohl ohne
zu wissen, ob dich dieser Brief erreicht oder nicht. Die ganze Zeit denke ich
an dich, an deine Familie. Ihr erlebt die schreckliche Zeit einer Belagerung.
Welch furchtbares Unglück! Oft betrachte ich den Stadtplan von Straßburg
und sehe, daß die Fenster Eures Salons Richtung Kehl blicken und daß Euer
Haus den Bombardierungen mehr ausgesetzt ist als jedes andere. Tränen
kommen mir, wenn ich an Euer Unglück denke. Die Zeitungen melden die
Zahl der Bomben, welche stündlich auf die Stadt fallen, schrecklich. Welches Schlachten in diesem Krieg! Leb wohl, lieber, armer Freund, ich wäre
froh zu vernehmen, daß Ihr nicht unter Trümmern begraben seid" (Albert
Anker an François Ehrmann, Ins, 2. September 1870; Meister 1983, 62).

Von dem allem: den wiederholten Todesfällen in der eigenen Familie, den
Seuchen unter Mensch und Tier, den Kriegswirren in Frankreich ist in seinen Bildern jedoch nichts zu sehen, jedenfalls vordergründig nicht oder
zumindest nicht in jenen hundert- und tausendfach reproduzierten Bildern,
die wir immer wieder mit Anker verbinden. Sie aber haben im wesentlichen
das Bild über diesen Maler geprägt, so wie es sich im Laufe eines Jahrhunderts im Bewußtsein vieler Schweizer tief eingegraben hat. Für sie ist er „der
unermüdliche, treue Darsteller bernischen Volkstums und heimischen Dorf-
lebens, in dessen Kunst sich ein feines psychologisches Verstehen schlichter
bäuerlicher Typen verbindet mit handwerklich gepflegter, gediegener Malweise.... Darum auch war Ankers Kunst innerhalb der Grenzen seiner
Heimat und seines Landes zwar bald hochgeschätzt; aber es läßt sich nicht
verkennen, daß er dies in den breiteren Kreisen seiner Bewunderer bis heute
mehr den Motiven, seinem Stoffgebiet zu verdanken hat als dem Verständnis für seine besonderen malerischen Qualitäten. Ein durchbrechender Erfolg blieb ihm in der abendländischen Malerei verwehrt. Sein Ruhm ist bis
heute kaum über die Landesgrenzen hinausgedrungen, in den Kunstge-
schichten Europas findet er selten Erwähnung. Dies ungeachtet dessen, daß
es in seinem Werk Bilder gibt, die sich ohne weiteres neben weit berühmtere
Namen stellen lassen. Was seinen wagemutigeren, entschlosseneren Landes-
genossen Segantini und Hodler gelang, sich Weltruhm zu erringen, blieb
ihm verwehrt" (Zbinden 1961, 5, 13).

So wenig all die Pariser Jahre greifbare Spuren in seiner Malerei hinterlassen hätten, so wenig würden die anschließenden Aufenthalte im Emmental
Unerfreuliches von dort in den Vordergrund stellen. Nach seiner endgültigen Rückkehr aus Frankreich weilte Anker im Rahmen eines mehrjährigen
Illustrationsauftrages für eine Gotthelf-Ausgabe während der 1890er Jahre
immer wieder an den Bernbieter Original-Schauplätzen der Handlung (vgl.
Lüthy 1989, 41–55). Dabei konnte es gar nicht ausgeblieben sein, daß er
ständig in Kontakt mit Fliegen, Wespen, Hornissen, Ameisen, Spinnen, kurz

mit Insekten und Ungeziefer aller Art gekommen war. Zwar meinte Sandor Kuthy 1981: „Ankers Stilleben-Kompositionen sind nicht künstlich aufgebaut, sondern dem Bauernleben abgelauscht. Sie bilden im Werk des Künstlers einen Höhepunkt" (Kuthy 1981, 61). Das zweite zu beurteilen bin ich nicht Fachmann; es wird schon stimmen. Doch das erste?

Trotz oder vielmehr wegen unserer Skepsis lohnt es sich, das Studium Ankers mit den *Stilleben* zu beginnen. Gerade weil uns seine Personendarstellungen so geläufig sind und seine figürlichen Modelle manchmal bis zum Überdruß bekannt vorkommen – blicken doch Anker'sche Dorforiginale, Großmütter und -väter, Bauernbuben und -mädchen, herausgeputzte Inser Männer und Frauen von unzähligen Wänden (in der Schweiz) auf uns herab –, liegt die Gefahr nahe, daß wir in Anker nur noch den Maler idyllischer Dorfgeschichten sehen, den liebenswürdigen Chronisten einer Lebensweise und Vergangenheit, nach der sich viele zurücksehnen und nach der wir Heimweh haben. Tatsächlich hatte Anker seine Malmodelle in den Dörfern des Berner Seelandes gesucht und gefunden. So wurde er zum Schilderer des bernischen Volkstums par excellence. Doch darüber vergessen – oder übersehen – wir, daß Anker auch ein Maler ist, dessen Bilder allein um ihrer kostbaren und delikaten Malkunst willen jedes Auge entzücken müßten, und zwar eben auch dann noch, wenn die Beziehung zwischen Betrachter und Bildmotiv nicht so vertraut und eng wäre und man nichts im Sinne hätte mit ‚heiler Dorfwelt des 19. Jahrhunderts' und einem nostalgisch verbrämtem ‚anheimelndem Bauerntum'.

Doch daneben hat uns Anker auch eine Anzahl von Stilleben hinterlassen. Allein aus den Jahren 1866 bis 1900 sind rund dreißig bekannt. Oft hat er zwei gleichzeitig gemalt, sozusagen als Pendants. So gibt es einerseits bürgerliche Stilleben mit Tee- und Kaffeeservices aus Porzellan, mit Carafes de Cognac, Sucriers mit Würfelzucker, Crémiers und feinem Gebäck, und andererseits bäurische mit Wein in Flaschen, Karaffen und Gläsern, Kaffeekannen aus Zinn, Fayencegeschirr, Brot, Kartoffeln, Käse und Nüssen. Hier haben wir also mehr das ‚städtische' Stilleben mit Kaffee und Cognac, Schmelzbrötchen und Tee, dort das mehr ‚ländliche' mit Milch und Kartoffeln oder eben mit Bier und Rettich. Gerade die unauffälligen Dinge haben Anker bis in seine letzte Schaffensphasen hinein stark beschäftigt. Er hat in diesen kleinen Dingen erwiesenermaßen das Kostbare erfahren. So erstaunt es nicht, daß er gar manches über Jahre und Jahrzehnte hinweg aufbewahrt hat, besonders zahlreich die Briefe vieler Freunde. Gerade in einer Zeit der Bildüberschwemmung kann man Albert Ankers Stilleben und damit seine Liebe zum unbeachtet Kostbaren durchaus neu schätzen lernen, und zwar das sonntägliche Porzellangeschirr genauso wie die hundertmal benützte Alltagstasse, deren Glasur da und dort abgesprungen ist; köstlichen Wein ebenso wie trüben frischen Most, feines Gebäck wie grobes Bauernbrot, den sorgfältig für die Visite gedeckten Tisch nicht anders als die schlichte Werktagsmahlzeit. Alles scheint Anker mit gleichem Behagen gemalt und mit gleich wachem Sinn für die Besonderheit jeden Stoffes dargestellt zu haben. Geschwellte junge Kartoffeln sind für ihn ebenso darstellenswürdig wie die funkelnden Kristallgläser und der schimmernd weiße Würfelzucker. Gewiß, die hier überall durchscheinende Liebe zu den Dingen, das Behagen und die Freude an Besitztum, sei es kostbar oder alltäglich, die Fähigkeit, die Sprache der Gegenstände zu hören und sie auch für andere vernehmlich werden zu lassen: all das sind Eigenschaften des bürgerlichen 19. Jahrhunderts. Albert Anker besaß sie in hohem Maße.

Doch lenken wir nach diesen notwendigen Hinweisen zu Maler und Werk wieder zu unserem Stilleben mit Bier und Rettich zurück und kommen dadurch auf unser Kapitelthema zu sprechen. Am Eingang hatte ich versprochen, daß wir nach den Bildbetrachtungen einen *weiteren* Schritt tun wollten. Während im letzten Kapitel von gesunden und kranken Früchten die Rede war, wollten wir diesmal über unsere eigene *menschliche* ‚Gesundheit‘ nachdenken.

Vordergründig gesehen hat Albert Anker in ‚Bier und Rettich‘ unser täglich Brot nebst passender Tranksame dargestellt. Hintergründig ist das Bild neutral. Die auf einer Tischplatte versammelten Gegenstände sind schlicht und einfach, wenn zeichnerisch auch sehr präzise wiedergegeben. Zwar erzählen die Dinge in diesem Stilleben, genauso wie die Gesichter in Ankers Personendarstellungen, ‚Geschichten‘. Sie zeugen von der Lebensweise, vom Geschmack und vom Charakter ihrer Besitzer oder Benutzer, der Esser und Trinker. Im ‚Bier und Rettich‘ haben wir Geschirr, Eßwerkzeuge, Nahrung eines genügsamen bäuerlichen Alltags im Bernbiet des ausgehenden 19. Jahrhunderts vor uns. Und doch fehlen die Fliegen und Hummeln, die Insekten und das Ungeziefer – ganz ähnlich wie in Oskar Kokoschkas Stilleben mit Ananas ein knappes Jahrzehnt später; wir erinnern uns aus dem letzten Kapitel. Wieso? Was war zwischen Van der Ast und Kokoschka geschehen? Was ist zwischen Flegel und Anker passiert?

Rufen wir uns in Erinnerung zurück, was Anker schrieb, als er sein Stilleben 1898 malte: „... sind ziemlich viele Leute krank; es starben aber ganz wenige.... In unserer Nähe war Diphteritis unter den Kindern, ... der Arzt dort Impfungen dagegen vorgenommen hat. Dies Impfen für alle Krankheiten ist sehr in Mode gekommen“ (Brief vom 24. Februar 1898 an Julia Hürner; Meister 1983, 140). Für unsere hieran anknüpfenden Überlegungen habe ich die Abbildung 15 angefertigt. Damit möchte ich dem Leser drastisch vor Augen führen, worauf es mir in diesem Kapitel ankommt. Es geht um die Frage, wohin uns das von Anker angesprochene „Impfen für alle Krankheiten“ geführt hat. Wir fassen die inzwischen standardisierte Prozedur meist unter der harmlos klingenden Bezeichnung ‚Impfkalender‘ zusammen.

Die Situation, in die wir uns dadurch manövriert haben, ist allerdings weniger harmlos. Sie ist im Gegenteil voller Risiken. Die Überschrift über der Abbildung bringt es zum Ausdruck: „Wir leben im Glashaus"! Je länger man sich mit Albert Anker beschäftigt, *neu* beschäftigt, umso mehr gehen viele Gedanken in dieselbe Richtung. Nichtschweizer mögen hierbei im Vorteil sein. Als Schweizer war ich mit seinen Bildern aufgewachsen. In Berlin, wo ich jetzt tätig bin, ist Anker jedoch selbst für Studenten der Kunstgeschichte eine unbekannte Größe, allenfalls ein regionales Phänomen. Gemeinsam mit ihnen schaute ich den Berner Maler und sein Werk *neu* an, auch die Zeichnungen, auch die Skizzen, auch die unbekannteren Bilder. Wir lasen seine Briefe. Erstaunt mußte ich zur Kenntnis nehmen, wie wenig sonntäglich sich seine Welt hier allenthalben ausnahm, wie oft er auch alte, gebrechliche Menschen darstellte, Trinker, Arme, Benachteiligte, Schuftende, Mühselige, Entbehrende, Weinende, wie oft er sterbende Menschen festhielt, Tote, Aufgebahrte, Leichenbegängnisse, Beerdigungen, Friedhöfe. Nicht daß er dabei die hierin sichtbar werdenden Schattenseiten des menschlichen Lebens in anklagender oder sozialkritischer Manier abgehandelt hätte. Er tat es vielmehr in der selbstverständlichen Weise etwa nach dem Motto: So ist das Leben und so ist die Welt.

Es steht mir nicht zu, darüber zu befinden, ob oder in wieweit Anker die Erzählungen und Romane Gotthelfs kongenial illustriert hat, ob er mehr das Emmental als die Werke des Dichters ins Bild umsetzte, ob er die übernommene Aufgabe mit Freude oder widerwillig und ähnlich seiner langjährigen Fayencemalerei mehr nur um des Geldverdienens, der für den Familienunterhalt oft bitternötigen „petits sous" wegen ausführte (Meister 1983, 57). Feststeht, daß er in den 1890er Jahren monatelang kreuz und quer durchs Emmental streifte und dabei Szenen und Dorfbilder aus der Heimat Gotthelfs festhielt. Man wird auch nicht fehlgehen in der Annahme, daß er die zu illustrierenden Werke des großen Epikers sorgfältig und immer wieder gelesen hat. Deren Titel aber lauten: „Leiden und Freuden eines Schulmeisters", „Der Besenbinder von Rychiswyl", „Die Käserei in der Vehfreude", „Dursli der Branntweinsäufer", „Hans Joggeli, der Erbvetter", „Das Erdbeeri-Mareili", „Michels Brautschau". Leichenzüge, offene Gräber, Trostlosigkeit und Elend sind hier keine Seltenheiten, ganz zu schweigen von der ‚gewöhnlichen' Mühsal im Alltag bei der Arbeit in Haus und Hof, in Feld und Stall, von Entbehrungen, Schweiß, Mißgunst, Haß und Eifersucht. Je mehr man sich in Ankers Gesamtwerk vertieft, umso mehr verblaßt jene Sicherheit und Geborgenheit, die ihn aufgrund ausgewählter Reproduktionen in der Schweiz so populär mach(t)en. Das schlichte Dorf- und Landleben ist keineswegs so ‚heil', wie es vordergründig oft aussehen mag. Es schiene mir an der Zeit, Anker ‚neu' zu sehen und wenn schon nicht ihm, so doch seinem Werk mehr Gerechtigkeit wiederfahren zu lassen.

Mittlerweile geht die eingefahrene Sentimentalität gegenüber der ‚heilen Welt des Albert Anker' so weit, daß sich Robert Meister vor einigen Jahren sogar fragte, ob man Totendarstellungen aus Hand des populären Malers nicht lieber unveröffentlicht lassen sollte, um das Publikum nicht unnötigerweise zu schockieren. Er dachte dabei unter anderem an die Zeichnungen vom toten Vater und/oder dem verstorbenen Söhnchen Emil: „Mit einer Bleistiftzeichnung hat Albert Anker seinen Vater erschütternd dargestellt. Das Bild des toten Vaters zeugt vom innersten Erleben des Malers. Im Gedanken an seine Veröffentlichung kamen mir deshalb Bedenken: Darf man eine solche Zeichnung Ankers der Allgemeinheit preisgeben? In ähnlicher Weise hat er später die frühverstorbenen Söhne Rudolf und Emil dargestellt, auch seine geliebte Patin Anna-Maria, weitere Kinder und Betagte in Ins" (Meister 1983, 46–47; allen Bedenken zum Trotz finden sich dann jedoch die Zeichnungen des verstorbenen Vaters vom 22. Juni 1860: ‚Dr. Samuel Anker auf dem Sterbebett' und des am 3. Dezember 1871 verstorbenen Söhnchens Emil reproduziert, vgl. S. 47 und 67).

In meiner Abbildung 15 prangen zehn schauerliche Totenköpfe in mächtigem Rund. Im Zentrum sieht man das erwähnte Glashaus. Darin befindet sich eine Familie von heute: Vater, Mutter, ein Kind. Jeder Totenkopf treibt mit dem Kinn und gekreuzten Knochen einen lanzenförmigen Pfeil vor sich her. Die Pfeilspitze ist auf das Glashaus und die Menschen darin gerichtet. Doch der Pfeil dringt nicht durch; die Spitze stumpft zuvor an einem lückenlosen Sperrgürtel ab. Es ist dies jener Immunitätsriegel, den wir durch den Impfkalender zwischen den nach wie vor vielfältig drohenden Seuchentod und uns Menschen gelegt haben.

Mit Hilfe dieser zehn Totenköpfe rufe ich jene zehn wichtigsten seuchenbildenden Infektionskrankheiten in Erinnerung, gegen die wir uns heute durch vorbeugende Impfung wirksam zu schützen vermögen. Wem sie nicht mehr geläufig sind, der kann ihre Namen auf den Pfeilschäften nachlesen: Diphtherie, Tetanus (Wundstarrkrampf), Polio (Poliomyelitis, Kinderlähmung), Masern, Mumps, Röteln, Tuberkulose, Keuchhusten, Hepatitis B (auch Serum-Hepatitis) und Zecken-Enzephalitis (eine Hirnhautentzündung; bei der Hepatitis B handelt es sich um eine z. B. durch unsachgemäße Transfusionen hervorgerufene Leberentzündung; im Gegensatz dazu ist die Hepatitis A, auch Hepatitis epidemica oder infektiöse Hepatitis genannt,

Abb. 15: Wir leben im Glashaus.
Die alten Infektionskrankheiten sind weder verschwunden, noch sind sie harmlos geworden. Durch die Einhaltung des Impfkalenders vermögen wir uns und unsere Kinder jedoch auf effektive Weise vor ihnen zu schützen. Berücksichtigt sind im Prinzip ‚Die Gefährlichen Zehn', nämlich Diphtherie, Tetanus, Polio, Masern, Mumps, Röteln, Tuberkulose, Keuchhusten, Hepatitis B und Zecken-Enzephalitis. Gegen die letzten beiden wird nicht generell geimpft, sondern nur bei erhöhter Ansteckungsgefahr. Sie tauchen deshalb im Impfkalender hier nicht auf.

Der Impfkalender:

Termin	Impfungen gegen
Geburt bis 6. Woche	: Tuberkulose (Tbc)
4. Lebensmonat	: Diphtherie/Pertussis (Keuchhusten)/ Tetanus (Wundstarrkrampf) (DPT-Tripel- Impfung, drei Mal wiederholen, s. u.) Polio (Kinderlähmung) (Schluck-Impfung)
5. Lebensmonat	: Diphtherie/Pertussis/Wundstarrkrampf
6. Lebensmonat	: Diphtherie/Pertussis/Wundstarrkrampf Kinderlähmung (erste Wiederholung)
15. Lebensmonat	: Masern, Mumps, Röteln
18. Lebensmonat	: Diphtherie/Pertussis/Wundstarrkrampf Kinderlähmung (zweite Wiederholung)
6.-7. Lebensjahr	: Diphtherie (Auffrisch-Impfung)
10. Lebensjahr	: Kinderlähmung (Auffrisch-Impfung) Wundstarrkrampf (Auffrisch-Impfung)
10.-14. Lebensjahr	: Röteln bei Mädchen
alle 5–10 Jahre	: Kinderlähmung (Auffrisch-Impfung)
alle 10 Jahre	: Wundstarrkrampf (Auffrisch-Impfung)

zwar ebenfalls eine Leberentzündung, doch kommt sie durch Schmierinfektion oder orale Übertragung zustande).

Über der Zeichnung findet sich als Gedächtnisstütze der Impfkalender in Kurzform. Er enthält allerdings nur die Impfabfolge im Hinblick auf die ersten sieben Krankheiten, bei denen eine Ansteckungsgefahr immer und überall besteht. Geimpftsein ist hier deshalb ein MUSS. Ihre Erreger lauern in der Luft, im Wasser, am Boden, in der Erde. Während die ersten auf dem Atemweg übertragen werden, so die anderen durch Schmutzinfektion.

Bei den restlichen drei Krankheiten wird dagegen im allgemeinen nur geimpft, wenn eine erhöhte Ansteckungsgefahr besteht, etwa durch erkrankte Familienmitglieder, wegen kranker Kinder im Kindergarten oder in der Schule, oder aufgrund krank gewordener Kollegen am Arbeitsplatz. Im Hinblick auf die durch infizierte Holzböcke übertragene Zecken-Enzephalitis (auch Frühsommer- oder Wald-Enzephalitis genannt) beschränkt sich die Impfung meist auf deren Hauptausbreitungsgebiete und erfolgt auch dort nur während der gefährlichsten Ansteckungsmonate von April bis Oktober.

Über den kompletten Impfkalender sowie allfällige Schemaänderungen orientieren permanent zahlreiche Aufklärungsbroschüren von verschiedenster Herausgeberseite. (Einige leicht greifbare Titel habe ich ins Literaturverzeichnis am Ende des Buches aufgenommen: Bundesverband der Pharmazeutischen Industrie 1988 und 1990, Bundeszentrale für gesundheitliche Aufklärung 1984, Deutsches Grünes Kreuz 1984, Deutsche Vereinigung zur Bekämpfung der Viruskrankheiten 1987, Haibach 1987, Humana Milchwerke Mütterdienst 1984, Pöhn 1986). Alle diese Schriften lehnen sich an die Richtlinien der sogenannten STIKO an, das heißt der ‚Ständigen Impfkommission beim Bundesgesundheitsamt in Berlin‘. Da sie in aller Regel auch die Grundinformationen über die bekämpften Krankheiten enthalten, kann ich es mir hier ersparen, dasselbe nochmals zu tun (vgl. Ständige Impfkommission des Bundesgesundheitsamtes [STIKO] 1988 und 1989).

Weitere Totenköpfe für zusätzliche vermeidbare Infektionskrankheiten ließen sich der Abbildung 15 in beträchtlicher Zahl hinzufügen. Mögen sie bei uns derzeit auch nicht mehr aktuell sein, so heißt das nicht, daß es sie deshalb auch anderswo nicht mehr gibt. Eine erhöhte Gefährdung besteht häufig insbesondere bei Reisen in wärmere, vor allem tropische Gebiete. Vorbeuge-Impfungen gegen Typhus-Paratyphus, die verschiedenen Formen von Malaria oder Gelb- und Fleckfieber sollten dann nicht unterbleiben (Greuer 1981, Pöhn-Grossmann 1988; World Health Organization 1988. – Einen guten Überblick über den jeweils aktuellsten Stand der Gefährdungen bietet das laufend revidierte ‚Handbuch für Flugbegleiter‘ der Deutschen Lufthansa [vgl. in der Literaturliste unter: Deutsche Lufthansa 1988]. Es enthält die detaillierten Impfvorschriften bzw. -empfehlungen aller angeflogenen Länder. Zugänglich war mir die Ausgabe vom 1. März 1988).

Zu Ankers Lebzeiten war das Impfen um die Jahrhundertwende, so hörten wir oben, „sehr in Mode gekommen". Eine um die andere der alten Infektionskrankheiten prallte am immer dichter werdenden Impf- und Immunitätssperriegel ab, unter anderem die Diphtherie. Zwar gab es laut Anker „ziemlich viele kranke Leute; es starben aber ganz wenige Patienten". Seither starben und sterben immer weniger Menschen an Diphtherie – bis es heute fast gar keine mehr sind. Aber eben nur fast. Längst haben wir die Angst vor der Diphtherie wie auch vor den anderen alten Infektionskrankheiten verloren. Wir denken nicht mehr daran, daß sie einst Seuchen mit Hunderttausenden von Toten zur Folge hatten. Was sollen uns diese Krankheiten noch anhaben können?

Dabei übersehen wir völlig, daß wir uns in einem Glashaus befinden. Da kann es leicht geschehen, daß eine Scheibe zu Bruch geht. Die Todespfeile sind noch da; die Totenköpfe und gekreuzten Knochen hinter ihnen sind nicht verschwunden. Die Pfeilspitzen haben nichts von ihrer Giftigkeit eingebüßt. Sie würden tödlich wirken wie eh und je. Wehe wir lassen welche durch einen Riß im Glas eindringen.

Wer in diesem Zusammenhang handfeste Zahlen liebt, mag sich die Tabelle 2 ansehen. Ich habe dort für 1971–80 die in der Bundesrepublik an Diphtherie erkrankten und gestorbenen Personen zusammengestellt.

Tab. 2: Anzahl der an Diphtherie erkrankten und gestorbenen Personen in der Bundesrepublik Deutschland 1971–80, darunter speziell im Bundesland Nordrhein-Westfalen 1975–76.

Jahr	erkrankte Personen		Gestorbene
	Bundesgebiet total	Nordrhein-Westfalen	
1971	38		1
1972	34		2
1973	37		3
1974	17		–
1975	37	1975: 18	3
1976	88	1976: 55	7
1977	26		1
1978	20		–
1979	13		–
1980	19		2
total	329	73	19

Quelle: Das Material wurde freundlicherweise von Frau Inge Pietsch von der Ständigen Impfkommission (STIKO) am Institut für Sozialmedizin und Epidemiologie beim Bundesgesundheitsamt in Berlin zusammengetragen und zur Verfügung gestellt.

Nun mag der Leser die Achseln zucken und mir entgegenhalten: Nur neunzehn Todesfälle in einem ganzen Jahrzehnt? Das sind doch nicht viele! Und bloß 329 Erkrankte im selben Zeitraum? Kaum der Rede wert!

Die Zahlen sind jedoch brisanter, als man zuerst meinen könnte. Abgesehen davon, daß auch ‚nur‘ neunzehn Diphtherie-Todesfälle neunzehn zuviel sind, weil sie sich alle hätten vermeiden lassen, so kommt es gar nicht so sehr auf die größere oder kleinere Zahl der an Diphtherie erkrankten und gestorbenen Menschen an. Bedenklicher ist, daß es sie überhaupt noch gibt – wo es sie doch eigentlich gar nicht mehr geben sollte! Was 1975–76 gehäuft im Bundesland Nordrhein-Westfalen passierte, läßt uns aufhorchen (vgl. die diesbezüglichen Angaben in der Tabelle 2; vgl. ferner folgende Publikationen: Althoff 1977 für Gelsenkirchen 1975–76, Gross-Reitz 1978 für den Raum Köln 1976–77, Krämer 1977 für Bonn 1976, Naumann et al. 1975 für Düsseldorf 1975, Sorgo et al. 1976 für die Stadt Köln 1976, zusätzlich Wehrspan 1978 für den Raum Hamburg 1975–1977).

Studiert man diese Artikel, die sämtlich in einschlägigen Fachzeitschriften wie dem ‚Deutschen Ärzteblatt‘, der ‚Münchener Medizinischen Wochenschrift‘ oder im ‚Öffentlichen Gesundheits-Wesen‘ erschienen sind, so wird das Grundübel immer wieder beim Namen genannt. Es geht um die ‚Impfmüdigkeit‘ sowie um die sich nun rächende Verharmlosung der ehemals gefürchteten Seuchen durch Bezeichnungen wie ‚Kinderkrankheiten‘. Sie sind weder harmlos, noch beschränken sie sich auf Kinder. Von den vierzig 1976–77 im Raum Köln an Diphtherie erkrankten Personen *starben* insgesamt sechs. In die Universitäts-Kinderklinik Köln wurden zwischen Mai und Juli 1976 zwölf Diphtheriefälle von Kindern im Alter von sieben bis vierzehn Jahren eingeliefert. Unter ihnen starb jedoch nur *eines* an der Krankheit (Gross-Reitz 1978, 1826; Sorgo et al. 1976, 1631).

Nach einem vorübergehenden Wiederaufflammen der Diphtherie im Ersten wie im Zweiten Weltkrieg waren Erkrankungen und Sterbefälle an dieser Krankheit nahezu auf Null gesunken. Es schien, als ob sie im Zuge der allgemeinen Verbesserung der Lebensbedingungen und vor allem durch die aktive Impf-Immunisierung der gesamten Bevölkerung überwunden wäre.

Doch schien es nur so. Fast dreißig Jahre lang hatte sie Ruhe gegeben, sich eine Pause gegönnt. Doch kam es dann, wie wir sahen, um die Mitte der 1970er Jahre zu einer unerwarteten Rückkehr mit einer ganzen Anzahl von lokal begrenzten Gruppenerkrankungen, Kleinepidemien sozusagen. Nicht daß sich die Lebensbedingungen in der Bundesrepublik während der 70er Jahre verschlechtert hätten – im Gegenteil! Doch war der Impfschutz infolge unvollständiger Durchimpfung nur noch lückenhaft vorhanden. Eine Impfpflicht gibt es bei uns nicht mehr. Mit dem bloßen Dauerhinweis auf die weiterhin bestehende Notwendigkeit einer vorbeugenden Immunisierung aber scheint es nicht getan. Wie andere Dauerappelle wirkt er ermüdend und verhallt schließlich ungehört – vor allem, wenn ein Feind weit und breit nicht in Sicht ist.

Zwar weisen Klein- und Schulkinder bis zum zwölften Lebensjahr auch heute im allgemeinen noch eine verhältnismäßig hohe Impfquote von etwa 90 Prozent auf. Hier spiegeln sich die positiven Auswirkungen der Routine-besuche beim Kinderarzt wieder. Doch sind schon Jugendliche und jüngere Erwachsene nur noch zu 17,5 bis 22,5 Prozent gegen Diphtherie geimpft beziehungsweise – was alle acht bis zehn Jahre notwendig wäre – durch eine Auffrischungsimpfung noch oder wieder immun. Damit sich Diphtherie nicht als Epidemie ausbreiten kann, müßten jedoch etwa drei Viertel der Bevölkerung immunisiert sein. Wie die Erfahrungen aus den 70er Jahren lehren, ist auch die modernste Medizin noch nicht in der Lage, eine einmal ausgebrochene Diphtherieseuche rasch und zuverlässig unter Kontrolle zu bringen. Eine Erkrankung bedeutet somit selbst in unseren Tagen noch Lebensgefahr. Abgesehen davon kann sie auch bei Überlebenden zu dauern-den Gesundheitsschäden führen. Nicht vergessen werden sollte zudem, daß eine einmal überstandene Diphtherie *nicht* vor einer neuen Erkrankung schützt (vgl. hierzu die laufenden Berichte der zuständigen Abteilung für Sozialmedizin und Epidemiologie beim Bundesgesundheitsamt Berlin, so etwa Pöhn 1986, ferner Bundesverband der Pharmazeutischen Industrie 1988).

In Nordrhein-Westfalen war eine, wenn auch kleine Scheibe im Glashaus zu Bruch gegangen. Mehr und größere könnten es jederzeit leicht sein. Deshalb führe ich dem Leser in der Tabelle 3 zum Nachdenken die ‚über-flüssigen‘ Sterbefälle an allen zehn Infektionskrankheiten für die Zeit von 1983 bis 1986 vor Augen. Rigoros befolgte Vorbeuge-Impfungen hätten überall zu schützen vermocht. In jedem der Jahre waren weit über tausend Personen ‚überflüssigerweise‘ ‚vorzeitig‘ gestorben, 5625 insgesamt. 5625 zuviel.

Kehren wir zur Abbildung 15 zurück. Kommt uns dort nicht das ganze Arrangement irgendwie bekannt vor? Tatsächlich will sie auf ihre Weise dasselbe ausdrücken wie die Abbildung 13 im vorigen Kapitel. Dort befand sich ein Apfel im ‚Glashaus‘. Bei Früchten wird der Schutzring heute durch Pflanzen-Hygiene, Fungizide und Insektizide gelegt. Im 17. Jahrhundert hat-ten die Schaderreger noch ungehinderten ‚Zutritt‘: der Apfelschorf, die Bit-ter- und Monilia-Fäule, die Rauhschaligkeit, der Wurm. Entsprechend runz-lig, angefressen, angefault, mit einem Wort unansehnlich war der abgebilde-te Apfel.

Äpfel von heute sind vergleichsweise makellos. Sie haben rote Backen und zeigen nicht die geringsten Schäden. Wer würde sie sonst kaufen? Nicht zu vergessen ist die Konkurrenz auf dem Markt. Wenn die Ware aus heimi-schen Gefilden nicht ‚schön‘ genug aussieht, gibt's ein paar Schritte weiter im nächsten Supermarkt sicher Äpfel aus Neuseeland oder Argentinien. –

Tab. 3: Sterbefälle in der Bundesrepublik Deutschland 1983–1986 insgesamt sowie Sterbefälle an ausgewählten infektiösen und parasitären Krankheiten.

Sterbefälle in den Jahren:	1983	1984	1985	1986
Bundesrepublik Deutschland insgesamt:	718337	696118	704296	701890
darunter Sterbefälle an:				
032 Diphtherie	–	–	–	1
037 Tetanus (Wundstarrkrampf)	9	6	6	5
045 Poliomyelitis (akute Kinderlähmung)	7	5	5	5
138 Spätfolgen der akuten Poliomyelitis	16	16	24	21
055 Masern	8	20	5	1
072 Mumps	1	4	1	2
056 Röteln	1	–	–	–
011 Lungentuberkulose	1048	928	864	775
0130 Tuberkulöse Meningitis	16	10	8	12
137 Spätfolgen von Tuberkulose	297	287	278	267
033 Pertussis (Keuchhusten)	2	1	1	6
070 Virus-Hepatitis				
0700 und 0701: Virus-Hepatitis A	21	22	24	11
0702 und 0703: Virus-Hepatitis B	137	152	162	126
063 Durch Zecken übertragene Virus-Enzephalitis	1	–	–	–
Total	1564	1451	1378	1232
Total 1983–1986				5625
Ferner zum Beispiel:				
084 Malaria	8	13	22	12
002 Typhöses Fieber und Paratyphus	6	2	5	6
004 Bakterielle Ruhr	2	3	1	2
006 Amoebiasis	2	3	3	3

Quellen: Statistisches Bundesamt Wiesbaden (Hrsg.): Statistisches Jahrbuch 1987 für die Bundesrepublik Deutschland. Stuttgart: Kohlhammer 1987, 70, 395. – Statistisches Bundesamt Wiesbaden (Hrsg.): Sterbefälle nach Todesursachen (Einzelnachweis) – Arbeitsunterlage; Jahrgänge 1983, 1984, 1985, 1986. Wiesbaden: Statistisches Bundesamt (November) 1984, (September) 1985, (September) 1986, (September) 1987. – Die Krankheiten/Todesursachen sind mit der sogenannten ICD/9-Nummer versehen. Seit dem 1. Januar 1979 wird in der amtlichen Todesursachenstatistik weltweit die *neunte* Revision der Internationalen Klassifikation der Krankheiten, Verletzungen und Todesursachen angewandt (ICD = International Classification of Diseases). Bei uns weist das Statistische Bundesamt in Wiesbaden die wichtigsten

Ob die Äpfel – oder Tomaten oder Pflaumen oder Trauben – nach all den ,vorbeugenden Schadbekämpfungsmaßnahmen' dann immer noch schmekken und ob sie nach wie vor bekömmlich sind, steht auf einem anderen Blatt geschrieben.

Genauso, wie es bei uns auch heute noch da und dort wurmstichige Äpfel gibt und solche mit Rostschäden oder angefaulte, so gibt es ebenfalls noch immer Dutzende, ja Hunderte von Erkrankungen und Sterbefällen an eigentlich vermeidbaren infektiösen und parasitären Krankheiten. In der Tabelle 3 tauchten sie alle nacheinander auf: die Diphtherie, der Tetanus, die Kinderlähmung, Masern, Mumps und Röteln, Tuberkulose, Keuchhusten, Hepatitis B und Enzephalitis. Kein einziger der Totenköpfe in Abbildung 15 hätte während der letzten Jahre keine Beute gemacht. Keiner ist leer ausgegangen. Einige der Erkrankten und Gestorbenen mochten sich in falscher Sicherheit gewiegt haben. Vielleicht hatten sie einer im Säuglings- oder Kindesalter erfolgten Grundimmunisierung vertraut – leichtsinnigerweise wie sich herausstellte. Denn die wenigsten Impfungen halten ein Leben lang vor. Nur bei Masern und Mumps scheint dies der Fall zu sein. Auffrisch-Impfungen sind somit in kleineren oder größeren Abständen notwendig: bei Diphtherie – so sagten wir schon – etwa alle acht bis zehn Jahre, bei Tetanus und Kinderlähmung ebenso, bei Zecken-Enzephalitis und Hepatitis B alle drei Jahre.

In der Tabelle 3 findet sich ganz unten zudem jene andere Tatsache belegt, wonach manche ,weiteren vermeidbaren Infektionskrankheiten' auch bei uns jährlich ihre Opfer fordern. Als erstes Beispiel habe ich die Malaria mit insgesamt 55 Sterbefällen während der Jahre 1983–86 angeführt. Erweitert man den Zeitraum auf die Jahre von 1980 bis 1986, so wurden über viertausend eingeschleppte Malaria-Erkrankungen in der Bundesrepublik registriert. Dabei führte die gefährlichste Form – neben der Malaria tertiana und der Malaria quartana ist das die Malaria tropica – zu über sechzig Todesfällen. Am stärksten gefährdet sind derzeit Touristen, die ohne ausreichende Malaria-Prophylaxe in verseuchte Gebiete des tropischen Ostafrika reisen (vgl. hierzu den Detailbericht Pöhn-Grossmann 1988).

Mancher Leser wird sich vielleicht wundern, daß ich zwei Infektionskrankheiten bisher mit keinem Wort erwähnte, die in der Geschichte von

Todesursachen einzeln oder zusammengefaßt unter Berücksichtigung von Altersgruppen und Geschlecht in rund 750 Positionen nach. Diese Ergebnisse werden jährlich in der Fachserie 12 (Gesundheitswesen), Reihe 4 (Todesursachen) veröffentlicht. Darüberhinaus erstellt dieselbe Behörde ebenfalls jährlich einen Nachweis sämtlicher Todesursachen in jeder einzelnen, drei- oder vierstelligen Positionsnummer in Form einer Arbeitsunterlage. Dieser sogenannte ,Einzelnachweis' wird Interessenten auf Anforderung in Form eines grünen Heftes zugesandt.

Bedeutung waren oder es heute sind, nämlich die Pocken und AIDS. Doch über das Acquired Immune Deficiency Syndrome, kurz AIDS genannt, habe ich mich hier nicht auszulassen, gibt es doch gerade gegen diese neue Infektionskrankheit (noch) keine wirksame Vorbeuge-Impfung. Folglich kann sie auch nirgends in einem Impf-Kalender auftauchen. Über die Pocken dagegen ließe sich von einem Historiker sehr viel sagen. Doch will ich hier auch dazu nicht ausholen, sondern als Gedankenanstoß einzig ein paar kurze Abschnitte aus dem amerikanischen Standard-Taschenbuch zur Vorbeugung von Infektionskrankheiten anführen. Sie lassen nicht nur aufhorchen, sondern machen in ihrer sachlich unterkühlten Nüchternheit erschrecken.

Da heißt es bei den Pocken einerseits, daß es sie aufgrund der weltweit erfolgreichen Impfkampagne unter der Ägide der Weltgesundheitsorganisation seit 1977 nirgends mehr gäbe – weshalb sie in unseren Impfkalendern natürlich auch nicht länger auftauchen und ich im Prinzip hier überhaupt nicht mehr darauf einzugehen bräuchte. Doch lernen wir aus der weiteren Lektüre dann andererseits, daß die tödlichen Pockenviren deshalb keineswegs vom Erdboden verschwunden wären. In zwei Laboratorien würden sie sogar bewußt weiterhin am Leben gehalten. Das eine befände sich in den USA, das andere in der UdSSR.

In einer etwas gewundenen Sprache werden wir sodann mit der Möglichkeit vertraut gemacht, daß von dort vielleicht einmal ein Virus ausbrechen könnte. Ein solcher Unfall würde angesichts einer nicht länger immunen Weltbevölkerung unmittelbar zu einer globalen Katastrophe führen. Allerdings – und hier stockt einem der Atem – würden vorsorglicherweise nicht nur die unfallgefährdetsten Laboratoriums-Angestellten auch weiterhin gegen Pocken geimpft, sondern ebenso die ‚militärischen Streitkräfte in einigen Ländern' – und dies, obwohl doch jede Art von solch hinterlistiger biologischer Kriegführung selbstverständlich verboten sei. – Vorsichtshalber wird auch gleich die Telephonnummer angeführt, unter der im Katastrophenfall – und auch schon vorher? – der Pockenimpfstoff weiterhin bezogen werden kann.

Ich will dem Leser den Originalton nicht vorenthalten, wobei es einem kalt den Rücken hinunterlaufen kann: „The last naturally acquired case of smallpox in the world occurred in October 1977 and global eradication was certified two years later by the WHO and confirmed by the World Health Assembly in May 1980. Thus, the occurrence of even a single case anywhere in the world is an international epidemiological emergency. Because of the imperative need for a rapid diagnosis and immediate institution of effective control measures should a case occurr (in nature or from a laboratory accident), this disease, now extinct, warrants this full presentation. – Since smallpox has now been eradicated, routine vaccination is no longer justified. Vaccination is recommended only for those few research workers in laboratories still conducting research on variola virus or related orthopox viruses; in the USA, vaccine for this purpose can be obtained from the Center for Disease Control, Division of Host Factors, Clinical Medicine Branch, Atlanta, Georgia 30333; telephone (404) 329–3356. – Military forces in some countries continue to be vaccinated to protect against the remote possibility of biological warfare, even though international convention precludes such warfare. Appropriate measures should be taken by such services to minimize risk to unvaccinated contacts. Introduction of variola virus into a nonimmune population could result in a major disaster unless controlled promptly. – The two laboratories known to retain stocks of variola virus are the Center for Disease Control, Atlanta, Georgia, USA and the Research Institute for Viral Preparations, Moscow, USSR" (Benenson 1985, zu ‚ICD/9 050 – Smallpox‘, wörtliche Zusammenfassung der Seiten 350–357; vgl. ferner Fenner et al. 1988, hc 1981, Lancet 1987, Perabo 1987, World Health Organization 1980).

Was mich schaudern macht, ist die Unverfrorenheit, mit der hier die *Eventualitäten* durchbesprochen werden. Ich bin offenbar nicht der einzige, dem es so ergeht. Schon kurz nach der feierlichen Bestätigung des ‚Sieges‘ über die Pocken durch die 33. Generalversammlung der Weltgesundheitsorganisation in Genf 1980 erschien im Januar 1981 in der ‚Neuen Zürcher Zeitung‘ ein Artikel unter dem skeptischen Titel: ‚Pocken: ein Sieg ohne Frieden‘. Schon der zweite Satz weist auf das Dilemma hin: „In die Freude über diesen Sieg mischen sich jedoch etliche Ängste, deren Berechtigung im folgenden diskutiert werden soll" (hc 1981, 61). Nachdem zuerst die möglichen ‚Gefahren aus dem Labor‘ erörtert werden, vor allem Unfälle aufgrund eines nicht beabsichtigten Entweichens von Pocken-Viren, heißt es weiter – nun völlig unverblümt: „Mit der Materie Vertraute sind überzeugt, daß Pockenviren – internationale Abmachungen hin oder her – von Militärs als biologische Waffe in Reserve gehalten werden. Eine fast ideale Waffe, denn der Anwender kann seine Mannschaften mittels vorgängiger Impfung umfassend schützen. Und je kleiner der Anteil von Pockengeimpften in einer Bevölkerung, desto größer die Gefährlichkeit dieser biologischen Keule" (hc 1981, 61–62).

Zur Untermauerung erinnert uns der Verfasser an den Deutsch-Französischen Krieg 1870/71, in deren Verlauf eine – damals allerdings unbeabsichtigte – Pockenepidemie ausbrach. Während in der weitgehend ungeimpften französischen Armee rund 125 000 Mann an Pocken erkrankten und die Sterblichkeit daran fast zwanzig Prozent ausmachte, hatte man im wesentlich stärker durchgeimpften deutschen Heer ‚nur‘ gut 8000 Ansteckungen zu verzeichnen, wovon ‚bloß‘ fünf Prozent starben (vgl. hierzu ferner: Fenner et al. 1988, 232 [bei diesem unter der Ägide der Weltgesundheitsorganisation zustande gekommenen Monumentalwerk von 1460 Seiten handelt es sich um eine minutiöse Dokumentation der weltweiten Pockeneliminierung]; zur Geschichte der Pockenschutzimpfung in Deutschland vgl. Huerkamp 1985. – Der Einfluß von Seuchen auf den Geschichtsverlauf ist im übrigen ein Thema, das vor allem ‚Hobby-Historiker‘ aus Disziplinen wie Biologie, Zoologie, Entomologie oder Medizin immer wieder beschäftigt, vgl. von deutscher Seite etwa Schimitschek-Werner 1985).

Jeder mag sich vor diesem Hintergrund gemäß seiner Vorstellungskraft ein helleres oder dunkleres Szenario für die Zukunft ausmalen. Nach der Lektüre des amerikanischen Standardwerkes fällt es bei manchem Leser möglicherweise eher düster aus, zumal man mitbedenkt, daß es bis heute keine wirksamen medizinischen Behandlungsmöglichkeiten für Pocken gibt. Vorbeugen ist alles; nach erfolgtem Krankheitsausbruch ist es zu spät.

So könnte die überschwängliche WHO-Proklamation vom 8. Mai 1980 im Genfer ‚Palais des Nations‘ vielleicht doch nicht der Schlußpunkt hinter einer jahrzehntelangen Impfkampagne gewesen sein. Damals hatte sich die Weltgesundheitsorganisation darüber gefreut, daß es erstmals in der Geschichte gelungen war, eine unter Menschen immer wieder zu verheerenden Seuchen führende Krankheit durch den Menschen selbst auszurotten. Vielleicht ist damit nur ein Kapitel zu Ende gegangen, und ein neues, das über einen grauenhaften Pyrrhus-Sieg berichtet wird, beginnt schon bald? Nie war das Reservoir pockenanfälliger Individuen größer und hatten somit die Pockenviren leichteres Spiel unter Millionen nicht immuner und daher wehrloser Opfer auf allen Kontinenten. (Fenner et al. spielen die Gefahr einer absichtlich herbeigeführten Pockenkatastrophe – aus Zweckoptimismus? – allerdings herunter. Sie sprechen lieber von der Möglichkeit, daß die WHO auf dem gleichen Weg noch weitere Seuchen zum Verschwinden bringen könnte, so zum Beispiel Masern, Kinderlähmung oder die Hepatitis B. Vgl. Fenner et al. 1988, 1341–1343, 1366–1369; Altorfer 1989.)

In einer anderen Hinsicht jedoch erwies sich das amerikanische Standardwerk als sehr hilfreich. Da es nicht nur die wichtigen Infektionskrankheiten auf der ganzen Welt berücksichtigt, sondern gleichzeitig auch über ein hervorragendes und nach verschiedensten Gesichtspunkten gegliedertes Sachregister verfügt, fiel es leicht, gezielt nach jenen Informationen zu suchen, die für uns hier von besonderem Interesse sind. In diesem Zusammenhang möchte ich nun nochmals an die Abbildungen 12 (aus dem vorangegangenen Kapitel) und 14 anknüpfen. Wir erinnern uns, daß beide Umzeichnungen Buchstaben oder Zahlen enthalten, die auf Insekten hinweisen. In Balthasar Van der Asts ‚Stilleben mit Fruchtkorb‘ von 1632 sind es unter anderem zwei Fliegen (b) und (d), wobei sich die letztere auf auf einer Quitte tummelt (9). Im ‚Stilleben mit Fischgericht‘ des Georg Flegel aus dem Jahre 1637 sehen wir auf dem Brotlaib eine Hummel (1) und auf dem Teller mit Fischchen eine Schmeißfliege (2). Um nun das Ausmaß an Gesundheitsgefährdungen zu ermessen, die für unsere Vorfahren vor dreieinhalb Jahrhunderten von diesen Insekten ausgingen, brauchen wir in jenem Werk bloß unter den einschlägigen Stichworten nachzusehen und werden dabei sofort fündig. Zur Veranschaulichung will ich ein einziges Beispiel – im Wortlaut – durchexerzieren.

Im Register stoßen wir auf das Stichwort ‚Flies‘. Unter den verschiedenen hierbei einzeln aufgeführten Gesichtspunkten ist ‚Transmission by‘ für uns am wichtigsten. Dadurch werden wir auf drei Infektionskrankheiten hingewiesen, die auch bei uns sowohl historische wie immer noch aktuelle Bedeutung haben. Es handelt sich um ‚Amebiasis‘ (ICD/0–006), ‚Bacillary dysentery‘ (ICD/9–004) und ‚Enteric fever‘ – auch ‚Typhus abdominalis‘ – (ICD/9–002), zu deutsch also ‚Amöben-Infektionen‘, ‚bakterielle Ruhr‘ und ‚Typhus-Paratyphus‘. An der erstgenannten Krankheit verstarben in der Bundesrepublik Deutschland 1983 zwei, 1984, 1985 sowie 1986 je drei Personen; an bakterieller Ruhr im gleichen Zeitraum zwei, drei, eine und zwei Personen; an Typhus-Paratyphus schließlich sechs, zwei, fünf und nochmals sechs Menschen (Statistisches Bundesamt Wiesbaden November 1984, September 1985, September 1986, September 1987; vgl. auch die Zusammenstellung in der Tabelle 3 ganz unten).

Am ausführlichsten geht das Handbuch auf das typhöse Fieber ein, den berüchtigten Typhus abdominalis oder Bauchtyphus. Unter „Mode of transmission" lesen wir zu dieser Krankheit: „By food or water contaminated by feces or urine. Flies can infect foods in which the organisms may multiply to achieve an infective dose". Vielleicht noch wichtiger für uns ist, was wir unter „Methods of control; preventive measures" lernen, nämlich:

„1) Sanitary disposal of human feces and maintenance of fly-proof latrines. Provide suitable handwashing facilities. Under field conditions dispose of feces by burial at a site distant and downstream from the source of drinking water.

2) Protect, purify and chlorinate public water supplies; provide safe private supplies; avoid cross connections between different water supplies and back-flow connections to sewer systems. For individual or small group protection, and while traveling or in the field, water should be treated chemically or, alternatively, boiled.

3) Control flies by screening, spraying with insecticides, and using insecticidal baits and traps. Control fly breeding by adequate collection and disposal of garbage.

4) Use scrupulous cleanliness in food preparation and handling; refrigerate as appropriate. Particular attention should be directed to the proper storage of salads and other foods served cold.

5) Pasteurize or boil all milk and dairy products. . . .

7) Encourage breast feeding throughout infancy; boil all milk and water used for infant feeding. . . .

11) Exclude infected persons from handling food" (Benenson 1985, wortgetreue Zusammenfassung der Seiten 421–422).

Im Hinblick auf die bakterielle Ruhr oder Shigellosis klärt uns das Handbuch auf: „Mode of transmission: By direct or indirect fecal-oral transmission. Fly-borne transmission may occur as the result of direct fecal contamination". Bezüglich der „Methods of control; preventive measures" heißt es kurz und bündig: „Same as those listed under typhoid fever" (Benenson 1985, 347–348).

Bei der Amoebiasis schließlich weiß das Handbuch unter „Mode of transmission" zu berichten: „Epidemic outbreaks result mainly from ingestion of fecally contaminated water. Endemic spread is by hand-to-mouth transfer of feces, by contaminated raw vegetables, by flies". Und unter „Methods of control; preventive measures" heißt es:

„1) Sanitary disposal of human feces.

2) Protect public water supplies from fecal contamination.

3) Educate the general public in personal hygiene, particularly in sanitary disposal of feces and in handwashing after defecation and before preparing or eating food. . . .

5) Control flies; protect foods against fly contamination by screening and other appropriate means" (Benenson 1985, 6–7).

Und nun versetze man sich – nach so viel Aufklärung – in jene Jahre zurück, in denen Van der Ast und Flegel ihre Stilleben gemalt haben: 1632 und 1637! Wer zusätzlichen visuellen Nachhilfe-Unterricht zu benötigen glaubt, mag zudem bei zeitgenössischen Kollegen der beiden Maler nachsehen, so etwa bei Isack van Ostade (Haarlem 1621 – Haarlem 1649). Eines von dessen Favoritthemen war der ‚Halt vor dem Wirtshaus'. Trotz seinem kurzen Leben hat er es häufigcr dargestellt. Mir selbst schweben zwei Versionen vor Augen, die ich in den vergangenen Jahren wiederholt lange betrachtete. Die eine Fassung stammt aus dem Jahre 1645 und befindet sich in der National Gallery of Art in Washington (dort ‚The Halt at the Inn' genannt; Holztafel, 49,5 × 66 cm). Die andere Ausführung entstand im darauffolgenden Jahr und ist im Kunsthistorischen Museum in Wien zu sehen (‚Halt vor dem Wirtshaus', 1646, Eichenholz, 50,5 × 53 cm). Ich lade den Leser ein, sich mit mir etwas in die Thematik der beiden Versionen zu vertiefen.

Man mag zuerst schockiert sein, doch wird im einen wie im andern Bild ganz ungeniert gepinkelt: an den Gartenzaun, die Hauswand, einen Baumstrunk oder einfach auf den Boden. Man kann sich lebhaft vorstellen, was früher mit ‚Wasser lassen' gemeint und korrekt beschrieben war. In aller Öffentlichkeit tun es auf den beiden Gemälden die abgestiegenen Reiter, Fußgänger oder bloß Herumstehende genauso wie die Reitpferde und die Rosse vor den Reisewagen. Schaut man genauer hin, erleichtern sich letztere auch noch sonst. Prompt machen sich scharrende Hühner über die zu Boden gefallenen und noch dampfenden Pferdeäpfel her. Daneben spielen Kinder.

Und selbstverständlich wird, wie schon der Titel nahelegt, gegessen und getrunken, sei es auf dem Boden kauernd oder auf einem entwurzelten Baumstrunk hockend, sei es im Stehen oder im offenen Reisewagen sitzend. Die Pferde werden getränkt und erhalten zu fressen. Dazwischen streunen Hunde, trocknet Wäsche, gurren Tauben auf dem Dach und balgen Vögel in den Wipfeln. Auch von ihnen fällt manchmal etwas zu Boden oder auf einen der Reisenden oder in ein Trinkgefäß oder auf die Wegzehrung. Nur die Fliegen und Mücken, Bremsen, Hornissen, Hummeln sind zu klein, um einzeln gesehen zu werden, oder um von Isack van Ostade festgehalten worden zu sein. Doch ob er sie seinerzeit nun gemalt hat oder nicht und ob wir sie auf seinen Gemälden heute entdecken oder nicht: wer wollte bezweifeln, daß sie damals genauso mit von der Partie waren? Daß sie völlig selbstverständlich dazu gehörten? (Zu Isack van Ostade sowie seinem ebenfalls malenden älteren Bruder und Lehrer Adriaen van Ostade [Haarlem 1610 – Haarlem 1685] vgl. Schnackenburg 1981).

Wir haben unsere Lektion doch nicht schon wieder vergessen? – Typhus-Paratyphus: „Mode of transmission: By food or water contaminated by feces or urine. Flies can infect foods in which the organisms may multiply to achieve an infective dose". – Bakterielle Ruhr: „Mode of transmission: By direct or indirect fecal-oral transmission. Fly-borne transmission may occur as the result of direct fecal contamination". – Amoebiasis: „Mode of transmission: Epidemic outbreaks result mainly from ingestion of fecally contaminated water. Endemic spread is by hand-to-mouth transfer of feces, by contaminated raw vegetables, by flies"! – Das hätten unsere Vorfahren zuerst einmal alles wissen müssen. Mit Van der Ast, Flegel und van Ostade sind wir in den 1630er und 40er Jahren und nicht in der zweiten Hälfte des 20. Jahrhunderts. Bei alledem waren die Niederlande des Van der Ast, war das Haarlem des Isack van Ostade damals noch verhältnismäßig glücklich dran. Zumindest herrscht selbst auf den ‚unordentlichsten' Bildern des van Ostade tiefster Friede. Anderswo auf dem europäischen Kontinent wütete der Dreißigjährige Krieg, und in seinem Gefolge gerade in jenen 1630er Jahren die Pest – nicht zuletzt, wie wir hörten, im Frankfurt Flegels.

Wenn aber schon das Wissen und die Kenntnisse bezüglich der Übertragungsmechanismen nicht vorhanden waren, wie hätten unsere Vorfahren dann auf die Idee kommen sollen oder können, adäquate Vorbeugemaßnahmen zu treffen? „Sanitary disposal of human feces and maintenance of fly-proof latrines"?? Man machte sich damals nicht einmal die Mühe, Latrinen aufzusuchen. Baumstrünke taten es auch. Und selbst dort, wo es Bretterverschläge zur Erledigung des großen Geschäftes gab, waren sie alles andere als ‚fliegendicht'. – „Control flies by spraying with insecticides"?? Woher Insektizide nehmen? Es gab sie damals ebenso wenig – dafür allerdings auch kein drohendes Ozonloch. – „Refrigerate as appropriate"?? Kühlschränke kannten noch nicht einmal unsere Großeltern als Standard-Kücheneinrichtung. – „Pasteurize or boil all milk"?? Louis Pasteur lebte von 1822 bis 1895! – „Exclude infected persons from handling food"?? Wer sollte denn sonst die Speisen für die Haltenden zubereiten und auftragen, wenn nicht die Frau oder Magd im Wirtshaus, egal ob sie angesteckt und krank war oder nicht. – „Educate the general public in personal hygiene, particularly in sanitary disposal of feces and in handwashing after defecation and before preparing or eating food"?? – Ein gewaltiges Erziehungsprogramm, an dessen Umsetzung sich erst das 19. und beginnende 20. Jahrhundert im Zuge verschiedener ‚Hygienisierungswellen' machten.

Die Quintessenz dessen, was in unserem amerikanischen Standardwerk auf Hunderten von Seiten detailliert aufgelistet und wissenschaftlich-minutiös beschrieben ist, kann man allerdings auch einfacher sagen, im Prinzip sogar in jedem einschlägigen ‚Ärztlichen Ratgeber' nachlesen. So heißt es etwa in Wilhelm Greuers schmalem Bändchen ‚Infektionskrankheiten in Deutschland und Touristikgebieten' unter Punkt 4.6 ‚Insekten' auf wenigen Zeilen: „Gefährlich ist die Übertragung von bakteriellen Infektionen durch Fliegen – von Abortgruben auf Lebensmittel. Die Übertragung von Infektionen durch den Einstich von infizierten Mücken oder Läusen gilt insbesondere für die Malaria, das Gelbfieber, Fleckfieber und Rückfallfieber. Heute besitzen wir gegen diese Infektionen einen wirkungsvollen Schutz durch Schutzimpfungen oder Chemoprophylaxe. Es ist jetzt kaum noch vorstellbar, wie es ohne diese Schutzmöglichkeiten im Mittelalter ausgesehen hat, als große Teile der Bevölkerung durch Seuchen dahingerafft wurden, die zum Teil durch Insekten übertragen waren. Aber auch heute noch erliegen viele ungeschützte Menschen in Tropen und Subtropen der Aggressivität von Insekten" (Greuer 1981, 23).

Wir brauchen nicht einmal bis ins Mittelalter zurückzugehen und auch keinen Anschauungsunterricht in den Tropen zu suchen. Es genügt, im europäischen 17. Jahrhundert nachzusehen, bei Isack van Ostade in Haarlem, bei Balthasar Van der Ast in den übrigen Niederlanden, bei Georg Flegel in Frankfurt am Main. Fliegen, Mücken, Hummeln, Urin und Kot: alles ist da mit größter Selbstverständlichkeit vorhanden, wird uns in seiner banalen Alltäglichkeit gezeigt. – Und tat damals *natur*gemäß seine verheerende Wirkung! Isack van Ostade starb in einem Alter von 28 Jahren! Weder an ‚Krieg' noch an ‚Hunger'.

Mit wie unvergleichlich viel mehr Recht hätte er und hätten seine damals zu Tausenden an Infektionskrankheiten dahingerafften Zeitgenossen Bücher schreiben können mit Titeln wie ‚Iß und stirb'! (Kapfelsberger-Pollmer 1982–1983). ‚Iß und stirb' – nicht weil wie heute äußerlich hochglanzpolierte Nahrungsmittel damals im chemisch weniger einwandfreien Inneren gesundheitsgefährdende Rückstände enthalten hätten, sondern weil auf ihnen ganz simpel insektenübertragene todbringende Krankheitserreger lauerten. Sie wirkten weit effektiver und schneller als alle heutigen Rückstände gemeinsam. Wer hieran zweifeln sollte, möge einen Blick in jedes beliebige Sterberegister aus jener Zeit tun und die Eintragungen dort mit irgendwelchen heutigen Todesanzeigen vergleichen. Dabei sollte er sich fragen, weshalb wohl das durchschnittliche Sterbealter damals bei rund dreißig Jahren gelegen hat und weshalb es heute siebzig bis achtzig Jahre beträgt?

Gegen Ende des Kapitels war hier verschiedentlich von ,Läusen' als gefährlichen Überträgern von Krankheiten die Rede, insbesondere bei ,Fleckfieber'. Diese Zusammenhänge leiten zum nächsten Kapitel über, vordergründig zumindest. Denn erneut wollen wir uns dort, sobald die Zusammenhänge klar geworden sind, weiter in das eigentliche Buchthema vertiefen. Beschaffen wir uns die notwendige Aufklärung ein letztes Mal im mehrfach erwähnten amerikanischen Standardwerk zur Vermeidung von Infektionskrankheiten. Dort heißt es unter dem Stichwort ,Fleckfieber': „ICD/9–080 Typhus exanthematicus. – Mode of transmission: By body louse. – Methods of control; preventive measures: 1) Apply insecticide. A lousicide should be used which has been shown to be effective on local lice. 2) Improve living conditions with provisions for bathing and washing clothes" (Benenson 1985, 425–426). – Nach all dem, was wir aus dem Handbuch gelernt haben, ist man als Historiker fast geneigt, lakonisch hinzuzufügen: „Historical reflexions: The same as those listed above"!

6

Stillen und Entlausen früher – Kunstprodukte heute
Was wurde gewonnen; was ging verloren?

Mehr noch als in den anderen Teilen dieses Buches war ich für das vorliegende Kapitel auf Fremdhilfe angewiesen. Niemand käme auf Anhieb wahrscheinlich auf die Idee, die im Untertitel geäußerte Frage ausgerechnet einem Historiker vorzulegen. Für keinen der angesprochenen Teilbereiche – Stillen, Entlausen, Kunstprodukte – scheint er Fachmann zu sein, schon gar nicht für die damit verbundenen medizinischen oder psychologischen Probleme. Ich will dem Leser denn nochmals vor Augen führen, was ich – als Historiker – mit diesem Kapitel anstrebe.

Gerade *weil* ich nicht Fachmann bin und deshalb auch nicht den Anspruch erheben kann, die gestellte Frage verbindlich zu beantworten, ist *die Frage selbst* das entscheidende. Mit diesem Kapitel möchte ich erreichen, daß sie es für den Leser auch wird. Denn betroffen vom ‚Was wurde gewonnen; was ging verloren?‘ sind wir alle, gleichgültig ob wir Fachleute für die Probleme sind oder nicht. Mancher Leser wird sich binnen kurzem zudem von selbst fragen, ob es überhaupt sinnvoll wäre, nur auf die Antwort von Fachleuten zu warten. Wir werden nämlich bald feststellen, daß sich auch die Spezialisten keineswegs einig sind. Ihre Ansichten gehen sogar diametral auseinander. Im vorliegenden Fall betrifft dies insbesondere den psychologisch wichtigen Aspekt vermeintlich prägender Mutter-Kind-Beziehungen in der frühen Kindheit (vgl. unterschiedliche Meinungen einerseits bei Ernst-von Luckner 1985, Perrez 1986, Ernst 1988 [wären nicht entscheidend], andererseits bei Zimmer 1986 [wären prägend]).

Auf die *Frage* bin ich weder als Allgemeinmediziner noch als Psychiater in einer Praxis gestoßen, sondern als Historiker beim Betrachten von Bildern. Um sie auch dem Leser einsichtig zu machen, lege ich in diesem Kapitel die drei Abbildungen 16 bis 18 vor. In Illustration 16 wird die Kapitelüberschrift veranschaulicht. Auf der linken Seite zeigen drei Bildausschnitte, wie Mütter oder Frauen ‚früher‘ mit Stillen und Entlausen – nicht nur von Kindern! – beschäftigt waren. Rechts sehen wir jeweils die Ersatz-Kunstprodukte ‚heute‘: von der Babymilch zum Beispiel der Firma ‚Nestlé‘ und dem frühkindlichen Impfkalender über läuseabtötende Chemikalien à la ‚Goldgeist Forte‘ bis zu industriellen Desinfektionsmitteln der Marke ‚Sagrotan‘.

Anhand von Illustration 17 werden wir uns sodann Gedanken über Ursachen und Folgen der in Abbildung 16 zum Ausdruck gebrachten Unterschiede zwischen ‚früher‘ und ‚heute‘ machen. Am spektakulärsten waren dabei sicher die demographischen Konsequenzen mit einerseits dem dramatischen Rückgang der Säuglings- und Kindersterblichkeit sowie andererseits der Verdoppelung und Verdreifachung der durchschnittlichen Lebenserwartung bei der Geburt. Auf dem ‚Verordnungswege‘ allein wäre ein solches Resultat nicht zu erzielen gewesen. Welche Mechanismen oder Maßnahmen kamen also zusätzlich zum Zuge? Und welche Spuren haben sie sonst noch hinterlassen? Fällt uns in Abbildung 16 nicht schon auf den ersten Blick auf, daß in den Bildteilen links überall *Menschen* im Zentrum stehen? Rechts dagegen haben wir es mit Schriftzügen, Anweisungen, Aufforderungen, Belehrungen, Werbeslogans, Markenzeichen industrieller Fertigprodukte zu tun. Die Menschen scheinen verschwunden. In was für einer grundsätzlich veränderten Landschaft stehen wir heute somit im Vergleich zu unseren Vorfahren?

Abbildung 18 greift sodann die Kapitelüberschrift erneut auf. Auch wenn dort die Frage „Was wurde gewonnen; was ging verloren?“ in den Mittelpunkt gerückt ist, geht es mir doch noch immer nicht in erster Linie um die Antwort, jedenfalls nicht um bloß meine Antwort. Vielmehr liegt mir daran, den Leser zum eigenen Nachdenken anzuregen. Als Historiker schaue ich in jener Illustration nochmals zwei Bilder an. Beide stammen aus der Hand des Norwegers Edvard Munch. Nicht einmal er hat die Frage endgültig beantwortet. Bei der umgezeichneten Version des ‚kranken Kindes‘ (unten) handelt es sich um die *sechste* Fassung des Malers. Er setzte sich *ein Leben lang* mit dem Thema auseinander und gelangte doch nie zu einer definitiven Anwort. Auch das kann uns Anregung und soll uns Vorbild sein.

Vertiefen wir uns zuerst in die Abbildung 16. Dort sind die drei linken Teile zwar den Werken europäischer Künstler des 16. und 17. Jahrhunderts entnommen. Sie illustrieren jedoch Zustände, die zeitlich wie räumlich eine viel weitere Verbreitung hatten und die es heute noch vielerorten auf der Welt gibt. Da es sich um *natürliche* Zustände handelt, können sie selbstverständlich auch bei uns jederzeit wieder eintreten. Ich erinnere an Abbildung 15, das heißt daran, daß wir derzeit in einem ‚Glashaus‘ unter künstlichen Bedingungen leben. Die drei rechten Bildteile von 16 zeigen einige jener Mittel und Wege, durch die wir uns die Glashaus-Atmosphäre schaffen und ständig aufrecht erhalten. Insgesamt gesehen haben wir es bei uns heute mit einer quantitativ und qualitativ bestens ernährten Bevölkerung zu tun. Gegen seuchenbildende Infektionskrankheiten ist sie durchgeimpft. Ihre Wohn- und Arbeitsbereiche sind weitgehend ungezieferfrei – alles mit der Folge einer hochgeschraubten Lebenserwartung von durchschnittlich siebzig bis achtzig Jahren.

Links in Abbildung 16 dagegen treten uns – oh Graus! – zerzauste und verlauste Menschen in unhygienisch schmutzstarrender Umgebung entgegen. Der Säugling oben links ist nicht einmal bekleidet. Gemessen an heuti-

Abb. 16: Stillen und Entlausen ‚früher' – Kunstprodukte ‚heute'.

Links oben: Andrea Solario (Mailand um 1470/75 – Mailand oder Pavia 1524): ‚Madonna mit dem grünen Kissen' (‚La vierge au coussin vert'). Um 1507/10. Holz, 59 × 48,2 cm. Ausschnitt aus dem Mittelfeld. Umzeichnung nach dem Original im Louvre Paris.

Links Mitte: Gerard Terborch (Zwolle 1617 – Deventer 1681): ‚Die Familie des Schleifers'. Um 1653. Leinwand, 73,5 × 60,5 cm. Ausschnitt unten rechts. Umzeichnung nach dem Original in der Gemäldegalerie Dahlem der Staatlichen Museen Preußischer Kulturbesitz Berlin.

Links unten: Johann Heinrich Roos (Reipoltskirchen/Pfalz 1631-Frankfurt am Main 1685): ‚Hirtin laust einen Hirten'. Vor 1676. Braune Lavierung, schwarzer und brauner Stift, 19,9 × 19,3 cm. (Vorstudie für das 1676 entstandene Gemälde ‚Landschaft mit Herde' im Landesmuseum Mainz. Dort: Öl auf Leinwand, 40 × 53 cm, Inv. Nr. 369). Umzeichnung nach dem Original im Kupferstichkabinett Berlin der Staatlichen Museen Preußischer Kulturbesitz Berlin.

Rechts oben: Heutige Ernährung von Säuglingen durch industrielle Fertigprodukte von Firmen wie HUMANA, MILUPA oder NESTLE (vgl. das NESTLE-Markenzeichen auf dem Fläschchen) sowie hochwirksame Immunisierung gegen Turberkulose, Diphtherie, Keuchhusten, Wundstarrkrampf, Kinderlähmung, Masern, Mumps und Röteln durch strikte Befolgung des Impfkalenders (hier von der Geburt bis zum 15. Lebensmonat; bezüglich des kompletten Impfkalenders vgl. die Legende zu Abbildung 15).

Rechts Mitte: Heutige Bekämpfung von Kopfläusen (in Seuchenzeiten Überträger von Fleckfieber) durch Chemikalien, z.B. das apothekenpflichtige Präparat ‚Goldgeist forte' (hier eingetragen das Markenzeichen der Herstellerfirma Chemische Fabrik Eduard Gerlach, Lübbecke). Dieses vom Bundesgesundheitsamt geprüfte und in Berlin behördlich angeordnete Mittel wird in das angefeuchtete Haar eingerieben und etwa drei viertel Stunden lang wirken gelassen. Anschließend sind die Haare gründlich auszuspülen und die Läuseeier mit einem Nissenkamm zu entfernen. Durch zweimalige Behandlung werden alle Läuse, Läuse-Larven und Nissen zuverlässig vernichtet.

Rechts unten: Heutige Abtötung von vegetativen bakteriellen Keimen einschließlich Mykobakterien sowie von Pilzen einschließlich pilzlicher Sporen durch chemische Mittel und Verfahren. Eines der häufig angewandten Vielzweck-Desinfektionsmittel ist ‚Sagrotan' auf der Basis von Phenol-Derivaten (hier eingetragen das Markenzeichen der Herstellerfirma Schülke & Mayr, Hamburg). Vom Bundesgesundheitsamt wurde es in die ‚Liste der geprüften und anerkannten Desinfektionsmittel und -verfahren' aufgenommen (vgl. 10. Ausgabe der Liste vom 1.6.1987).

Anmerkung: Für ihr wiederholtes Mitwirken an den forschungsbegleitenden Lehrveranstaltungen, die ich 1988 und 1989 zu den Themen von Abbildung 15 und 16 durchführte, danke ich Professor Dr. med. Konrad Tietze, Fachgebietsleiter am Institut für Sozialmedizin und Epidemiologie des Bundesgesundheitsamtes Berlin sowie Privat-Dozentin Dr. Gisela Ruckhaberle-Ulmann vom Psychologischen Institut der Freien Universität Berlin. Zu danken habe ich für mehrjährige Korrespondenz und wiederholte Diskussionsbereitschaft auch den Psychologen Professor Dr. Meinrad Perrez, Fribourg, und Dr. med. et phil. Cécile Ernst, Zürich (vgl. Literaturhinweise).

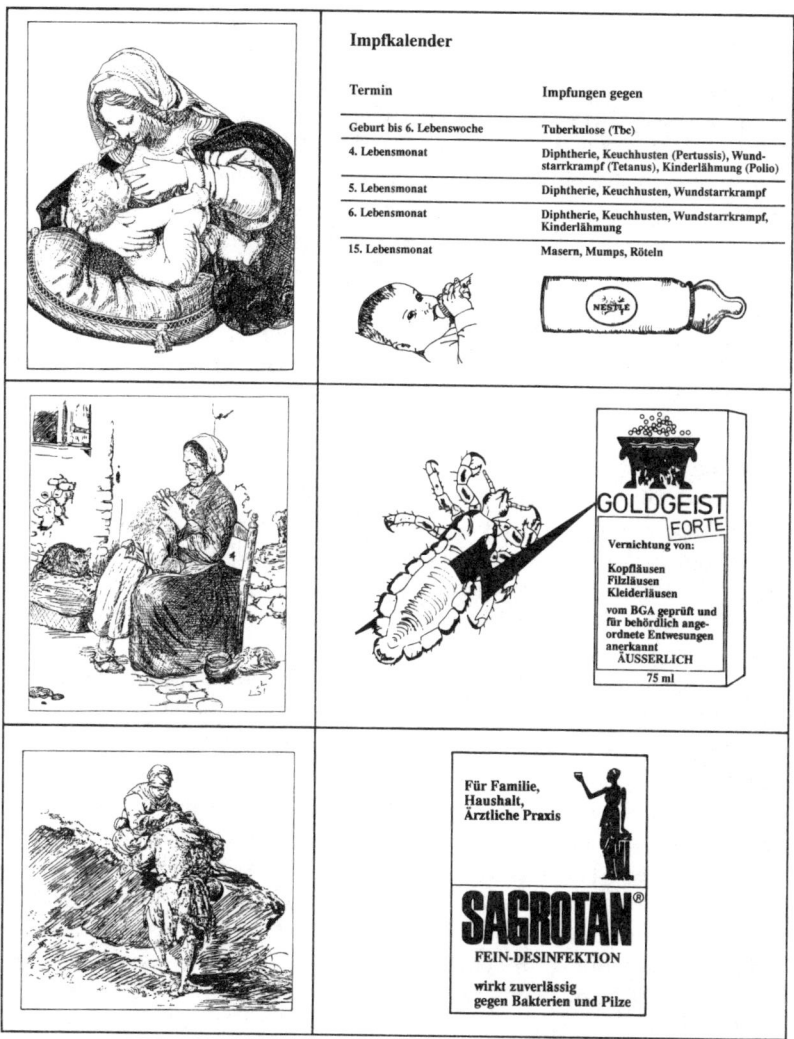

Dank gebührt am Landesmuseum Mainz ferner Dr. Horst Reber und Eva Schulz, M. A., für ihre Hilfsbereitschaft bei den Recherchen zur ‚Landschaft mit Herde' von Johann Heinrich Roos in ihrer Gemäldesammlung sowie dem Leiter der Zentralen Bibliotheksstelle am Bundesgesundheitsamt Berlin, Dr. Wolfgang Theobald für bereitwillige Eruierung und Zurverfügungstellung von Spezialliteratur.

211

gen Idealvorstellungen hat er einen zu dicken Hintern und auch zu fette Schenkel. Das Mädchen in der Mitte steht in ausgelatschten Schuhen und unordentlich hochgezogenen Strümpfen vor der Mutter. Die ungekämmten Haare scheinen voller Ungeziefer zu sein. Die Frau selbst sitzt auf einem halbkaputten Stuhl, den Kochtopf auf der gestampften Erde neben sich. Ganz unten ist der Hirte in ein ausgefranstes Zottelfell gekleidet. Es reicht ihm nur knapp bis zu den Knien. Die Unterschenkel schauen nackt darunter hervor. Auch trägt er keine Schuhe. Es nähme mich nicht wunder, wenn ihn die Krätze plagen würde.

Was heute ‚Impfkalender‘, ‚Goldgeist forte‘ und ‚Sagrotan‘ gründlich und in gleichbleibender Qualität jederzeit für alle schaffen, mußte ‚früher‘ unter dauerndem körperlichem Einsatz ‚von Hand‘ herbeigeführt werden. Jedenfalls fällt links auf, wie immer zwei Menschen ‚miteinander beschäftigt‘ sind. Trotzdem kam das Resultat ihrer Bemühungen nie auch nur annähernd an das heran, was rechts mit ‚Impfkalender‘, ‚Goldgeist forte‘ und ‚Sagrotan‘ spielend erzielt wird. – Wer Nachhilfeunterricht zum Ergebnis des Unterschiedes braucht, mag nochmals in der Figur 3 mit den Sterbealtern der je dreißig Menschen von 1738 und von 1988 nachsehen. Einstmals lag das Durchschnittsalter bei 28,1, heute bei 75,6 Jahren!

Das Resultat ihrer Bemühungen? Als ob es nur dieses eine Resultat zu berücksichtigen gäbe! Ist es vielleicht nicht die eine Sache, wenn ein Säugling seine Immunität gegen lebensbedrohende Krankheiten aufgrund eines rigoros befolgten Impfkalenders erhält; eine ganz andere dagegen, wenn er die Abwehrstoffe von seiner Mutter beim Stillen bekommt? Und ist es nicht die eine Sache, chemisch gegen Läusebefall behandelt zu werden; eine andere jedoch, in engstem Körperkontakt von einem Mitmenschen die Entlausung zu erfahren? Gewiß, das Resultat ist im Hinblick auf ‚Lebenssicherheit‘ im ersten Fall ungleich zuverlässiger als im zweiten. Doch wo sind die ehedem hierzu notwendigen zwischenmenschlichen Beziehungen geblieben? Mir will scheinen, auf der Strecke! – Bevor wir weiter ins Grübeln über den gesamten Inhalt von Abbildung 16 geraten, will ich dem Leser zu jedem der sechs Einzelteile eine Reihe von notwendigen Hintergrundinformationen liefern.

Oben links haben wir einen Ausschnitt aus dem Gemälde ‚Madonna mit dem grünen Kissen‘ des Mailänders Andrea Solario (um 1470/75–1524) vor uns. Es entstand um 1507/1510 und befindet sich heute im Louvre in Paris. Der Hinweis auf ‚Madonna‘ deutet bereits darauf hin, daß wir es hier offenbar mit einem Werk religiösen Inhalts zu tun haben. Im Prinzip handelt es sich bei der ‚stillenden Mutter‘ um ein seit ältesten Zeiten bekanntes Thema, nachweisbar schon in der hellenistischen und ägyptischen Kunst. Es erstaunt denn auch wenig, daß bereits der Apostel Petrus das Bild von der ‚Muttermilch als Grundnahrung des Kindes‘ in seinem ersten Brief als Gleichnis für das ‚nährende und lebensnotwendige Gotteswort‘ im übertragenen Sinne benutzte: „Seid begierig nach der vernünftigen lauteren Milch wie die neugeborenen Kindlein, damit ihr durch sie zunehmt zu eurem Heil!" (1. Brief des Petrus, 2, 2a).

In der christlichen Kunst des Abendlandes wurde die nährende Muttergottes vor allem im Verlaufe des 14. Jahrhunderts ein außerordentlich beliebtes Thema mit weiter Verbreitung in der darstellenden Kunst. Obwohl diese sogenannte ‚Maria lactans' eigentlich Sinnbild der Kirche war, die – wie eine Mutter ihrem Säugling – den Gläubigen Nahrung bot, hinderte das die Künstler dennoch nicht daran, in ihren Arbeiten vor allem die innige *menschliche* Beziehung zwischen Mutter und Kind zum Ausdruck zu bringen und sie mit großer Natürlichkeit nachzuzeichnen. Nicht selten wurde der hierbei entstehende seelische Austausch zwischen Mutter und Kind ins Mystische überhöht – ein Aspekt, der damals besonders von franziskanischer Seite bewußt gefördert wurde (Schmidt 1981, 211–212; vgl. a.a.O. auch das gesamte systematische Kapitel ‚Mariendarstellungen', 193–256; ferner Lechner 1984, 563, 571, sowie das ganze Kapitel ‚Marienverehrung und Bildende Kunst', 559–621; vgl. auch Kolb 1984). Mit Nestlé-Milch im Fläschchen wären dieselben Effekte wohl schwerer zu erzielen. Allerdings will Nestlé-Milch auch gar nicht in erster Linie einen zwischenmenschlich seelischen Austausch zwischen Mutter und Kind erreichen. Wir kommen darauf zurück.

Auch beim zweiten Teilstück, in Abbildung 16 Mitte links, haben wir es mit einem Bildausschnitt zu tun. Das ganze Gemälde heißt ‚Die Familie des Schleifers'. Es wurde um 1653, also anderthalb Jahrhunderte nach Solarios ‚Madonna mit dem grünen Kissen' gemalt und stammt vom holländischen Genre- und Bildnismaler Gerard Terborch (Zwolle 1617 – Deventer 1681). Heute befindet es sich in der Museumsgalerie von Berlin-Dahlem. Kunsthistoriker, die üblicherweise die gesamte Tafel im Auge haben, wundern sich häufig über dieses eine Werk des Holländers. Es will so gar nicht zu seinem übrigen Oeuvre passen. In aller Regel zeigt uns Terborch elegante Gesellschaftsmotive in gediegener Umgebung und nicht – wie hier – arme Schlukker in abgewirtschaftet schäbigem Ambiente. Entsprechend ratlos fallen denn auch die meisten kunsthistorischen Erläuterungen aus. So rätselt man zum Beispiel darüber, ob sich der ‚elegante' Terborch hier für einmal von den damals ‚modernen' Arbeiten der Brüder Adriaen und Isack van Ostade (Haarlem 1610 – Haarlem 1685, beziehungsweise 1621–1649) habe anregen lassen. Sind nicht auch wir den beiden bereits im letzten Kapitel begegnet? Dort war von Isacks zwei Versionen des ‚Halts vor dem Wirtshaus' aus den Jahren 1645 und 1646 die Rede. Das Bauerngenre war damals *die* Spezialität der beiden Brüder. Unzählige Male charakterisierten sie die untersten Volksschichten in ihren ärmlichen Lebensbereichen.

Verschiedene Interpreten versuchen, das Bild symbolisch zu deuten. Sie sehen in ihm einen moralisch-religiösen Appell. Sie entdecken Vanitas-Symbole, wohin sie blicken: die auf dem Boden herumliegenden Sensenblätter des Schleifers, ein umgeworfener Stuhl im Bildvordergrund, daneben ein zerbrochener Tonkrug, überhaupt das ganze unordentliche Arrangement im gezeigten Innenhof sowie der generell ruinöse Zustand des Hauses mit verwittertem Gemäuer und bröckelndem Putz, dazu das verlauste Kind und die nach Ungeziefer suchende Mutter. Alle diese Dinge würden auf die Vergänglichkeit und Nichtigkeit irdischen Daseins und irdischen Besitzes verweisen. Für diese Botschaft wären in den calvinistischen Niederlanden damals weite Kreise der Bevölkerung empfänglich gewesen (Plietzsch 1944, 114–117; vgl. aber auch noch die Bildbeschreibung im galerieeigenen ‚Katalog der ausgestellten Gemälde des 13.-18. Jahrhunderts‘ aus dem Jahre 1975, 423–424; zu Terborch vgl. ferner noch immer den Katalog der ihm gewidmeten Ausstellung im Landesmuseum Münster 1974 mit zahlreichen Beiträgen).

All das zu wissen mag höchst interessant sein. Zudem wird uns auf diese Weise klar gemacht, daß wir keineswegs die ersten sind, die uns mit diesem Bild beschäftigen. Wir sollten deshalb auch nie so tun und uns klüger als andere vorkommen. Nachdem wir jene Aussagen zur Kenntnis genommen haben, brauchen wir uns hier jedoch nicht länger mit ihnen zu befassen. Ich wählte gezielt nur einen Bild*ausschnitt*. Weder nahm ich mir vor, das Gemälde (neu) zu interpretieren, noch den Künstler Terborch und seine wirklichen oder vermeintlichen Botschaften zu deuten. Ob der Maler meine ausgewählte Bildpartie selbst für wichtig hielt oder für weniger bedeutend, weiß ich nicht. Zumindest scheint es mir fraglich. Jedenfalls befindet sich die entlausende Mutter samt Töchterchen in der unteren rechten Bild*ecke* und nicht in der Bildmitte. Insgesamt habe ich bei diesem Gemälde Terborchs, so oft ich davor stehe – und das tue ich in jüngster Zeit beinahe wöchentlich –, eher den Eindruck, als ob ihm hier die zerfallende Architektur und das ärmliche Ambiente wichtiger gewesen wären als einzelne Figuren, von denen es vier in diesem Bilde gibt. Ebenso unerheblich ist für mich, ob die Mutter das Kind tatsächlich ent*laust*, oder ob sie allenfalls – wie Plietzsch zu bedenken gibt – nicht vielleicht nach Flöhen sucht oder dem Kind die Krätze behandelt (Plietzsch 1944, 114; man nehme hier jedoch den Titel eines weiteren Gemäldes von Terborch mit ähnlichem Inhalt zur Kenntnis, der expressis verbis ‚De luizenjacht‘, also die ‚Jagd nach *Läusen*‘ heißt; Holz, 33,5 × 29 cm, Mauritshuis Den Haag; vgl. Broos 1987, 74–77).

Aufschlußreicher scheint mir da schon, daß wir exakt dasselbe Thema – eine entlausende Mutter – im Abstand von nur wenigen Jahren bei einem weiteren holländischen Genremaler dargestellt finden, nämlich bei Pieter de Hooch (Rotterdam 1629 – vermutlich Amsterdam nach 1684). Sein Gemälde ‚Mutterpflichten‘ (‚Moedertaak‘) ist in den Jahren 1658/1660 entstanden und befindet sich heute im Reichsmuseum Amsterdam (eine günstige Vergleichsmöglichkeit zwischen dem Bild von Terborch und demjenigen von de Hooch bietet sich bei Schama, wo sie nebeneinander wiedergegeben sind; vgl. Schama 1987, 396–397 [auch Schama 1988: 424–425]). Zwar weist das Töchterchen bei de Hooch eine ganz ähnliche Haltung wie bei Terborch auf. Es lehnt sich genauso stehend gegen den Schoß der sitzenden Mutter, ihr seinen Kopf zum Suchen nach Läusen hinhaltend. Und gewiß ist dort die Mutter ganz ähnlich in dieses Procedere vertieft. Mit den spitzen Fingern ihrer beiden Hände sucht sie den Haarboden des Mädchens Zug um Zug ab.

Doch ganz anders als bei Terborch befinden sich hier Mutter und Töchterchen in einer blitzblanken Umgebung. Der von de Hooch dargestellte bürgerliche Haushalt scheint tadellos geführt. Die Bettkissen sind tiptop glattgestrichen. Die kupferne Bettpfanne ist ordentlich aufgehängt und auf Hochglanz poliert, der Boden mit Kacheln ausgelegt und sauber gefegt. In der Delfter Ware an den Wänden könnte man sich spiegeln. Alles in allem zeigt uns de Hooch eine häusliche Idylle, zeigt uns die friedliche, ordentliche Alltagsgeborgenheit damaligen holländischen Bürgertums. So sind wir es von ihm aus manchen seiner Werke besonders der späten 1650er Jahre gewohnt. – Und doch gab es also selbst hier, sogar in solcher blankgeputzten Umgebung, offensichtlich verlauste Kinder. Schließlich lebten diese auch in jenen Tagen nicht von morgens bis abends nur in der guten Stube oder der blankgeputzten Küche. Sie tummelten sich wie heutige Kinder draußen auf der Straße, den Gassen und Plätzen; sie spielten auf Feldern und Wiesen. Läuse, Flöhe, Ungeziefer aller Art samt Krätze konnten sie sich dabei überall auflesen. Noch heute belehrt uns die ‚Bundeszentrale für Gesundheitliche Aufklärung in Köln im Auftrag des Bundesgesundheitsministeriums‘: „Kopfläuse kann jeder bekommen! Verlausung ist keine Angelegenheit der persönlichen Sauberkeit, denn auch auf einem hygienisch einwandfrei gepflegten Kopf können sich Läuse wohl fühlen und vermehren. Es ist somit keine Schande, Läuse zu bekommen, wohl aber eine, sie zu behalten" (Bundeszentrale 1980, Einleitung). Die ‚Mutterpflichten‘ bestanden zu Zeiten de Hoochs in einem gutgeführten bürgerlichen Haushalt darin, unter allen Umständen dafür zu sorgen, daß das Kind die Läuse, die Flöhe, die Krätze *nicht* behielt. (Vgl. hierzu auch den Kommentar von Otto Naumann zum Bild von Quirijn van Brekelenkam [Zwammerdam? um 1620 – Leiden 1668]: ‚Frau kämmt einem Kind das Haar‘ aus dem Jahr 1648 [Öl auf Holz, 57 × 53,5 cm; Stedelijk Museum ‚De Lakental‘ Leiden]; Naumann 1984, 116–118.)

Links unten sehen wir, daß damals keineswegs nur Kinder Läuse bekamen. Erwachsene waren vor ihnen ebenso wenig sicher, zerlumpte Hirten schon gar nicht. Jene lavierte Zeichnung dürfte etwa zwei Jahrzehnte später als das Gemälde Terborchs entstanden sein. Genau weiß man es nicht. Sie stammt vom berühmtesten Sproß der deutschen Künstlerfamilie Roos aus dem 17. Jahrhundert, Johann Heinrich (Reipoltskirchen in der Pfalz 1631 – Frankfurt am Main 1685). Es ist eine Vorstudie für sein Bild ‚Landschaft mit Herde‘ aus dem Jahre 1676. Während das fertige Gemälde heute öffentlich im Landesmuseum Mainz zugänglich ist (und man dort ‚unsere‘ Hirtin samt Hirten links außen seitenverkehrt wiedererkennen kann), befindet sich die Vorstudie wie viele andere Zeichnungen und Radierungen der Roos-Familie im Berliner Kupferstichkabinett (vgl. den kompletten Katalog des Roos-Bestandes: Jarchow 1986; zu Johann Heinrich Roos vgl. speziell Fiedler-Bender et al. 1985 sowie noch immer Jedding 1955).

Wer nochmals einen Blick auf die Geburts- und Sterbeorte sowie -daten Johann Heinrichs wirft und sich zugleich an das Schicksal Georg Flegels aus dem vorletzten Kapitel erinnert – jener starb als heimatvertriebener Protestant 1638 ebenfalls in Frankfurt am Main –, ahnt zurecht, daß auch der Lebensweg des reformierten Roos nicht eben geradlinig verlaufen sein dürfte (vgl. Jarchow 1986, 27–28). Im Dreißigjährigen Krieg flüchteten die Roos 1640 nach Amsterdam. Johann Heinrich war damals neun Jahre alt. Von 1647 bis 1651/1652 erhielt er in den Niederlanden eine solide Ausbildung bei mehreren Historien-, Landschafts-, Tier- und Porträtmalern. Anschließend kehrte er – der Krieg war inzwischen zu Ende gegangen – nach Deutschland zurück. 1656 gründete er eine eigene Familie. Die beiden letzten Jahrzehnte, 1667–1685, verbrachte Johann Heinrich in Frankfurt. Im Oktober 1685 kam er dort beim Brand seines Hauses ums Leben.

Das umfangreiche Oeuvre Johann Heinrichs wird im wesentlichen von Tierdarstellungen geprägt, deren hohe Wertschätzung unter anderem durch einen noch berühmteren Frankfurter, nämlich Johann Wolfgang von Goethe, bezeugt ist (Stolte 1985). In vielen seiner Gemälde und Radierungen arrangiert Roos Tiere einzeln oder in Gruppen mit römisch-antikisierenden Architekturelementen zu kunstvollen Kompositionen, sogenannten ‚idealen Hirtenidyllen‘. Hierzu gehört auch das erwähnte Gemälde ‚Landschaft mit Herde‘ von 1676. Kühe und Schafe nehmen dort einen ungleich wichtigeren Platz ein als ‚Hirtin mit Hirten‘, die nur ganz links außen gerade noch etwas Raum finden. Doch ‚Landschaft mit Herde‘ hin, ‚ideale Hirtenidylle‘ her: wesentlicher für uns ist wiederum, daß auch diese beiden Menschen, das Hirtenpaar, mit größter Selbstverständlichkeit dazu gehören. Sie sind, wenn auch ganz unaufdringlich, im Bild mit dabei.

Beim Betrachten dieses Roos’schen Werkes kann ich mich meiner großen Verwunderung allerdings nie erwehren. Ich frage mich – und frage den Leser -: was heißt hier eigentlich ‚ideale Hirten*idylle*‘? Haben wir da nicht vor lauter nostalgischer Landschaftsbetrachtung mit ‚idyllischem‘ Hirtendasein komplett übersehen, daß zu dieser ‚Idylle‘ damals offenbar ganz selbstverständlich auch das Entlausen von Erwachsenen gehörte? Und dokumentiert dieser Vorgang, das heißt die Anwesenheit läusebefallener Menschen denn nicht gleichzeitig auch und gleichermaßen die Präsenz einer Reihe von läuseübertragenen Infektionskrankheiten? Einmal mehr sei daran erinnert, daß damals das durchschnittliche Sterbealter bei unter dreißig Jahren lag! Auch und wohl ganz besonders dasjenige von Menschen, die in solchen ‚Idyllen‘ lebten.

Bis hierher haben wir in den drei linken Teilen von Abbildung 16 weiter nichts getan, als uns anhand zweier Bildausschnitte und einer Zeichenvorstudie *Zustände* aus dem europäischen 16. und 17. Jahrhundert angesehen, und zwar so alltägliche Zustände wie das Stillen von Säuglingen, das Entlausen von Kindern, das Entlausen Erwachsener. In den drei rechten Bildteilen wiederholen wir nun dasselbe für die 1980er Jahre. Wir befassen uns dort mit drei analogen alltäglichen Situationen, die entweder jene ursprünglichen Gegebenheiten inzwischen abgelöst haben (wie im Falle des Stillens die Möglichkeit des Fläschchengebens und die Immunisierung über den Impfkalender, im Falle des Entlausens die Behandlung durch das Chemiepräparat ‚Goldgeist forte‘), oder die sie vorbeugend gar nicht mehr erst auftreten lassen (über die präventive Desinfektion etwa mittels ‚Sagrotan‘). Auch hier gebe ich einleitend wieder eine Reihe von Hintergrundinformationen. Dabei stütze ich mich einerseits auf offizielle beziehungsweise ‚volksaufklärerische‘ Schriften von Seiten des Bundesgesundheitsamtes, der Bundeszentrale für Gesundheitliche Aufklärung, der Deutschen Gesellschaft für Hygiene sowie örtlicher Stadtgesundheitsämter, und andererseits auf die ‚Ratgeber‘, die ‚Merkblätter‘ oder ganz einfach die oft ausführlichen ‚Gebrauchsanweisungen‘ der industriellen Hersteller jener Babynahrung und Impfstoffe, der Entlausungs- und Desinfektionsmittel. Ich werde sie weitgehend in ihrem ursprünglichen Wortlaut zitieren.

Von der ‚Bundeszentrale für gesundheitliche Aufklärung‘ werden wir ‚im Auftrage des Bundesministers für Jugend, Familie und Gesundheit‘ in einem ausführlichen ‚Baby-Leitfaden‘ bezüglich des Stillens und der Baby-Immunisierung, also hinsichtlich unserer Teilgraphik 16 rechts oben, wie folgt belehrt: „Muttermilch ist die maßgeschneiderte Ernährung für das Baby. Neben vielen Abwehrstoffen gegen Infektionskrankheiten, vor allem des Magen-Darm-Systems, enthält die Muttermilch auch die notwendigen Vitamine. Die Güte und Menge von Eiweiß, Fett, Zucker, Mineralien und Spurenelementen sind den Bedürfnissen des Babys angeglichen. Der Aufbau der Milch verändert sich in den ersten Wochen entsprechend dem physiologischen Bedarf des Säuglings. Damit ist Muttermilch in ihrer Zusammensetzung immer exakt angepaßt an die Ernährungsbedürfnisse und die körperliche Entwicklung des Babys.

Leider werden in der Muttermilch heute auch Schadstoffe gefunden, die teilweise über das Fett in der Milch an das Kind weitergegeben werden. Von diesen haben die chlorierten Wasserstoffe die größte Bedeutung. Bei vielen dieser Stoffe, die als Pflanzenschutzmittel oder im industriellen Bereich verwandt werden, stellten sich Folgen für Gesundheit und Umwelt erst nachträglich heraus. Einige der in der Muttermilch vorkommenden Wirkstoffe, wie z. B. DDT, sind heute verboten. Andere unterliegen in ihrer Anwendung starken Beschränkungen. Seit 1969 wird in der BRD die Rückstandssituation bei der Muttermilch überprüft. Die vorliegenden Untersuchungsergebnisse lassen auch bei vorsichtiger Beurteilung keine Anhaltspunkte mehr für das Ansteigen der Schadstoffrückstände in der Muttermilch erkennen. Gesundheitliche Risiken sind daher beim Säugling nicht zu erwarten.

Namhafte Experten sind sich darin einig, daß in aller Regel das Stillen als einzige Nahrung in den ersten vier Lebensmonaten ausreicht. Danach kann Beikost die Muttermilch ergänzen. Auch wenn man die Belastung der Muttermilch mit Schadstoffen berücksichtigt, ist eine viermonatige Periode der Vollstillung als die optimale Ernährung für den Säugling anzusehen. Nach Ablauf der ersten vier bis sechs Lebensmonate verlieren allerdings die Vorteile des Stillens zunehmend ihr Gewicht. Kann oder darf die Mutter aus irgendwelchen Gründen nicht stillen oder reicht die Muttermilch nicht aus, muß für das Baby eine Kuhmilchnahrung verwendet werden. Bis zum fünften Lebensmonat ist es empfehlenswert, dem Baby eine industriell hergestellte Säuglingsmilchnahrung zu geben, weil diese in ihrem Nährstoffgehalt so weit wie möglich der Muttermilch angenähert und hygienisch einwandfrei ist. Zwar ist es bis heute nicht gelungen, Muttermilch durch ein Fertigprodukt gleichwertig zu ersetzen, aber die heutigen Säuglingsmilchnahrungen bieten Sicherheit in der Anwendung. Ein wichtiger Vorzug aller industriell hergestellten Milchnahrungen ist die Bakterienarmut. Sie bleibt nur erhalten, wenn die Zubereitung der Flasche unmittelbar vor jeder Mahlzeit erfolgt.

Was ein Baby am meisten braucht ist Liebe! Mit dem Trinken an der Brust der Mutter bekommt das Kind nicht nur die Nahrungs- und Abwehrstoffe, die es braucht. Stillen vermittelt auch den so wichtigen körperlichen und emotionalen Kontakt, der für die gesamte Entwicklung des Kindes optimale Voraussetzungen schafft. Der ersten Lebenszeit eines Kindes kommt eine ganz besondere Bedeutung für seine weitere Entwicklung zu. Neben der Befriedigung seiner körperlichen Bedürfnisse nach Nahrung, Wärme, Sauberkeit und Schlaf besteht in den ersten drei Lebensjahren (Wissenschaftler sprechen von ‚primärer Sozialisation‘) bei jedem Kind ein Grundbedürfnis nach verläßlicher, ständig verfügbarer, liebevoller Zuwendung.

Die Befriedigung seiner seelischen Bedürfnisse nach Liebkosung, Ansprache, Wiegen und anderen Ausdrucksformen der Zuneigung vermittelt ihm das Vertrauen in die Zuverlässigkeit seiner Umwelt. Dieses ‚Urvertrauen‘ bildet die Grundlage für eine positive Lebenseinstellung. Für ein gutes Gedeihen braucht der Säugling also mehr als ein sauberes Bettchen, saubere Windeln und pünktliche Mahlzeiten. Er braucht ebenso nötig die verläßliche Zuwendung und Liebe einer Bezugsperson, am besten der Mutter. Wer als Säugling nicht genügend Gelegenheit hatte, innige und anhaltende Beziehungen zu seiner Mutter (oder einer anderen Bezugsperson) zu knüpfen, kann das damit Verlorene später kaum mehr nachholen. Darum ist es so wichtig, schon dem Baby das Gefühl der Geborgenheit zu vermitteln. Es lernt andere zu lieben, weil es selbst geliebt wird. Kinderärzte und -psychologen betonen immer wieder: Auch noch so gut geleitete Kinderkrippen können die Hinwendung einer Mutter zu ihrem Kind nicht ersetzen. Je häufiger die Bezugspersonen eines Kindes wechseln, umso schwieriger ist es für das Kind, feste Beziehungen aufzubauen, Vertrauen zu fassen, lebenssicher zu werden" (Bundeszentrale 1984, wörtliche Zusammenfassung der Seiten 13–18).

Es versteht sich von selbst, daß die Hersteller industrieller Fertigprodukte in ihrer Werbung diesen ‚bundesweiten Rahmenrichtlinien' nicht widersprechen. Sie würden sich dadurch verkaufsstrategisch bloß ins Abseits manövrieren und die Palette ihrer Babyprodukte in den Augen der umworbenen Kund(inn)en nur unnötig suspekt machen. So beeilen auch sie sich ‚klugerweise' denn, in ihren Broschüren oder ‚Ratgebern' stets zu betonen: „Muttermilch ist die natürliche und zweifellos beste Nahrung für das Baby. Ihre verschiedenen Bestandteile wie Eiweiß, Fett, Kohlenhydrate, Mineralstoffe, Vitamine und Spurenelemente sind in ihrer Menge genau auf die Bedürfnisse des Säuglings in einer unnachahmlichen Art abgestimmt und ermöglichen somit ein optimales Gedeihen. Zudem bietet sie durch die in ihr vorhandenen Abwehrstoffe einen Schutz vor Infektionen, besonders vor Erkrankungen des Magens und Darms. Die Muttermilch paßt sich dem Bedürfnis des wachsenden Babys an und ist hygienisch einwandfrei. Zwar ist bekannt, daß Muttermilch Rückstände an Schadstoffen enthält. Dieses Problem wird sorgfältig von Fachwissenschaftlern aller Länder untersucht. Bisher sind aber keine Hinweise auf Gesundheitsschäden bei gestillten Kindern und Säuglingen bekannt" (Humana 1984, wörtliche Zusammenfassung der Seiten 37–39). Und wenigstens nebenbei wird im hier zitierten ‚Elternbuch' der Humana-Milchwerke auch noch auf den ‚wünschenswerten Nebeneffekt' des Stillens hingewiesen: „Durch den engen Hautkontakt beim Stillen wird die Beziehung zwischen Mutter und Kind vertieft und ein Gefühl der Geborgenheit und Nestwärme vermittelt" (Humana 1984, 37).

Gerade umgekehrt gewichtet das Pendant von Milupa. Deren ‚Ernährungs-Fibel' legt schon im pathetischen Titel ‚Nahrung für Babys Leib und Seele' größeres Gewicht auf den ‚Nebeneffekt', ohne dabei allerdings das Stillen an sich zu vergessen: „Es ist gut, wenn Sie Ihr Kind stillen, denn Muttermilch ist die von der Natur vorgesehene Erstnahrung. Wenn Ihr Baby saugt, sucht es nicht nur Nahrung, sondern auch Geborgenheit, Zuwendung und Trost. Je mehr Sie auf Ihr Kind eingehen und je öfter Sie es zu sich nehmen, desto ausdrucksvoller wird der Dialog zwischen Ihnen beiden sein. In den ersten Wochen nach der Geburt legen Sie den Grundstein zu einer langen Partnerschaft zwischen Mutter und Kind. Es gewinnt das Urvertrauen, das den Grundstein für die spätere Gefühlswelt Ihres Kindes bildet. Echte, liebevolle Partnerschaft braucht jedoch eine Zeit des Sich-Kennenlernens und des Sich-aneinander-Anpassens, des gegenseitigen Gebens und Nehmens. Befriedigen Sie die seelischen und körperlichen Bedürfnisse Ihres

Kindes unbekümmert und mit Freuden. Geben Sie sich dabei voll Ihrer zärtlichen Zuneigung hin. Die Liebe zu Ihrem Kind zeigt Ihnen instinktiv den richtigen Weg. Ihr Kind versteht Ihre zärtlichen Umarmungen, Ihr Streicheln, Schmusen, Küssen und Wiegen, Ihr Sprechen und Singen, Ihr Lächeln, Ihre Koseworte. All die Zeichen Ihrer Zärtlichkeit sind keineswegs sentimental, sondern von grundlegender Bedeutung für die seelische und körperliche Entwicklung Ihres Kindes. Wenn jedoch die Muttermilch nicht ausreicht, kann das fehlende Quantum mit dem Fläschchen zugefüttert werden. Das nennt man Zwiemilch-Ernährung" (Milupa 1986, wörtliche Zusammenfassung der Seiten 7–17). – Womit wir dann auch beim eigentlichen Thema des oder der industriellen Babynahrungs-Produzenten wären. Schließlich geht es darum, die Fertigprodukte an die Frau und Mutter zu bringen. Weder können noch wollen wir es ihnen verdenken, daß sie nach der Referenz vor dem Stillen und der damit verbundenen ‚Nahrung für Babys Leib und Seele' kräftig Werbung für ihre eigenen Erzeugnisse machen.

Zwei große und auch von der ‚Bundeszentrale' akzeptierte Bereiche stehen ihnen dabei – abgesehen von ebenfalls hergestellten speziellen Baby-Heilnahrungen – offen. Zum einen handelt es sich um alle jene Produkte, die in den Zeitraum „nach Ablauf der ersten vier bis sechs Monate [fallen], wenn die Vorteile des Stillens zunehmend ihr Gewicht verlieren" (Bundeszentrale 1984, 16). Zum andern betrifft es den Muttermilch-Ersatz, und zwar und vor allem auch schon vom ersten Tage an: „Kann oder darf die Mutter aus irgendwelchen Gründen nicht stillen oder reicht die Muttermilch nicht aus, muß für das Baby eine Kuhmilchnahrung verwendet werden. Bis zum fünften Lebensmonat ist es empfehlenswert, dem Baby eine industriell hergestellte Säuglingsmilchnahrung zu geben, weil diese in ihrem Nährstoffgehalt so weit wie möglich der Muttermilch angenähert und hygienisch einwandfrei ist" (Bundeszentrale 1984, 18).

Im Hinblick auf den zuerst genannten umsatzträchtigen Bereich lesen sich die Werbesprüche, hier von Humana, dann etwa wie folgt: „Ab dem fünften bis sechsten Monat muß auch der ausschließlich gestillte Säugling zusätzlich mit Beikost ernährt werden, da der Energie-, Eiweiß- und Eisengehalt der Muttermilch allein nicht mehr für eine optimale Bedarfsdeckung dieser Nährstoffe ausreicht. Schon nach dem dritten Monat stehen dafür erste Breimahlzeiten zur Verfügung. Neunmal gibt es die appetitlichen Humana Breie in verschiedenen Geschmacksrichtungen, mit elf Vitaminen und wertvollen Nähr- und Aufbaustoffen: Bananenbrei (aus sonnengereiften Früchten, aufgeschlossenem Mais, biologisch hochwertigen Milchbestandteilen und leicht verdaulichen Pflanzenfetten), Apfelbrei (aus aromatischen Äpfeln, aufgeschlossenem Reis und Mais, besonders wohlschmeckend und erfrischend), Früchtebrei (aus sonnengereiften aromatischen Äpfeln, Orangen, Bananen, Ananas und Aprikosen; selbst für schlechte Esser appetitanregend), Birnen-Reisbrei (aus leckeren Birnen, aufgeschlossenem Reis und

Mais, mit hochwertigen Milchbestandteilen), Orangen-Grießbrei (aus Maisgrieß, aufgeschlossenem Reis und dem Saft vollfruchtiger Orangen), Kinder-Grieß (wenn Sie eine Breimahlzeit mit Frischmilch anrühren wollen, dann nehmen Sie Humana Kinder-Grieß; er wird unter Verwendung von Maisgrieß und aufgeschlossenem Reis hergestellt), Keksbrei (aus leckeren Butterkeksen, aufgeschlossenem Mais; ein Basis-Brei, den Sie mit Obst oder Säften geschmacklich verändern können), Milch-Grießbrei (aus aufgeschlossenem Reis und Mais; enthält biologisch wertvolle Bestandteile entrahmter Milch; als Basis-Brei kann er beliebig geschmacklich variiert werden), Vielkornbrei (aus aufgeschlossenem Vollkorn von Weizen, Roggen, Reis, Hafer, Gerste und Buchweizen; reich an Vitaminen, ungesättigten Fettsäuren, Eiweiß und Ballaststoffen; enthält biologisch hochwertige Milchbestandteile und leicht verdauliche Pflanzenfette)" (Humana 1984, 39, 50–51).

Natürlich kann angesichts solcher Vielfalt für Baby-Gourmets das Angebot von Milupa demjenigen des Konkurrenten Humana nicht nachstehen: „Die umfassende Geschmacksvielfalt des Milupa Milch-Fertigbrei-Angebots macht es Ihnen leicht, Ihrem Kind vom Beginn des Breialters an einen abwechslungsreichen Speiseplan zusammenzustellen. Für die ersten Breimahlzeiten stehen glutenfreie Varianten zur Verfügung. Diese werden dann bald durch weitere Milch-Fertigbreie ergänzt, von denen Miluvit ‚mit', Deutschlands beliebtester Grießbrei, Ihre besondere Aufmerksamkeit verdient. All diese Milupa-Milch-Fertigbreie sind Zweidrittel-Milch-Breie, die für die Kleinen leicht verdaulich und gut bekömmlich sind. Ab dem sechsten Monat kommen viele leckere Sorten, die einem Vollmilchbrei entsprechen, dazu. Ab dem achten Monat erweitern Milupa Junior Milchbreie – mit Joghurt oder mit Müsli – die große Milupa Milch-Fertigbrei-Palette. Milupa Milch-Fertigbrei gibt es mit Bananen, mit Waldbeeren, mit Orangen, mit Himbeeren-Johannisbeeren, mit Zwieback, mit Früchten..." (Milupa 1986, 26). – Was für ein Baby würde heute bei solcher Geschmacksvielfalt denn noch mit der Zeit auch nur vor zwanzig, dreißig Jahren tauschen wollen, geschweige denn mit den geschmacklosen Zeiten früherer Jahrhunderte?

Delikater – nicht vom Geschmack, sondern vom Thema her – scheint mir allerdings der erste Bereich zu sein, in den die Hersteller industrieller Babynahrung vorstoßen, und zwar besonders dort, wo es sich um den *kompletten* Ersatz von Muttermilch und damit den Wegfall des Stillens überhaupt handelt. Hier gehen die Anbieter allerdings vorsichtig zu Wege und beziehen sich im Prinzip stets nur auf das, was ihnen von der ‚Bundeszentrale' zugestanden wird: „Wenn Sie nicht stillen können oder die Milch nicht ausreicht, muß Kuhmilchnahrung in Form einer Flaschennahrung gefüttert werden. Seit Jahrzehnten bemühen sich Kinderärzte erfolgreich, Säuglinge mit Kuhmilchpräparaten genauso gesund wie mit Muttermilch aufzuziehen. Säuglingsmilchnahrungen sind von hoher Qualität und Güte. Sie haben den

Vorteil, daß sie von gleichbleibender Zusammensetzung und Sauberkeit sind. Industriell gefertigte Säuglingsmilchnahrungen sind die beste Alternative zur Muttermilch" (Humana 1984, 39). Warnend wird noch hinzugefügt: „Natürlich können Sie Flaschennahrung auch selbst zubereiten, doch birgt dies unnötige Gefahren in sich. Für Babys in den ersten Lebensmonaten ist neben der Muttermilch Fertigkost am besten, da die früher üblichen, nur mit Zucker und Schleim zubereiteten Mahlzeiten viel zu nahrhaft und hygienisch nicht einwandfrei sind. Ein wichtiger Vorzug der Humana Milchnahrungen ist ihre Bakterienarmut. Sie bleibt aber nur erhalten, wenn die Nahrung unmittelbar vor jeder Mahlzeit zubereitet wird. Eine Herstellung der Milchnahrung für 24 Stunden ist nicht vertretbar. Auch eine Aufbewahrung fertiger und übriggebliebener Nahrung im Kühlschrank muß unterbleiben" (Humana 1984, 40, 47).

Ganz ähnlich tönt es bei Milupa: „Für die Mütter, bei deren Kindern Zwiemilch-Ernährung oder die ausschließliche Verwendung von Flaschennahrung angezeigt ist, stehen Milch-Fertignahrungen zur Verfügung, die in ihrer Zusammensetzung und Qualität internationalen Anforderungen entsprechen. Diese Milch-Fertignahrungen werden in Zusammenarbeit von Ernährungswissenschaftlern und Ärzten entwickelt. Die Auswahl der Rohstoffe unterliegt strengen Maßstäben. Die Produktion mit modernen, hygienisch einwandfreien Verfahren wird ständig überwacht. Milch-Fertignahrungen sind von einwandfreier, ausgewogener und gleichbleibender Qualität. Milupa Milch-Fertignahrungen sind hochwertige Säuglingsnahrungen, die Ihr Baby vom ersten Fläschchen an gern trinken und gut vertragen wird" (Milupa 1986, 17). Und auch hier fehlt es anschließend nicht an Warnung und Abschreckung: „Hygiene ist das oberste Gebot! Bei der Zubereitung von Babys Mahlzeiten muß peinlichste Sauberkeit herrschen, genauso wie bei der Reinigung und Aufbewahrung von Fläschchen, Saugern und allem Zubehör. Bereiten Sie das Fläschchen zu jeder Mahlzeit frisch zu. Angebrochene Milch-Fertignahrungs-Packungen immer wieder fest verschließen und Inhalt zügig aufbrauchen. So stellen Sie sicher, daß Ihr Kind nur hygienisch einwandfreie Nahrung bekommt. Nach dem Gebrauch wird das Fläschchen sofort ausgespült und mit der Bürste gründlich gereinigt. Danach noch einmal nachspülen und anschließend keimfrei machen. Die sauberen Flaschen werden mit der Öffnung nach unten in den Flaschenständer gestellt, mit einem frischen Geschirrtuch abgedeckt und möglichst noch von einer Plastikhülle umgeben in den Schrank gestellt. All diese Hygiene-Maßnahmen sind außerordentlich wichtig, denn Ihr Kleines ist noch sehr zart und muß unter allen Umständen vor Krankheitskeimen geschützt werden. Milupa – Sicherheit von Anfang an!" (Milupa 1986, 19). – Wem käme hier nicht erneut die ‚Glashaus-Atmosphäre‘ in den Sinn, in der wir uns alle – nicht nur Baby's Fläschchen in der Plastikhülle – befinden!

Wenn die Hersteller auch noch so sehr den *hygienischen* Aspekt, die

Bakterienarmut, die ‚Sicherheit von Anfang an‘ in den Vordergrund stellen und im Prinzip auf den *unfreiwilligen* Ersatz von Muttermilch Bezug nehmen, so steckt der Pferdefuß bei diesen Ausführungen eben doch darin, daß überhaupt erwähnt und darauf hingewiesen wird, man/frau könne auf Muttermilch auch ganz verzichten. Das Baby nähme deswegen schon keinen Schaden. Die Fütterung durch – wie der Fachausdruck lautet – ‚adaptierte Säuglingsmilchnahrung‘ sei hygienisch, bakterienarm, sicher. Schauen wir uns die Passagen in den Humana- und Milupa-Schriften näher an: „Adaptierte Säuglingsmilchnahrungen, wie zum Beispiel Humana 1, sind der Muttermilch soweit wie möglich angeglichen: durch ihren in Menge und Qualität angepaßten Eiweißgehalt, durch einen dem Fett der Muttermilch angeglichenen Fettkörper und dadurch, daß sie ausschließlich das typische Kohlehydrat der Muttermilch, den Milchzucker, enthalten. Sie sind für gesunde Säuglinge in den ersten Lebensmonaten, sowie für empfindliche Neu- und Frühgeborene geeignet, können aber auch bis zum Ende des Flaschenalters gefüttert werden. Sie sind eine optimale Ergänzung zum Stillen und können aber auch als Dauernahrung anstelle von Muttermilch während des gesamten Säuglingsalters verwendet werden" (Humana 1984, 40).

Dasselbe Angebot hat wiederum auch Milupa zu machen: „Pre-Aptamil und Pre-Milumil sind adaptierte, das heißt nach dem Vorbild der Muttermilch hergestellte Milch-Fertignahrungen, die die Muttermilch ergänzen oder ersetzen können. Pre-Aptamil wird vom ersten Fläschchen an als alleinige Nahrung gegeben oder aber bei Bedarf zugefüttert. Pre-Milumil wird vor allem während der Zwiemilch-Ernährung, wenn die Muttermilch nicht mehr ausreicht, und während des Abstillens gegeben, kann aber auch als ausschließliche Nahrung vom ersten Fläschchen an eingesetzt werden. Der Säugling kann diese Nahrungen vorzüglich verwerten und erhält die jeweils notwendigen Vitamine, Nähr- und Aufbaustoffe. Sie geben Ihrem Kind eine qualitativ hochwertige, gut sättigende und leichtverdauliche Nahrung, die zudem noch schnell zuzubereiten ist. Das schenkt Ihnen zusätzlich freie Zeit für sich und Ihr Baby. Sicher werden Sie dieses Mehr an Freizeit gern dazu verwenden, sich Ihrem Kind zu widmen" (Milupa 1986, 17–18).

Wieviel Phantasie braucht man/frau eigentlich, um vor solchem Hintergrund einerseits auf die Idee zu kommen, Muttermilch und Stillen auch ohne Not von Anfang an komplett durch industriell dermaßen hervorragend gefertigte und werbeträchtig verpackte Milchfertignahrungen zu ersetzen, und andererseits die ausdrücklich erwähnte gewonnene ‚freie Zeit‘ *nur* ‚für sich‘, für seine Karriere, seine eigenen Interessen zu verwenden? Und was die hierdurch möglicherweise ebenfalls entfallende Immunisierung der Säuglinge und Kleinkinder betrifft, so gibt's ja auch hier – sollte sich denn bei jemandem das schlechte Gewissen regen – den Impfkalender. Den ersten Teil bis inklusive fünfzehnten Lebensmonat habe ich deswegen zur Erinnerung in der Abbildung 16 oben rechts nochmals eingefügt (vgl. den gesamten Impfkalender bei Abbildung 15). Gewiß sind es nicht exakt dieselben Krankheiten, denen mit diesen Impfungen vorgebeugt wird. Stillen gewährt in erster Linie – wie oben mehrfach betont wurde – Schutz vor Infektionen des Magen-Darm-Traktes. Aber die unter relativ geringem Zeitaufwand zu bewerkstelligende exakte Einhaltung des Impfkalenders vermag allemal das Gewissen auch in dieser Hinsicht zu beruhigen. Man/frau verstehe mich nicht falsch! Ich bin (als Mann) weit davon entfernt, nicht-stillenden Frauen und Müttern irgendwelche Vorhaltungen zu machen. Wir haben allzu lange allzu viel auf sie abgeschoben. Es scheint mir höchste Zeit, hier umzudenken, zumindest aber darüber nachzudenken. Anhand der eigens hierzu angefertigten Abbildung 17 werde ich weiter unten nochmals auf diesen Punkt zurückkommen.

Bei den restlichen beiden Teilen der Abbildung 16 will ich mich kürzer fassen und im wesentlichen nur noch jene Aspekte aufgreifen, die im Hinblick auf die eben erwähnte ‚Frauen und Mütter‘-Abbildung 17 wichtig werden. Bezüglich des Abbildungsteils in der Mitte rechts führe ich im folgenden jene sechs Punkte an, die das ‚Merkblatt‘ eines (meines) städtischen Gesundheitsamtes „zur Bekämpfung des Kopflausbefalls" enthält: „Wenn festgestellt wird, daß Ihr Kind Kopfläuse hat, ist folgendes zu beachten: [1] Schul- und Kindertagesstättenbesuch ist nach § 45 Bundes-Seuchengesetz verboten bis eine erfolgreiche Kopflausbekämpfung durchgeführt worden ist. – [2] Die erforderliche Bekämpfung kann montags bis freitags von 9–11 Uhr kostenlos in der Desinfektionsanstalt durchgeführt werden. – [3] Sie können die Behandlung auch selbst durchführen: Hierzu nehmen Sie bitte das apothekenpflichtige Präparat ‚Goldgeist forte‘. Das Mittel wird in das angefeuchtete Haar eingerieben und muß etwa 45 Minuten einwirken. Während dieser Zeit sollte das Haar in ein Kopftuch eingebunden werden. Anschließend ist das Haar gründlich mit einem Haarwaschmittel zu waschen und dann müssen mit einem Nisska-Kamm die Nissen (Läuseeier) vollständig ausgekämmt werden. – [4] Es ist notwendig, daß Kämme, Bürsten, Lockenwickler, Haarnetze usw. aller Familienmitglieder mit ‚Goldgeist forte‘ behandelt werden. Außerdem ist die Bettwäsche zu wechseln. – [5] Am Tag nach der ersten Behandlung muß das Kind in unserer Desinfektionsanstalt zur Nachschau montags bis freitags zwischen 7 und 13 Uhr vorgestellt werden. War die Behandlung erfolgreich, wird eine entsprechende Bescheinigung ausgestellt. Schule und Kindertagesstätten dürfen nun wieder besucht werden. – [6] Es ist erforderlich, die Kopflausbehandlung nach acht Tagen zu wiederholen" (Gesundheitsamt 1986).

Ich frage: wer ist hier mit „*Ihr* Kind" gemeint? Doch wohl in erster Linie die *Mutter* und *ihr* Kind? Wer erscheint denn sonst mit dem kopflausbefallenen Kind in der Desinfektionsanstalt des städtischen Gesundheitsamtes, wenn nicht die Mutter? Wer sonst führt gegebenenfalls „die Behandlung auch selbst durch"? Wer besorgt sich ‚Goldgeist forte‘ in der Apotheke, reibt das Mittel in das angefeuchtete Haar ein und kämmt das anschließend gründlich gewaschene Haar mit einem Nisska-Kamm aus? Wer wechselt die Bettwäsche und behandelt die Kämme, Bürsten, Lockenwickler auch aller anderen Familienmitglieder mit ‚Goldgeist forte‘? Und wer erscheint schließlich am Tag nach der ersten Behandlung mit dem Kind erneut in der Desinfektionsanstalt zur Nachschau, nur um das ganze nach acht Tagen von vorn zu beginnen? – wenn nicht die Mutter! Acht bis zehn Tage sind nämlich, laut Aufklärungsbroschüre der Bundeszentrale „der längste Zeitraum zwischen Eiablage und Ausschlüpfen der Larven. Es ist daher zweckmäßig, die erste Behandlung nach dieser Zeit zu wiederholen, um ganz sicher zu gehen, die Läuseplage los zu sein" (Bundeszentrale 1980).

Wo – richtigerweise! – so großes Gewicht auf die rigorose Bekämpfung von Läusen samt Nissen gelegt wird, erstaunt nicht weiter, daß eben dieselbe Bundeszentrale für Gesundheitliche Aufklärung nur noch mit einem Satz darauf hinweist, weshalb dieser ganze Aufwand eigentlich betrieben wird: „Durch Läuse wird Fleckfieber übertragen" (Bundeszentrale 1980). Noch heute steht im Vordergrund jeder Fleckfieber-Prophylaxe der Kampf gegen Läuse. Erinnern wir uns vom Ende des vorangegangenen Kapitels, wo wir bereits einmal hierauf zu sprechen kamen? Damals beschafften wir uns die notwendige Aufklärung im dort mehrfach zitierten amerikanischen Standardwerk zur Vermeidung von Infektionskrankheiten. Unter dem Stichwort ‚Fleckfieber‘ lernten wir seinerzeit: „ICD/9–080 Typhus exanthematicus. – Mode of transmission: By body louse. – Methods of control; preventive measures: 1) Apply insecticide. A lousicide should be used which has been shown to be effective on local lice. 2) Improve living conditions with provisions for bathing and washing clothes" (Benenson 1985, 425–426).

Was wir in der Teilgraphik Mitte rechts am Beispiel von Kopflausbefall und der Behandlung beziehungsweise Vorbeugung durch ‚Goldgeist forte‘ durchexerziert haben, können wir bei der abschließenden Teilgraphik rechts unten anhand der Desinfektion mittels ‚Sagrotan‘ ausweiten und verallgemeinern. Ist es ein Zufall, daß wir dort als Markenzeichen eine schlanke, hochgewachsene Frau mit einer Schale in der ausgestreckten Rechten sehen? Noch heute erkennen wohl viele von uns darin ein Abbild der Hygieia. Den Griechen galt sie als Göttin der Gesundheit. Aus ihrer Schale gab sie als Tochter des Asklepios dessen Schlange zu trinken. Asklepios selbst war der griechische Gott der Heilkunde, sein Symbol die Schlange und der Stab (vgl. Sobel 1990).

Schon immer stellte man sich die Hygiene, das heißt das, was ‚der Gesundheit zuträglich und förderlich‘ ist, offenbar als ‚weiblich‘ vor. Zu katastrophalen Auswirkungen führte diese allgemeine und kaum je in Frage gestellte Ansicht zu Zeiten sogenannter ‚Hygienisierungswellen‘. Damit meint man Perioden obrigkeitlich koordinierter, aufklärerisch massiv propagierter und häufig unter Strafandrohung durchgesetzter Kampagnen zwecks schubhafter Anhebung der öffentlichen oder/und privaten Hygiene. Ein klassisches Beispiel hierfür finden wir in der zweiten Hälfte des 19., Anfang des 20. Jahrhunderts, als zwei ‚neue‘ und – wie sich bald herausstellte – mit mangelnder Hygiene und schlechten Wohnbedingungen zusammenhängende Seuchen die Gesellschaft bedrohten: Cholera und Lungentuberkulose. Wer denn sonst sollte nun die Wohnungen häufiger lüften, die Fußböden ordentlicher schrubben, das Bettzeug häufiger wechseln, das Geschirr sorgfältiger spülen, den Kindern gründlicheres Händewaschen und Fingernägelreinigen beibringen – wenn nicht die Hausfrau und Mutter? Auf *ihre* Gesundheit wirkte sich der Hygieneschub zuerst allerdings nachteilig aus. *Damals* stieg die Sterblichkeit von Frauen und Müttern und erreichte jene Höhen, von denen unser kollektives Gedächtnis heute noch geprägt ist. Es waren *jene* Zeiten, die wir meinen, wenn wir von der ‚früher‘ enorm hohen Müttersterblichkeit sprechen. (Vgl. hierzu den Aufsatz ‚Körperliche Überlastung von Frauen im 19. Jahrhundert‘. In: Der Mensch und sein Körper von der Antike bis heute. München: Beck 1983, 137–156.)

Wenn somit das ‚Fein-Desinfektionsmittel Sagrotan‘ laut Packaufschrift als ‚zuverlässig gegen Bakterien und Pilze für Familie, Haushalt und ärztliche Praxis‘ angepriesen wird, so kann man die rechts davon abgebildete Frauengestalt noch heute wörtlich nehmen. Noch immer ist es die *Frau*, die Hausfrau, die Mutter, die (weibliche) Praxishilfe, die Putzfrau, die für verbesserte Hygiene – hier in Form präventiver Desinfektion – sorgt. Es wäre dann, man/Mann führt (wie der Autor) seinen eigenen Einpersonenhaushalt. Wie andere Einzelstehende sehe auch ich mich genötigt, selbst zur Sagrotan-Flasche, zum Sagrotan-Pumpspray, zu Sagrotan-Tüchern, zur Sagrotan-Seife oder zu Wäsche-Sagrotan zu greifen, um auf diese Weise die „Abtötung beziehungsweise irreversible Inaktivierung von krankheitserregenden Keimen" und damit die „Unterbrechung von Infektionsketten" zu erreichen, sei es nun an „Flächen aller Art wie Fußböden, Wänden, Wasch- und Baderäumen, Toiletten, Fluren, Möbeln", oder sei es an „Inventar wie Betten oder Schränken, Wäsche, Kleidung, Instrumenten" (Spicher-Peters 1987, 266; vgl. ferner Schülke & Mayr 1981 sowie Deutsche Gesellschaft für Hygiene und Mikrobiologie 1982).

Fassen wir die Abbildung 16 nun nochmals gesamthaft ins Auge, stellen wir zwar fest, daß in allen Teilgraphiken links wie rechts immer die Frau und Mutter im Mittelpunkt des Geschehens steht. Doch wo es dadurch ‚früher‘, im 16., 17. Jahrhundert, zu einem täglichen, direkten und intensiven zwischenmenschlichen Körperkontakt gekommen war wie beim Stillen oder beim Entlausen, ist die Frau und Mutter ‚heute‘ nur noch Mittel zum Zweck. Sie wird von anderen in den Mittelpunkt geschoben und zur Ausübung einer bestimmten Tätigkeit, einer Rolle angehalten. ‚Irgendjemand‘ muß ja schließlich die perfekt adaptierten und hervorragend wirksamen Industrieprodukte zum ‚Endverbraucher‘ bringen und an Ort und Stelle

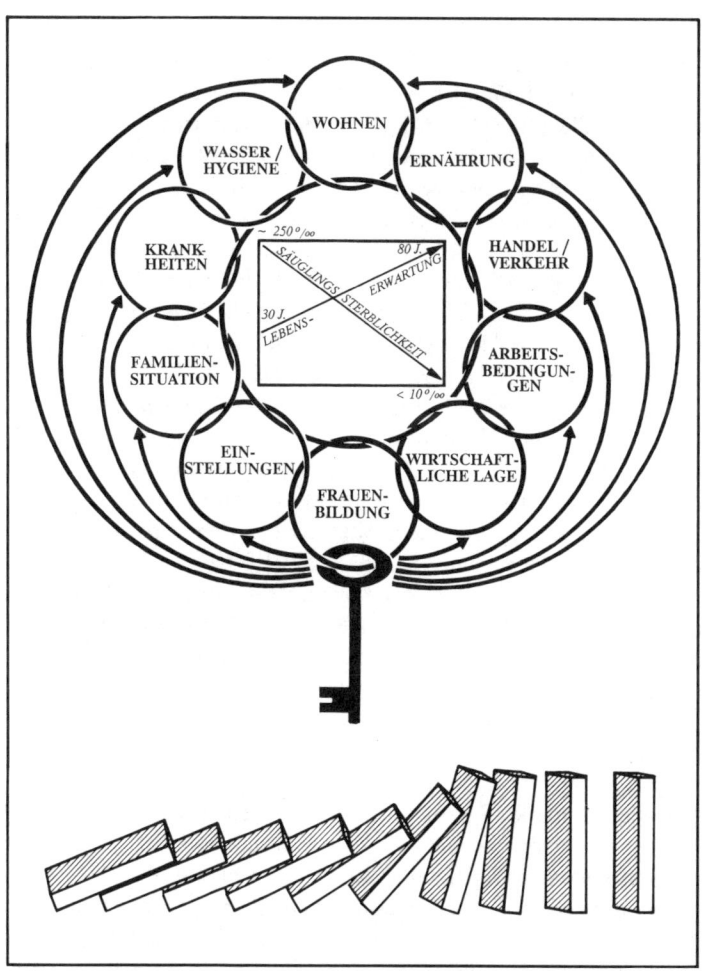

Abb. 17: Senkung der Säuglings- und Kindersterblichkeit sowie Zunahme der Lebenserwartung: innerhalb einer Ursachenverkettung Schlüsselrolle der weiblichen Erziehung und Bildung.

Quellen: Aufgrund von Anregungen in: John G. Cleland und Jerome K. van Ginneken: Maternal education and child survival in developing countries: the search for pathways of influence. In: Social Science and Medicine 27, 1988, 1357–1368, und: John Caldwell et al.: Sensitization to illness and the risk of death: an explanation for Sri Lanka's approach to good health for all. In: Social Science and Medicine 28, 1989, 365–379, sowie unter Mitverwertung einer früheren Graphik aus: Die Lebenszeit 1988, 229, Abbildung 54 A.

einsetzen, muß mit dem Kind zur Impf- oder Desinfektionsstelle gehen. Babymilchpulver in der Tüte, Goldgeist forte und Sagrotan in der Flasche, bereitgehaltene Impfampullen oder Schlucktabletten erfüllen den beabsichtigten Zweck allein noch nicht. Irgendjemand, aber ist in aller Regel – auch heute noch – die Frau und Mutter. Diesen Teil der Rolle hat sie von ‚früher‘ behalten, während der seinerzeitige Hauptaspekt: der intensive und notwendigerweise tägliche zwischenmenschliche Kontakt sowie der dabei zustandegekommene und permanent genährte seelische Austausch, weitgehend verloren ging. Dieser Verlust wird weder durch den Gang mit dem Kind zur Impf- oder Desinfektionsstelle noch durch das vorbeugende Versprayen von Sagrotan, noch durch das rasche und bequeme Zubereiten von Babymilch-Fertignahrung ersetzt, zumindest in großen Teilen nicht.

Man kann sich zu diesem Komplex unendlich viele Gedanken anhand von Abbildung 17 machen. Dort findet sich eine Reihe der wichtigsten hierzu gehörenden Elemente einzeln sowie in ihrem Zusammenhang dargestellt. Schon das Arrangement in Form einer Kette, deren Glieder in einem Ring ohne Anfang und Ende alle ineinander greifen, deutet darauf, daß wir bei unseren Überlegungen kaum zu einem abschließenden Ergebnis kommen dürften. Alles hängt mit allem zusammen, ist ineinander verkettet und miteinander verzahnt. Allerdings ist an einem der Kettenglieder ein Schlüssel angebracht. Dies läßt erwarten, daß zumindest einem der Elemente offenbar eine größere, wenn nicht gar entscheidende Bedeutung zukommt. Mit Hilfe dieses Schlüssels kann die Kette – möglicherweise? – aufgeschlossen werden. Die Steine des ganzen Dominos würden dann einer nach dem anderen fallen – so wie es in der Abbildung ganz unten angezeigt ist.

Die in der Graphik 17 zum Ausdruck gebrachten Überlegungen können sowohl auf geschichtliche wie auf aktuelle Situationen bezogen werden. Bei mir ist beides zusammengeflossen: die Kenntnis historischer Abläufe ebenso wie das literarische und Vorortstudium heutiger Gegebenheiten in Ländern der Dritten Welt. Beginnen wir mit dem Kern der Abbildung. Ganz innen sehen wir, wie im Laufe der ‚Zeit‘ einerseits die Säuglingssterblichkeit von etwa 250 auf unter 10 Todesfälle jährlich pro Tausend Lebendgeborene sank. Andererseits stieg die durchschnittliche Lebenserwartung bei der Geburt von etwa 25, 30 auf 70, 80 Jahre. Diese Entwicklung nahm bei uns in den Industriestaaten zwei bis drei Jahrhunderte in Anspruch. Sie verlief auch nicht so geradlinig, wie es im Schema den Anschein hat, sondern in Wellen, manchmal rascher, manchmal langsamer. Die anderen Länder auf der Welt befinden sich gegenwärtig an irgendeinem Punkt dieser Entwicklung. Einige sind weiter vorangekommen als andere. Japan – so hörten wir – hat uns mittlerweile gar überholt und steht nun an der Spitze. In den meisten übrigen Staaten werden große Anstrengungen unternommen, um früher oder später ebenfalls dahin zu gelangen. Praktisch alle möchten eine niedrige Säuglingssterblichkeit und eine hohe Lebenserwartung erreichen.

Dort, wo sich die Entwicklung wie in Japan oder bei uns bereits vollzogen hat, kann der Historiker selbstverständlich nach den Ursachen forschen und die Gründe und Zusammenhänge offenlegen. Fast ebenso ‚selbstverständlich‘ fragen ihn dann die anderen auf der Welt, weshalb wir bei uns das allgemein angestrebte Ziel so früh erreicht hätten. Sie wollen wissen, ‚wie wir es bei uns gemacht, haben. Hierauf versucht diese Abbildung eine schematische Antwort zu geben. Leicht fällt sie aus den erwähnten Gründen nicht. Fachleute sprechen von ‚Zirkularkausation‘. Zu jedem Kettenglied gibt es zwar eine Fülle von Studien und Publikationen; kohärente Erklärungsmodelle finden wir dagegen – verständlicherweise – kaum.

Wir können mit irgendeinem Kettenglied beginnen. Um das angestrebte Ziel (Senkung der Säuglingssterblichkeit, Erhöhung der Lebenserwartung) zu erreichen, mußten – sagen wir einmal als erstes – die ‚wirtschaftliche Lage‘ und die ‚Arbeitsbedingungen‘ verbessert werden. Gleichzeitig aber ging man an den Ausbau der Infrastruktur, was sich positiv auf ‚Handel und Verkehr‘ auswirkte. Dadurch konnte die ‚Ernährung‘ ständig flächendeckend sichergestellt werden. Beim Bauen und ‚Wohnen‘ setzte man neue Standards. ‚Wasser‘ gab es nun in jedem Haus. Die öffentliche wie private ‚Hygiene‘ erreichte ein nie zuvor gekanntes Niveau. Gegen die seinerzeitigen (Infektions-) ‚Krankheiten‘ vermochte man sich mehr und mehr durch Impfungen zu schützen. Die ‚Familiensituation‘ wurde durch perfekte ‚Planung‘ unter Kontrolle gebracht. Zu allen Punkten wandelte sich die ‚Einstellung‘ in ‚positiver‘ Richtung. Das Gros der Bevölkerung ‚machte mit‘. Sie wurde zuhause, in der Schule, im gesellschaftlichen Alltag dazu erzogen, angehalten, ermahnt, fast möchte man sagen: ‚abgerichtet‘.

Manche Kettenelemente haben mittlerweile eine solche Perfektion erlangt, daß sich bereits Unmut, ja Widerstand gegen sie regt. Oft halten wir die erzielten Ergebnisse auch schon für so selbstverständlich, daß wir ihre weitere Notwendigkeit aus Übermut oder Unverstand in Frage stellen. Generell haben wir wohl eingesehen, daß wir trotz niedrigster je erreichter Säuglingssterblichkeit und trotz höchster je erzielter Lebenserwartung doch nicht in einem Paradies auf Erden leben. Wir haben ständig einen hohen, viele meinen einen schon zu hohen Preis für diesen Superzustand in einem verletzlichen Glashaus zu entrichten. Gewiß sorgt zum Beispiel unsere hervorragend ausgebaute Infrastruktur im ‚Handel und Verkehr‘ dafür, daß unsere ‚Ernährung‘ heute permanent sichergestellt ist. Jeden Morgen sind die Regale der Lebensmittelgeschäfte erneut prallvoll. Die Anlieferung hatte nachts stattgefunden und war bei Tagesanbruch abgeschlossen. Doch welche Probleme beschert uns der ‚Verkehr‘ mittlerweile gleichzeitig *auch*, angefangen bei der Zubetonierung der Landschaft und verstopften Straßen über kilometerlange Staus samt damit verbundenem Alltags- und Ferienstreß bis hin zu sterbenden Wäldern und Tausenden von jährlichen Verkehrstoten sowie Hunderttausenden lebenslänglich Invalider.

Und natürlich, vielmehr unnatürlich haben wir dank verbesserter ‚Hygiene‘ und Einhaltung des Impfkalenders viele ‚Krankheiten‘ anscheinend nicht mehr. Doch hörten wir bereits im letzten Kapitel (im Zusammenhang mit der Abbildung 15) von der zunehmenden Impfmüdigkeit, ja Resistenz gegen die ständig notwendigen Vorbeugungs- und Wiederholungsvakzinationen. Bezüglich verbesserter ‚Hygiene‘ kann auch der Hinweis auf das bedrohliche Ozonloch in der Atmosphäre nicht schaden, das unter anderem – wie man uns glaubhaft versichert – von FCKW-haltigen hygienisierenden Sprays herrührt. Nur allmählich wurden oder werden die Fluorkohlenwasserstoffe in den Treibmitteln von Deodorants, Haarsprays oder Rasierschäumen wie auch im Isolierschaum oder im Kältekreislauf von Kühl- und Gefriergeräten durch umweltfreundlichere Mittel ersetzt. Wer bezüglich der Kettenglieder ‚Hygiene‘ und ‚Krankheiten‘ noch weitere Gedankenanregung braucht, mag sich in einige Passagen des ‚Kommentars zu den Empfehlungen des Bundesgesundheitsamtes zur Durchführung der Desinfektion‘ vertiefen: „Völlig unschädliche oder sogar umweltfreundliche Desinfektionsmittel gibt es nicht. Es ist nun einmal die Aufgabe von Desinfektionsmitteln, lebende Zellen (Bakterien, Pilze, Protozoen) abzutöten. Schädliche Nebenwirkungen ergeben sich durch derartige Mittel zwangsläufig. Unschädlichkeit und zuverlässige Wirksamkeit sind zwei Forderungen, die sich gegenseitig ausschließen. Die Nebenwirkungen können nur durch entsprechende Vorsichtsmaßnahmen bei der Anwendung der Mittel gering gehalten werden. Außerdem sollten die Art und der Umfang der Desinfektionsmaßnahmen den Erfordernissen angepaßt werden. Ein ideales Desinfektionsmittel gibt es nicht. Alle Mittel haben ihre Vor- und Nachteile, und sie können jeweils nur für bestimmte Zwecke verwendet werden" (Spicher-Peters 1987, 268).

Im Hinblick auf die ‚Familiensituation‘ funktioniert die ‚Familienplanung‘ inzwischen so hervorragend, daß nicht einmal mehr genügend Kinder geboren werden, um auch nur den Bevölkerungsstand aufrecht zu erhalten. Vergleichbar mit der Impfmüdigkeit regt sich bei manchen Frauen die Pillenmüdigkeit, wenn nicht gar auch hier eine Resistenz gegen diese andauernde Hormonbehandlung. So wenig es ein ‚ideales Desinfektionsmittel‘ geben würde, so wenig gibt es eine ‚ideale Pille‘. Derselbe Vorbehalt kann im Hinblick auf sämtliche Arzneimittel gemacht werden. Mehr oder weniger laut wird er es auch immer wieder. Schon sah sich die Pharmaindustrie genötigt, durch aufklärende Broschüren gegenzusteuern. Wie man auch immer zu den vorgetragenen Argumenten stehen mag, es lohnt sich, darüber nachzudenken. In der Broschüre ‚Arzneimittel – Chancen und Risiken. Vertrauen und Angst in der Medizin und im täglichen Leben‘ heißt es: „Die Ängste der Bevölkerung konzentrieren sich zumeist auf relativ seltene Risiken wie die Arzneimittelanwendung. Vergleichsweise häufige Risiken des täglichen Lebens [z.B. im Verkehr] werden verdrängt. Arzneimittel sind die am gründlichsten geprüften und kontrollierten medizinischen Produkte. Sie sind darüber hinaus oft sehr viel risikoärmer als therapeutische Alternativen, soweit es diese überhaupt gibt [illegale Abtreibung statt präventive Pille]. Bei der Bewertung des Risikos von Arzneimitteln muß zuallererst das Risiko der zu behandelnden Krankheit mit einbezogen werden. Arzneimittel bieten große Chancen bei der Vorbeugung, Linderung oder Heilung von Krankheiten. Noch nie stand der Medizin eine solche Vielfalt wirksamer Medikamente zur Verfügung wie heute. Diese Leistung spiegelt sich auch in der steigenden Lebenserwartung und der verbesserten Lebensqualität der Patienten wider" (Cramer 1985, 2). Generell wird aber auch hier – wie oben bei den Desinfektionsmitteln – eingeräumt: „Jedes wirksame Medikament kann auch unerwünschte Wirkungen haben. Die Anwendung von Arzneimitteln ist daher mit Risiken verbunden" (Cramer 1985, 3; vgl. hierzu ferner den Tätigkeitsbericht des zuständigen Instituts für Arzneimittel beim Bundesgesundheitsamt: Bundesgesundheitsamt 1988, 313–375, sowie Bundesgesundheitsamt 1989).

Von einem der Ringe war oben bei der Aufzählung der Kettenglieder noch nicht die Rede – von der ‚Frauenbildung‘. Ich hatte sie dort nicht etwa ‚vergessen‘, sondern wollte sie als Schlüssel-Element bis an diese Stelle aufheben. Wenn wir nun näher darauf eingehen, können wir anknüpfen an das, was wir abschließend zu Abbildung 16 feststellten. Dort hieß es, daß die Frau und Mutter im Verlaufe der Entwicklung mehr und mehr ‚Mittel zum Zweck‘ geworden sei und zur Einhaltung ausgewählter Rollenfunktionen angehalten würde. ‚Irgendjemand‘ müsse schließlich die Industrieprodukte zum Endverbraucher bringen und an Ort und Stelle ein- und umsetzen. Dieser ‚irgendjemand‘ aber sei – größtenteils auch heute noch – die ‚Frau und Mutter‘.

Betrachtet man vor diesem Gesamthintergrund die Abbildung 17, so hätte es an sich noch wenig genutzt, zum Beispiel den Standard des Bauens und Wohnens durch administrative Maßnahmen auf ein gänzlich neues Niveau zu heben, indem man Fließendwasser und elektrischen Strom bis in alle Häuser führte, Innentoiletten, Badezimmer, dann auch Kühl- und Gefrierschränke, Staubsauger, Wasch- und Abwaschmaschinen allenthalben selbstverständlich werden ließ, wenn oder solange die dort wohnenden Menschen keinen oder einen falschen Gebrauch davon machten (‚Kaninchen in der Badewanne‘). Schon im Zusammenhang mit der erwähnten Hygienisierungswelle in der zweiten Hälfte des 19. Jahrhunderts hatten deren Verfechter eingesehen, daß die Hebelwirkung bei der Hausfrau und Mutter angesetzt werden mußte. *Sie* hatte als erste ‚aufgeklärt‘ und instruiert zu werden, denn *sie* war Mittelpunkt der Familie und stand im Zentrum des Haushalts. *Sie* benutzte das in alle Wohnungen geleitete Wasser zum Reinigen und Waschen – oder nicht. *Sie* zeigte den Kindern, wie und wann und wozu man Seife brauchte – oder nicht. *Sie* wechselte das Bettzeug häufiger – oder nicht. Mädchenbildung, Anleitung der Töchter, Aufklärung der Frauen und Mütter hieß überall die am meisten Erfolg versprechende und am raschesten wirksam werdende Devise!

Ebenso half es an sich noch wenig, die ‚wirtschaftliche Lage' zu verbessern, die Infrastruktur im ‚Handel und Verkehr' auszubauen und dadurch die ‚Ernährung' der gesamten Bevölkerung sicherzustellen, wenn oder solange in den überquellenden Supermärkten anschließend nicht die richtigen Lebensmittel gekauft oder sie nicht richtig zubereitet oder aufgehoben wurden. Um hier Abhilfe zu schaffen, war wieder dieselbe Devise wie eben gefragt.

Und was nützte es, als die medizinische Wissenschaft gewaltige Fortschritte bei der Vorbeugung oder/und Behandlung von Säuglings- und Kinderkrankheiten machte, wenn und solange die den Kleinen selbstverständlich am nächsten stehenden Frauen und Mütter nichts davon wußten, wenn sie die Symptome kranker Kinder nicht erkannten oder falsch deuteten oder selbst bei richtiger Deutung nicht oder nicht rechtzeitig den Arzt oder das Krankenhaus aufsuchten, weil der Mann im Haus entschied, ob die Frau das durfte oder nicht. Dieselbe Feststellung trifft auch zu im Hinblick auf die ‚Familiensituation'. Erst als ‚der Bauch der Frau tatsächlich auch ihr gehörte' und sie selbständig über (k)ein weiteres Kind entscheiden konnte, änderte sich Grundlegendes in diesem Bereich. – Einmal mehr gelangen wir zur selben Devise: Frauenbildung, Frauenaufklärung, Frauenselbständigkeit!

Jeder Leser mag das Spiel mit den übrigen Dominosteinen selbst zu Ende spielen. Er wird immer zur gleichen Devise kommen. – Was nun wunder, daß man angesichts einer derartigen Häufung von einem und demselben Schlüssel-Element für historische Zeiten bei uns auch in den Entwicklungsländern nachahmend der ‚Frauenbildung' eine wachsende Bedeutung zugesteht? Man läßt oder ließ sich aufgrund unserer Erfahrungen davon überzeugen, daß der Schlüssel (zur drastischen Senkung der Säuglingssterblichkeit beziehungsweise merklichen Zunahme der Lebenserwartung) gar nicht so sehr oder zumindest nicht vorrangig in der ‚wirtschaftlichen Entwicklung' stecke, aber auch nicht oder nicht nur im Ausbau der Infrastruktur oder der Hygiene oder des Medizinalwesens. Die zentrale Bedeutung der ‚Frauenbildung' wird vielmehr weltweit mehr und mehr anerkannt (für einen Überblick über die umfangreiche Literatur hierzu vgl. Cleland-van Ginneken 1988, Caldwell et al. 1989, Das Gupta 1989. Man beachte die aussagekräftigen Titel: ‚Maternal education and child survival in developing countries: the search for pathways of influence' [Cleland-van Ginneken]; ‚Sensitization to illness and the risk of death: an explanation for Sri Lanka's approach to good health for all' [Caldwell et al.]; 'Death clustering, mother's education and the determinants of child mortality in rural Punjab, India, [Das Gupta]).

Den Historiker erstaunt wenig, daß es über den gezielten Einsatz dieses Schlüssel-Elementes in mehreren, und zwar eben auch in sehr armen Entwicklungsländern während der letzten Jahre zu teilweise spektakulären Erfolgen gekommen ist. Als Musterbeispiel wird hierfür immer wieder Sri Lanka angeführt. In der Tat haben dessen Bewohner bei einem sehr niedrigen Pro-Kopf-Einkommen von jährlich nur 330 US-Dollar eine verhältnismäßig hohe Lebenserwartung von durchschnittlich 68 Jahren, und zwar eben, wie glaubhaft nachgewiesen wird, aufgrund der hohen Frauenbildung (Caldwell et al. 1989, 365). Doch auch bezogen auf *sämtliche* Entwicklungsländer wird konstatiert: „On average each one-year increment in mother's education corresponds with a 7–9 % decline in under-five-years' mortality" (Cleland-van Ginneken 1988, 1357).

Vor lauter Euphorie darüber, nun offenbar endlich *den* Schlüssel zur ‚Entwicklung' gefunden zu haben, übersieht man dabei jedoch leicht einen entscheidenden Faktor. Kein ‚irgendjemand' läßt sich auf Dauer nur als ‚Mittel zum Zweck' benutzen oder – schärfer formuliert – hierzu mißbrauchen. Dies war bei uns nicht anders, als es heute in Entwicklungsländern ist. Der ‚Zweck' war seinerzeit beziehungsweise ist in unseren Tagen einerseits die Senkung der Säuglingssterblichkeit auf ein Mindest- und andererseits die Anhebung der Lebenserwartung auf ein Höchstmaß. ‚Mittel' waren respektive sind die Frauen. Dazu mußten oder müssen sie, wie wir sahen, ausgebildet werden.

Bei uns ist das angestrebte Ziel inzwischen weitgehend erreicht. Die massiv betriebene und zweifellos erfolgreich eingesetzte ‚Frauenbildung' führte allerdings noch zu ganz anderen, unerwarteten Ergebnissen als ‚nur' zu einer Senkung der Säuglingssterblichkeit und einer Zunahme der Lebenserwartung. Eigentlich hätte von Anfang an niemand annehmen sollen, daß Mädchen und Frauen ihre im Zuge der ‚Frauenbildung' erworbenen Lesekenntnisse anschließend dann zum Beispiel nur dazu benutzten, um die Gebrauchsanweisungen von Humana oder Milupa, von Goldgeist forte oder Sagrotan zu lesen oder die Begleitzettel von Medikamenten zu studieren. Wer erst einmal lesen kann, liest potentiell alles. Und niemand hätte annehmen sollen, daß die Frauen ihre im gleichen Rahmen anerzogene gewollte größere Selbständigkeit im Hinblick auf sämtliche ‚Körperbelange' nur dahingehend nutzen würden, bei Erkrankungen von Säuglingen oder Kleinkindern rechtzeitig richtig zu handeln und mit dem Kind gegebenenfalls sofort den Arzt oder die Klinik aufzusuchen, oder daß sie ‚die Pille' nur anwendeten, um die Familie klein zu halten. Gehörte erst einmal ‚ihr Bauch ihr', nahm sie logischerweise alsbald auch für den Rest des Körpers, ja überhaupt für ihre ganze Person in Anspruch, selbständig zu entscheiden.

Ihre erworbene Selbständigkeit machte sie nun in jeder Hinsicht geltend: beruflich, sportlich, individuell, partnerschaftlich, innerfamiliär, gesellschaftlich, wirtschaftlich. Man übersehe oder vergesse nicht, zu welchem Erfolgserlebnis den Frauen und Müttern die tatsächlich erreichte Senkung der Säuglingssterblichkeit und die Zunahme der Lebenserwartung verholfen haben mußte. So wie sich der Entwicklungsablauf oben darstellte, war es zweifellos in erster Linie *ihr* Erfolg. Sie hatte, wie wir uns aus der Abbildung 16 links erinnern, schon immer allen körperlichen Belangen am nächsten gestanden. Im Zuge der Frauenbildung wurden ihr dann aber höchst wirksame Instrumente in die Hand gegeben. Sie wandte sie an und setzte die Intentionen der Erfinder und Hersteller in die Tat um!

Vor diesem Hintergrund kann es nun auch nicht länger erstaunen, daß von Frauenseite inzwischen nicht mehr ‚nur' Vorbehalte bezüglich mehrerer Kettenglieder angemeldet worden sind oder werden, oder daß sich da oder dort nur ‚eine gewisse' Resistenz bemerkbar macht. Mehr und mehr wird Grundsätzliches in Frage gestellt, ja zum Sturm auf bisher ‚geheiligte Einrichtungen' geblasen. Als ein Beispiel möchte ich den Streit anführen, der zuerst an entlegener Stelle über ein scheinbar abgelegenes psychologisches Thema entbrannte, der dann allerdings seinen Weg bis in die Tages- und Wochen-Presse nahm: das Mutter-Kind-Verhältnis in der frühkindlichen Phase.

1985 erschien in der – abgesehen von Fachkreisen – wenig bekannten Wissenschaftsreihe ‚Forum der Psychiatrie' eine schmale Monographie mit dem Titel ‚Stellt die Frühkindheit die Weichen?' Als Hauptautorin wurde Dr. med. et phil. Cécile Ernst, Mitarbeiterin an der Psychiatrischen Klinik der Universität Zürich angeführt, als Ko-Autor der Psychotherapeut Nikolaus von Luckner. Nur der Untertitel ließ möglicherweise eine gewisse Brisanz erahnen: ‚Eine Kritik an der Lehre von der schicksalshaften Bedeutung erster Erlebnisse' (Ernst/von Luckner 1985, vgl. ferner mit Bekräftigung der Grundthesen Ernst 1988). Doch schon die Zusammenfassung machte aufhorchen: „Dieses Buch wendet sich gegen die Lehre von der Allmacht der frühkindlichen Erlebnisse, von der schicksalshaften Bedeutung der frühen Mutterbeziehung und von der prägenden traumatischen Wirkung einer Trennung von der Mutter. Psychische Störungen haben keinen Zusammenhang mit den Bedingungen der Frühkindheit, sondern mit den zahlreichen Belastungen im Milieu der späteren Kindheit" (aus dem Resümee des Rückumschlags). Noch deutlichere Worte fand der Psychiatrie-Professor Jules Angst in seinem ‚Geleitwort': „Die überragende Bedeutung der Mutter für die Entwicklung des Kindes während der ersten Lebensjahre ist ein elementarer Bestandteil tiefenpsychologischer, entwicklungspsychologischer und pädagogischer Theorien. Bildungsunfähigkeit, erhöhtes Risiko für Depression, Angst und Suizid im Jugendlichen- und Erwachsenenalter werden nach den klassischen Lehren auf Mutterentbehrungen zurückgeführt. In ihrer sorgfältigen Analyse zeigen Cécile Ernst und Nikolaus von Luckner, daß die Fakten diese Theorien in keiner Weise stützen. Nicht kurzlebige ‚Traumata' beeinflussen die Entwicklung von Kindern und Jugendlichen, sondern in erster Linie Dauerwirkungen von gestörten Familienverhältnissen, manifeste Beziehungsstörungen der Eltern oder zwischen den Eltern und den Kin-

dern. Das Buch greift einen großen Muttermythos und viele Vorurteile an"
(aus dem nicht paginierten ‚Geleitwort' im Vorspann von Ernst/von Luckner 1985).

Wer sich daraufhin, nun hellhörig geworden, an die Lektüre machte,
wurde in seinen hochgespannten Erwartungen nicht enttäuscht. In der Sum-
mierung ihrer Forschungen kommen die beiden Verfasser zu folgenden Ergebnissen: „Die unhaltbare Auffassung von der Frühkindheit als der prägenden und damit entscheidenden Lebensperiode für die seelische Entwicklung des Menschen hat den Müttern in den westlichen Kulturen eine kaum
zu tragende Verantwortung auferlegt. Die Auffassung, daß das Verhalten
der Mutter über die spätere emotionelle Bindungsfähigkeit des Kindes ent-
scheide, ist Wegbereiter einer ausufernden Mutterinflation, Mutterverherr-
lichung und Mutterbeschuldigung gewesen". Sie sprechen von einem „jahrzehntelangen durchschlagenden Erfolg dieser Lehren, welche heute zu fast
unangreifbaren und von den Massenmedien verbreiteten Dogmen erstarrt
sind". Ernst/von Luckner geben ihrer Verwunderung Ausdruck: „Warum
die Theorie von der Schuld der Mütter über Jahrzehnte, vor allem im deutschen Sprachbereich, so resistent geblieben ist, läßt sich schwer erklären.
Die Frage wäre es wert, kultur- und psychiatriehistorisch untersucht zu
werden". Selbst deuten sie an, daß diese Theorie auf deutschem Boden
vielleicht „darum so erfolgreich und kritikresistent gewesen sei, weil sie
dazu gedient habe, die Frauen, welche während des Krieges die Männer an
den Arbeitsplätzen ersetzten, in die Familien zurückzuschicken". Am Ende
heißt es sodann klipp und klar: „Es spricht nichts dagegen, daß ein Kind
zugleich von Vater, Mutter, Großeltern oder Tagesmutter betreut wird,
vorausgesetzt, daß diese Menschen liebevoll, konstant und zuverlässig mit
dem Kind umgehen" und – noch schärfer formuliert -: „Es ist eine Irrefüh-
rung der Öffentlichkeit, wenn man sich gegen Tagesmütter mit dem Argu-
ment wendet, es sei wissenschaftlich nachgewiesen, daß mehr als eine Bezugsperson dem Kind schade. Die Kleinfamilie ist keine gottgewollte Einrichtung. Sie kann durch den erzwungenen pausenlosen Kontakt Mutter
und Kind überfordern, und sie begünstigt wegen der fehlenden sozialen
Kontrolle Kindsmißhandlungen" (alle Zitate wörtlich aus dem zusammen-
fassenden Kapitel ‚Die Überschätzung des Einflusses der Mutter', 155–156).

Starke Worte in der Tat! Man kann deshalb den wütenden Aufschrei
unter der Rubrik „Provozierende Thesen: Wie wichtig ist die Familie? Liebe
und Zuwendung auf später vertagt" in der ‚Zeit' vom 31. Januar 1986
durchaus verstehen (weit ausholende Stellungnahme durch Katharina Zimmer auf Seite 65). Vielleicht fiel er deshalb so aggressiv aus, weil die Verfasserin selbst Frau war? Schließlich konnte es niemanden wundern, daß die
Ernst/von Luckersche These vor allem bei jenen Frauen und Müttern ge-
harnischte Proteste hervorrufen würde, die ihren eigenen ‚aufopfernden Einsatz' durch die Untersuchung der Zürcher Autoren plötzlich in Frage gestellt

sahen. Sollten sie überflüssigerweise jahrelang auf Berufsausübung, Studium, Karriere, eigenes Einkommen, gesellschaftlichen Umgang, großzügige Freizeit- und Urlaubsgestaltung verzichtet haben, um sich ausschließlich ihrer Familie und den kleinen Kindern zu widmen? Sollte diese ‚Selbstaufopferung‘ gar nicht nötig gewesen sein? Die provozierte Zeit-Autorin jedenfalls schien ihre gereizte Betroffenheit nur mühsam unter Kontrolle halten zu können: „Es geht, wieder einmal, um die ersten Erfahrungen im Leben des Menschen. Die Schweizer Psychologen Cécile Ernst und Nikolaus von Luckner melden schwere Zweifel an allem an, was bisher zu diesem Thema geforscht, untersucht und veröffentlicht worden ist. Mehr noch, sie bezichtigen die bisherige Forschung auf diesem Gebiet der Unwissenschaftlichkeit. Ganz anders nun die Untersuchung von Ernst und von Luckner, die zu dem Schluß kommt, alle bisher veröffentlichten Beobachtungen zu diesem Thema seien Unsinn. Es lohnt sich, die Art der Beweisführung dieser Schrift einmal unter die Lupe zu nehmen, da sie einige beispielhafte Fragwürdigkeiten aufweist". Bei ihrer Suche mit der Lupe stieß sie, wie sie schreibt, allenthalben auf „schwerwiegende Mängel", auf „kaum überzeugende Argumente", auf „merkwürdige Schlüsse", auf „wesentliche Versäumnisse", auf „fragwürdige Tests", auf „Unbekümmertheit" bei der Interpretation. Und als Fazit lesen wir: „Daß diese komplexen, äußerst sensiblen Vorgänge [gemeint sind die ‚Interaktionen zwischen Mutter und kleinem Kind‘] die liebevolle Zuwendung einer Bezugsperson erfordern, braucht eigentlich nicht hinzugefügt zu werden" (alle Zitate wörtlich aus Zimmer 1986).

Nur wenige Tage zuvor war allerdings Meinrad Perrez, seines Zeichens Professor für Klinische Psychologe an der Universität Fribourg, in der Tagespresse ganz anderer Meinung gewesen (Perrez 1986; sein Artikel erschien am 28. ., derjenige von Zimmer am 31. .1986). Unter dem nüchternen Titel ‚Die Rolle der pädagogischen Umwelt in Theorie und Wirklichkeit‘ sprach dieser angesehene Fachmann von einer „mit großer Sorgfalt" durchgeführten Analyse und von der „gründlichen Kritik der Verfasser an einem folgenreichen entwicklungspsychologischen Dogma, das in den vergangenen Jahrzehnten viele Schuldgefühle zu Unrecht weckte". Ihn jedenfalls mußte die Studie überzeugt haben, denn „ihre Ergebnisse sind geeignet, einen gut etablierten sozialwissenschaftlichen Mythos zu erschüttern, den Mythos um die Bedeutung der Mutter". Ihm schien, „daß jene Idee wohl die Frucht einer Industriegesellschaft sei, deren typische Familienform die Kleinfamilie ist, die nach der Vorstellung der Soziologen bis vor kurzem als ‚Gattenfamilie‘ oder ‚Kernfamilie‘ isoliert in ihrer Vierzimmerwohnung gelebt hat. Zu dieser Konstruktion gehörte ferner, daß der Mutter die affektiven erzieherischen Funktionen und dem Vater die instrumentellen, umweltbewältigenden pädagogischen Aufgaben zugedacht waren". Natürlich war auch Perrez sich im klaren darüber, worin letztlich die *gesellschaftliche* Brisanz dieses frontalen Angriffs auf ein grundlegendes soziales Dogma bestand: „Die

236

praktische Tragweite dieser [von den Autoren als unhaltbar entlarvten] Annahmen liegt auf der Hand: Dürfen Mütter mit Säuglingen und Kleinkindern angesichts solcher Tatsachen berufstätig sein? Sind Tagesstätten für Kleinkinder politisch vertretbar? Ist ein Säugling, dessen Mutter an einem Unfall stirbt, dazu verurteilt, irreversible psychische und körperliche Schäden zu erleiden? Kann die Bedeutung der Väter bei der Versorgung von Kleinkindern und Säuglingen vernachlässigt werden?" Daß Perrez übrigens nicht vergaß, diesen letzten Punkt besonders zu erwähnen, kann man ihm als Mann nicht verübeln. Wenig später griff er ihn sogar nochmals auf und betonte: „Die neuere Vaterforschung hat zudem deutlich belegt, daß auch Väter die Voraussetzungen für den Aufbau enger emotionaler Beziehungen bereits zum Säugling besitzen und dessen Bedürfnis nach Kommunikation zu befriedigen vermögen. Säuglinge und Kleinkinder können gleichzeitig zu mehreren Partnern Beziehungen aufbauen, vorausgesetzt, daß über die Zeit konstante Bezugspersonen verfügbar sind". Weniger marktschreierisch, dafür kritisch abwägend meinte Perrez am Ende seiner Stellungnahme: „Ernst und von Luckner gelangen zum gut begründeten Schluß, daß der Einfluß der Mutter in diesem Jahrhundert weit überschätzt worden ist" (alle Zitate wörtlich aus Perrez 1986).

Als psychologischer Laie hüte ich mich wohlweislich, hier päpstlicher als der Papst sein zu wollen und im Streit zwischen Fachleuten den Schiedsrichter zu spielen. Gewiß könnte ich als Historiker manchen kritisch aufgeworfenen Punkt ohne weiteres unterzeichnen, auch wenn ich ihn anders, weniger zugespitzt oder verletzend formulieren würde, so zum Beispiele die Ansicht Ernsts und von Luckners: „Die Kleinfamilie ist keine gottgewollte Einrichtung", oder auch die Meinung von Perrez, daß der überbordende Mythos von der Bedeutung der Mutter „die Frucht einer [werdenden] Industriegesellschaft" gewesen sei. Was aber historische Wurzeln hat, kann sich auch wieder verändern, wenn die Rahmenbedingungen nicht länger dieselben sind. Und sie sind nicht länger dieselben wie zur Zeit der werdenden oder der voll aufgeblühten Industriegesellschaft. Die wichtigste Frucht der damals forcierten ‚Frauenbildung', so haben wir gesehen, war das Heranwachsen und die Entstehung ihrer Selbständigkeit. Ich wäre der letzte, der dieses Ergebnis nun wieder in Frage stellen wollte.

‚Ein Historiker schaut Bilder an'. Wir waren in diesem Kapitel ausgegangen von drei Bildausschnitten (Abbildung 16 links), die als Dokumentation für Zustände ‚früher' drei anderen Graphikteilen als Dokumentation für Zustände ‚heute' gegenübergestellt wurden (Abbildung 16 rechts). Die leitende Frage lautete: Was wurde gewonnen; was ging verloren? Wir haben uns mittlerweile, wie es meiner Absicht entsprach, viele Gedanken zu dem dabei aufgezeigten Wandel gemacht und sind weit in benachbarte Bereiche vorgedrungen. Zum Abschluß möchte ich dem Leser die Frage nun erneut vorlegen und ihm zu diesem Zweck zwei weitere Bilder zu betrachten geben.

In der Illustration 18 haben wir es wiederum mit ausschließlich weiblichen Personen zu tun, zwei oben und zwei unten. Beide Werke stammen vom Norweger Edvard Munch (1863–1944). Heute befinden sie sich in dem ausschließlich ihm gewidmeten Munch-Museum in Olso. Die eine wie die andere Arbeit entstand in unserem Jahrhundert: ,Die tote Mutter und das Kind' (oben) 1901, ,Das kranke Kind' (unten) 1926/27. In beiden Fällen war der Anlaß derselbe, nämlich Krankheit und Tod in der eigenen Familie.

,Krankheit' meinte damals in erster Linie Lungentuberkulose. Gegen Ende des 19. und zu Beginn des 20. Jahrhunderts war – nach dem Rückgang der Pest, der Pocken, der Lepra und der Cholera – die Tuberkulose während Jahrzehnten die in Mittel- und Nordeuropa am weitesten verbreitete seuchenbildende Infektionskrankheit. Ihr wucherndes Umsichgreifen wurde besonders in den rasch expandierenden Industriestädten durch die unhygienischen Bedingungen unter ärmlichen sozialen Verhältnissen mit engem Zusammenleben ohne viel Licht und Sonne stark gefördert. Wir erinnern uns an die mehrfach erwähnten Hygienisierungswellen, die hier – vorerst auf Kosten der Frauen und Mütter – Abhilfe schaffen sollten. Der allmähliche Rückgang der Erkrankungshäufigkeit sowie der Sterblichkeit an Tuberkulose ist in der Tat einerseits ein Erfolg der damals durchgesetzten Anhebung öffentlicher wie privater Hygiene, andererseits aber auch der verbesserten medizinischen Diagnostik und Therapie (der Krankheitserreger – das Tuberkelbakterium – wurde 1882 von Robert Koch entdeckt), ferner der Röntgenreihenuntersuchungen und schließlich der Vorbeugung durch die Schutzimpfung. Wenn auch nicht über Norwegen, so sind wird aufgrund einer außergewöhnlich günstigen Quellenlage doch über die Geschichte dieser Krankheit von 1750 bis heute nirgendwo so gut orientiert wie in Schweden, dem anderen Land auf der skandinavischen Halbinsel. Eine neuere minutiöse Abhandlung hierüber füllt nicht weniger als 569 Seiten! (Puranen 1984; eine gestrafftere, dafür reich illustrierte Fassung derselben Autorin enthält unter anderem eine Farbwiedergabe von Munchs ,Krankem Kind', allerdings in der ersten Version von 1885–86; vgl. Puranen-Zetterholm 1987, 98; schließlich sei auf Puranens à jour geführte Zusammenfassung verwiesen: ,La tuberculose et le déclin de la mortalité en Suède', in: Annales de Démographie Historique 1989, 79–100).

Abb. 18: Gemeinschaft aufgrund von Krankheit und Tod – zweimal Edvard Munch (Löten/Hedmark 1863 – Ekely 1944).
Oben : Edvard Munch: ,Die tote Mutter und das Kind'. 1901. Radierung. Original im Munch-Museum Oslo.
Unten: Edvard Munch: ,Det syke barn' (,Das kranke Kind', letzte von sechs Versionen). 1926/27. Öl auf Leinwand, 118 × 117 cm. Munch-Museum Oslo.

238

Die Munchs blieben von der Krankheit nicht verschont. Seit 1864, Edvards zweitem Lebensjahr, wohnten sie in Christiania, wie Oslo bis 1925 hieß. Hier starb 1868 seine Mutter im Alter von dreißig Jahren an Tuberkulose, 1877 auch seine Schwester Sophie. Sie war nur ein Jahr älter als der Maler und stets seine Lieblingsschwester gewesen. Sophie starb mit 15. Die Erinnerungen an diese frühen Todesfälle in der eigenen Familie begleiteten Munch ein Leben lang. Sie bildeten eine der Voraussetzungen für die große Zahl von Kranken- und Sterbezimmerbildern im seinem Oeuvre. Schon sein erstes Werk war diesem Thema gewidmet. Es handelt sich um die Urfassung des ‚Kranken Kindes‘ aus dem Jahre 1885/86. Sie steht am Beginn seiner Laufbahn. Er war damals 23jährig. Später bezog er sich häufig auf dieses Bild und meinte wiederholt, daß alles, was er später geschaffen habe, seine Wurzeln im ‚Kranken Kind‘ hätte. Diese Tafel befindet sich heute in der Norwegischen Nationalgalerie in Oslo. Zehn Jahre später, 1896, malte er eine zweite Fassung. Sie ist heute im Kunstmuseum von Göteborg zu sehen. Eine dritte und eine vierte Fassung entstanden 1907 (heute in der Kunstgalerie Thiel in Stockholm beziehungsweise in der Tate Gallery in London). Die fünfte Fassung stammt aus dem Jahre 1921/22, die sechste und letzte schließlich von 1926/27. Beide werden im Munch-Museum in Oslo aufbewahrt. Die letzte diente mir als Vorlage für die Umzeichnung in der Abbildung 18. Alle Fassungen sehen einander sehr ähnlich. Sie sind sämtlich auch fast gleich groß, nämlich rund 120 cm im Quadrat (zu den verschiedenen Versionen des ‚Kranken Kindes‘ vgl. die Bildmonographie von Schneede 1984).

Doch nicht nur die familiären Krankheits- und Todeserfahrungen mit Tuberkulose mußten den jungen Munch während der Kindheit, Jugend und jungen Mannesjahre zutiefst geprägt haben, sondern die hohe Sterberate an dieser ausgebreiteten Volkskrankheit überhaupt. Aufgrund der bereits erwähnten Habilitationsschrift Puranens wissen wir exakt Bescheid über die Verhältnisse in der anderen skandinavischen Hauptstadt. Stockholm war damals bevölkerungsmäßig mit Christiania vergleichbar. Als Munch mit der Urfassung des ‚Kranken Kindes‘ begann, hatte die norwegische Schwesterstadt etwa 135 000 Einwohner (1885). Stockholm wies im Jahrzehnt 1861–1870 eine mittlere Bevölkerung von 129 000 Bewohnern auf, im Jahrzehnt 1871–1880 von 155 000 und 1881–1890 von 211 000. An Tuberkulose starben dort in den 1860er Jahren durchschnittlich 5 593 Personen, in den 1870ern 6 290 und in den 1880ern 7 308 jährlich (Puranen 1984, 165). Die Sterberaten in Christiania dürften nicht viel anders ausgesehen haben. Es ist schwer vorstellbar, daß diese große Anzahl Tuberkulose-Gestorbener alle bei Nacht und Nebel auf die Friedhöfe gebracht und von der Umwelt unbemerkt begraben worden wäre! Munch *mußte* es gesehen haben!

Außerdem befanden sich unter den Todesfällen, zu denen 1889 auch Edvards Vater Christian gehörte, selbst immer wieder Freunde und Künstlerkollegen Munchs. Sie hatten, genauso wie er, Kranken- und Sterbeszenen häufig dargestellt. So ist von Munchs Lehrer Christian Krohg (1852–1925) aus dem Jahre 1880/81 ein Gemälde mit dem gleichen Thema ‚Krankes Mädchen‘ erhalten und ein weiteres von 1884 mit dem Titel ‚Die Mutter am Bett ihres kranken Kindes‘. Überdies war Edvards Vater Armenarzt in der norwegischen Hauptstadt. Nicht selten hatte ihn sein Sohn auf den Krankenvisiten begleitet, so daß er auch von daher immer wieder in engsten direkten Kontakt mit Elend, Krankheit, Sterben und Tod kam. Es ist bekannt, daß ihm die elfjährige Betzy Nielsen, die er bei einem dieser Patientenbesuche traf, als Modell für das ‚Kranke Kind‘ diente. Die Mutterfigur im selben Bild hat er dagegen nach seiner Tante Karen Bjölstad gestaltet. Seit dem Tode von Edvards leiblichen Mutter führte sie den Munchschen Haushalt (Schneede 1984, 6–14, 28–30; zu Leben und Werk von Edvard Munch vgl. generell Carlsson 1984, zur Behandlung des Todesthemas bei ihm speziell Eggum 1980 sowie den ganzen Band von Weisner 1980; ferner [Ausstellungskatalog] Edvard Munch 1863–1944, 1987).

Obwohl Edvard Munch sein ‚Krankes Kind‘ – zumindest in der ersten Fassung von 1885/86 – nach lebenden Modellen ausführte, ging es ihm bei allen Versionen im Grunde um eine ‚Arbeit an der Erinnerung‘ (so der treffsichere Untertitel von Schneedes Bildmonographie, vgl. Schneede 1984). Edvard war vierzehn, als seine Schwester starb; er war fünf gewesen, als seine Mutter der Tuberkulose erlag. Und auch er selbst fühlte sich dem Tod oft näher als dem Leben. Er war von schwächlicher Konstitution und in seiner Jugend oft krank. „Als ich geboren wurde, beeilte man sich, mich notzutaufen, weil man glaubte, ich würde sterben. Ich überstand damals die Krankheit, aber die Angst verfolgte mich durch meine ganze Kinder- und Jugendzeit" (so Munchs eigene Worte in Briefen und Aufzeichnungen, vgl. Schneede 1984, 30–31). Das Trauma saß so tief, daß er sich in diesen ganzen Versionen bisweilen selbst anstelle des Mädchens im Krankensessel sah: „Im ‚Kranken Kind‘ konnte von keinem anderen Einfluß die Rede sein, als von dem der Erinnerung an mein Elternhaus. Diese Bilder waren meine Kindheit und mein Elternhaus. Kaum ein Maler hat so wie ich im ‚Kranken Kind‘ sein Thema bis zum letzten Schmerzensschrei durchlebt. Denn es war nicht ich allein, der dort saß, es waren alle meine Lieben" (Schneede 1984, 22). Die lebenslang vorhaltende ‚Arbeit an der Erinnerung‘ erklärt denn auch, weshalb sich Munch so vehement gegen Unterstellungen zur Wehr setzte, er hätte aus Verkaufsgründen bloß immer wieder ‚Kopien‘ des ‚Kranken Kindes‘ angefertigt (das Gemälde wurde zu einem seiner populärsten Werke): „Man lärmt, wenn ich das Bild mehrmals male. Aber ein Bild, ein Motiv, mit dem ich ein ganzes Jahr gekämpft habe, ist nicht mit einem einzigen Gemälde erledigt. Ich habe nie eine echte Kopie meiner Bilder gemacht" (Schneede 1984, 61–62; Schneede geht den Unterschieden zwischen den einzelnen Fassungen im Detail nach).

Auch bei der weniger bekannten, aber unerhört ausdrucksstarken Radierung ‚Die tote Mutter und das Kind' geht es um ‚Arbeit an der Erinnerung'. Nach Arne Eggum vom Munch-Museum in Oslo hat das Mädchen Porträtcharakter und zeigt Ähnlichkeit mit Edvards Schwester Sophie. „Es liegt nahe anzunehmen, daß hier die Erinnerung an den Abschied von der Mutter gespiegelt wird" (Eggum 1980, 360; Eggum bezieht sich allerdings auf eine der schon früher entstandenen Bild-Versionen, Munch begann sich um 1989/99 mit diesem Motiv zu beschäftigen). Wenn das zutrifft, müßte das dargestellte Mädchen etwa sechs Jahre alt sein. Sophie war 1862 geboren worden; die Mutter starb 1868. In der Radierung zeigt es „ein verquältes, leidendes Gesicht und drückt nackte und unverhohlene Angst und Verzweiflung aus. Es ist in dem Augenblick abgebildet, in dem es wirklich versteht, daß die Mutter unzugänglich ist. Das Gesicht ist von diesen starken Gefühlen vollkommen deformiert, während das Gesicht der Mutter harte, kantige Linien hat und spitz und unzugänglich ist. Der Kontrast zwischen der Leblosigkeit der Toten und dem gewaltigen Innenleben des Kindes wird hier viel expressiver hervorgehoben als in den gemalten Versionen. In der Radierung wird eine Dissonanz zwischen Leben und Tod, zwischen Profil und en face und zwischen vertikal und horizontal ausgedrückt" (Eggum 1980, 360).

Wem kämen hier nicht die thematisch-inhaltlich ähnlichen Werke eines anderen europäischen Malers in den Sinn, dessen Familie genauso wie diejenige Munchs von der Tuberkulose heimgesucht, ja beinahe ausgelöscht wurde. Wie der Norweger war auch der Schweizer Ferdinand Hodler (Bern 1853 – Genf 1918) seit frühester Kindheit zutiefst mit Krankheit und Tod vertraut. 1860 starb sein Vater im Alter von 32 Jahren, 1867 die Mutter mit 39, beide an Tuberkulose. Bereits mit sieben wurde Hodler somit Halb-, mit vierzehn Vollwaise. Neben dem erstgeborenen Sohn Ferdinand hatten die Eltern fünf weitere Kinder gehabt. Zwischen dem sechsten und dem einunddreißigsten Lebensjahr gingen alle diese Geschwister jedoch an der gleichen Krankheit zugrunde, schließlich auch noch der eigene Sohn Hector (1887–1920) aus der langjährigen Verbindung mit der Genfer Gefährtin Augustine Dupin (1852–1909; für einen biographischen Abriß Hodlers vgl. Brüschweiler 1983; für seine lebenslange Auseinandersetzung mit dem Tod u. a. Hirsh 1981, 49–53; Hodler verstarb zwar bereits 1918, doch erlebte er noch, wie jene gleiche Krankheit, die zuvor schon seine ganze Familie hinweggerafft hatte, 1915/16 auch Hector ergriff).

Wer jemals die Ausstellung ‚Ein Maler vor Liebe und Tod, Ferdinand Hodler und Valentine Godé-Darel' in Zürich, Sankt Gallen, München oder Bern gesehen hat, oder wer auch nur einzelne Teile aus dem umfangreichen, heutzutage weit verstreuten Werkzyklus sah, dürfte seine Erschütterung nicht so bald überwinden und seine Betroffenheit nicht so rasch vergessen (Brüschweiler 1976; über den schmäleren Zyklus zum Sterben von Augustine Dupin 1909 vgl. die Dokumentation ebenfalls von Brüschweiler, 1966).

Seit 1908 hatte die Pariser Professorentochter Valentine Godé-Darel (*1873) mit Hodler zusammengelebt und ihm 1913 die Tochter Paulette geboren. Am 26. Januar 1915 erlag Valentine, erst zweiundvierzigjährig, in Vevey einem Krebsleiden. Vier Jahre lang hatte Hodler ihren Kampf mit der Krankheit, ihren langsamen qualvollen Tod in über hundert Porträts festgehalten. Das einst schöne Antlitz der Frau wurde dabei magerer und magerer; der Anblick der knöchernen Gesichtszüge wirkte immer schroffer, am Ende fast skeletthaft. „Was Hodler vom 17. Januar an vor Augen hat, ist nicht mehr das zwar furchtbare, aber irgendwie noch fernliegende Gespenst des Todes, das uns bei den Krankenbildern des vorhergehenden Jahres so beeindruckt hat; es ist die plötzliche Begegnung mit dem grausamen, dem greifbar gegenwärtigen Gesicht der Agonie. Immer schärfer stechen die Backenknochen hervor, immer tiefer graben sich die Schläfen- und Augenhöhlen in den Kopf hinein, die Nasenspitze verdürrt mehr und mehr" (Brüschweiler 1983, 160). Zwischen dem 21. und dem 24. Januar zeichnete und malte Hodler die sterbende Valentine noch mehr als ein Dutzend Mal. Zu einer mit dem Datum vom 24. Januar versehenen ‚Halbfigur in Linksprofil‘ notiert Brüschweiler: „Der nun vollständig fallengelassene Kiefer spannt die ledrige, grün-olivbraune Haut über den mächtigen Nasenrücken und öffnet darunter den Mund wie einen Abgrund. Man hört förmlich das Röcheln des Sterbens durch Nase und Mund. Zwischen den tief eingefallenen Wangen- und Schläfenhöhlen tritt der Backenknochen wie der Henkel eines Tongefäßes hervor" (Brüschweiler 1977, 29, mit Farbreproduktion als Nr. 171, S. 157: ‚Die sterbende Valentine Godé-Darel. Halbfigur in Linksprofil‘, Öl auf Leinwand, 60,5 × 90,5 cm, Schweizer Privatbesitz).

Am Tag nach Valentines Ableben versuchte Hodler, seine tiefe Ergriffenheit noch im Sterbezimmer angesichts des daliegenden Leichnams in nicht weniger als sieben Studien zum Ausdruck zu bringen und zu verarbeiten. Zur letzten schrieb Hirsh: „... bildet ihr Körper eine Horizontale. Parallel dazu verlaufen die Farbstreifen des Bettbezuges und der Matratze, die sich in den drei blauen, über ihr schwebenden Streifen wiederholen – den blauen Streifen, die für Hodler ihre Seele bedeuten. Endlich konnte sie ruhen – Hodlers Stil wird stiller, kontrollierter, als fühlte er nun auch Ruhe. Die Brutalität und wilde Eindringlichkeit, die im Porträt der sterbenden Valentine tobten, hat er nicht wieder durchlebt" (Hirsh 1981, 124; farbige Reproduktion dieses Bildes ‚Die tote Valentine Godé-Darel‘ vom 26. Januar 1915, Öl auf Leinwand, 65 × 81 cm, Privatsammlung Rudolf Staechelin’sche Familienstiftung, in Brüschweiler 1977, Nr. 181, S. 166 sowie in Ausstellungskatalog Ferdinand Hodler 1983, Nr. 179).

Wenige Jahre später gab Felix Baumann eindringlich zu bedenken: „Hat je ein bildender Künstler mit derselben direkten Betroffenheit dem Tod ins Antlitz geschaut und diesen gleichzeitig darzustellen vermocht? Nur ein mit dem Tod zutiefst vertrauter Mensch hat ein solches Unterfangen in Angriff nehmen können: das langsame Dahinsiechen und den schließlichen Tod der Geliebten unbarmherzig und zutiefst anteilnehmend darzustellen! Welche Härte des Beobachtens! Welche Erschütterung, die frei bleibt von jeglicher Sentimentalität! Mit dem Zyklus der Valentine Godé-Darel hat sich Hodler ein Denkmal seiner Fähigkeit des Mitleidens, nicht des Mitleids, geschaffen, das seinesgleichen sucht. Und zugleich hat er mit diesem Zyklus seinen künstlerischen Kulminationspunkt erreicht. Angesichts des Todes: die letzte Befreiung aller seiner Ausdrucksmittel. Wer wollte vor Bildern der sterbenden Valentine noch von all dem sprechen, was Hodler – und somit auch uns – beschäftigt hat: Antagonie von Form und Farbe, Expressionismus usw." (Felix Baumann im Beitrag ‚Gedanken zur Farbe'; Baumann 1983, 370; diese anteilnehmend begleitende Kunst Hodlers ist etwas völlig anderes, als was in jüngerer Zeit etwa Rudolf Schäfer mit seinem fotografischen Oeuvre versucht; bei ihm bekommen wir jeweils nur die Momentaufnahme eines entspannten Antlizes dieses oder jenes Verstorbenen zwischen eingetretenem Tod und Verwesung zu sehen; Schäfer 1989).

Ähnlich wie wir es oben bei Munch schilderten, lesen wir auch in der Biographie Hodlers: „Der Tod hat die Kindheit, die Jugend, ja das ganze Leben Ferdinand Hodlers auf brutale Weise gestempelt. Er war siebenjährig, als er seinen Vater verlor, vierzehnjährig als er seine auf einem Acker zusammengebrochene Mutter auf einem Schubkarren tot nach Hause schleppen mußte. Zwischen seinem sechsten und seinem einunddreißigsten Lebensjahr sind seine vier Brüder, seine Schwester und ein Halbbruder alle der Schwindsucht zum Opfer gefallen: es war dies die Krankheit des Armenmilieus, dem Hodler entstammte. Die ihm von allem Anfang an auferlegte Vertrautheit mit dem Geschick des Todes erklärt eine a priori verwirrende Begebenheit: Hodlers Fähigkeit, dem Tod als einem ebenso natürlichen und unausweichlichen Geschehnis wie dem Leben selbst gegenüberzutreten und ihn mit der gleichen Tapferkeit und der gleichen Kraft zu veranschaulichen, die er zur Darstellung des Kampfes – des Kampfes ums Leben – aufbrachte. Hodler hat den Tod wie das zwar tragische aber unvermeidliche Ende des menschlichen Lebenskampfes aufgefaßt und dargestellt. Er hat den Tod gewissermaßen beschworen, indem er ihm malend begegnete" (Brüschweiler 1976, 25–26).

Dies ändert allerdings nichts daran, daß er immer wieder zutiefst aufgewühlt wurde durch Todeserfahrungen. Anders als bei Munchs ‚Toter Mutter und Kind' komponierte er sich zwar nirgends selbst mit ähnlich weit aufgerissenen schreckerfüllten Augen in ein Bild der tot und hager in der Horizontalen daliegenden Valentine Godé-Darel hinein. Doch sehe man sich einmal sein ‚Selbstbildnis' aus dem Jahre 1915 an (Öl auf Leinwand, 40 × 38 cm, Schweizer Privatbesitz, farbig wiedergegeben bei Brüschweiler 1977, Nr. 184, S. 169). Hier spiegelt sich das Todeserlebnis des vorangegangenen Winters wider. Der Blick geht am Betrachter vorbei ins Leere. Das schreckerfüllte Antlitz ist verzerrt, die Augen weit aufgerissen, die Augenbrauen hochgezogen, so daß sich tiefe Falten in die Stirn graben. Der Schulteransatz ist – vom Beschauer aus gesehen – nach rechts, der Kopf nach links aus der Achse herausgedreht. Das rechte Ohr ist somit verdeckt, das linke dagegen fast überdeutlich hervorgehoben. Der Maler horcht ins Leere, genauso wie er uns auch nicht anschaut, sondern ins Leere starrt.

Edvard Munchs Schwester war sechs, er selbst fünf, als die dreißigjährige Mutter starb. Die beiden Geschwister wußten von jüngsten Jahren an, was Sterben und Tod bedeuteten. Da half auch nichts, sich – wie das Mädchen in der Radierung – in Sonntagskleidung zu präsentieren. Die Spannung zum nüchternen Totenhemd der Dahingeschiedenen wird dadurch nur noch größer, die momentane psychische Belastung auch für den Betrachter fast unerträglich. – Wann lernen wir, was Sterben und Tod im Familienkreis sind? Wann werden wir Halb-, wann Ganzwaisen? Heute machen wir diese Erfahrungen meist erst in einem sehr fortgeschrittenen Erwachsenenalter. Und wieviele Jahre zählt unsere eigene Mutter dann? Nicht dreißig, sondern häufig achtzig und mehr. Wir nehmen Abschied von *anderen* Menschen als das Mädchen bei Munch. (Vgl. hierzu das Buch von Barbara Dobrick mit dem aussagekräftigen Titel: Wenn die alten Eltern sterben. Das endgültige Ende der Kindheit. Stuttgart: Kreuz-Verlag 1989.)

Und wann bekommen wir zu spüren, was der Tod einer Schwester, eines Bruders bedeutet? Wenn wir es überhaupt je noch zu spüren bekommen, denn viele unter uns, die als Einzelkinder heranwuchsen, wissen längst nicht mehr aus eigener Erfahrung, was ein Bruder ist, was eine Schwester bedeutet. Edvard war vierzehn, als seine Schwester starb, und er kam ein Leben lang nicht über diesen Verlust hinweg, sondern hatte Jahre und Jahrzehnte an der traumatischen Erinnerung zu arbeiten.

So hat uns die enorme Zunahme von Lebensgewißheit während der jüngsten Vergangenheit, ausgedrückt durch eine doppelte und dreifache durchschnittliche Lebenserwartung bei der Geburt, nicht *nur* Gewinn eingetragen. Wir haben dadurch auch Verluste erlitten. Jeder möge nun selbst abwägen und entscheiden, was in der Kapitelüberschrift gefragt wurde: „Stillen und Entlausen früher – Kunstprodukte heute: *Was wurde gewonnen; was ging verloren?*"

7

Zusammenfassung und Aufgaben

Im abschließenden Kapitel lege ich dem Leser gleich eine ganze Reihe von Illustrationen vor (Abbildungen 19 bis 33). Bei den wenigsten von ihnen handelt es sich jedoch um eigentliche Bilder. Das ist kein Widerspruch zum Thema des Buches. Vielmehr folgt es dessen Absichten.

Wenn ein *Historiker* Bilder ansieht, dann tut er dies in einem bestimmten *Rahmen*. Nur so sieht er mehr und achtet grundsätzlich auf noch anderes als zum Beispiel Kunsthistoriker oder Museumsfachleute, aber auch auf anderes als der bloße Kunstliebhaber, dem der Bosch-Monographist Marijnissen neulich so erfrischend riet: „Stets aufs Neue und ausführlich besprochen von Autoren, die einander an Gelehrsamkeit überbieten, erweisen sich seine Bilder dennoch für den Kunstliebhaber, der nur Kunstliebhaber ist, als in höchstem Maße genießbar. So wie man Musik intensiv genießen kann, ohne auch nur eine einzige Note der Partitur entziffern zu können, kann man sich auch in Hieronymus Bosch vertiefen, ohne ein einziges Wort des gewaltigen Literatur-Korpus, der sich um den brabantischen Teufelsmaler gebildet hat, gelesen zu haben. Wenn man so will, kann man auf die Ikonologie und ihre gelehrten Auslegungen ruhig verzichten. Jeder Kunstliebhaber hat das Recht, die angebotene historische Information über Bosch beseite zu legen und die Gemälde rein als Kunstwerke zu erleben. Kunstfreund und Kunstwerk verhalten sich zueinander wie ein Liebespaar. Niemand darf sich da einmischen. Inwieweit die Beziehung auf einem Mißverständnis (oder Mißverständnissen) beruht, ist eine Frage, die der Kunstliebhaber vielleicht irgendwann mit seiner Desillusionierung bezahlen wird" (Marijnissen 1988, 7; im gleichen absichtlichen Sinne von ‚Seh-Vergnügen‘ entstand auch das ‚ZEIT-Museum der 100 Bilder. Bedeutende Autoren und Künstler stellen ihr liebstes Kunstwerk vor‘, vgl. Raddatz 1989).

So sehr ich mich einer solchen Ermutigung im Prinzip unumschränkt anschließe, habe ich mir in diesem Buch doch vorgenommen, Bilder als Historiker anzusehen. Ich will in der Zusammenfassung deshalb meinen Rahmen, in dem ich sie betrachte, nochmals klar umreißen. Dabei sollen die wichtigsten Punkte auch graphisch zum Ausdruck gebracht werden. Im Verlaufe der weiteren Ausführungen stößt der Leser dann jedoch auch immer wieder auf das eine oder andere *Bild*. Meine Erläuterungen dazu werden dort indes knapper ausfallen als in den vorangegangenen Kapiteln. Vielmehr möchte ich dem Leser jeweils die Aufgabe stellen, sich seine *eige-*

nen Gedanken zu machen. Wer erst einmal den *Rahmen* deutlich vor Augen hat und über die ihm gestellte Aufgabe klar Bescheid weiß, dem dürfte es dort wie anschließend anderswo leicht fallen, Dutzende von Bildern *selbst* anzuschauen, sie neu zu sehen, in diesen Rahmen einzuordnen und damit schließlich zu einer eigenen Gesamtschau zu gelangen. Die Hinweise zu sämtlichen Abbildungen werden stets ausführlich genug sein, um jeden interessierten Leser in die Lage zu versetzen, das jeweils angesprochene Thema selbständig weiter zu vertiefen.

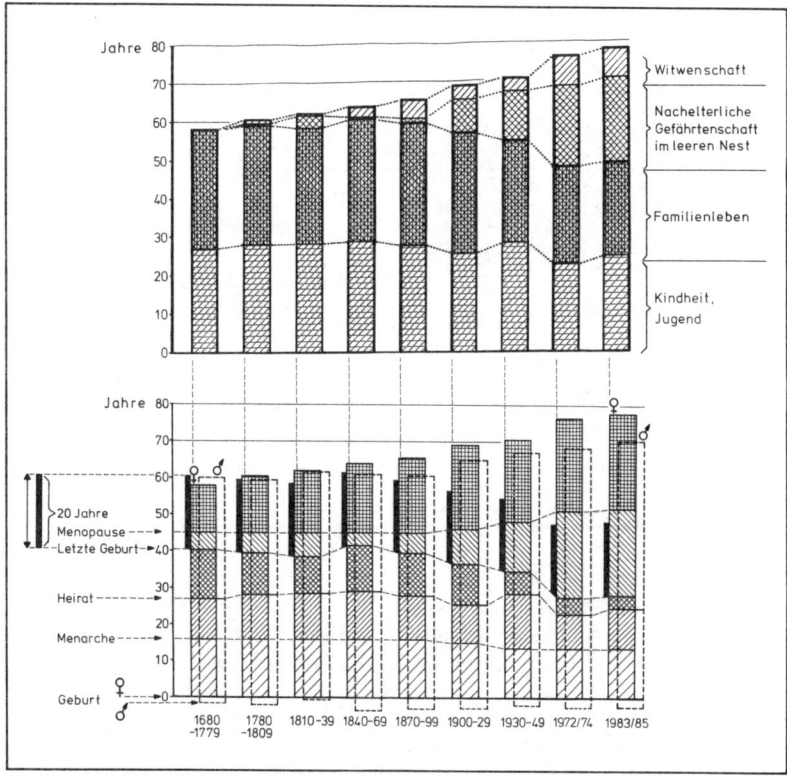

Abb. 19: Bio-demographische Lebenslauf-Gliederung verheirateter Paare in Deutschland 1680–1985.
Die Entwicklung während der letzten dreihundert Jahre führte zu zwei völlig neuen Lebensabschnitten. Beide haben ihre eigenen neue Probleme. Zum einen handelt es sich um eine inzwischen mehr als zwanzigjährige ‚nachelterliche Gefährtenschaft im leeren Nest‘, zum andern um eine Witwenschaft von mittlerweile fast zehn Jahren.

ZEIT-RAUM	1680-1779	1780-1809	1810-1839	1840-1869	1870-1899	1900-1929	1930-1949	1972-1974	1983-85
Gesamt-Lebenserwartung von Frauen im Alter von 25 Jahren:									
	58.0	60.6	62.0	64.2	65.8	68.9	70.4	76.5	79.0
Gesamt-Lebenserwartung von Männern im Alter von 25 Jahren:									
	60.0	61.4	62.2	64.5	63.6	67.7	68.8	70.9	72.8
Alter bei der Menarche in Jahren:									
	16	16	16	16	16	15	13.5	13.5	13.4
Alter von Frauen bei der Erst-Heirat in Jahren:									
	26.9	28.0	28.6	28.9	27.8	25.5	28.6	22.9	24.6
Alter von Männern bei der Erst-Heirat in Jahren:									
	28.5	29.8	29.0	32.5	30.7	28.3	30.4	25.6	27.2
Alter bei der ersten Geburt in Jahren:									
	28.3	29.3	30.0	30.1	28.8	26.7	30.1	24.7	26.2
Alter bei der letzten Geburt in Jahren:									
	40.2	39.5	38.5	41.3	39.6	36.5	34.8	27.4	28.2
Alter bei der Menopause in Jahren:									
	45	45	45	45	45	46	48	51	51.4
Alter beim 20. Geburtstag des letztgeborenen Kindes in Jahren:									
	60.2	59.5	58.5	61.3	59.6	56.5	54.8	47.3	48.2
Alter beim Tod des Mannes in Jahren:									
(+)	59.6	61.8	60.9	60.7	64.9	67.0	68.2	70.2	
Nachelterliche Gefährtenschaft im leeren Nest in Jahren:									
	-	0.1	3.3	-	1.1	8.4	12.2	20.9	22.0
Witwenzeit in Jahren:									
	-	1.0	0.2	3.3	5.1	4.0	3.4	8.3	8.8

Quellen: Für die Zeiträume von 1680–1779 bis 1972–74: Arthur E. Imhof: Die gewonnenen Jahre. München: Beck 1981, Tabelle 4, 164–166 (1972/74: 2-Kinder-Familie; es muß darauf hingewiesen werden, daß in jener Tabelle 4 die ‚Sterbealter‘ noch großenteils identisch mit ‚Lebenserwartung‘ gesetzt wurden; diese Angaben sind folglich nicht voll vergleichbar mit späteren eigenen Berechnungen [z.B. in Imhof und Mitarbeiter 1990: Lebenserwartungen in Deutschland, 17. bis 19. Jahrhundert] oder mit den Angaben heutiger Statistischer Ämter). Für 1983/85: Statistisches Jahrbuch 1987 für die Bundesrepublik Deutschland. Stuttgart: Kohlhammer 1987, 71, 76. – Daten des Gesundheitswesens, Ausgabe 1987 (= Schriftenreihe des Bundesministers für Jugend, Familie, Frauen und Gesundheit, Band 157). Stuttgart: Kohlhammer 1987, 30 (Alter der Mütter bei der ersten und letzten Geburt 1985; letzte Geburt: bei zwei Kindern). – R.H. Largo und A. Prader: Pubertal development in Swiss girls. In: Helvetica Paediatrica Acta 38, 1983, 229–243 (Alter bei der Menarche in der Schweiz, 1954–1980). – Rudolf Baumann und Hans-Dieter Tau-

Beginnen wir den Rahmen mit der Abbildung 19. Sie umfaßt die letzten dreihundert Jahre: von 1680 bis 1985. Neun Stapelpaare stehen nebeneinander. Darunter ist vermerkt, auf welchen Zeitraum sie sich beziehen. Die ausnahmsweise mitabgedruckte Tabelle enthält das zugrundeliegende Zahlenmaterial. Wir haben hier insgesamt eine Dokumentation dessen vor Augen, was ich im zweiten Kapitel als ‚Eintrittskarte‘ bezeichnete. Damit sind die *exakten Resultate* aus langwieriger Grundlagenforschung gemeint. Sie bilden überall die solide Basis.

Jedes Stapelpaar stellt die ‚bio-demographische Lebenslauf-Gliederung‘ eines ‚durchschnittlichen Ehepaares‘ aus dem jeweiligen Zeitraum dar. Da der Bräutigam normalerweise zwei bis drei Jahre älter war als die Braut – die Heiratsalter sind in der Tabelle vermerkt –, beginnt der ‚männliche‘, das heißt der gestrichelte und etwas nach rechts versetzte Stapel jeweils um entsprechend viele Jahre tiefer als der ‚weibliche‘. Die Stapel*längen* bezeichnen die Gesamtlebensspannen von Frauen und Männern in einem Alter von 25 Jahren. Ich wählte 25 Jahre deshalb, weil das dem durchschnittlichen Erstheiratsalter über die Jahrhunderte hinweg am nächsten kommt. Links ist jedem Stapelpaar ein kleiner schwarzer Balken hinzugefügt. Er beginnt bei der letzten Geburt der Frau und erstreckt sich über zwei Jahrzehnte. Folglich endet er beim zwanzigsten Geburtstag des letzten Kindes – oder anders gesagt, zum Zeitpunkt, zu dem die nächste Generation flügge war.

Wer Abbildung und Tabelle in einem Blick erfaßt, entdeckt darin Erstaunliches, wahrhaft *Rahmen*bildendes. So betrug etwa die Lebenserwartung heiratsfähiger Erwachsener zu allen Zeiten um die sechzig Jahre. Allerdings wurde unter unseren Vorfahren nur jeder zweite erwachsen. Rund ein Viertel aller Neugeborenen verstarb bereits im Säuglings-, ein weiteres Viertel im Kindesalter. Es brauchte ‚zwei Geburten für einen Erwachsenen‘. Sechzig Jahre reichten sodann gerade aus, um die nächste Generation lange genug zu betreuen, bis sie auf eigenen Füßen stehen konnte. Für die Bildung einer Großeltern-Generation waren aber selbst sechzig Jahre zu wenig. Entsprechend selten gab es ‚früher‘ Großfamilien, in denen mehrere Generationen gleichzeitig zusammenlebten. Wie hätte das bei einer so kurzen Lebenszeit

bert: Das klimakterische Syndrom: Pathogenese, Symptomatik und Diagnose. In: Deutsches Ärzteblatt 76,1, 1979, 572–574 (Alter bei der Menopause in Zentraleuropa, 1979).
Untersuchungsgebiete: 1680–1949: Lebenserwartung: Bevölkerung der Schwalm in Nordhessen, für das 19. und 20. Jahrhundert ergänzt durch amtliches Zensusmaterial; alle übrigen demographischen Angaben (mit Ausnahme der Alter bei Menarche und Menopause, die sich auf verschiedene Gebiete in Zentraleuropa beziehen): Bevölkerung der Gemeinde Gabelbach bei Augsburg in Bayern. – 1972–1985: Bundesrepublik Deutschland.

auch möglich sein sollen? ‚Heute' dagegen reichen fünfundsiebzig, achtzig oder noch mehr durchschnittliche Lebensjahre ohne weiteres aus, damit vier oder fünf Generationen zur gleichen Zeit leben können. Oder sie könnten dies zumindest, denn auch in unseren Tagen sind Mehr-Generationen-Großfamilien nicht so zahlreich, wie manche vielleicht vorschnell annehmen. Wer nämlich selbst nie Vater und nie Mutter wurde – was heute angesichts verbreiteter Ehe- und Kinderlosigkeit keine Seltenheit ist –, der wird selbstverständlich auch nie Großvater und nie Großmutter und demzufolge nie Ur- und nie Ururgroßvater- oder -großmutter. (Mit dieser paradoxen Thematik hat sich [die derzeitige Bundesfamilienministerin] Ursula Lehr schon 1983 und später immer wieder wissenschaftlich befaßt; vgl. Lehr-Schneider 1983; Lehr 1984.)

Aber auch abgesehen von den ‚früher' somit seltenen Mehr-Generationen-Großfamilien waren die viel häufigeren ‚Mann-Frau-Kinder-Kernfamilien' in aller Regel klein. Um dies zu verstehen, genügt erneut ein Blick auf die Abbildung. Das durchschnittliche Heiratsalter der Frauen um Mitte zwanzig einerseits und ihr durchschnittliches Alter bei der letzten Geburt mit knapp vierzig andererseits reichte gerade für sechs bis acht ‚erfolgreiche' Schwangerschaften. Von dem halben Dutzend lebend zur Welt gebrachten Kindern aber verstarb, wie wir bereits hörten, erfahrungsgemäß die Hälfte, bevor sie das Erwachsenenalter erreichte. Was übrig blieb, waren pro Familie somit zwei bis vier heranwachsende Menschen, mehr nicht. (In ähnlicher Weise hat Schelbert neulich in fünf Stapelpaaren die ‚bio-demographische Lebenslauf-Gliederung' ausgewählter Ehepaare in der Schweiz für den Zeitraum von 1670 bis 1769 dargestellt. Dabei gelangte er zu verblüffend ähnlichen Ergebnissen; vgl. Schelbert 1989, Abbildung 87, Seite 200; vgl. auch Zurfluh 1988.)

Wenn sich aber schon bei der Familiengröße zwischen ‚früher' und ‚heute' wenig Spektakuläres ereignete, so umso mehr in anderen Bereichen. Die Entwicklungen dort machen uns heute denn auch entschieden mehr zu schaffen. Um dem Leser hier die wichtigsten Abläufe vor Augen zu führen, habe ich der Abbildung 19 oben einen speziellen Teil hinzugefügt. Dort sehen wir, daß vor drei Jahrhunderten ein damals rund sechzigjähriges Leben eines erwachsen gewordenen und verheiratet gewesenen Menschen je etwa zur Hälfte aus Kindheit und Jugend einerseits und eigenem Familienleben andererseits bestand. Heute dagegen setzen sich unsere siebzig bis achtzig Jahre – sofern wir verheiratet sind und Kinder haben – aus drei Teilen zusammen: einem Drittel Kindheit und Jugend, einem Drittel Familienleben sowie einem völlig neuen, ‚früher' nicht existierenden Drittel. An dieses neue Drittel aber knüpft sich eine Fülle ebenso neuer und zuvor nicht existierender Probleme. Angefangen hat diese Entwicklung mit der zunehmenden Lebenserwartung Erwachsener während der dargestellten drei Jahrhunderte. Bei den Frauen verlief sie erheblich ausgeprägter als bei den Männern.

Die exakten Zahlen sind wiederum in der Tabelle vermerkt. Allein aus dieser geschlechtsspezifisch unterschiedlichen Entwicklung ergab sich inzwischen – in Kombination mit dem höheren Heiratsalter der Männer – eine durchschnittliche *Witwen*schaftsdauer von beinahe einem Jahrzehnt. Ein zweites Problem ist ebenso schwerwiegend: die sogenannte ‚nachelterliche Gefährtenschaft im leeren Nest'. Sie betrifft beide Geschlechter und beträgt inzwischen im Durchschnitt mehr als zwanzig Jahre!

Zwar könnte ich verstehen, wenn der Leser von einem Historiker nun erfahren möchte, *wieso* es zu dieser Entwicklung kam und welches die *Ursachen* der Lebenszunahme sowie der Auseinanderentwicklung zwischen den Geschlechtern waren. Ich nehme jedoch bewußt auf mich, den Leser hier zu enttäuschen und enthalte mich aller ursächlichen Erläuterungen. Ich brächte mich dadurch bloß um die meines Erachtens viel wichtigeren Früchte meiner Forschung und um das Ziel meiner Bemühungen, die ich mit diesem Buch verfolge, nämlich den *Leser zum Nachdenken über die Auswirkungen dieser langfristigen Entwicklungen anzuregen* – nicht aber sich bloß in deren umstrittene Ursachen zu verlieren. Ich betrachte es hier als meine Aufgabe aufzuzeigen, in welcher Weise sich die Dinge entwickelt haben und wo in dieser Entwicklung wir heute stehen, nicht aber, weshalb die Dinge das taten. Sache des Lesers ist es nach meinem Dafürhalten sodann, sich Rechenschaft darüber abzulegen, was wir (und unsere Vorfahren) da eigentlich gemacht haben, und ob wir uns dessen, was wir machten, voll bewußt sind, und ob wir die Konsequenzen daraus gezogen haben. Meines Erachtens ist dies noch nicht geschehen. (Wer sich *selbst* in das weite und kontrovers diskutierte Gebiet der Ursachen vertiefen möchte, greift mit Vorteil noch immer zu jenem gleichermaßen anregenden wie umstrittenen Buch, das wie kein zweites diese Diskussion in den letzten Jahren angeregt und befruchtet hat: Thomas McKeown: The role of medicine. Dream, mirage or nemesis? Oxford: Basil Blackwell 1979. – Es liegt auch in deutscher Übersetzung vor: Die Bedeutung der Medizin. Traum, Trugbild oder Nemesis? Frankfurt: Suhrkamp 1981. – Für eine umfassendere, weniger an historischen als an Dritte-Welt-Beispielen geschulte Sehweise vgl. aus dem letzten Kapitel die dort erwähnten Arbeiten von Caldwell et al. 1989 [Sensitization to illness and the risk of death] und Cleland-van Ginneken 1988 [Maternal education and child survival in developing countries: the search for pathways of influence]; beide mit ausführlichen weiteren Literaturhinweisen.)

Mit der Abbildung 20 versuche ich, noch augenfälliger zu machen, *wo* im Rahmen einer langfristigen Entwicklung wir *heute* stehen. Sie enthält zweimal in gleicher Anordnung die ‚Lebensuhr' einer verheirateten Frau und Mutter. Vor dreihundert Jahren betrug ihre Gesamtlebenserwartung zum Zeitpunkt der Heirat 58 Jahre. Heute sind es 79 Jahre. Diese Lebensspannen bilden in beiden Fällen ‚vierundzwanzig Stunden', nehmen also jeweils das gesamte Zifferblatt in Anspruch. ‚Früher' hatte die Frau bei Beginn ihrer

Ehe rund die Hälfte des Lebens hinter sich. Heute ist es nicht einmal ein Drittel. Kindheit und Jugend haben sich in diesem Zeitraum somit, relativ gesehen, stark verkürzt, die anderen Lebensphasen dagegen entsprechend ausgedehnt.

Die zuletzt getroffene Feststellung gilt allerdings nicht für die ‚fruchtbare Phase‘, genauer gesagt nicht für den davon *genutzten* Teil. In der heutigen ‚Lebensuhr‘ tritt er – bei einer oder höchstens zwei Schwangerschaften – kaum noch in Erscheinung. Noch gravierender sind die Konsequenzen hieraus. Seinerzeit hatte die Frau zwei Drittel ihres Lebens hinter sich, wenn sie zum letzten Mal einem Kind das Leben schenkte. Das verbleibende Drittel reichte gerade aus zur Aufzucht der nächsten Generation. Eine Witwenschaft war ‚früher‘ nicht vorprogrammiert, eine Phase von ‚nachelterlicher Gefährtenschaft im leeren Nest‘ ebenso wenig. Und auch Generationenprobleme gab es damals im Prinzip ‚natürlich‘ nicht. Die ältere Generation starb, wenn die jüngere flügge wurde und den Hof oder das Handwerk übernehmen konnte.

Wie sieht das heute aus? Heute, wo die letzte, oft einzige Geburt mit knapp dreißig erfolgt? Heute, wo eine erwachsene Frau mit einer Gesamtlebenserwartung von rund achtzig Jahren rechnen kann, ich betone *rechnen* kann? Heute, wo sie dreißig Jahre davon in einem leeren Nest zubringt, wovon wiederum die letzten zehn als Witwe? – Es fällt mir schwer, mich hier zurückzuhalten und nicht Fragen auf Fragen vor dem Leser aufzutürmen. Fragen wie: Sind diese vielen zusätzlichen Lebensjahre für die Frauen wirklich *gewonnene* Jahre? Sind es nicht einfach angehängte Jahre, sozusagen ‚Füllseljahre‘ bis zum unendlich weit hinausgeschobenen Tod?

Was eigentlich machen die Frauen (und die Männer) mit all diesen vorerst einmal einfach zusätzlichen Jahren? Wie gestalten sie die völlig neue Aufgabe, aus den ‚Füllseljahren‘ *erfüllte* Lebensjahre zu machen? Kein Leser drükke sich vor der Frage! Auf die eine oder andere Weise betrifft sie uns *alle*. ‚Früher‘, bei einer Erwachsenen-Lebenserwartung von sechzig Jahren, kannte man derartige Probleme nicht. Berufliche, elterliche, mütterliche, väterliche, hausfrauliche Pflichten erfüllten das Leben bis zum Rand, gaben ihm Sinn und Zweck bis zum letzten Atemzug. Leerlauf war nicht vorgesehen. – Ich *dränge den Leser*, sich diese Fragen nun *selbst* zurechtzulegen und sich *selbst* mit den damit verbundenen, noch keineswegs zufriedenstellend gelösten Problemen zu beschäftigen und auseinanderzusetzen. Und zwar so intensiv und so lange, bis ihm klar ist, wie sie sich entwickelten und *worin* sie genau *bestehen*.

Ein paar Gedankenanstöße allerdings möchte ich ihm noch mit auf den Weg geben. Es handelt sich dabei um die eigentlichen Grundstreben des eingangs erwähnten Rahmens, in dem wir weiter unten dann noch verschiedene Bilder ansehen wollen. Damit sich die zur Sprache kommenden Punkte besser einprägen, habe ich sie wiederum auch graphisch dargestellt (vgl. die

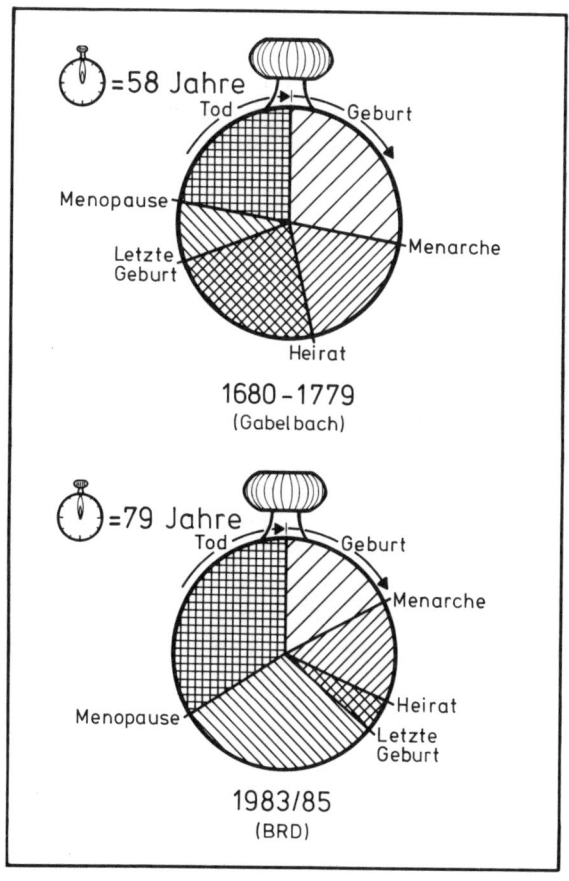

1680 – 1779
(Gabelbach)

1983/85
(BRD)

Abb. 20: Die ‚Lebensuhr' verheirateter Frauen in Deutschland, einerseits vor dreihundert Jahren, andererseits heute. Die Gesamtlebenserwartung im Alter von 25 Jahren (= +- Heiratsalters) gilt jeweils als ‚24 Stunden'. 1680–1779 waren das 58 Lebensjahre, 1983/85 dagegen 79 Jahre.

Quelle: Tabelle ‚Bio-demographische Lebenslauf-Gliederung verheirateter Paare in Deutschland 1680–1985', vgl. bei Abbildung 19.

Abbildungen 21–26). Überall geht es hierbei um *Konsequenzen* aus dem rapiden Anstieg unserer durchschnittlichen Lebensspanne im Verlaufe der letzten Generationen. (Über die diesbezügliche Zunahme unserer Lebensgewißheit zwischen 1680 und 1985 vgl. nochmals die neun Stapelpaare in Abbildung 19 sowie die exakten Zahlenangaben in der dazu gehörenden Tabelle.)

So macht die Abbildung 21 mit jeder wünschbaren Klarheit deutlich, daß jene Altersgruppe, die seit der zweiten Hälfte des 19. Jahrhunderts am stärksten anwuchs, keineswegs – wie von manchen vielleicht erwartet – die Menschen im Dritten Alter sind, sondern diejenigen im Vierten, also jenseits der 75, 80, 85. Betrachten wir die Zunahme von Personen, die sechzig Jahre und älter wurden, stellen wir in der Abbildung ganz oben bei Männern (links) wie Frauen (rechts) einen Anstieg um etwa das Zweieinhalbfache fest. Schauen wir dagegen in der Mitte und unten nach, wie es sich damit im Vierten Alter verhält, so ergibt sich bei den 80jährigen Männern eine Zunahme um das 5,8fache, bei den Frauen um das 7,9fache. Und bei den hochbetagten 85jährigen Männern beträgt der Zuwachs sogar das 8,6fache (unten links), bei den Frauen gar das 14fache (unten rechts)!

Die *Folge* dieser einhundertjährigen Entwicklung ist, daß wir mit den Problemen des *Dritten* Alters schon länger und deshalb auch besser vertraut sind, als dies mit denjenigen des Vierten der Fall ist. Ganz abgesehen davon, daß der Gesundheitszustand zwischen 60, 65 Jahren einerseits und 70, 75 andererseits heute im allgemeinen noch relativ gut ist, so haben sich die Angehörigen dieses Dritten Alters längst selbst organisiert und verschaffen sich Gehör ('Graue Panther'!). Sie tun etwas für sich und für andere; sie machen sich 'nützlich'. Salopp könnte man sagen: 'Sie sind beschäftigt'. Und wir anderen sind froh, daß dem so ist. Sie sind 'aktiv' und liegen somit auch als 'Ruheständler' noch voll im Trend dessen, was sie ein Leben lang geprägt und erfüllt oder auch betäubt hat: Aktivismus.

Anders verhält es sich im Vierten Alter. Dann läßt dieser Aktivismus bei vielen notgedrungen allmählich nach. Es schrumpft die Sehkraft, das Hörvermögen, die Bewegungsfreiheit, der Ausgehradius (um aus der Fülle von Literatur hierzu einzig zwei erzählerische Titel mit Erfahrungswert anzugeben, verweise ich auf die Bändchen von Vilma Sturm [Jahrgang 1912]: Alte Tage. München: Deutscher Taschenbuchverlag 1988, und von Marie Gattiker [Jahrgang 1906]: Wenn es hoch kommt sind es 100 Jahre. Erzählungen und Erinnerungen. Stäfa: Rothenhäusler 1989; vgl. ferner als 'Korrektiv' den Bericht von Raimund Hoghe „Es ist genug. Begegnung mit einer [85jährigen] Frau, die des langen Lebens müde ist", in: Die Zeit, Nr. 11 vom 9. März 1990, 94). Zwar wissen wir, daß auch dann noch viele Menschen 'aktiv' und nicht ständig auf Fremdhilfe angewiesen sind. Aber bei manch anderen ist das *nicht* der Fall. *Sie* sind es, die mir Sorgen bereiten – vor allem dann, wenn sie nicht darauf vorbereitet sind, selbst in jenen Jahren *trotz*

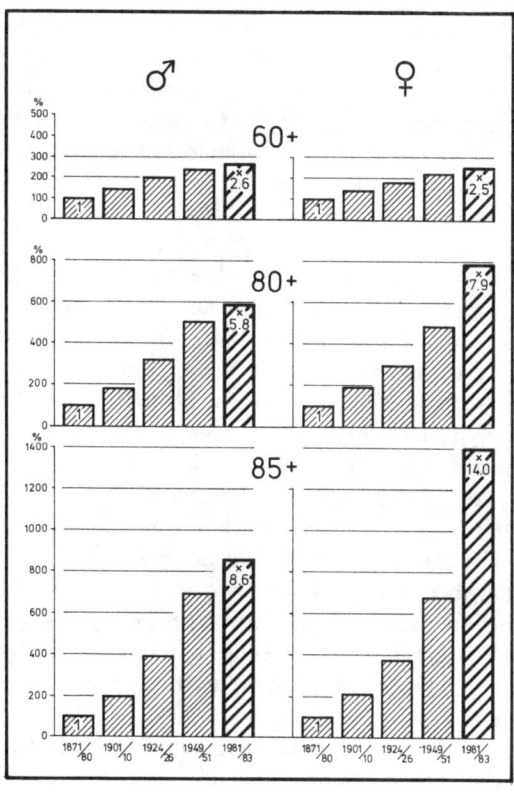

Abb. 21: Zunahme des Anteils 60-, 80- und 85jähriger Männer (links) und Frauen (rechts) in Deutschland zwischen 1871/80 und 1981/83 (nach dem Zweiten Weltkrieg in der Bundesrepublik). Angaben in Prozent des jeweiligen Wertes von 1871/80.

Während der Anteil 60jähriger Männer in diesem Zeitraum ‚nur‘ um 261,5% und der Frauen um 248,4% zugenommen hat, das heißt um das 2,6- beziehungsweise 2,5fache, stieg der Anteil 85jähriger Männer um 856,3%, derjenige der Frauen gar um 1395,5%, also um das 8,6- beziehungsweise das 14fache!

Quelle: Arthur E. Imhof: Die Lebenszeit. Vom aufgeschobenen Tod und von der Kunst des Lebens. München: Beck 1988, Abb. 67, S. 290 (hier etwas vereinfacht).

255

allem noch ein *erfülltes* Leben zu leben. Erinnern wir uns an die Abbildung 10 aus dem zweiten Kapitel? Erschrocken hatten wir dort das Ansteigen der Selbstmordraten mit zunehmendem Alter, insbesondere ab dem siebzigsten, bei Männern vor allem dem achtzigsten Lebensjahr zur Kenntnis genommen. Ich komme weiter unten im Zusammenhang mit der Abbildung 26 nochmals darauf zurück. (Interessierte seien bereits hier auf Schobert 1989 hingewiesen, der [Seite 36] von einem Suizid-„Altersgipfel ab 70 Jahren" spricht.)

Zuvor aber möchte ich anhand der Abbildungen 22 bis 25 zwei andere Dinge in Erinnerung zurückrufen, auf die ich im Verlaufe der früheren Kapitel wiederholt zu sprechen kam. Beide seien an dieser Stelle unterstrichen. Zum einen wurde immer wieder betont, daß wir in Europa hinsichtlich des Wandels ‚von der unsicheren zur sicheren Lebenszeit' nur an vorderster Stelle einer jahrhunderteübergreifenden weltweiten Entwicklung stünden. (Zur ‚europäischen Bevölkerung' zähle ich hier auch die europäischstämmigen Völker Nordamerikas, Australiens und Neuseelands.) Andere auf der Welt folgen uns in dieser Entwicklung mit kleinerem oder größerem Zeitverzug nach. Abzulesen ist dies an der jeweiligen durchschnittlichen Lebenserwartung bei der Geburt. Bis vor kurzem hatten wir in Europa dabei die weitaus meisten Lebensjahre zu erwarten. Inzwischen wurden wir von einem asiatischen Land nicht nur eingeholt, sondern überholt. Seit dem Beginn der 1980er Jahre weist Japan das weltweit höchste durchschnittliche Sterbealter auf.

Die Abbildung 22 macht nun deutlich, daß es sich bei den Angaben zur durchschnittlichen Lebenserwartung bei der Geburt nur um *einen* Aspekt im Rahmen der Entwicklung ‚von der unsicheren zur sicheren Lebenszeit' handelt. Sie stellen sozusagen deren gerne gezeigte, weil beeindruckend blendende ‚Schaufassade' dar. Untrennbar damit verbunden sind jedoch *weitere Aspekte*. Sie gehören genauso zur ‚unsicheren' oder ‚sicheren Lebenszeit' wie das durchschnittliche niedrige oder hohe Sterbealter. Auf die unterschiedlichsten Folgen, die sich zwangsläufig hieraus ergeben, war Japan *nicht* vorbereitet. Zum einen schon deshalb nicht, weil die gesamte Entwicklung ‚von der unsicheren zur sicheren Lebenszeit' im Vergleich zu Europa dort viel rascher, beinahe explosionsartig verlief; zum anderen nicht, weil der blendende Aspekt die unweigerlichen *Folgen* der Entwicklung allzu lange in den Hintergrund drängte und sie im Schatten beließ.

Aus der Abbildung geht oben links eindeutig hervor, daß die fernöstliche Insel bis nach dem Zweiten Weltkrieg die Lebenserwartung eines Entwicklungslandes aufwies, das heißt bei der Geburt im Durchschnitt nicht einmal fünfzig Jahre. In Deutschland lag dieser Zustand damals bereits ein halbes Jahrhundert zurück (vgl. oben rechts den Stand der Kurven bei uns 1901/ 1910; vgl. hierzu ferner eine Zusammenstellung bei Vallin 1988 mit der Lebenserwartung in verschiedenen europäischen Ländern am Vorabend des

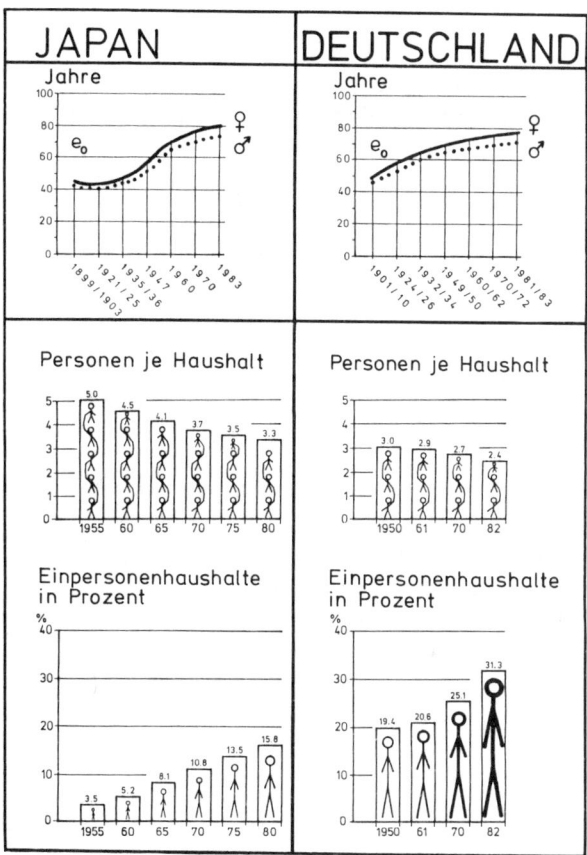

Abb. 22: Von oben nach unten: Zunahme der Lebenserwartung bei der Geburt für Frauen und Männer in Japan 1899–1983 (links) und in Deutschland 1901–1983 (rechts, nach dem Zweiten Weltkrieg in der Bundesrepublik), sowie schrumpfende Anzahl Personen je Haushalt und steigende Anzahl Einzelpersonen-Haushalte in den beiden Ländern 1955–1980 (Japan) beziehungsweise 1950–1982 (Bundesrepublik).
Zu Beginn unseres Jahrhunderts war die Lebenserwartung in beiden Ländern ähnlich niedrig; heute ist sie in beiden ähnlich hoch. Während jedoch die Zunahme in Deutschland vor allem in den ersten Jahrzehnten stark anstieg und dann abflachte, erlebte Japan besonders in den Jahren nach dem Zweiten Weltkrieg eine fast explosionsartige Zunahme. Über die möglichen Folgen handelt der anschließend angeführte Artikel ausführlich. Man beachte den Titel!

Quelle: Is Japan following Europe towards a society of singles? Possible impacts of the rapid increase in life expectancy on Japanese social structure – As seen by a European historical-demographer. In: Keio Economic Studies 23, 1986, Abb. 1 und 4, S. 24–25 und S. 40–41 (hier vereinfacht dargestellt).

Ersten Weltkrieges, Tabelle 1, Seite 13). Im kurzen Zeitraum zwischen 1947 und 1983 nahm die durchschnittliche Lebensspanne in Japan dermaßen rasant zu, daß das Land inzwischen die ganze Welt hinter sich gelassen hat. Japanische Frauen können bei ihrer Geburt mit durchschnittlich mehr als 80 Lebensjahren rechnen. Das ist etwas völlig Einmaliges, Unerhörtes, noch nie und nirgendwo Dagewesenes!

Rechts davon ist deutlich erkennbar, wie dieselbe Entwicklung bei uns wesentlich langsamer verlief. Dadurch erhielten wir mehr Zeit für eine allmähliche und insgesamt weniger überstürzte ‚Anpassung‘. Aufgrund unserer gemachten Erfahrungen hätten wir den Japanern voraussagen können, welche *Folgen* ihre Entwicklung unweigerlich für sie mit sich bringen mußte: nämlich parallel zur steigenden Lebenserwartung eine zunehmende Lockerung alter, ehedem erzwungener, weil lebensnotwendiger Gemeinschaftsbande. Als die durchschnittliche Lebensspanne Neugeborener auch bei uns bis in die zweite Hälfte des 19. Jahrhunderts hinein noch nicht größer als in heutigen Entwicklungsländern war, konnte man schlechterdings nicht auf sich allein gestellt durchs Leben gehen. Die auf die eine oder andere Weise stets zum Zuge kommenden Auswirkungen von ‚Pest, Hunger und Krieg‘ ließen das nicht zu. Die Sicherheit jeglichen menschlichen Lebens war zu gering, zu brüchig. Das Resultat hiervon schlug sich in der niedrigen durchschnittlichen Lebenserwartung bei der Geburt nieder.

Jeder Mensch *mußte* seinerzeit aus puren Überlebensgründen einer *Gemeinschaft* angehören. Derlei Gemeinschaften gab es in vielfältiger Form: Familiengemeinschaften, Haushaltsgemeinschaften, Hofgemeinschaften, Klostergemeinschaften, Zunftgemeinschaften, Künstlergemeinschaften, Verbrüderungsgemeinschaften, Soldatengemeinschaften, Dorfgemeinschaften, Talgemeinschaften, auch Diebesgemeinschaften, Dirnengemeinschaften, Verbrechergemeinschaften. Jede dieser Gemeinschaften bildete für sich ein Zentrum relativer Stabilität und versprach dadurch eine gewisse Lebenssicherheit. In ihr überlebte es sich leichter. Sie hatte eher und länger Bestand als das einzelne Individuum. Ein Kloster existierte auch dann noch, wenn einzelne seiner Insassen mit dreißig oder vierzig Jahren einer Seuche zum Opfer fielen. Ein Bauernhof verschwand nicht deswegen vom Erdboden, weil die Bäuerin ihre zweite Niederkunft Ende zwanzig oder Anfang dreißig nicht überlebte. Ein Dorf oder eine Stadt mochte zwar durch Feuer oder Bombardierungen großenteils in Schutt und Asche gelegt worden sein, doch gemeinsam schaffte man den Wiederaufbau (selbst noch im Anschluß an den Zweiten Weltkrieg, wie unzählige Beispiele aus Europa, aber auch Hiroshima und Nagasaki belegen!).

Wohlgemerkt: ich sage nicht, daß es sich bei diesen Gemeinschaften um ‚gute Gemeinschaften‘ gehandelt habe. Im Gegenteil kann man sich vorstellen, daß es viele schlechte Gemeinschaften darunter gab, denn die Zugehörigkeit war nicht freiwillig. Sie erfolgte aus Überlebens*zwang*. Wir haben

somit auch keinen Grund, nostalgisch in jene Vergangenheit zurückzublik-
ken. Überspitzt formuliert könnte man von der ‚Zeit der schlechten alten
Gemeinschaften' sprechen. Die Abbildung 33 wird am Ende des Kapitels
nochmals auf dieses Thema zurücklenken.

Man kann zudem davon ausgehen, daß jene ‚Gemeinschaften', nach denen sich heute manche in Unkenntnis historischer Sachverhalte zurücksehnen,
umgehend wiederkehren würden, falls wir jemals erneut ‚Pest, Hunger
und Krieg'-Zustände haben sollten. Wie aus der Abbildung 15 erinnerlich,
leben wir derzeit in einem Glashaus, in einer ‚unnatürlichen' ‚Pest, Hunger
und Krieg'-freien Zeit, und keiner werfe den ersten Stein! Wer Nachhilfeunterricht benötigt, braucht sich bloß in Ländern außerhalb der Ersten Welt
umzusehen. Nicht überall hält das Glashausdach fast hundertprozentig
dicht wie bei uns derzeit. ‚Pest, Hunger und Krieg' *sind nicht* ausgerottet.
Nur bei uns gibt es sie derzeit nicht. Millionen anderer Menschen anderswo
auf der Welt sind noch immer auf das Zusammenleben und damit das
Überleben in Gemeinschaften angewiesen; wir allein sind es erstmals nicht
mehr. Im Verlaufe unseres Jahrhunderts haben wir, wie in der Abbildung 22
oben rechts ersichtlich, die zuvor auch hierzulande vorhandenen ‚Dritte-
Welt-Bedingungen' allmählich überwunden. Der vorzeitige Tod an vielen
Infektionskrankheiten ging zurück; es kam nicht länger zu großen Hunger-
katastrophen. Und seit dem Ende des Zweiten Weltkrieges kennen wir in
Europa auch diese Geißel nicht mehr. Zug um Zug hat damit die Sicherheit
unseres biologischen Lebens zugenommen. Das durchschnittliche Sterbealter stieg und bündelte sich auf immer höherer Ebene.

Und welches sind die *Folgen* dieser ‚Pest, Hunger und Krieg'-freien Zeit?
Wir finden sie in den mittleren und unteren Graphikteilen der Abbildung 22
zum Ausdruck gebracht. Da wir um des puren Überlebens willen nicht
länger einer ‚Gemeinschaft' angehören müssen, können wir uns selbst, das
heißt unser EGO ins Zentrum all unseren Denkens und Handelns rücken.
Wir überleben trotzdem, und zwar ganz gut. Nicht mehr eine Zwangs-‚Gemeinschaft', sondern die moderne arbeitsteilige ‚Gesellschaft' hält für uns
alles bereit, was wir so zum Leben und Überleben brauchen. ‚Gesellschaft'
meint, eine nur noch lose mit- und untereinander durch verschiedenste par-
tielle Zweckbündnisse und unterschiedlichste Interessen verknüpfte Anzahl
Menschen. Längst erstreckt sich das ‚gesellschaftliche' Dienstleistungsange-
bot auch auf Bereiche wie Bildung, Reisen, Unterhaltung, Entspannung,
Vergnügen, selbst Reparatur der Gesundheit, Body-Building, Face-Lifting,
Hair-Styling, Pedicure, bis hin zu der im voraus möglichen Bezahlung unserer eigenen Beerdigung, Kremation oder Seebestattung. Und wichtig ist,
damit das ganze System auch dauernd funktioniert: wir können uns dies
leisten, alles – oder doch fast alles, und zwar alle – oder doch fast alle.

Unter den obwaltenden Umständen nutzt in der Tat eine wachsende Zahl
von Mitmenschen diese Möglichkeiten. Sie gehen *allein*, als einzelne EGOs

durchs Leben. Die mittleren und unteren Graphikteile von Abbildung 22 geben nur zwei besonders leicht meßbare Aspekte dieser Entwicklung wieder: einerseits die stetig schrumpfende Zahl von Personen pro Haushalt, andererseits die kontinuierlich wachsende Zahl von Haushalten, die aus einer einzigen Person bestehen. Noch 1950 gehörte nur jeder fünfte Haushalt (19,4%) in der Bundesrepublik Deutschland zu dieser Kategorie. 1970 war es bereits jeder vierte (25,1%), 1982 schon jeder dritte (31,3%).

Wie nun aus den entsprechenden Teilgraphiken links ersichtlich wird, folgt uns Japan in dieser Entwicklung getreulich nach. Parallel zur zunehmenden Lebenserwartung, das heißt zur steigenden Lebensgewißheit zeigt sich auch dort dieselbe Erscheinung von den erzwungenen alten ‚Gemeinschaften‘ zu den nur noch locker untereinander verbundenen Menschen in ‚Gesellschaft‘. Was hierbei besonders aufhorchen läßt: wir befinden uns in Japan – also in einem *asiatischen* Land mit dort angeblich besonders ‚stark ausgeprägten familiären Banden‘. Ein frommer Wunsch dort lebender Menschen? Die Wirklichkeit jedenfalls ist es nicht. Vielmehr sehen wir in Abbildung 22 auf der linken Seite die in Japan genauso schrumpfende Anzahl von Personen pro Haushalt und die dort genauso zunehmende Zahl von Einpersonenhaushalten. Gegenwärtig folgen uns die fernöstlichen Inselbewohner in beiderlei Hinsicht mit einem Zeitverzug von etwa dreißig Jahren. Die Entwicklung war bei ihnen 1980 an einem Punkt angelangt, den wir bei uns um 1950 kannten. Händeringend und fast hilflos fragen sie uns, wie sie die hieraus resultierenden Probleme lösen sollten. Wir hätten sie bei uns doch schon länger und deshalb inzwischen wohl gelöst. – Daß wir die Probleme schon länger haben: wer wollte es verneinen? Daß wir sie deshalb aber auch längst gelöst hätten? Dies, so fürchte ich, trifft nicht zu.

In unseren größeren Städten spitzten und spitzen sich die Probleme besonders zu. Während in der Bundesrepublik 1982 insgesamt ‚nur‘ ein Drittel aller Haushalte zur Kategorie der Einpersonenhaushalte gehörte, waren es in Hamburg damals bereits 40,6 Prozent und in Berlin (West) sogar 52,3 Prozent (52,3% aller *Haushalte, nicht* aller Einwohner). Der Leser hat sich nicht verlesen und ich habe mich nicht verschrieben! *Mehr als die Hälfte* aller Haushalte in Berlin bestand 1982 nur noch aus einer einzigen Person! Neben Tausenden anderer Berlinbewohner gehöre auch ich zu ihnen. Allerdings repräsentiere ich somit, da wir ja mehr als fünfzig Prozent ausmachen, die Mehrheit aller Haushalte! Selbst wenn man eine Aufteilung dieser alleinlebenden Menschen nach Altersgruppen und Geschlecht vornimmt, wie ich es in der Abbildung 23 getan habe, stellt man fest, daß es sich hierbei keineswegs um ein Berlin-spezifisches Problem ‚älterer Kriegerwitwen‘ handelt, wie man gelegentlich noch immer hören kann. Auch in jüngeren Altersgruppen leben zahlreiche Männer und Frauen in Berlin allein, davon viele aus Überzeugung und aus freien Stücken.

Ich werde mich hüten, diesbezüglich hier oder im folgenden zu moralisie-

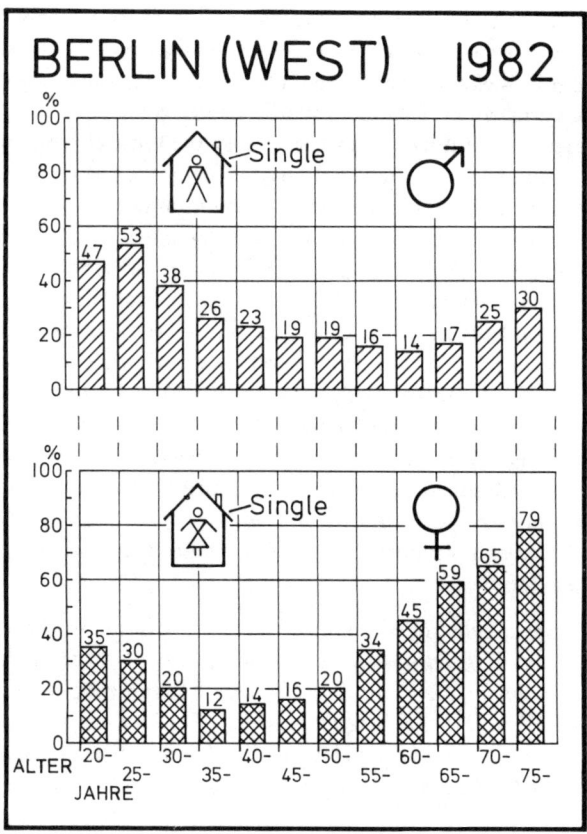

Abb. 23: Einzelpersonen-Haushalte in Berlin (West) 1982 nach Altersgruppen und Geschlecht (oben: Männer, unten: Frauen). Die Prozentangaben betreffen die in jeder Gruppe allein lebenden Menschen. – Selbst in Berlin ist ein hoher Prozentsatz von Einzelpersonen-Haushalten keineswegs nur ein Phänomen verwitweter Frauen fortgeschrittenen Alters (bejahrte ‚Kriegerwitwen‘).

Quelle: Karl Schwarz: Die Haushalte und Familien in Hamburg, Bremen und Berlin (West) im Vergleich zu denen des gesamten Bundesgebiets. In: Berliner Statistik 41, 1987, Tab. 4 [= „Alleinlebende Männer und Frauen in Berlin (West) im April 1982 nach dem Alter in Prozent„], S. 100. – Vgl. außerdem zahlreiche weitere Arbeiten des gleichen Autors zum selben Thema vor allem in der ‚Zeitschrift für Bevölkerungswissenschaft‘. Professor Karl Schwarz ist ehemaliger Direktor des Bundesinstituts für Bevölkerungsforschung in Wiesbaden und verfügt stets über die neuesten Zahlenangaben.

ren. Vielmehr unterstreiche ich von neuem, daß es meine Aufgabe als Historiker ist, zu zeigen, wo wir heute stehen und weshalb wir da stehen, wo wir es tun. Weder ist meine Aufgabe, die Entwicklung zu beklagen, noch gar den Zustand zu verurteilen. Außerdem würde Lamentieren auch gar nichts ändern und niemandem nützen. Besser scheint mir, Entwicklung und Ist-Zustand zur Kenntnis zu nehmen und anschließend das beste daraus zu machen. Auch darauf werde ich nochmals zurückkommen.

Was Japan betrifft, haben wir wenig Veranlassung, den dortigen Inselbewohnern vorzuwerfen, sie hätten die Folgen ihrer rasanten Entwicklung nicht rechtzeitig bedacht und sich allzu lange an das Axiom der in Asien angeblich besonders stark ausgeprägten familiären Bande geklammert. Glauben denn nicht auch bei uns selbst heute noch viele allen Ernstes an ähnliche Axiome? An dieser Stelle trete ich für einmal aus meiner Reserve heraus und formuliere mit aller Schärfe, wie sich für mich als Sozialhistoriker und Historiker-Demograph einer dieser hierzulande noch weiterum hochgehaltenen Glaubenssätze ausnimmt. Dabei spielt keine Rolle, ob mir das Ergebnis meiner Überlegungen paßt oder nicht.

Aufgrund meiner Forschungen der letzten Jahre behaupte ich, und zwar bewußt provokativ:

Der Mensch ist gar kein ‚soziales Wesen‘, wie wir das bisher so lange glaubten. Er war bloß über all die Jahrhunderte und Jahrtausende bei uns und heute noch anderswo gezwungen, die Rolle eines ‚sozialen Wesens‘ zu spielen. Fallen die lebensbedrohlichen ‚Pest, Hunger und Krieg‘-Zustände weg – etwas historisch wie weltweit ganz und gar Ungewöhnliches und Einmaliges –, streifen mehr und mehr Menschen diese Rolle ab und gehen als Einzelgänger durchs Leben.

Wenn wir nach dieser – zuerst gewiß schockierenden – Erkenntnis ins Grübeln verfallen und uns daraufhin hilfesuchend umsehen, wo wir denn etwa in der wissenschaftlichen Literatur auf die Behauptung stoßen könnten, der Mensch sei ein a priori ‚soziales Wesen‘, dann werden wir zum Beispiel in Standardwerken zur Verhaltensbiologie fündig. Ein renommierter Vertreter dieses Faches, Professor Dierk Franck von der Universität Hamburg, begründet die Tatsache, daß „die verhaltensbiologische Tierforschung eine der populärsten biologischen Forschungsrichtungen" geworden sei, auf folgende Weise: „Da der Mensch selbst ein soziales Wesen ist, stand das soziale Verhalten der Tiere von jeher im Zentrum des Interesses. Denn Einsichten in das Wesen von Tieren helfen uns, auch unser eigenes Wesen besser zu verstehen" (Franck et al. 1988, 7). Meine Antwort hierauf lautet: „Einverstanden – nur …".

Bevor ich auf mein einschränkendes ‚nur‘ zu sprechen komme, räume ich ohne weiteres ein, daß ich in den letzten Jahren viel aus den Werken der Verhaltensbiologen gelernt habe. Ich kann deshalb den Leser nur ermuntern, das gleiche selbst auch zu tun (vgl. am Ende des Kapitels die Hinweise auf Franck 1985, Franck et al. 1988; vgl. ferner, vor allem auch zum Einstieg in die Soziobiologie: Borgerhoff 1987, Dickemann 1985, Flinn 1982, Gray 1985, Hinde 1987, Johnson-Earle 1987, Kinzey 1987, Meyer 1982). Schließlich ist es das Hauptanliegen der Verhaltensbiologie – die sich auch vergleichende Verhaltensforschung oder Ethologie nennt –, tierisches und weiterführend eben auch menschliches Verhalten aus biologischer Sicht und mit biologischen Methoden zu erforschen und zu erklären. Dabei steht im Zentrum, das Verhalten als eine Anpassungsleistung an die natürliche Umwelt zu begreifen. Es geht also darum zu erfahren, wie sich Tiere unter natürlichen Bedingungen verhalten, das heißt unter Bedingungen, an die ihr Verhalten im Laufe der Zeit entwicklungsmäßig angepaßt wurde (Franck 1985, 1; vgl. ferner die gesamten Kapitel [III-] 4: „Evolution des Sozialverhaltens" und [III-] 5: „Biologische und kulturelle Evolution des menschlichen Verhaltens", a. a. O., 161–210, 210–222). Vor diesem Hintergrund bringt das ‚soziale Verhalten', das heißt das Zusammenleben von Artgenossen in Gemeinschaften, den Tieren tatsächlich eine Reihe von augenfälligen Vorteilen. Ich führe drei wesentliche an:

– *Erstens* die Gefahrenvermeidung: Viele Tiere sind in Gruppen besser vor Feinden geschützt als einzeln. Eine Gefahr kann schneller erkannt und Feinde gemeinsam wirkungsvoller angegriffen oder/und abgewehrt werden.

– *Zweitens* der Nahrungserwerb: Der Erwerb von Nahrung oder das Auffinden von Wasserstellen kann im sozialen Verband erleichtert und verbessert werden.

– *Drittens* das soziale Lernen: Ein wichtiger Vorteil der sozialen Organisation besteht in der Möglichkeit, daß junge Tiere von den Erfahrungen der älteren profitieren, so zum Beispiel bei der Vermeidung von Gefahren oder dem Nahrungserwerb beziehungsweise dem Auffinden von Wasserstellen (Franck 1985, 161–162).

Diese knappen Hinweise dürften genügen, um dem Leser mein „Einverstanden – nur ..." einsichtiger zu machen. ‚Einverstanden' bin ich so lange, wie die Lebens- und Überlebensbedingungen von und für uns Menschen mit den Lebens- und Überlebensbedingungen in der Tierwelt ‚unter natürlichen Bedingungen' im großen ganzen übereinstimm(t)en. Das taten sie während Jahrhunderten und Jahrtausenden. Und sie tun es bis zu einem gewissen Grad noch heute vielerorts auf der Welt, überall dort nämlich und so lange, wie es den lebensbedrohlichen ‚Pest, Hunger und Krieg'-Zustand gab und gibt. Das war bei uns in der Geschichte (bis zum Zweiten Weltkrieg) die Regel und ist es anderswo noch stets.

Bei uns aber leben wir heute keineswegs länger ‚unter natürlichen Bedingungen'. Um die Einzigartigkeit unserer künstlichen Situation für einmal zu konterkarieren, drehe ich den Spieß um und frage im Hinblick auf welche

Tierpopulation auch immer, wo in der Tierwelt denn rund um die Uhr Arztpraxen und Notaufnahmekliniken zur Verfügung stehen (wie bei und für uns Menschen)? Wo in der Tierwelt es politische, zwischenstaatliche, juristische, gesetzlich-verfassungsmäßige Übereinkünfte gibt, die den Ausbruch von Feindseligkeiten verhindern (wie bei und für uns Menschen)? Wo in der Tierwelt überquellende Supermärkte für eine quantitativ und qualitativ andauernd genügende und ausgewogene Ernährung sorgen (wie bei und für uns Menschen)? Und wenn dem allem schon so wäre: wo in der Tierwelt könnte es sich denn eine Mehrzahl von Tieren ‚leisten‘, all das Angebotene tatsächlich auch zu nutzen (wie wir Menschen hier bei uns)?

Muß man es wirklich so drastisch und überspitzt formulieren, um den Unterschied zwischen unserem einmaligen, künstlichen Zustand und dem (in des Wortes eigentlichem Sinn) *natürlichen* Zustand in der Tierwelt klar zu machen? Gewiß können wir jederzeit aus unserer Glashaus-Atmosphäre ausbrechen. Sie ist brüchig genug. Sogleich würden auch wir uns wieder in ‚soziale Wesen‘ rückverwandeln und aus überlebensstrategischen Gründen wiederum ein ‚soziales Verhalten‘ an den Tag legen, so wie dies eben auch die Tiere zu ihrem jeweiligen eigenen Vorteil und zur Erhöhung ihrer Überlebenschancen tun, und wie es unsere Vorfahren während Generationen und Abergenerationen taten. Ob es mir gefällt oder nicht: ich habe die Ergebnisse meiner eigenen Forschungen ebenso *unvoreingenommen* wie *unerbittlich* zur Kenntnis zu nehmen und ersuche auch andere dringend darum, dasselbe zu tun. Diesmal sind es die Forschungsergebnisse einer mehrere Jahrhunderte umfassenden und bis zur Jetztzeit vorstoßenden Historischen Demographie und Sozialgeschichte.

Japan ist kein Sonderfall! Die Situation hat sich dort nur besonders zugespitzt, weil die Entwicklung ‚von der unsicheren zur sicheren Lebenszeit‘ und die damit verbundene Entwicklung vom einstigen Zusammenleben in ‚Gemeinschaft‘ zum jetztigen Zusammenleben in ‚Gesellschaft‘ innerhalb kürzester Zeit vor sich ging (mit einer entsprechend explosionsartigen Zunahme diesbezüglicher Studien in den 1970er und frühen 80er Jahren, vgl. die 231seitige [!] Bibliographie von Linhart/Wöss 1984; vgl. bei Interesse auch meinen Aufsatz aufgrund eines längeren Forschungsaufenthalts: „Individualismus und Lebenserwartung in Japan" in: Leviathan 14, 1986, 361–391). Längst sind dieselben Tendenzen jedoch auch in zahlreichen anderen Staaten auf der Welt, vor allem in sogenannten Schwellenländern deutlich sichtbar. Als Beispiel zeige ich in den Graphiken 24 und 25 die Entwicklung in Brasilien. Die Verhältnisse sind mir dort nicht ganz so fremd, weil ich seit 1984 im Zweijahresturnus an einigen Universitäten über diese Thematik zu lehren habe. Beide Abbildungen sind an Ort und Stelle mit Doktoranden erarbeitet und mit Kollegen diskutiert worden.

Als erstes stellen wir in der oberen Hälfte von Abbildung 24 fest, daß sich die Lebenserwartung während der letzten vierzig, fünfzig Jahre auch in

Brasilien vom Stand eines Entwicklungslandes weit entfernt hat. Lag sie, hier anhand der Zahlen für den Gliedstaat São Paulo aufgezeigt, noch 1940 bei bloß 44,3 Jahren für Männer und bei 46,7 für Frauen, so waren es 1983 64,3 für Männer und 72,0 für Frauen. Dieses Niveau wies die Bundesrepublik Deutschland um 1950 auf, hießen die Zahlen bei uns damals doch 64,6 Jahre für Männer und 68,5 für Frauen. Bis zum Jahrfünft 2020/2025 sollen es gemäß den offiziellen Veröffentlichungen des Brasilianischen Statistischen Bundesamtes bezogen auf die gesamte Bevölkerung des Landes 69,1 Jahre für die Männer und 75,3 Jahre für die Frauen sein. ‚Offiziell‘ ist mir hier deswegen wichtig zu vermerken, weil dadurch dokumentiert wird, daß nicht Außenstehende, zum Beispiel wir Europäer, den Brasilianern nahelegen, sie sollten uns in der Entwicklung ‚von der unsicheren zur sicheren Lebenszeit‘ nachfolgen. Vielmehr streben sie dieses Ziel *selbst* an – und handeln sich dadurch selbstverständlich auch die damit verbundenen Folgen, schärfer gefaßt: die unweigerlich damit verbundenen Probleme ein! Ob ihnen das klar ist? Den Japanern war es das bei ihrer eigenen Entwicklung *nicht.*

Wer hier meint, es sei doch ganz natürlich, daß auch die Brasilianer sich „ein möglichst langes Leben" wünschten, der muß sich sagen lassen, daß keineswegs überall auf der Welt „möglichst viele Jahre auf Erden" das oberste Ziel allen Strebens und Handelns sind. In Australien zum Beispiel leben die Ureinwohner im Durchschnitt nicht aufgrund diskriminierender Apartheid zwanzig Jahre weniger lang als die weiße Bevölkerung, sondern weil sie (unter anderem) andere Werte höher setzen. Haben wir uns erst einmal von ihrer schockierend vorwurfsvollen Frage erholt: „Was sollen wir eigentlich mit Euren achtzig Lebensjahren anfangen, wo Ihr es schon selbst so häufig nicht wißt! Wir wollen sie gar nicht!", beginnt es auch in uns zu bohren. Wir fangen an, uns zu überlegen, ob wir wirklich auf dem richtigen Wege seien, immer noch mehr Jahre bloß um der Jahre willen aufeinanderzuhäufen (vgl. bei Interesse meinen Forschungsbericht: „Der vorzeitige Tod in Australien und Neuseeland – kein Mysterium, sondern ein Anlaß zum Nachdenken" in der Zeitschrift für Bevölkerungswissenschaft 12, 1986, 53–97).

An dieser Stelle will ich auf zwei Dinge hinweisen und den Leser zum Nachdenken darüber einladen. Zum einen geht es um den Inhalt von Abbildung 24 unten, zum anderen um die Abbildung 25. Wie aus der Graphik 24 insgesamt hervorgeht, hatte die Lebenserwartung von Männern im Staate São Paulo zwischen 1940 und 1983 um 20,0 Jahre zugenommen, diejenige von Frauen um 25,3 Jahre. Davon entfielen bei den Männern auf den letzten Zeitraum 1975–1983 5,1 Jahre und bei den Frauen 5,6 Jahre. Ich brauche hier nicht näher darauf einzugehen, welch ungeheurer Aufwand notwendig gewesen sein muß, um ein solches Ergebnis zu erzielen – und welche ebenso ungeheuren Anstrengungen notwendig sein werden, um bis zum Jahrfünft

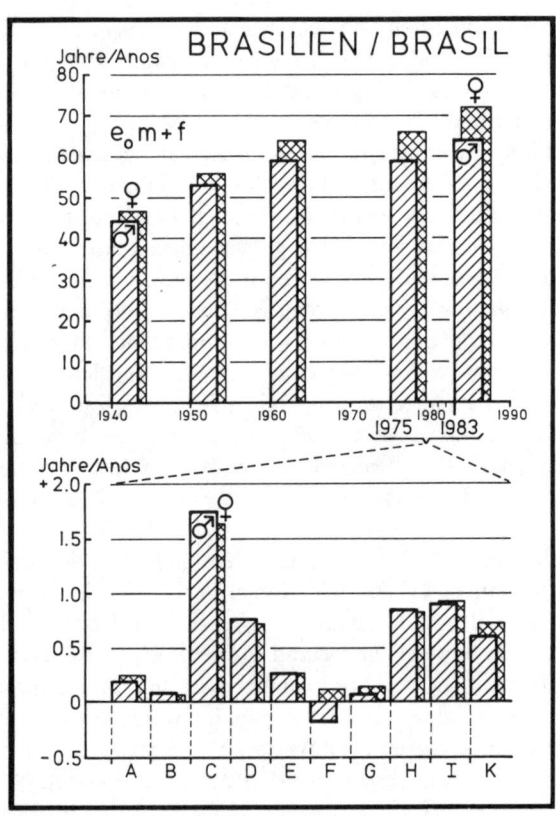

Abb. 24: Zunahme der Lebenserwartung bei der Geburt in São Paulo 1940–1983 nach Geschlecht (oben), doch gebremste Zunahme 1975–1983 bei den Männern aufgrund von Unfällen und Gewaltverbrechen (unten).

Legende: Zusätzliche Lebensjahre hauptsächlich auf Grund von:

A: Impfungen und andere Vorbeugemaßnahmen

B: Rechtzeitiges medizinisches Eingreifen

C: Umweltsanierung (Trinkwasser, Kanalisation usw.)

D: Verminderte Luftwegsinfektionen

E: Verbesserung der perinatalen Versorgung

F: Unfallverhütung und Eindämmung von Gewaltverbrechen

G: Verschiedene Vorbeugemaßnahmen (u. a. Verhütung von Schwangerschafts- und Geburtskomplikationen)

H: Schwer vermeidbare Ursachen (z. B. maligne Tumore, angeborene Mißbildungen)

I: Schwer definierbare Gründe

K: Andere Gründe

2020/2025 jenes erwähnte ehrgeizige Ziel einer noch wesentlich höheren Lebenserwartung und das heißt Lebenssicherheit für alle zu erreichen. In São Paulo selbst haben die Kollegen versucht, die mit unterschiedlichen Anteilen ins Gewicht fallenden Hauptursachen zu ermitteln und einzeln zu werten. Ihr Ergebnis für den Zeitraum 1975–1983 habe ich in Abbildung 24 unten dargestellt. Die bei weitem wichtigste Ursache hieß ‚Umweltsanierung‘, und hierbei waren es wiederum in erster Linie die Verbesserung der Trinkwasserqualität sowie der zügige Ausbau des Kanalisationsnetzes zur Wegführung der Abwässer. Bei den Männern erhöhte sich die Lebenserwartung allein aufgrund von ‚Umweltsanierung‘ um 1,7 Jahre. Das sind 33,3 Prozent der insgesamt 5,1 Jahre im Zeitraum 1975–1983. Bei den Frauen waren es 1,6 von 5,6 Jahren, also 28,6 Prozent. Unter den übrigen Maßnahmen sei besonders auf die Anstrengungen im Bereich der Luftreinhaltung hingewiesen. Bei den Männern stieg die Lebenserwartung aufgrund verminderter Luftwegsinfektionen um 0,8, bei den Frauen um 0,7 Jahre.

Was in diesem unteren Graphikteil jedoch sehr viel stärker konsterniert, ist – wenn man so sagen kann – die *Negativ*zunahme, das heißt die *Abnahme* der Lebenserwartung bei den Männern. Die Rubrik ‚F‘ zeigt einen Rückgang um 0,2 Jahre aufgrund gestiegener Unfallzahlen (männliche Verkehrsopfer) und vermehrter Gewaltverbrechen mit tödlichem Ausgang (Morde). Wem gäbe es hier nicht zu denken, daß einerseits von verschiedensten Stellen gewaltige Anstrengungen unternommen werden und ungeheure Investitionen erfolgen, um das Gesundheitswesen auszubauen, die ärztliche Versorgung zu verbessern, die Umweltsanierung voranzutreiben, Vor- und Fürsorgemaßnahmen aller Art zu fördern – alles mit sichtlichem, das heißt meßbarem Erfolg in zusätzlichen Lebensjahren für alle! Und da macht andererseits plötzlich eine Reihe von Menschen, für die das alles gedacht ist, nicht länger mit, protestiert bewußt oder unbewußt gegen diese Anstrengungen ‚zu ihrem Besten‘. 0,2 Negativ-Jahre mögen uns zwar wenig erscheinen.

Quellen: Lúcia M. Yazaki: O aumento da expectativa de vida e suas consequencias em São Paulo. São Paulo: SEADE 1988. – Dies.: Evolução da mortalidade da população idosa no município de São Paulo. In: ABEP (Hrsg.): VI Encontro Nacional de estudos populacionais, Olinda – PE, 16 a 20 de outubro 1988. Anais, Vol. 1 [São Paulo, 1989], 481–503. – Frau Yazaki und den Seminarteilnehmern am Institut SEADE – Fundação Sistema Estadual de Analise de Dados sowie an den Universitäten von Porto Alegre, Curitiba und São Paulo danke ich für die Mithilfe bei der Ausarbeitung der Abbildungen 24 und 25 sowie für ihre Diskussionsbereitschaft während der Kursseminare von 1984, 1986, 1988 und 1990. – Zum Thema ‚Abnahme der Lebenserwartung‘ (unter der schwarzen Bevölkerung in den Vereinigten Staaten aus denselben Gründen wie in São Paulo) vgl. auch R. V.: U.S. black life expectancy declines. In: Population Today 17, 1989, 3–4.

Doch sind auch das umgerechnet bereits mehrere Lebens*wochen*, und zwar bezogen und verteilt auf *alle* Männer in Brasilien. – Wieviele einzelne Menschenleben gingen hier ‚unnötigerweise' verloren? Wieviele Lebensläufe endeten ‚viel zu früh'? Man bedenke, daß die Unfallopfer und die durch Mord zu Tode Gekommenen meist junge Männer zwischen fünfzehn und dreißig Jahren sind. (Auch in der Bundesrepublik gehen achtzig Prozent der Sterblichkeit junger Männer im Alter von fünfzehn bis fünfundzwanzig Jahren auf das Konto von Unfällen. Vgl. hierzu – inklusive eine Ursachendiskussion – den Tätigkeitsbericht 1988 des Bundesgesundheitsamts, insbesondere Junge 1988, 199.)

Weniger in Erstaunen versetzt uns dagegen wahrscheinlich die Abbildung 25. Aufgrund unserer eigenen europäischen Erfahrungen wie auch nach allem, was wir oben über Japan gelernt haben, müßten wir nun eigentlich auf den Inhalt vorbereitet sein. Wieso sollte sich in Brasilien nicht wiederholen, was allenthalben in den Ländern der Ersten Welt die Regel war, warum nicht auch dort die eine Seite der Entwicklung (‚von der unsicheren zur sicheren Lebenszeit') Parallelen zur anderen aufweisen (von einem Zusammenleben in ‚Gemeinschaft' zu einem Zusammenleben in ‚Gesellschaft')? Gewiß umfaßt die in Abbildung 25 gezeigte Entwicklung von Trennungen und Scheidungen nur vier Jahre: von 1982 bis 1985. Doch scheint der Trend vom ehedem erzwungenen Leben in ‚Gemeinschaft' (unauflösbare Familienbande ‚bis daß der Tod Euch scheidet') zum ungezwungeneren Einzelgängerdasein in ‚Gesellschaft' eindeutig (vermehrte Trennungen, vermehrte Scheidungen, vor allem auch rasche Zunahme der von Frauen eingeleiteten und gegen den Willen ihrer Männer gerichtlich durchgesetzten Trennungen und Scheidungen; vgl. hierzu auch Kapitel 4).

Vor *diesem* Hintergrund ist es gewiß nicht überflüssig, die offiziellen Stellen in Brasilien schon jetzt darauf aufmerksam zu machen, was sie sich mit ihrem ins Auge gefaßten Ziel einer starken Anhebung der allgemeinen Lebenserwartung bis zum Jahrfünft 2020/2025 gleichzeitig *ebenfalls* einhandeln werden. Die bis zu jenem Zeitpunkt angestrebten Werte von 69,1 Jahren bei den Männern und 75,3 Jahren bei den Frauen entsprechen dem Zustand in der Bundesrepublik von etwa 1976/78. Damals hatten die Männer bei uns 69,0 und die Frauen 75,6 Lebensjahre. Und, um auch das gleich noch hinzuzufügen: 1977 gab es in der Bundesrepublik 7,1 Millionen Einpersonen-Haushalte. Gemessen an sämtlichen 24,2 Millionen Haushalten waren das damals 29,3 Prozent! Weiß man *hierüber* in Brasilien Bescheid? Soweit ich immer wieder feststelle, nur unzureichend. Was für uns in Europa oder generell in den industrialisierten Ländern nur eine weitere Bestätigung dessen ist, was wir längst wissen, ist in Brasilien noch weitgehend Zukunftsmusik, nichts weiter als ein paar, wenn allmählich auch deutlicher hervortretende Schattenflecken einer stürmisch erstrebten Entwicklung ‚von der unsicheren zur sicheren Lebenszeit' mit einer massiven Zunahme der

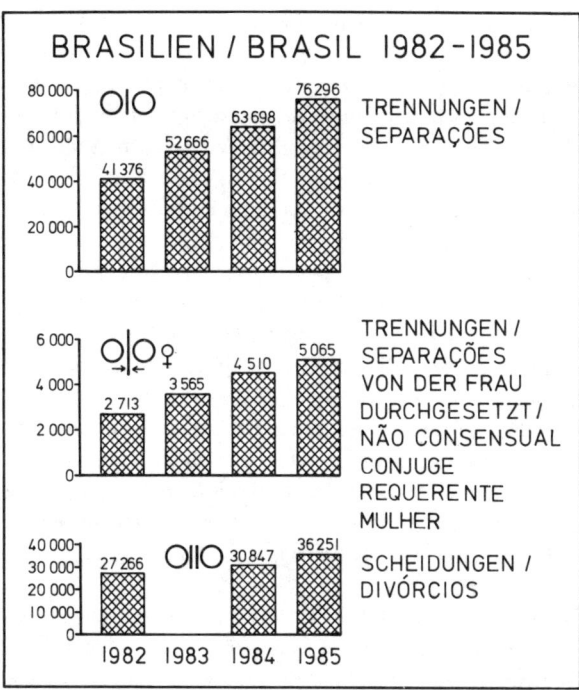

BRASILIEN / BRASIL 1982–1985

TRENNUNGEN / SEPARAÇÕES

TRENNUNGEN / SEPARAÇÕES VON DER FRAU DURCHGESETZT / NÃO CONSENSUAL CONJUGE REQUERENTE MULHER

SCHEIDUNGEN / DIVÓRCIOS

1982 1983 1984 1985

Abb. 25: Zunahme gerichtlicher Trennungen in gegenseitigem Einvernehmen (oben), Zunahme der von Frauen durchgesetzten gerichtlichen Trennungen bei fehlendem Einverständnis des Mannes (Mitte) und Zunahme der Ehescheidungen (unten) in Brasilien 1982–1985.

Quellen: Fundação Instituto Brasileiro de Geografia e Estatística: Anuário Estatistico do Brasil 1986. Rio de Janeiro: IBGE 1987, 86–88. – Fundação Instituto Brasileiro de Geografia e Estatística: Perfil estatístico de crianças et mães no Brasil. Rio de Janeiro: IBGE 1988. – Voneinander lernen – ein europäischer Historiker-Demograph und Sozialhistoriker in Brasilien. In: Arthur E. Imhof: Von der unsicheren zur sicheren Lebenszeit. Darmstadt: Wissenschaftliche Buchgesellschaft 1988, 232–233.

allgemeinen Lebenserwartung. *Hierin* liegt letztlich der Grund dafür, weshalb ich jedes zweite Jahr meine Gastdozentur über diese Thematik in Brasilien wahrnehme. Weshalb nicht heute schon die junge Generation in jenen Ländern, die uns so sichtbar in der Entwicklung folgen, auf die weniger erfreulichen Dunkelseiten ihrer kommenden Entwicklung aufmerksam machen und sie darauf vorbereiten? – Nur am Rande sei erwähnt, weshalb die

Abbildungen 24 und 25 deutsch *und* brasilianisch beschriftet sind. Diese und weitere Brasilien-Graphiken dienen meinem Universitätsunterricht *in beiden Ländern*. Es scheint mir wichtig, hier wie dort auf diese Zusammenhänge aufmerksam zu machen und *gegenseitiges* Verständnis für vergangene, gegenwärtige und zukünftige Probleme zu wecken. Voneinander lernen heißt meine Devise, nicht in nur einer Richtung dozieren. Es lohnt sich auch für uns, darüber nachzudenken, weshalb man in Brasilien – trotz niedrigerer Lebenserwartung – mehr fröhliche Gesichter sieht als bei uns. (Bei Interesse vgl. meinen Aufsatz „Possible Consequences of an Increasing Life Expectancy in Brazil. The Perspective of a European Historical Demographer" in der brasilianischen Revista de Saúde Pública 21, 1987, 447–465. Hier werden neben den zunehmenden individuellen und gesellschaftlichen Schattenseiten einer wachsenden Lebenserwartung auch diejenigen der damit verbundenen epidemiologischen Transition diskutiert: je rascher die [ehemals] traditionellen infektiösen und parasitären Krankheiten [in allen Altern] zurückgehen, umso schneller steigt die Zahl der Todesfälle an langwierigen chronischen Leiden, gebündelt in zunehmend höherem Alter mit vermehrtem ‚institutionalisiertem Sterben', schwierigem Sterbeprozeß, Einsamkeit im Krankenhaus.)

Bereits weiter oben erwähnte ich, daß die Entwicklung in Europa auch mich längst insofern ‚eingeholt' hat, als ich selbst zu jener Zahl der allein durchs Leben Gehenden gehöre und mein Haushalt demzufolge zur Kategorie der Einpersonenhaushalte zählt. Wenn ich hier nochmals darauf zurückkomme, so deshalb, weil ich an dieser Stelle dem häufig augenzwinkernd vorgebrachten Einwand entgegentreten möchte, ‚Singles' würden sich als ‚sunny boys' und ‚sunny girls' bloß ein schönes Leben machen wollen. Das stimmt nicht. Auch Einzelgänger wissen, daß sie ihren Mitmenschen gegenüber Verantwortung haben, so wie ehedem oder anderswo die Angehörigen von ‚Gemeinschaften' auch. Nur sind sie nicht mehr zur ständigen ‚Gemeinschaft' gezwungen. Selbstverständlich sind aber auch sie weiterhin Rädchen im Getriebe nunmehriger ‚Gesellschaften' und haben dort, wie alle anderen Rädchen, ihre Aufgabe wahrzunehmen. Daß der Mensch kein „soziales [das heißt Gemeinschafts-zwangsverpflichtetes] Wesen" sei, heißt noch lange nicht, daß er deshalb ein *a*-soziales Wesen sei. „Homo homini lupus" braucht sich nicht ständig erneut zu bewahrheiten.

Doch kehren wir nach Europa zurück. Wir haben genügend eigene Probleme, die uns aus der Entwicklung ‚von der unsicheren zur sicheren Lebenszeit' erwachsen sind und die wir noch nicht befriedigend, wenn überhaupt gelöst haben. Anderswo aber können wir erst dann ‚gute Ratschläge' erteilen, wenn wir gleichzeitig mit dem Aufzeigen der Probleme auch bereits konkrete Lösungsvorschläge anzubieten haben und in der Lage sind, mit einiger Kompetenz über die daraus erwachsenen Erfahrungen zu sprechen. Wie sollte man uns sonst ernst nehmen?

Lassen wir uns also die früheren Graphiken nochmals durch den Kopf gehen und betrachten wir vor diesem Hintergrund dann die Abbildung 26. Die Bestürzung über das dort zum Ausdruck Kommende geht in die gleiche Richtung wie mit Bezug auf die irritierende Negativzunahme in Abbildung 24 (sinkende Lebenserwartung von brasilianischen Männern ‚in den besten Altern' aufgrund von Unfällen, Mord und Todschlag). Allerdings führt sie hier in noch ganz andere Tiefen und Abgründe. Was wir bezüglich der Abbildung 24 als einen leichtfertigen Umgang mit dem Leben in jungen Erwachsenenjahren umschreiben könnten, nimmt sich hier wie Lebensüberdruß an deren Ende aus. Wo dort in jedem Einzelfall eine Vielzahl von Lebensjahren unnötigerweise verloren ging, sind es hier in aller Regel ‚nur' wenige. Im ersten Fall mag das Sterbealter 15 oder 20 oder 25 betragen haben statt der eigentlich ‚zur Verfügung' stehenden 60 oder 70 oder 80 Jahre, im zweiten Fall dagegen 80 oder 82 statt vielleicht 84 oder 85. Im Prinzip läuft das eine aber genauso wie das andere all jenen Anstrengungen direkt zuwider, die von den verschiedensten Seiten unternommen werden, um die Entwicklung von der unsicheren zur sicheren Lebenszeit stets noch weiter voranzutreiben, zumindest aber um den erreichten Stand aufrechtzuerhalten. Unfalltote aus Leichtsinn passen ebenso wenig in dieses Bild wie Morde oder Selbstmorde.

Jeder Leser möge sich hier in Erinnerung rufen, was allzu oft und allzu leicht immer wieder in Vergessenheit gerät oder in den Hintergrund gedrängt wird, daß nämlich hierzulande die Zahl der Selbstmordtoten diejenige von Verkehrstoten *bei weitem* übersteigt. Während besonders über spektakuläre Verkehrsunfälle mit Todesfolgen laufend in unseren Medien berichtet wird und wir stets darüber Bescheid wissen, wieviele Menschen übers letzte Wochenende auf unseren Straßen wieder umkamen, so spielen sich Selbstmorde ‚normalerweise' im Verborgenen ab. Von Seiten der Angehörigen werden sie möglichst vertuscht oder ganz verheimlicht. Entsprechend gering ist im allgemeinen denn auch unser Selbstmord-Problembewußtsein. Schauen wir die Zahlen für Berlin (West) einmal näher an, so gab es zum Beispiel 1975 313 Verkehrstote, aber 842 Selbstmorde (!). 1980 waren es 261 Unfalltote und 611 Suizide, 1981 231 Gestorbene im Verkehr, aber 622 Selbstmörder (Elsner 1983, 221). Bezogen auf die ganze Bundesrepublik Deutschland nahmen sich 1984 12 548 Menschen das Leben, 1985 12 617 und 1986 11 599. Demgegenüber gab es 1984 ‚nur' 9756 Verkehrstote, 1985 8013 und 1986 8550 (Statistisches Jahrbuch 1988 für die Bundesrepublik Deutschland, 389). Fachleute – sogenannte Suizidologen – trauen diesen ‚offiziellen Zahlen' allerdings nicht. Stets beeilen sie sich, ihre Dunkelziffer-Vorbehalte anzumelden. Außerdem weisen sie auf die meist noch ungleich größere Zahl von ‚nicht erfolgreichen' Selbstmord*versuchen* hin: „Wenn wir von 12 000 bis 14 000 jährlich statistisch erfaßten Suizidfällen in der Bundesrepublik ausgehen, müssen wir annehmen, daß bei einer ge-

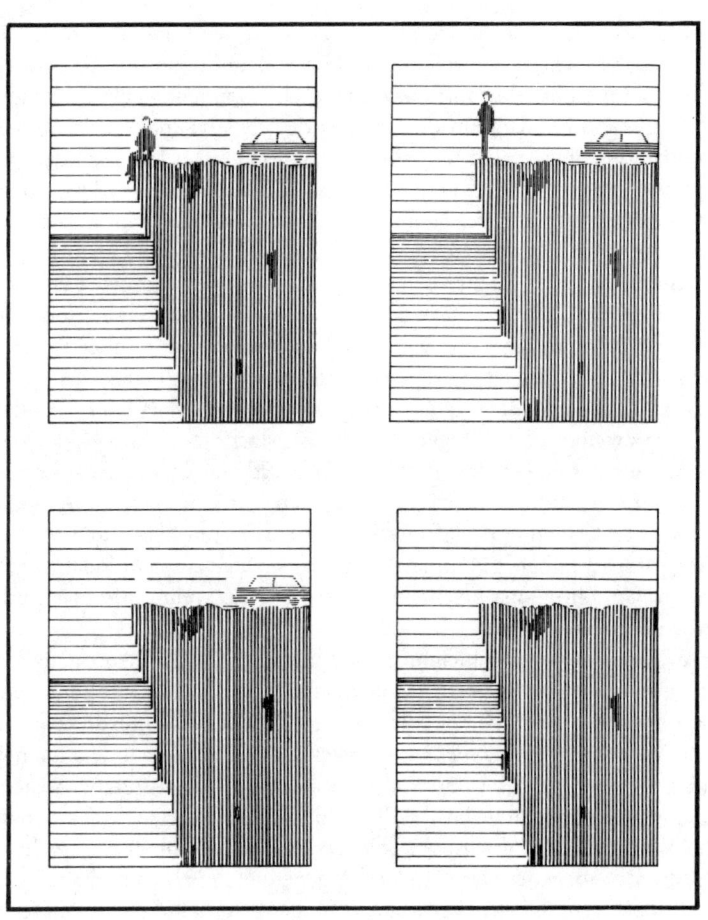

Abb. 26: Versuchung zum Selbstmord (vgl. hierzu auch die Abbildung 10 oben mit der Verteilung der Anzahl Selbstmorde in Berlin / West 1987 nach Altersgruppen und Geschlecht).

Laut Angaben des Statistischen Landesamtes Berlin ereigneten sich 1987 in der Stadt 453 Suizide, 277 begangen von Männern, 176 von Frauen. Was an der früheren Graphik 10 vor allem zu denken gab, war die bestürzende Altersverteilung. So setzten unter 100 000 Männern im Alter von 55–59 Jahren 30 ihrem Leben durch Selbstmord ein Ende, unter 100 000 Frauen derselben Altersgruppe 12. Unter den 60–64jährigen Männern waren es 26, unter den Frauen 17, bei den 65–69jährigen Männern 28, bei den Frauen 13. Dann schnellten die Zahlen in die Höhe. Unter 100 000 70–74jährigen Männern entschlossen sich 44 zum Freitod, unter den Frauen 48, bei den 75–79jährigen Männern 38, bei den Frauen 42. In der Altersgruppe der 80–84jährigen waren es sogar 86 Männer und 26 Frauen, immer je 100 000. Suizido-

schätzten Dunkelziffer von 5000 bis 10 000 sich etwa 20 000 Bundesbürger das Leben nehmen" (Schobert 1989, 11–12, vgl. auch 139–140). Man reibt sich die Augen! Zwanzigtausend – das entspricht der Gesamteinwohnerzahl von Gemeinden wie etwa, Bad Kissingen, Wülfrath, Calw oder Butzbach.

Das Problem dürfte in den kommenden Jahren kaum geringer werden. Umso beängstigender ist die angesprochene weitgehende Absenz des Selbstmord-Problembewußtseins. Zum einen wissen wir aus der Abbildung 21, daß der Anteil von Menschen, die das Vierte Alter erreichen, unter allen Bevölkerungsgruppen mit Abstand am raschesten wächst. Zum andern erinnern wir uns an die Abbildung 10, wonach die Selbstmordquoten mit zunehmendem Alter unverhältnismäßig stark ansteigen. Fachleute sprechen von einem „‚Altersgipfel‘ ab 70 Jahren" (Schobert 1989, 36; vgl. auch Häfner 1989). Nur ganz selten aber dringt hiervon etwas an die Öffentlichkeit wie etwa im bereits erwähnten Bericht von Raimund Hoghe: „Es ist genug. Begegnung mit einer Frau, die des langen Lebens müde ist" (Die Zeit, Nr. 11 vom 9. März 1990, 94) oder in den hierdurch provozierten Leserbriefen in der Art von: „Endlich ein ehrlicher, klarer Artikel zu dem Thema Alter! Bei all den schönen Worte, die man oft über dieses Thema liest, ist es wohltuend, auch einmmal zu erfahren, daß jemand gar nicht so davon begeistert ist", oder „Unnötig dem Leben erhalten zu bleiben, wenn die Zeit zu sterben da ist, darauf lege ich keinen Wert", oder schließlich: „Ich bin ungefähr ebenso alt wie Frau Meier und würde nicht einen einzigen Punkt ihrer Meinung berichtigen wollen. Es ist alles genau, wie sie es sagt! Wir leben zu lange, das ist's" (alle Antworten in: Die Zeit, Nr. 15 vom 6. April 1990, 73).

Es liegt mir fern, die Suizidproblematik auf den ‚Altersgipfel‘ einengen zu wollen. Vielmehr sollte dem allgemein mangelnden Selbstmord-Problembewußtsein auch im Hinblick auf Jugendliche und Menschen ‚im besten Alter‘ mit genauso viel Öffentlichkeitsarbeit begegnet werden. Die Frage, die ich an *dieser* Stelle jedoch jedem Leser zu überlegen geben möchte, lautet, ob sich jene gewaltigen Investitionen und Anstrengungen, auf die ich nun mehrfach hingewiesen habe, bei vielen Menschen im letzten Lebensabschnitt, das heißt im Vierten Alter nicht kontraproduktiv auswirken? Stimmen ihre Zie-

logen sprechen von einem „Altersgipfel ab 70 Jahren" (Schobert 1989, 36). ‚Altersgipfel‘ – warum? Was mag in dem Mann in Abbildung 26 vorgehen, der sich mit seinem Wagen zum steil ins Meer abfallenden Felsen begeben hat (oben links und rechts)? Was ihn bewegen, sich hinunter in den Tod zu stürzen (unten links)? Was ihn davon abhalten und ‚unverrichteter Dinge‘ wieder umzukehren und weiter zu leben (unten rechts)?
Nach einer Anregung in: Jeffrey S. Turner, Donald B. Helms: Lifespan Development. Third Edition. New York: Holt, Rinehart & Winston 1987, Seite XXXII.

le wirklich mit dem überein, was jene Menschen, was – in des Wortes eigentlichem Sinn – *letzten Endes* wir alle wollen? Handelt es sich bei vielen jener Anstrengungen oft nicht eher um einen Selbstzweck der Akteure, wobei sie die Kehrseite der Medaille nicht mitbedenken? Wenn unseren Lebensläufen immer noch mehr Jahre bloß um der Jahre willen hinzugefügt werden, ohne daß man uns fragt und sich Gedanken darüber macht, was anschließend mit all den Jahren zu geschehen hat, dann mag das den Ehrgeiz der Protagonisten in Bereichen wie Gesundheitspolitik und Medizin zwar befriedigen. Doch wie verhält sich dies bei den ‚Betroffenen‘, die jene bescherten Jahre zu durchleben haben? Niemand bezichtige mich hier des Zynismus oder unterstelle mir eine antigesundheits- oder antisozialpolitische oder eine antimedizinische Einstellung! Schließlich fertigte ich die Abbildung 26 zuerst für mich und für meinen Unterricht an. Außerdem sind wir es selbst, die unsere Gesundheitspolitiker und Mediziner gewähren lassen, und zwar gerne, jedenfalls so lange wir ‚in den besten Jahren‘ sind und sie uns eine heile Körperwelt garantieren können. Aber was wird aus uns ‚letzten Endes‘? Sterblich wie wir trotz allem geblieben sind? Wie anderswo in diesem Buch geht es mir auch hier nicht ums Lamentieren und noch weniger um Anklage. Wichtiger scheint mir, daß wir uns überlegen, welche Konsequenzen aus dem Betrachten und Vertiefen in die vier Graphikteile von Abbildung 26 allenfalls zu ziehen sind.

Wenn es denn so ist, daß immer mehr unter uns bis ins Vierte Alter am Leben bleiben und daß immer mehr wenn schon nicht vorher, so doch ‚letzten Endes‘ als (verwitwete) Einzelpersonen leben werden (vgl. nochmals Abb. 21 und 23), gleichzeitig aber im selben Vierten Alter ‚letzten Endes‘ die Versuchung wächst, einer dann immer offener zutage tretenden Lebensleere oder Lebensmüdigkeit durch Selbstmord zu entgehen, dann meine ich, sollten wir einer solchen, gewiß von vielen (den Autor mitbegriffen) als ungut empfundenen Entwicklung durch langfristige, tragfähige Maßnahmen vorbeugen. Zu erreichen scheint mir dies am ehesten durch eine Art ‚Lebensplan‘, wobei schon frühzeitig im Leben, konkret im jungen Erwachsenenalter tiefe Interessen geweckt oder gepflanzt und anschließend ein Leben lang gepflegt werden sollten, die auch bei nachlassenden Körperkräften und nachlassendem Aktivismus im Vierten Alter einen Menschen noch zu erfüllen vermögen. Als einem Hochschullehrer, der diesen Überlegungen in seinen eigenen universitären Lehrveranstaltungen immer wieder Rechnung zu tragen versucht, ist mir durchaus bewußt, wie schwierig sich dieses Unterfangen im Hinblick auf viele junge Menschen gestaltet. Ist es nicht das Vorrecht der Jugend, unbeschwert in den Tag hineinzuleben? ‚Letzten Endes‘ scheint noch so unendlich weit weg zu sein. Zudem haben auch sie eine Fülle von Sorgen, die näher liegen und handfester sind: Schwierigkeiten im Studium, schlechte Berufsaussichten, Wohnungs- oder Partnerprobleme. Das Hemd liegt ihnen näher als der Rock. Möge sich bei ihnen dereinst jedoch nicht rächen, daß sie in größerer Zahl denn je das Vierte Alter erreichen werden. Was wäre letztlich gewonnen, wenn ihnen dann als einziger Ausweg der Alterssuizid noch übrigbliebe?

Erschwerend kommt hier ein Punkt oder vielmehr ein ganzer Problemkomplex hinzu, der in diesem Zusammenhang meist nicht in Betracht gezogen oder – weil zu irritierend oder zu delikat – ganz ausgeblendet wird. Schließlich möchte man niemandem zu nahe treten. Erneut handelt es sich um das Ergebnis einer langfristigen Entwicklung. Bei Betrachtungen hierüber ist der Historiker insofern im Vorteil, als er es in seinem Metier gelernt hat, mehrere Jahrhunderte gleichzeitig zu überblicken. Er vermag somit auch eher einzuschätzen, was aus früheren Phasen einer dermaßen langen Entwicklung im kollektiven Gedächtnis allenfalls bis heute nachwirkt und uns bewußt oder unbewußt noch immer zu schaffen macht. Um die Zusammenhänge für den Leser faßlicher zu machen, habe ich erneut eine Reihe von Graphiken vorbereitet (Abbildungen 27–31).

Im gleichen Zeitraum, in dem sich jene nun schon oft erwähnte Entwicklung von der unsicheren zur sicheren Lebenszeit abgespielt hat, vollzog sich nämlich mit Bezug auf eben diese ‚Lebenszeit‘ noch ein weiterer tiefgreifender Wandel, der in all unseren bisherigen Ausführungen unberücksichtigt geblieben ist. Er steht jedoch nicht nur in einem Zusammenhang mit ihr, sondern sollte auch stets gemeinsam damit betrachtet werden. Es ist mir bewußt, daß ich hier ein heikles Thema anspreche. Da ich es aber für sehr wichtig halte, greife ich es dennoch auf, möchte aber betonen, daß es mir nicht darum geht, den Leser auf meine Seite zu ziehen. Wenn er anderer Ansicht ist, vielleicht umso besser für ihn. Ich meine jedoch, daß wir hier ein Problem vor uns haben, das viele, wenn auch nicht alle, auf die eine oder andere Weise beschäftigt. Es soll deshalb nicht einfach mit Stillschweigen übergangen oder wegdiskutiert werden. Für diese Diskussion speziell habe ich die Abbildungen 27 und 28 angefertigt und hoffe, damit niemandem zu brüskieren.

In der Abbildung 27 sehen wir, wie von einer senkrechten, mit ‚Geburt‘ überschriebenen Achse links zweimal fünf waagrechte Linien ausgehen. Sie meinen je fünf ‚Lebensläufe‘. Bei den ersten fünf handelt es sich um Lebensläufe ‚früher‘, sagen wir vor vier- oder fünfhundert Jahren. Die zweiten fünf stellen Lebensläufe ‚heute‘ dar. ‚Früher‘ war das Leben, wie wir uns erinnern, sehr unsicher und fast permanent irgendwie bedroht. Die Folge davon war, daß damals der eine Lebenslauf zwei Tage währte (Lebens*lauf*?), der andere fünf Jahre, ein dritter zwanzig, ein vierter und fünfter sechzig oder noch mehr Jahre. Das ‚durchschnittliche‘ Sterbealter lag, rein rechnerisch, bei etwa 25, 30 Jahren. (Bei der Abbildung 3 waren wir aufgrund von 30 Berliner Beerdigungseinträgen aus dem Jahre 1738 auf ein ‚durchschnittliches‘ Sterbealter von 28,1 Jahren gestoßen.) Natürlich starben auch zu jener Zeit die wenigsten Menschen in diesem ‚Durchschnittsalter‘. Charakteri-

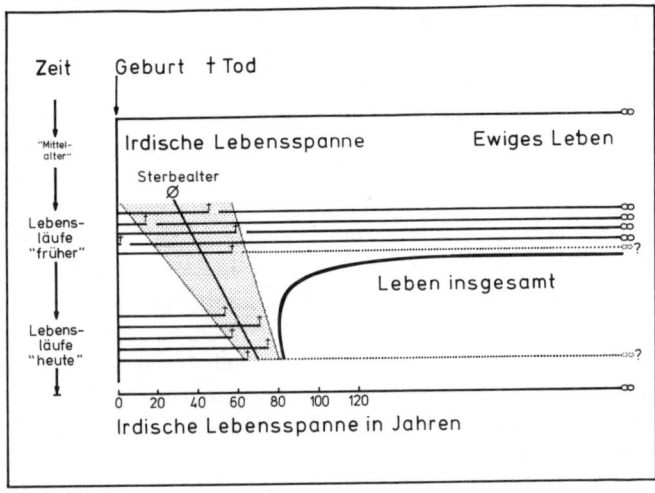

Abb. 27: Von einem Lebenslauf in zwei Teilen ‚früher' (gemäß dem christlichen Glauben vom irdischen Leben, Sterben und Tod als ‚Passage' und der Auferstehung sowie dem ewigen Leben) zu einem einteiligen Lebenslauf in einem weitgehend entchristlichten Abendland ‚heute' – mit entsprechenden Problemen im Bereich unserer Mentalität.

Quelle: Arthur E. Imhof: Die verlorenen Welten. Alltagsbewältigung durch unsere Vorfahren – und weshalb wir uns heute so schwer damit tun. München: Beck 1984, Abb. 36, S. 211 (hier vereinfacht dargestellt).

stisch war für jene Epoche der permanenten Lebensunsicherheit vielmehr die gewaltige *Streubreite* der Sterbealter. Sie reichte von null (= Totgeburt) bis zu neunzig Jahren und darüber.

Heute dagegen ist die Streuung fast schon brennpunktartig *gebündelt*. Gleichzeitig wurde ihr Mittelwert kräftig angehoben. Die Mehrzahl aller Sterbefälle ereignet sich nunmehr zwischen dem sechzigsten und dem achtzigsten Altersjahr. Dies wiederum bedeutet, daß wir mit unserem Leben auf viele Jahrzehnte hinaus *rechnen* können. Manche von uns neigen denn auch bereits zur Ansicht, einen quasi einklagbaren Anspruch auf zumindest eben diese sechzig bis achtzig Lebensjahre zu haben. Stirbt einmal jemand früher, etwa ‚schon' mit vierzig oder fünfzig, heißt es in der Todesanzeige nicht selten vorwurfsvoll und anklagend: ‚Warum so früh?' Als ob vierzig oder fünfzig Jahre nicht noch immer sehr viel mehr Jahre sind, als was dem Durchschnitt aller Geborenen ‚früher' jemals zur Verfügung stand! Ganz zu schweigen von der ungleich höheren Qualität dieser vierzig oder fünfzig Jahre heute!

276

All das, was ich bisher zur Abbildung 27 ausführte, ist jedoch wiederum nur die eine Seite der Medaille, nämlich die irdische. Wenn wir nochmals die fünf Lebenslauf-Linien ‚früher‘ betrachten, stellen wir in der Graphik fest, daß es zwar richtig ist zu sagen, die irdische Lebensspanne wäre damals sehr unsicher und ganz unterschiedlich lang gewesen. Doch war dieser Teil für die meisten unserer Vorfahren nicht alles. Sterben und Tod bedeuteten für sie, zumindest für die große Mehrzahl der Gläubigen unter ihnen, nicht das Ende, sondern eine Art ‚Passage‘. Anschließend stand die Auferstehung von den Toten und dann ein *ewiges* Leben bevor. Für sie setzte sich der Lebenslauf somit aus zwei Teilen zusammen: einem mehr oder weniger kurzen, mehr oder weniger wichtigen irdischen Teil, und einem ungleich wichtigeren und längeren, eben dem ewigen Teil. Nur bei einem von fünf Lebensläufen habe ich die Strecke im ‚Jenseits‘ gepunktet eingetragen und sie am Ende mit einem Fragezeichen versehen. Zweifler und Ungläubige gab es auch damals.

Natürlich ist es auch für mich als Historiker schwer zu beurteilen, wieviele unter unseren ‚christlichen‘ Vorfahren tatsächlich an eine Auferstehung von den Toten und an ein ewiges Leben *glaubten*. Schließlich kann ich sie dazu nicht mehr befragen. Und selbst wenn sie meine Frage mit ‚Ja‘ beantwortet haben würden: wie könnte ich sicher sein, daß sie mir nicht einfach gesagt hätten, was ihnen die Kirche zu sagen und zu glauben nahe- oder auferlegte? Wer würde damals seinen Unglauben schon gerne offen eingestanden haben? Wo es selbst uns Heutigen oft noch peinlich ist, darüber zu reden? Sicher scheint mir nur, daß es ‚früher‘ *mehr* ewigkeitsgläubige Menschen gegeben hat, als dies heute der Fall ist.

‚Heute‘ kommt mir das Zahlenverhältnis zwischen Gläubigen und Ungläubigen eher umgekehrt vor. So habe ich in der Abbildung 27 bei den Lebensläufen für die heutige Zeit nur noch einen von fünfen ins ‚Jenseits‘ fortgesetzt, und selbst ihn habe ich gepunktet eingezeichnet und am Ende mit einem Fragezeichen versehen.

Erfassen wir die gesamte Abbildung 27 in einem Blick, stellen wir fest, daß unser Leben auf Erden heute zwar doppelt und drei Mal so lange währt, wie das im Durchschnitt bei unseren Vorfahren der Fall war, daß wir aber durch den gleichzeitigen Verlust unseres Glaubens an die Auferstehung von den Toten und an ein ewiges Jenseits den Gesamtlebenslauf unendlich – in des Wortes eigentlichem Sinn! – *verkürzten*. Denn was ist schon ein drei Mal so langes Leben auf Erden im Vergleich zu einem unendlichen ewigen? Das ist doch nichts als ein dürftiger, erbärmlicher Rest!

An dieser Stelle lege ich dem Leser nahe, über den ausgebreiteten Sachverhalt selbst weiter nachzudenken und darüber zu reflektieren, ob nicht hierin vielleicht ein Grund liegen könnte, weshalb viele Menschen in unserer Zeit die Jugend so stark verherrlichen. Statt nach vorwärts, in Richtung ablaufende Zeit, in Richtung Altern, Sterben, Tod zu sehen, blicken sie ein Leben lang zurück und trauern einer weiter und weiter entschwindenden Kindheit und Jugend nach. Denn jene frühen Lebensalter sind selbstverständlich am weitesten vom unerfreulichen, für viele nunmehr endgültigen Schlußpunkt entfernt und damit auch von all dem, was uns in den späten Jahren an Unerquicklichem oft noch erwartet. Könnten sie verkehrter – wiederum in des Wortes eigentlicher Bedeutung – durchs Leben gehen, sozusagen im Rückwärtsgang?

Daß es vielfache *Zusammenhänge* zwischen einerseits der Entwicklung vom unsicheren zum sicheren Erdenleben und andererseits einem zunehmenden Glaubensverlust gibt, ist bei einigem Nachdenken auch leicht nachvollziehbar. Im Prinzip genügt es, nochmals an jene Zeile aus der Allerheiligen-Litanei zu erinnern: ‚Vor Pest, Hunger und Krieg bewahre uns, o Herr!‘ Wenn es bei uns mittlerweile keine ‚Pest‘, keinen ‚Hunger‘ und keinen ‚Krieg‘ mehr gibt, brauchen wir selbstverständlich auch nicht länger unsere Zuflucht zu diesem Anruf zu nehmen. Man kann denselben Gedankengang auf die gesamte Allerheiligen-Litanei ausweiten: je unsicherer einstmals das irdische Leben war, umso mehr ‚Heilige‘ hatten eine bestimmte Nothelfer-Funktion zu erfüllen. Je sicherer es wurde, umso mehr verloren sie diese. Große Teile der Allerheiligen-Litanei wurden überflüssig. Überspitzt könnte man sagen, daß sich der christliche Himmel mehr und mehr ‚entvölkerte‘ und mit ihm die Kirchen und Kathedralen als Anlaufstellen beim Flehen um Verschonung. Vor Hunger bewahren uns heute die raschen Gütertransporte und die stets wohlversorgten Lebensmittel-Supermärkte, vor Krieg die Gipfelkonferenzen und der Rote Draht. Und bei einer Erkrankung oder einem Unfall suchen wir Arztpraxen und Hospitäler auf.

Abb. 28: Hildegard von Bingen (1089–1179): ‚Der Kosmosmensch‘. Umzeichnung nach einer Miniatur aus dem 13. Jahrhundert. Das Original befindet sich in der ‚Bibliotheca Governatica‘ in Lucca, Handschrift MS 1942, Fol. 6r.
Wo gäbe es gemäß einer solchen Weltauffassung einen einsamen Menschen? Er könnte noch so allein sein – und wäre doch stets aufgehoben in den allumfassenden Armen eines mächtigen Gottes! Man beachte in diesem Zusammenhang den unten einmontierten vorzüglichen Kommentar des Übersetzers und Interpreten Heinrich Schipperges.
Quellen: Hildegard von Bingen: Welt und Mensch. Das Buch „De operatione dei". Aus dem Genter Kodex übersetzt und erläutert von Heinrich Schipperges. Salzburg: Otto Müller 1965, Farbtafel 4 zwischen den Seiten 48 und 49, Text S. 35–60. – Monika Klaes: Zu Schau und Deutung des Kosmos bei Hildegard von Bingen. In: Adelgundis Führkötter (Hrsg.): Kosmos und Mensch aus der Sicht Hildegards von Bingen. Mainz: Verlag der Gesellschaft für Mittelrheinische Kirchengeschichte 1987, 37–124. – Sowie noch immer: Adelgundis Führkötter: Die Gotteswerke. Vom Sinn und Aufbau des Liber Divinorum Operum der heiligen Hildegard. In: Benediktinische Monatsschrift 29, 1953, 195–204 und 306–314.

Hildegard von Bingen
Der Kosmosmensch

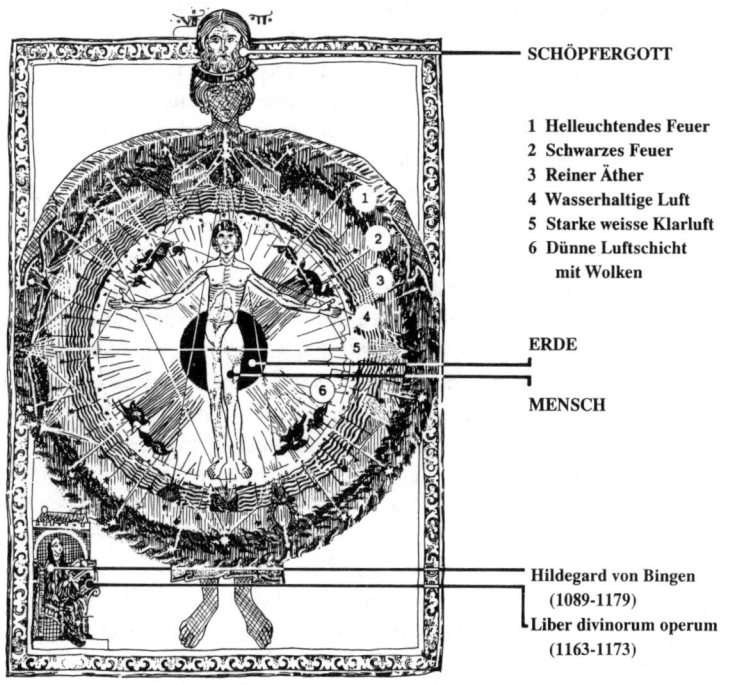

SCHÖPFERGOTT

1 Helleuchtendes Feuer
2 Schwarzes Feuer
3 Reiner Äther
4 Wasserhaltige Luft
5 Starke weisse Klarluft
6 Dünne Luftschicht
   mit Wolken

ERDE

MENSCH

Hildegard von Bingen
(1089-1179)
Liber divinorum operum
(1163-1173)

Lucca: Bibliotheca Governatica, MS 1942
Miniatur Fol. 6r (13. Jh.)

"Der Urlebendige umfasst in seiner Liebe und Güte mit weitgespannten Armen den gesamten Kosmos und trägt so die grosse wie die kleine Welt mit all ihren Elementen in seinem Herzen. Inmitten der Welt steht der Mensch auf seiner Erde. Luftraum und Wassersphären, Planeten und Winde wie auch die Feuerkreise umgeben ihn und stehen ihm zur Verfügung. Der Mensch hält das Weltnetz mit den Elementen in seiner Hand. In diesem Bild, das vom Kreis und vom Kreuz geformt wird, erscheint die Welt des Menschen in ihrer inneren Bezogenheit auf ihren Schöpfergott. Seine Liebe ist die Herzkraft des Weltalls."

Heinrich Schipperges: Erläuterung zu "Kosmosmensch" in: Hildegard von Bingen: Welt und Mensch. Salzburg: Otto Müller 1965, Tafel 4 nach S. 48.

Wer den christlichen Glauben an die Auferstehung von den Toten und an das ewige Leben verloren hat, hat im allgemeinen auch jene Weltanschauung eingebüßt, die ich in der Abbildung 28 dargestellt habe. Allerdings verhält es sich bei uns im ‚christlichen Abendland' so, daß selbst diejenigen, die den christlichen Glauben und eine christliche Weltanschauung verloren haben oder die im Elternhaus oder in der Schule gar nicht erst in diesem Geiste erzogen wurden oder werden, durchaus noch *wissen*, was dieser Glaube und diese Weltanschauung beinhalteten. Auch sie können somit noch nachvollziehen, was in der Abbildung zum Ausdruck gebracht wird.

Zwar handelt es sich bei Illustration 28 um die Wiedergabe einer bildgewordenen Vision der heiligen Hildegard, Gründerin des Klosters Rupertsberg bei Bingen (1089–1179). Aber in ähnlicher Weise dürften sich Tausende und Abertausende unserer gläubigen Vorfahren die Welt, den Aufbau des Kosmos, Erde und Himmel sowie ihr eigenes Sein darin auch vorgestellt haben. Einer der heute besten Kenner von Hildegards Schriften, der Heidelberger Professor Heinrich Schipperges, Doktor der Medizin und der Philosophie, hat dieses Bild in vortrefflicher Weise kommentiert: „Der Urlebendige umfaßt in seiner Liebe und Güte mit weitgespannten Armen den gesamten Kosmos und trägt so die große wie die kleine Welt mit all ihren Elementen in seinem Herzen. Inmitten der Welt steht der Mensch auf seiner Erde. Luftraum und Wassersphären, Planeten und Winde wie auch die Feuerkreise umgeben ihn und stehen ihm zur Verfügung. Der Mensch hält das Weltnetz mit den Elementen in seiner Hand. In diesem Bild, das vom Kreis und vom Kreuz geformt wird, erscheint die Welt des Menschen in ihrer inneren Bezogenheit auf ihren Schöpfergott. Seine Liebe ist die Herzkraft des Weltalls" (vgl. den Quellenhinweis zur Abbildung 28; – zum mittelalterlichen Weltbild, durch das die Visionen Hildegards mitgeprägt wurden, vgl. ferner Teichmann 1985, insbesondere Kapitel 4, 171–209).

Um hervorzuheben, worauf es mir im vorliegenden Zusammenhang besonders ankommt, habe ich der Legende zu Abbildung 28 die Frage hinzugefügt: „Wo gäbe es gemäß einer solchen Weltauffassung einen einsamen Menschen? Er könnte noch so allein sein – und wäre doch stets aufgehoben in den allumfassenden Armen eines mächtigen Gottes!" – *Und heute?*

Was für eine Frage? Selbstverständlich stehen wir noch immer auf unserer Erde, so wie das auch schon der Kosmosmensch bei Hildegard von Bingen tat. Und ebenso halten wir uns, heute mehr denn je, den Luftraum und die Wassersphären, die Planeten und Winde zu unserer ‚Verfügung'. Oft tun wir so, als gehörte das alles überhaupt nur uns. Außerdem schauen wir mit Hilfe von Radargeräten und Teleskopen unendlich viel weiter in den Weltraum hinein, als dies unsere Vorfahren je zu tun vermochten. Durch die ins All entsandten Satelliten dringen wir immer weiter vor – und stoßen doch nirgends mehr auf die ausgebreiteten Arme eines mächtigen Gottes, der den gesamten Kosmos – mit uns darin – umfassen würde. Wir beschauen zwar

ERDE

MENSCH

Abb. 29: Was vom ‚Kosmosmenschen' der Seherin Hildegard von Bingen heute noch übriggeblieben ist. Vgl. hierzu die Abbildung 28 und den dortigen Kommentar.
Seit dem 12. Jahrhundert haben wir uns die Erde ganz und gar untertan gemacht – aber mit unseren Armen greifen wir heute ins Leere. Unsere ‚Weltanschauung' kennt keinen mächtigen Gott mehr, in dessen allumfassenden Armen wir aufgehoben wären.

281

das ganze Weltall – und haben doch keine Weltanschauung mehr, keine ‚Vision vom Kosmos‘ wie die Seherin Hildegard und wie Tausende unserer Vorfahren. – ‚Wo stehen wir heute?‘ Plötzlich bekommt die Frage einen zusätzlichen hintergründigen Sinn. Und die Antwort darauf: mir will scheinen, als stünden wir allein. Wer hierzu Anschauungsunterricht benötigt, möge sich in die entblätterte Abbildung 29 vertiefen.

Es ist weniger die Sache eines Historikers als vielmehr die eines Psychologen, hieraus Schlüsse zu ziehen im Hinblick auf das Gefühl von Einsamkeit und Verlassenheit, von unendlicher Leere und Ungeborgenheit, das manchen überfällt, wenn er trotz aller Hektik und dem Trubel unserer Tage einmal – selten genug – zur Besinnung kommt. Wie wir die Abbildungen 27 und 28 auch immer betrachten mögen, ob als Gläubige, als nicht mehr Gläubige, als Ungläubige, so wissen doch alle von uns aufgrund des kollektiven Gedächtnisses noch sehr wohl, was unsere Vorfahren im ‚christlichen Abendland‘ unter ‚christlicher Weltanschauung‘ verstanden, was ‚Auferstehung von den Toten‘ für sie bedeutete, was das ‚ewige Leben‘ war, was ‚ein mächtiger Schöpfergott‘, was ‚aufgehoben in den weitausgebreiteten Armen des Urlebendigen‘. Auch diejenigen, die nun nicht länger im christlichen Glauben verwurzelt sind, vermögen somit durchaus noch zu erahnen, was sie, was wir da erst vor kurzem verloren haben. Der Verlust all dieser Glaubensinhalte ist nach wie vor spürbar.

Für viele ist er sogar umso *schmerzlicher* spürbar, als er bislang durch nichts Gleichwertiges, nichts gleichermaßen Allumfassendes, Sinnstiftendes ersetzt wurde. Mancher, der vom Glauben abfällt, hat nicht als erstes das Gefühl, nun in die große Freiheit entlassen worden zu sein. Vielmehr tut sich eine gähnende Leere vor ihm auf, die dauernd übertüncht und übertönt werden muß. Gewiß wird uns dieses Übertünchen und Übertönen heute leichter gemacht denn je zuvor. Für jeden Geschmack und jeden Geldbeutel gibt es ein breites Freizeit-, Wochenend-, Kurzurlaubs-, Ferienangebot. Wir können rund um die Uhr und somit auch in schlaflosen Nächten ein paar Dutzend Radiostationen und schon fast ebenso viele Fernsehprogramme via Kabel oder Satellit empfangen. Ganz zu schweigen von der überquellenden Buch- oder Plattenproduktion und all den Band- und Video-Möglichkeiten. Wichtiger noch: wir können uns diese Angebote auch leisten und in größerem oder kleinerem Maße alle davon Gebrauch machen. Uns wird es schon nicht langweilig werden, und müßten wir auch nur noch fünfunddreißig oder dreißig Stunden pro Woche und nur noch vierzig oder dreißig Wochen pro Jahr arbeiten. Schöne neue Welt? Glitzernd: ja! Lärmend: ja! Doch sinnstiftend?

Wiederum möge mich niemand falsch verstehen. Ich bin hier nicht zum Predigen angetreten; ich konstatiere. Am Trubel beteilige ich mich häufig genug auch selbst. Er berauscht und gibt mir auf Stunden ein pralles, sattes Lebensgefühl. Doch wer die Glitzerwelt durchschaut, läßt sich von ihr schwerlich dauernd vereinnahmen. Außerdem dürfen wir eines nicht übersehen, wobei wir uns einige der früheren Graphiken und der dabei gemachten Ausführungen in Erinnerung zurückrufen sollten, so vor allem die Abbildungen 21 (Zunahme des Anteils 60-, 80- und 85jähriger Männer und Frauen in Deutschland 1871/80–1981/83), 22 (Zunahme der Lebenserwartung und Zunahme der Einzelpersonen-Haushalte in Japan und Deutschland im 20. Jahrhundert), 23 (Einzelpersonen-Haushalte in Berlin 1982 nach Altersgruppen und Geschlecht), 10 (Selbstmorde in Berlin 1987 nach Altersgruppen und Geschlecht) und 26 (Versuchung zum Selbstmord). Das Berauschen im Trubel, das Übertünchen und Übertönen geht so lange gut, wie es eben gut geht. Doch endet das Leben vieler Menschen heute nicht mehr zwischen 65 und 75, sondern erst jenseits der 75, wenn sie zu den Hochbetagten zählen. Und ihrer werden es immer mehr. Im Dritten Alter (bis 75) können wir im allgemeinen – wenn wir nur wollen – auch als Ruheständler noch der Hektik und dem Aktivismus frönen, der die Leere übertüncht und übertönt. Nicht mehr so jedoch im Vierten. Dann läßt der Aktivismus allmählich nach, muß er aus körperlichen Gründen nachlassen. Wehe dem, der sich ein Leben lang nur aufs Übertünchen und Übertönen verlassen hat. Eine entsetzlich gähnende Leere tut sich vor ihm auf. Und die Aussicht, daß das nahende Sterben und der Tod nur eine ‚Passage‘ wären, gibt es dann für viele auch nicht mehr. Damit aber haben, wiederum im Gegensatz zu den Zeiten unserer christlichen Vorfahren, auch Sterben und Tod für viele ihren Sinn vollends eingebüßt (vgl. hierzu insgesamt nochmals die Abbildungen 26 [Versuchung zum Selbstmord], 27 [Von einem Lebenslauf in zwei Teilen ‚früher‘ zu einem einteiligen Lebenslauf in einem weitgehend entchristlichten Abendland ‚heute‘] und 10 [Selbstmorde in Berlin 1987 nach Altersgruppen und Geschlecht]).

Ein *Historiker* schaut Bilder an und macht sich *in seinem Rahmen* Gedanken zu dem, was er da sieht. Nach all den Ausführungen sollte dieser Rahmen nun auch dem Leser deutlich geworden sein. So kann ich ihn denn jetzt getrost bitten, mit mir in aller Kürze noch einige weitere Bilder *in diesem Rahmen* anzusehen.

In der Abbildung 30 kehren wir nochmals nach Bern zurück. Diesmal suchen wir dort allerdings nicht die Gemäldegalerie auf wie seinerzeit bei Albert Ankers Stilleben ‚Bier und Rettich‘ (Abbildung 14). Der Totentanz von Niklaus Manuel und das Christoffel-Fragment befinden sich im *Historischen* Museum. Und anstatt zeitlich nur ein paar Jahrzehnte bis zum Ende des 19. Jahrhunderts zurückzugehen, haben wir uns diesmal an den Anfang des 16. zurückzuversetzen.

Es versteht sich von selbst, daß weder der eine noch der andere Teil von Abbildung 30 jemals für den heutigen Standort in einem Museum geschaffen worden ist. Man hat es sogar nicht einmal für notwendig gehalten, die beiden Werke, als sie nach Auffassung der jeweiligen Zeitgenossen ihren

Abb. 30: Schöpferischer Mensch und Tod – aber auch ein mächtiger Beschützer vor einem ,unvorhergesehenen Tod' in Form des Heiligen Christophorus! Weltanschauung im ,christlichen Abendland' Anfang des 16. Jahrhunderts.

Unten: Niklaus Manuel (Bern 1484 – Bern 1530): ,Der Maler' aus dem ,Berner Totentanz' von 1516/19. Nur erhalten in den Kopien von Albrecht Kauw 1649. Insgesamt 24 Blatt in Gouachetechnik (teilweise vergoldet) auf Papier, Bildgröße ca. 36,5 × 49,2 cm. Auf ca. 49 × 67,2 cm großen Unterlagen aufgezogen. Umzeichnung nach der Vorlage von Albrecht Kauw im Historischen Museum Bern, Ausschnitt. (Albrecht Kauw wurde 1621 in Straßburg geboren, ließ sich jedoch 1640 in Bern nieder. Die Kopien des Totentanzes führte er 1649 auf eigene Initiative für den Rat der Stadt aus. Er starb wahrscheinlich 1681 in Bern.)

Niklaus Manuels ,Totentanz' bestand ursprünglich aus 24 lebensgroßen Doppelbildern. Er hatte sie wohl in den Jahren 1516 bis 1519 auf die Innen- (oder Außen-?) seite der 410 cm hohen Umfassungsmauer des Berner Dominikanerklosters gemalt. Das Monumentalwerk beanspruchte dort insgesamt achtzig Laufmeter. Jedes Doppelbild war 310 cm breit und 230 cm hoch. Der Abstand vom Boden betrug rund 140 cm. Unter jedem Teilbild waren zwei je 30 cm hohe und einen Meter breite Vierzeiler angebracht, die sich auf den Bildinhalt bezogen. Beim ,Maler' handelte es sich um das 45. Teilgemälde im zweitletzten Doppelbild. Manuels Zyklus wurde 1660 zerstört, als man die Umfassungsmauer ,um Erweiterung der Gasse willen' abbrach.

Oben rechts: (Bildhauer unbekannt): Fragment des ,Berner Christoffels'. Holz. 130 cm breit, 271 cm hoch. Umzeichnung nach dem Original im Historischen Museum Bern.

Das ganze Standbild war ursprünglich neun Meter hoch. Es war 1496 vom Bernischen Rat in Auftrag gegeben worden und befand sich von 1498 bis zum Abriß des ,Christoffelturms' 1864/65 auf der Innenseite direkt über dem Tordurchgang. Beim Abriß wurde die Kolossalstatue zerstört. Nur Kopf, Füße und rechte Hand erachtete man als genügend wertvoll, um sie ins Historische Museum Bern zu bringen, wo sie sich noch heute befinden. Eine Kopie des Christoffelkopfes mitsamt erläuternder Dokumentationswand ist seit 1975 in der neuen Bahnhofsunterführung in Bern zu sehen.

Dienst getan hatten, im Original aufzuheben. Beide wurden vorsätzlich zerstört, Manuels Totentanz schon 1660, die Christoffelskulptur im Winter 1864/65. Was wir somit im Berner Historischen Museum davon heute noch zu sehen bekommen, ist im Falle Manuels die wesentlich kleinere Nachzeichnung aus der Hand eines späteren Malers, im Falle des Christoffel das abgeschlagene Haupt der einstigen Kolossalstatue. Den Rest der Figur hatte man in jenem Winter – mit Ausnahme der rechten Hand und den beiden Füßen sowie eben des Kopfes – zu Brennholz zerstückelt und der Armenpflege übergeben. Die vier Fragmente bilden den ganzen dürftigen Rest, der vom Original auf uns gekommen ist.

Ich erwähne das alles nicht anklagend. Als Historiker konstatiere ich erneut bloß die Sachverhalte. Ich kann sie sogar gut verstehen und würde

mich deshalb auch in Acht nehmen, sie als ‚barbarische Akte‘ zu brandmarken. Gerade wir Heutigen hätten allen Anlaß dazu, die Handlungsweisen
unserer Vorfahren, wenn schon nicht mit Verständnis, so doch mit Nachsicht zu beurteilen. Wem dies schwer fällt zu verstehen, möge sich eine Weile
in meine Abbildung 31 vertiefen. Anschließend frage er sich dann, weshalb
wir den Bernern von 1660 oder ihren Nachfahren von 1864/65 nicht zuge-
stehen sollten, was wir im eigenen Alltag fortwährend mit größter Selbstverständlichkeit praktizieren und für unser eigenes Tun und Lassen unbekümmert Tag für Tag in Anspruch nehmen. Wer von uns würde sich denn heute
etwa noch, wie Niklaus Manuel, den Malstock (als Symbol des individuellen Trachtens und Handelns) vom Tod lenken lassen? Und wer würde in
unseren Tagen noch durch eine verrinnende Sanduhr fortwährend an sein

eigenes Ende gemahnt sein wollen? Längst betreiben wir unsere Geschäfte allein. Dem Tod und der ominösen Lebensuhr gestehen wir in unserem Alltag keine Rollen mehr zu. Beide haben wir von der Bildfläche verbannt und aus dem Rahmen unseres Lebensentwurfs verdrängt. Nichts anderes taten die Berner 1660, als sie den Abbruch des irritierenden Totentanzes vornahmen. Ein Scheinheiliger, der unter uns den ersten Stein auf sie wirft!

Wenn es aber den Tod und die ständige Mahnerei ans Sterben nun auch für uns ‚nicht mehr gibt‘, dann brauchen wir selbstverständlich ebenfalls niemanden mehr, der uns tagtäglich vor Sterben und Tod bewahrt. Als Niklaus Manuel seinen Totentanz zu Beginn des 16. Jahrhunderts malte, gab es genau hierfür den Heiligen Christophorus. Er war *der* Patron, der vor einem jähen Tod schützte. Nichts fürchteten jene Menschen so sehr wie einen unvorbereiteten, plötzlichen oder – wie man damals sagte – einen ‚unverhofften Tod‘ (Mohr 1982, Kümmel 1984). Christophorus war denn auch einer der populärsten Heiligen überhaupt. Unter all den Hunderten, die an sich für alles und jedes zur Verfügung standen, gehörte er zur kleinen Schar der meistgefragten ‚Vierzehn Nothelfer‘ (Ruppen 1979). Es ist auch leicht einzusehen weshalb: „Nach der Legende erbat Christophorus vor seinem Tode von Gott für seine Verehrer sichere Hilfe gegen Todesgefahr. Weit und breit glaubte man daher früher, daß derjenige, der das Bild des Heiligen morgens andächtig betrachtet hätte, tagsüber vor dem Tode sicher sei. Veranlaßt durch diesen Volksglauben entstanden allenthalben an der Außenseite oder im Innern von Kirchen, an Burgen, Häusern, Brücken, Stadttoren und Stadtmauern vielfach riesengroße Abbildungen oder Standbilder des Heiligen" (Bächtold-Stäubli 1929/1930 [1987], Spalten 69–70).

Die überlebensgroßen Darstellungen zeigen den Riesen meist mit dem Christusknaben auf den Schultern und einem Baumstamm – gemessen an menschlichen Dimensionen einem Stab – in Händen. Der Legende nach trug der Heide Reprobus im Dienste des Christengottes Pilger und Reisende über eine Furt. Einmal ließ sich auch das Jesuskind von ihm unerkannt tragen. Dabei schwoll der Fluß gewaltig an. Da taufte Jesus den Heiden auf den Namen ‚Christophorus‘, das heißt ‚Christusträger‘. Sofort bekam dieser sicheren Boden unter die Füße. Nachts darauf begann sein in die Erde gesteckter Baumstrunk zu grünen (Jooß-Holzing 1987, Tornau 1988).

Der Berner Christophorus war gut und gerne neun Meter hoch! Am 16. Januar 1496 hatte der Rat der Stadt die Skulptur bei einem heute nicht mehr näher bekannten Bildhauer in Auftrag gegeben. Dieser arbeitete zwei volle Jahre an der gewaltigen Statue. Wahrscheinlich wurde das weithin sichtbare Standbild im September 1498 in der stadteinwärts gerichteten Nische direkt über dem Bogendurchgang im Oberen Torturm aufgestellt (Bächtiger 1979/1980, 116). Bei diesem Turm handelte es sich um das Kernstück des 1344–1346 gebauten vierten Befestigungsgürtels. Er war 55 Meter hoch und bildete den am häufigsten benutzten Stadtein- und -ausgang.

Abb. 31: Schöpferischer Mensch und Tod – heute ohne mächtigen Beschützer. Weltanschauung im ‚entchristlichten Abendland' des ausgehenden 20. Jahrhunderts. Abgeleitet von der Abbildung 30.

Den Tod können wir nicht ausschalten. Aber wir verdrängen ihn, so lange es geht. Und es geht heute länger denn je. Der Sand in unserer Lebensuhr hat sich seit Manuels Zeiten verdreifacht. Am Ende drängt sich der Tod dennoch in die Bildfläche. Vom einstigen Beschützer Christophorus ist nur das abgeschlagene Haupt im Berner Historischen Museum erhalten geblieben. Seit 1975 gibt es außerdem eine Replik des Christoffelkopfes in der neuen Bahnhofsunterführung in Bern. Können oder wollen oder sollen wir ihn nicht vergessen? Zumindest existiert er schemenhaft in unserem kollektiven Gedächtnis weiter. Nicht selten begegnet man ihm in einer Mini-Ausgabe auch heute noch als Talismann in Autos.

Zumindest seit dem 17. Jahrhundert hieß das Obere Tor im Volksmund nur noch ‚Christoffelturm‘. Allerdings geschah dies nicht mehr zu Ehren des *Heiligen* Christophorus, denn Schutz*heilige* gab es in Bern nach der Einführung der Reformation im Januar 1528 selbstverständlich nicht mehr. Zwar durfte der Riese damals in seiner angestammten Nische bleiben. Aber er wurde umgehend aller Heiligenattribute entledigt. Als erstes entfernte man das Christuskind auf der linken Schulter. Anschließend setzte man ihm anstelle des anstößigen Heiligenscheines ein dreifedriges Barett aufs Haupt. Schließlich wurde der grünende Baumstamm in der rechten Faust gegen eine Hellebarde und das kurze Schwert in der Linken durch einen acht Meter langen Zweihänder ausgetauscht. Christoffel war zum kriegerischen Torwächter umfunktioniert worden. *Er* durfte bleiben.

Seine ursprüngliche Sinngebung hatte der einstige Heilige somit längst eingebüßt, als um die Mitte des 19. Jahrhunderts im Zuge der Beseitigung aller inzwischen ebenfalls überflüssig gewordenen Befestigungsanlagen unter den Bernern ein heftiger Streit um Abriß oder Erhalt des Christoffelturmes samt Christoffel entbrannte. Niemand kann behaupten, sie hätten sich damals leichten Herzens von einem ihrer alten Wahrzeichen getrennt. Die Entscheidung fiel am 15. Dezember 1864, als die Einwohnergemeinde Bern mit 415 Ja- gegen 411 Nein-Stimmen den Abbruch von Tor samt Torwächter beschloß. Am 20. Januar 1865 wurde er nach 366 Jahren mittels Flaschenzügen aus seiner Nische gehievt, der Turm noch im selben Monat dem Erdboden gleichgemacht.

Vergeblich suchte ich bei meinen Aufenthalten in Bern somit nach Mauerresten des einstigen Bauwerkes, obwohl mich die noch heute so genannte Christoffelgasse auf die richtige Fährte gelenkt hatte. Der kurze Straßenzug führt von der Bundesgasse auf die Heiliggeist-Kirche und das Burgerspital zu und außerdem auf einen der Treppenniedergänge zur neuen Bahnhofunterführung. Wer die Tunnelpassage an dieser Stelle betritt (sogenannter Treppenabgang ‚Loeb‘), stößt dann sofort auf die freigelegten Fundamente des Christoffelturmes. Seit ihrer Einweihung im Dezember 1975 kann dort jeder Besucher auf einer breiten Dokumentationswand in großer Ausführlichkeit nachlesen, was ich hier gestrafft berichtet habe. Ob er sich dessen bewußt ist oder nicht, tut er dies unter den wohlwollend auf ihn herabblickenden Augen einer maßstabsgetreuen Kopie des abgeschlagenen Christoffelhauptes aus dem Berner Historischen Museum. Obwohl die Kopie mit den ausdrucksvollen Augen stattliche zwei Meter siebzig mißt, würdigt sie doch kaum jemals einer der vorbeihastenden Reisenden auch nur eines Blickes. Sie scheinen alle immer in größter Eile zu sein. So kommt mir der Christoffel dort unten immer eher vor wie der verstummte ohnmächtige Zeuge heutiger Hektik und weniger als ein erneut umfunktionierter Talisman für Menschen unterwegs, denen er wie einstmals eine gute Reise wünschen und sie vor Unheil und einem unverhofften Tod bewahren soll.

Jeder Leser möge nun seine eigenen Überlegungen anstellen, was wohl Bächtiger in seinem an sich vorzüglichen Christoffel-Band meint, wenn er schreibt: „Am 18. Dezember 1975 feierte der Gemeinderat die symbolische Rückkehr des Christoffel zu den 1972–1975 konservierten Turmfundamenten in der neuen Bahnhofunterführung: hier konnte eine Kopie des Originalfragmentes des Christoffelkopfes enthüllt werden. Eine Orientierungswand vermittelt dem Betrachter die Zusammenhänge von Standbild, Turm und Stadtbild, erinnert an die unheilvolle, ‚im Namen des Fortschritts‘ gefällte Entscheidung von 1864 und vergegenwärtigt, trotz solcher negativer Vorzeichen, die Anstrengungen der Nachfahren, die Relikte der Vergangenheit zu bewahren. Dazu gehören in erster Linie die umfangreichen Konservierungsarbeiten der mächtigen Stadttoranlage und nicht zuletzt die Restaurierung des im Historischen Museum Bern aufbewahrten Originalfragmentes des Christoffelkopfes" (Bächtiger 1979/1980, 115).

Was hier zu welchem Zweck bewahrt werden soll? „Relikte der Vergangenheit"? Gewiß, die „Zusammenhänge von Standbild, Turm und Stadtbild" kann man auf diese Weise für jeden, der sich dafür interessiert, wieder einsichtig und verständlich machen. Doch Christoffel wird dadurch nicht wieder lebendig. Er bleibt tot. Seine Seele hat man ihm schon bei der Reformation genommen. Seit damals war er im Grunde ein ‚Relikt‘, war er leblos, eine hölzerne Mumie, im Stehen erstarrt. War es wirklich eine „unheilvolle Entscheidung", sie zu entfernen? War sein Abbruch „die größte Sünde"? Oder war diese Lösung nicht vielleicht doch die ehrlichere, als den Leichnam noch länger stehen zu lassen?

Erneut möge mich niemand falsch verstehen! Schließlich habe ich mich als Historiker schon von Berufs wegen für geschichtliche Zusammenhänge zu interessieren. Und ich tue dies auch gern, oft sogar mit Leidenschaft. Doch gerade *weil* ich Historiker bin, manchmal vielleicht zu sehr Historiker bin, finde ich, daß wir es mit dem Sammeln, Aufbewahren und Dokumentieren von Relikten nicht auf sich beruhen lassen sollten. Sonst *bleiben* sie Relikte, bleiben tot oder werden bestenfalls halblebendig. Das aber genügt mir nicht. Ich möchte, daß sie für uns wieder *ganz* lebendig werden, daß sie eine *neue* tragende Funktion erhalten und nicht nur eine Alibi-Funktion wie Christoffel als Maskottchen für Automobilisten oder Zugreisende (Jooß-Holzing 1987, Tornau 1988. – Gerade in diesen beiden Bändchen wird allerdings versucht, der Legende vom Heiligen Riesen Christophorus wieder einen *Sinn* zu geben: „Die zentrale Erfahrung der Christopherusgeschichte könnte man so umschreiben: In der tiefsten Verlassenheit, wenn wir allein und ausgeliefert sind, tritt Gott an unsere Seite. Wir dürfen darauf vertrauen, daß er uns dann seine Hand reicht" [Jooß-Holzing a. a. O.]. Hier wird allerdings ein nicht mehr überall vorhandener Gottesglaube vorausgesetzt. Die ‚neue‘ Sinngebung ist im Grunde die ‚alte‘).

Zu Zeiten des jungen Niklaus Manuel war Christophorus indessen noch nicht tot, selbst in Bern nicht. Trotzdem muß ich auch hier, wo wir uns nun jenem Maler und seinem Werk zuwenden, den Leser in verschiedener Hinsicht vorwarnen. Manches ist weniger gesichert, als es schwarz auf weiß den Eindruck macht. Nicht nur wandelte sich der spätere Niklaus Manuel selbst zu einem eifrigen Verfechter des neuen Glaubens. Noch im Jahr der Berner Reformation gelangte er 1528 in den Kleinen Rat der Stadt, das heißt in den Magistrat. Bis zu seinem Tod blieb er eines der eifrigsten Mitglieder der Regierung. – Einen ‚alten‘ Niklaus Manuel gab es übrigens nie. Der wahrscheinlich 1484 Geborene – das wäre im selben Jahre wie der Zürcher Reformator Huldrych Zwingli – starb bereits 1530, also Mitte Vierzig. Im letzten Lebensjahrzehnt hatte sich der vielseitig Begabte – dichterisch ebenso wie staatsmännisch – nicht mehr als Maler betätigt (vgl. hierzu die neuen biographischen Angaben bei Zinsli 1988 und Pfrunder 1989, ferner noch immer Wagner 1979).

So wenig das genaue Geburtsjahr Niklaus Manuels überliefert ist, so wenig ist es das exakte Todesdatum, geschweige denn die genaue Entstehungszeit seines Totentanzes. ‚Angenommen‘ wird 1516–1519 (vgl. hierzu auch Hammerstein 1980, 88–90, 128–135, 215–218). Wir haben bereits davon gehört, daß nicht einmal die Originalbilder erhalten geblieben sind, sondern nur die mehr als einhundert Jahre später entstandenen, in ihren Ausmaßen viel kleineren und zudem in einer andersartigen Gouache-Technik gefertigten Kopien aus der Hand des Handwerker-Malers Albrecht Kauw (Straßburg 1621 – Bern wahrscheinlich 1681; seine Kopien messen 49,2 cm × 36,5 cm; die Originale hatten dagegen das Format 310 cm × 230 cm; zur Überlieferung des Berner Totentanzes von Niklaus Manuel vgl. Matile 1971/1972). Lauter Ungewißheiten, wohin wir blicken. Sie würden nur noch zunehmen, wollten wir genauer fragen. So wissen wir zum Beispiel nicht, wo Niklaus Manuel ausgebildet wurde, wo er seine Gesellenzeit verbrachte – im kulturell bedeutenden Basel? –, ob er im Frühjahr 1516 wirklich im Solde des französischen Königs Franz I. am Feldzug nach Oberitalien teilgenommen hat oder woran er so früh gestorben ist. Bezogen auf den monumentalen Totentanz wissen wir ebenso wenig, ob er direkt auf die Umfassungsmauer des einstigen Dominikanerklosters gemalt war oder auf Holztafeln, oder ob nur die Beschriftungen darunter auf Holztafeln standen, die Bilder aber direkt auf die Mauer aufgetragen waren. Wir wissen nicht einmal mit Sicherheit, ob der Totentanz auf der inneren Friedhofs- und nicht vielleicht auf der nach außen gerichteten ‚Schauseite‘ zu sehen war, gedacht als stetiges Memento mori für alle Vorbeigehenden, insbesondere auch die dargestellten Stifterpersonen aus dem Kreis der regierenden Berner Oberschicht.

Zudem scheint es mir nicht überflüssig, wenn wir uns vergegenwärtigen, was es denn meinte, damals ‚Mitglied der bernischen Regierung‘ gewesen zu sein. Im Abstand von viereinhalb Jahrhunderten hört sich das gewaltig an.

War es das jedoch zu Manuels Zeiten wirklich? Wer würde heute viel aufhebens machen von jemandem, der zum Gemeinderat einer Kommune von fünftausend Einwohnern zählt? Das aber war die Bevölkerungszahl der Stadt Bern am Ende des 15. Jahrhunderts (Bächtiger 1979, 1; Pfrunder 1989, 26). Und was heißt schon ‚Berns größter Künstler der älteren Zeit‘ (Zinsli 1979, 7)? Das tönt in der Rückschau erneut respektheischend! Was aber war denn schon ein ‚Kunstmaler‘ in so einer Klein-, selbst nach damaligen Verhältnissen nicht mehr als mittelgroßen, künstlerisch zudem völlig unbedeutenden Stadt? Konnte man davon überhaupt leben? Immerhin war Niklaus Manuel seit 1509 verheiratet und hatte zumindest seit 1516 Frau *und* Kind(er) zu versorgen. Manche Biographen meinen jedenfalls, daß er gerade aus finanziellen Erwägungen nach 1520 die wenig einträgliche Malerei aufgab, um sich lukrativeren Geschäften zuzuwenden. So hatte er 1523–1528 die ‚Staatsstelle‘ eines Landvogts von Erlach am oberen Bielersee inne und wohnte und amtete im dortigen Schloß (Pfrunder 1989, 36; Wagner 1979, 37, 118). Politisch – nicht künstlerisch – zählte Bern trotz geringer Bevölkerungszahl in jenen Tagen zu ‚den Großen‘. Mit der Wahl zum Landvogt von Erlach und erst recht mit dem Eintritt in die städtische Regierung mußte ein sprunghafter gesellschaftlicher Aufstieg verbunden gewesen sein, den er als Maler nie hätte erreichen können.

Ein paar Dinge allerdings sind gewiß, weil ‚verbucht‘, andere relativ gesichert. Sie sind es wert genug, bedacht zu werden. So kennen wir zum Beispiel den genauen Standort des Hauses, wo die Manuels seit 1514 wohnten. Es war in Nummer 72 an der Gerechtigkeitsgasse. Das Gebäude befand sich somit in allernächster Nähe des damaligen Zentrums. Es lag nur vier Hausfronten – das sind nicht einmal dreißig Meter – von der Kreuzgasse entfernt, die seinerzeit noch platzartig erweitert war. Wohneigentum aber mußte auch in jenen Tagen genauestens in Grundbüchern vermerkt sein.

Zu Zeiten Manuels hieß die Gerechtigkeitsgasse und die anschließend bis zum Zeitglockenturm führende Kramgasse in ihrer gesamten Länge noch Märit[=Markt]gasse. Ihre neuen Namen erhielten die beiden durch die Kreuzgasse getrennten Teile erst 1798 (Limbach 1982). Wir befinden uns hier im ältesten, in seiner Bebauung auf das Ende des 12., den Anfang des 13. Jahrhunderts zurückgehenden Kern der Altstadt. Das gesamte Areal war damals in sogenannte Hofstätten aufgeteilt. Jede von ihnen maß ursprünglich sechzig mal hundert Berner Schuh (17,60 × 29,30 Meter). Als die Manuels in die Märitgasse einzogen, waren die einstigen Teile jedoch längst zerstückelt: in Drittel-, Viertel-, Fünftel-, Sechstel-, ja Achtel-Hofstätten. Der Manuelsche Besitz bestand aus einer Fünftel-Hofstatt (Hofer et al. 1982, besonders 42–43, sowie lose beigefügter Gesamtplan; Limbach 1978, 31). Die Hausfront war somit, wie man heute an Ort und Stelle noch sehen kann, knapp sechs Meter breit. *Hier*, unter solch beengten Verhältnissen, wohnte und arbeitete ‚Berns größter Künstler der älteren Zeit‘.

Bis zum Dominikanerkloster, seinem außerhäuslichen Arbeitsplatz der ‚wahrscheinlichen‘ Jahre 1516 bis 1519, hatte es Manuel nicht weit. Er mußte die Märitgasse aufwärts bis zu ihrem Ende gehen. Dann tat er ein paar Dutzend Schritte nach rechts, und schon öffnete sich ihm links die heutige Zeughausgasse. An deren Beginn stand damals der Konvent der Dominikaner oder, wie sie auch genannt wurden, der Prediger. Zweimal schon quartierte ich mich für einige Zeit in einer Herberge an dieser Zeughausgasse ein, um in nächster Nähe vielleicht doch noch auf irgendwelche an die damalige Präsenz des Totentanzes erinnernde Überreste zu stoßen. Natürlich wußte ich, daß man die Klostermauer, die sich über eine Länge von etwa hundert Meter längs der heutigen Zeughausgasse hinzog und auf der innen oder außen der Totentanz angebracht war, bereits 1660 „um Erweiterung der Gassen willen“ abgebrochen hatte. Und ebenso wußte ich, daß mit der Einführung der Reformation in Bern das Dominikanerkloster in Stadtbesitz übergegangen und alsbald aufgehoben worden war. Meine Enttäuschung hielt sich somit in Grenzen, als die Ausbeute meines Suchens an Ort und Stelle, abgesehen vom Einatmen des Fluidums, ähnlich gering ausfiel wie schon beim Christoffeltor am Bahnhof. Wiederum erinnerte einzig der Name eines kurzen Straßenzuges zwischen Zeughausgasse und Schüttestraße: die *Prediger*gasse daran, daß hier einst deren Kloster gestanden haben mußte (Furrer et al. 1986, vgl. dort auch die beiden lose beigefügten Faltpläne). Alle weiteren Zusammenhänge hatte ich mir in den Historischen Museen der Stadt, in deren Archiven sowie in den mit Bernensia wohlgefüllten Bibliotheken und Buchhandlungen selbst zu erarbeiten.

Ich tat dies jedoch nur bis zu einem gewissen Grad. Plötzlich hielt ich inne und fragte mich, ob es wirklich das war, was ich hier suchte. Kam ich durch das Recherchieren nicht bloß immer weiter vom eigentlichen Thema ab? Ich strebte doch gar nicht darnach, alles und jedes zu wissen, nur um des Wissens willen. Zu solchem Zweck gab es in Bern tatsächlich Dutzende von einschlägigen Büchern und Hunderte von Artikeln. Es gab darüber hinaus minutiöse Stadtpläne verschiedensten Maßstabes sowie eine Reihe von Spezialplänen wie etwa den „Kellerplan der Berner Altstadt“ (Hofer et al. 1982) oder als Pendant den „Dächerplan und Dächerinventar der Berner Altstadt“ (Furrer et al. 1986). Wer sich nur immer weiter vertiefen will, mag es hier tun. Für mich ist es jedoch höchste Zeit, mit dem Leser zu den Abbildungen 30 und 31 zurückzukehren und damit zum Grundanliegen, das in diesen beiden Graphiken zum Ausdruck gebracht wird. Dabei können wir anknüpfen an das, was wir eben über die Berner Altstadt-Topographie hörten.

Bog Niklaus Manuel am Ende der Märitgasse nicht wie üblich zu seinem Arbeitsplatz nach rechts ab, sondern ging bis zum Stadtausgang gerade weiter, stand er binnen weniger Minuten vor dem Christoffelturm. Aus der Nische über dem Torbogen blickte ihm damals noch der riesige, mehr als neun Meter hohe Christophorus entgegen, und zwar in *ganzer* Größe und in seiner *ursprünglichen* Funktion. Es war noch der *Heilige* Christophorus, dessen Anblick vor einem jähen Tod bewahrte, ganz gemäß dem jahrhundertealten Reim:

> „O sancte Christophore
> qui te mane videt
> diuturno tempore ridet".

Oder zu deutsch:

> „O Heiliger Christophorus,
> wer dich frühmorgens anblickt,
> lacht den ganzen Tag".

Natürlich weiß ich nicht, wie oft Niklaus Manuel am Morgen den Gang zum Christoffel gemacht hat, wie oft er den kurzen Umweg bis zum Oberen Tor wählte, bevor er seine Arbeit an der Umfassungsmauer des Dominikanerklosters wieder aufnahm. Ich weiß ebenfalls nicht, wie oft er überhaupt den Heiligen Christophorus als Heiligen, als Fürbitter beim Herrn und dadurch als mächtigen Beschützer ansah, ihn anrief und anflehte, für sich und seine Familie, wie oft er den oben erwähnten Spruch tat, wie lebendig der Heilige als Heiliger für ihn so kurz vor der Reformation war oder noch war. Wir hörten bereits davon, daß er nur wenige Jahre später, Anfang der 1520er, ganz auf die Linie des neuen Glaubens und damit der Götzenstürmerei einschwenkte (van Abbé 1952; Wagner 1979, 39; Bächtiger 1979/ 1980, 120). Wiederum finden wir Unwägbarkeiten, wohin wir blicken. Sicher ist nur, daß der *Heilige* Christophorus noch stand, als Niklaus Manuel den Totentanz schuf, und zwar mit den Kennzeichen seiner alten Funktion. Der Maler mußte ihm immer wieder begegnet sein: bei Gängen in der Stadt, aus der Stadt hinaus oder wieder zurück. Niklaus' Schritte wurden durch den Heiligen eingerahmt, wenn man so will.

Auf ähnliche Gedanken kommen wir, wenn wir seinen großen Totentanzreigen in den Nachzeichnungen des Albrecht Kauw im Untergeschoß des Historischen Museums zu Bern betrachten. Auch dort ist der Maler nicht allein, und ebenso wenig sind es die zahlreichen weiteren Vertreter aller Stände und Berufe, Gruppen und Schichten, Lebensalter und Geschlechter. Einen nach dem andern holt sie der Tod zum letzten Tanz: Papst und Kardinal, Patriarch und Bischof, Ritter und Mönch, die Äbtissin ebenso wie den Einsiedler, Kaiser und König, Herzog und Graf, Fürsprecher und Arzt, Schultheiß und Ratsherr, Burger und Kaufmann, Witwe und Tochter, Handwerker und Bettler, Krieger und Bauer, Dirne und Narr, Juden, Türken und Heiden. Aber all diese Figuren sind eben auch nicht mit dem Tod allein. Am Ende der Szenenabfolge verweist ein Prediger auf das Jüngste Gericht. Von dort bewegt sich der Reigen zum Anfang zurück. In einem der

Bilder zu Beginn, dem vierten, sehen wir ein Beinhaus. Im darunter angebrachten Reim verkünden die Toten den Lebenden:

> „Hie ligend also unsere Gebeyn,
> Zuo uns har tantzend grosz und kleyn!
> Die ir jetz sind, die warend wir,
> Die wir jetz sind, die werdent ir!"
> (Zinsli 1979, zu Tafel II).

In den vorangehenden drei Bildern wird am Anfang des Zyklus einerseits die Ursache des Todes durch den Sündenfall von Adam und Eva im Paradies dargestellt (Bild 1), andererseits aber auch an den göttlichen Heilsplan (Bild 2 mit Moses und den Zehn Geboten) sowie den Opfertod Christi am Kreuz (Bild 3) erinnert. Dadurch ist die Macht des Todes gebrochen; die Gestorbenen können ins Paradies zurückgelangen. Allen Sterblichen ist in diesem Totentanz somit Erlösung in Aussicht gestellt. Was soll ihnen der Tod letztlich also anhaben können? Hatte Niklaus Manuel somit nicht allen Grund, sich selbst in der letzten Figur des makabren Reigens stolz und aufrecht wiederzugeben? Selbstbewußt steht er wie ein Recke da, modisch in neueste damalige Schweizer Tracht gekleidet. Er ist ganz in seine Arbeit vertieft und läßt sich vom fleischfetzenbehangenen Leichenskelett, das sich heimtückisch gebückt wie eine Katze von hinten an ihn heranschleicht und nach seinem Malstock langt, nicht stören. Fast scheint es, als ob sich dieser diesseitsfreudige Renaissancekünstler selbst dem Tod überlegen fühlte. Obwohl er um ihn weiß, um seine Anwesenheit bloß einen Schrittweit hinter sich, arbeitet er mit Gleichmut weiter, gefaßt und ruhig bis zum letzten Atemzug. – Wieviel habe ich von diesem einzigen Bild nicht gelernt!

Allerdings dürfen wir wiederum eines nicht übersehen: die Verankerung des Niklaus Manuel in seiner Glaubenswelt. Wem nämlich ob der stolzen Darstellung Zweifel an dieses Malers demütig-christlicher Erlösungsgewißheit gekommen sein sollten, lasse sich durch seine selbst gedichteten zwei Vierzeiler unterhalb der Tafel eines besseren belehren:

> *[Der Tod spricht zu dem Maler:]*
> „Manuel, aller Wällt Figur
> Hast gemalet an dise Mur.
> Nun muost stärben, da hilfft kein Fund,
> Bist ouch nit sicher Minut noch Stund."

> *[Manuel, der Maler, gibt Antwort:]*
> „Hilff, einiger Heyland, drumb ich dich bitt!
> Dann hie ist keines Blybens nit.
> So mir der tod min Red wirt stellen,
> So bhüet üch Gott, mine lieben Gsellen!"
> (Zinsli 1979, zu Tafel XXIII).

Viel Kluges hat man in den vergangenen Jahren über den Maler, Dichter, Landvogt, Staatsmann, Reformationsanhänger Niklaus Manuel und sein vielseitiges Werk gesagt und geschrieben, oder mehr oder weniger sinnreich darüber gerätselt und spekuliert (vgl. die detaillierte Bibliographie bei Pfrunder 1989, 313–332). Im Hinblick auf den Totentanz gab man zum Beispiel zu bedenken, daß wir es hier am Ende einer langen Totentanz-Tradition mit etwas Neuem zu tun haben, nämlich mit lauter selbstbewußten Individuen, die alle im persönlichen Gespräch dem Tod Red und Antwort stehen, daß die Dargestellten nicht mehr anonyme Vertreter ihres Standes sind, sondern individuelle und durch die angebrachten Wappen häufig sogar identifizierbare Persönlichkeiten, daß es sich nicht mehr um ein Memento mori für eine wie bis anhin meist klösterliche Gemeinschaft handelt, sondern um ein allgemein zugängliches Mahnmal für die ganze Stadt. Tatsächlich entstand der Totentanz nur noch unter den Auspizien der Dominikaner; finanziert aber wurde er weitgehend durch Stiftungen reicher Bürger. Wiederholt hat man zudem den Maler genauso wie den Staatsmann oder Dichter Niklaus Manuel von der späteren Reformation her interpretieren und in ihm rückblickend einen vielseitigen Vor- und Wegbereiter der Umwälzungen sehen wollen. Im Hinblick auf den Totentanz wurde diesbezüglich dann jeweils großes Gewicht auf die erwähnten einrahmenden Bilder gelegt und speziell auf den dargestellten Opfertod Christi und die dadurch erfolgte Überwindung des Todes sowie die Gnade der Erlösung hingewiesen. (Eine knappe Einordnung in die Totentanz-Tradition findet sich, neben der genannten Arbeit Hammersteins 1980, bei Kaiser 1982; neuere Totentanzliteratur wird sodann bei Freytag 1989, XVIII und bei Schuster 1989, 447–465 aufgeführt.)

All das lasse ich hier dahingestellt. Ich will mich nicht päpstlicher geben als der Papst, will sagen nicht kenntnisreicher als der in unseren Tagen vielleicht beste Kenner des Malers und Dichters Niklaus Manuel, Paul Zinsli. Er schrieb 1979: „Zu letzter Klarheit über jede Einzelheit werden wir wohl nie gelangen, und viel von dem Rätselhaften und Unentschleierten, das allenthalben über Wesen, Leben und Werk des Niklaus Manuel liegt, webt um seine ganze Totentanzschöpfung" (Zinsli 1979, 18).

Wenn wir uns nun der Abbildung 32 zuwenden, scheinen Welten zwischen ihr und dem zu liegen, was wir soeben in den beiden Illustrationen 30 und 31 sahen. Von Tod, von irgendwelchen Memento mori-Hinweisen, einer Sanduhr zum Beispiel oder einem Schädel, geschweige denn einem personifizierten, als Gerippe oder Sensenmann dargestellten Tod ist in den beiden prächtigen Silhouetten Venedigs nichts zu entdecken – vordergründig jedenfalls nicht. Schaut ein *Historiker* jedoch genauer hin, dann sieht er den Tod indes auch hier an allen Ecken und Enden. Es liegt mir fern, einem einzigen Leser die Freude an den herrlichen Gebäuden der Lagunenstadt vergällen zu wollen oder ihm die Augenweide ob dem Anblick von deren einzigartiger Architektur zu trüben.

Abb. 32: Eines *der* Venedig-Motive – nicht nur für Touristen: Die Votivkirche Santa Maria della Salute. Entstanden aufgrund eines Gelübdes der Signoria zu Ehren der Muttergottes bei Ausbruch der Pest 1630/31, errichtet nach den Plänen von Baldassare Longhena, Einweihung 1687.
Oben: Giovanni Antonio Canal, genannt Canaletto (Venedig 1697 – Venedig 1768): ,Santa Maria della Salute in Venedig vom Canal Grande aus'. Späte 1720er Jahre. Leinwand, 44 × 89 cm.
Umzeichnung nach dem Original in der Gemäldegalerie Dahlem der Staatlichen Museen Preußischer Kulturbesitz Berlin.

In der Abbildung 32 haben wir zwei Bildumzeichnungen einer der bekanntesten Kirchen Venedigs vor uns. Es handelt sich um die Santa Maria della Salute. Neben dem Dogenpalast, der Basilica San Marco oder der Rialtobrücke ist sie eines *der* Wahrzeichen Venedigs und als solches weltweit berühmt. In den Nachzeichnungen sehen wir die Silhouette einmal ‚von vorn‘, also gegen das Hauptportal vom Canal Grande aus (oben), und einmal ‚von hinten‘, das heißt vom Canale della Giudecca aus (unten). Die obere Perspektive ist die gewohntere und bei vielen Touristen, Photographen, aber auch Malern die beliebtere. Doch selbst noch unter dem unüblicheren Blickwinkel ‚von hinten‘ kommt die ganze Pracht der Salute-Kirche zur vollen Geltung. Es tut ihr keinen Abbruch, wenn auf diese Weise der Campanile von San Marco sowie der Dogenpalast in die Bildmitte geraten. Sie treten – da weiter entfernt und somit kleiner erscheinend – weniger in Konkurrenz zur Schönheit der Votivkirche, als daß sie deren majestätische Ausgewogenheit noch unterstreichen.

Oberes wie unteres Gemälde stammen von Malern, die Venedig – wie so viele andere vor und nach ihnen – in unzähligen Werken dargestellt haben, der erste hauptsächlich im 18., der zweite im 19. Jahrhundert. Oben handelt es sich um einen gebürtigen und ‚lebenslänglichen‘ Venezianer: Giovanni Antonio Canal, genannt Canaletto (Venedig 1697 – Venedig 1768), unten um den Engländer William Turner (London 1775 – London 1851). Der Brite besuchte die Lagunenstadt drei Mal: in den Jahren 1819, 1833 und 1840 (zu Canaletto und dessen häufigen Abbildungen der Santa Maria della Salute vgl. Constable 1962/1976, Corboz 1985, ferner Waddingham-Klemm 1988, 143–145/147 mit weiterführenden Anmerkungen S. 165; zu der hier wiedergegebenen frühen Version aus den Jahren 1724–1730 in der Gemäldegalerie Dahlem vgl. insbesondere Constable 1962 I, 62–63 sowie Tafel 39, Nr. 181 und II, 259–260, ferner Corboz 1985, 585, Nr. 74; eine treffliche knappe Einordnung Canalettos in den weiten Rahmen der venezianischen Malerei bei Hetzer 1985, 731–736. – Zu Turner vgl. das sorgfältig kommentierte und mit 113 Farbtafeln ausgestattete Werk von Lindsay Stainton: William Turner in Venedig. München: Prestel 1985. Hier beschreibt Stainton anhand von Turners Skizzenbuch auch, wie Turner bisweilen zur Insel Guidecca hinüberfuhr und von dort die Santa Maria della Salute mitsamt der Dogana von der Rückseite aus sowie den Campanile von San Marco und den Dogenpalast hinter oder neben ihnen malte; a.a.O.,

Unten: William Turner (London 1775 – London 1851): ‚Venice, from the Canale della Giudecca, Chiesa di Santa Maria della Salute‘. Ausgestellt 1840. Leinwand, 61 × 91,4 cm. Umzeichnung nach dem Original im Victoria & Albert-Museum in London.

Seite 14, Spalte rechts. Selbstverständlich gibt es bei Turner daneben auch die übliche Version der Salute-Kirche vom Canal Grande aus, vgl. a.a.O. Farbtafeln 47, 92, 93).

Doch wo sind nun die Totenköpfe, die der Historiker auch in diesen Bildern überall zu sehen vorgibt? Die Zusatzbezeichnung der Santa Maria della Salute als Votivkirche führt uns auf die richtige Spur. - *Votiv*kirche?

Votiv*tafeln* sind den meisten von uns bekannt, und wäre es auch nur dem Namen nach oder aufgrund von Reproduktionen, denn in unseren Tagen der leichten Hochglanz-Farbwiedergaben sind sie ein beliebtes Objekt der Vermarktung ‚religiöser Volkskunst‘ geworden. Die Originale dagegen gibt es immer seltener zu sehen, es wäre denn als abgeschirmte Schaustücke populärer Religiosität in den gesicherten Sammlungen unserer Volkskundemuseen. An den Wallfahrtsorten, wo sie *eigentlich* hingehörten und woher allermeist auch die Exponate stammen, haben sie sich zu dermaßen beliebten ‚Mitbringseln‘ entwickelt, daß vielerorten die Gefahr ihrer Entwendung bei nicht ständig beaufsichtigtem Hängenlassen an Kirchen- oder Kapellenwänden zu groß geworden ist. Mehr und mehr stehen sie deshalb unter Verschluß oder werden gar nicht mehr gezeigt. (Unter den überaus zahlreichen Votivtafelbänden nenne ich hier einige aus der Hand von Volkskundlern. Sie enthalten neben reichhaltiger Bebilderung stets auch die notwendigen fachmännischen Einführungen und Kommentare, so Klaus Anderegg: Durch der Heiligen Gnad und Hilf. Wallfahrt, Wallfahrtskapellen und Exvotos in den Oberwalliser Bezirken Goms und Östlich-Raron. Basel: Krebs 1979; – Klaus Beitl: Votivbilder. München: Hugendubel 1982; – René Creux (Hrsg., mit Texten u.a. von Iso Baumer und Klaus Anderegg): Die Bilderwelt des Volkes – Brauchtum und Glaube. Frauenfeld: Huber 1980; – Edgar Harvolk: Votivtafeln. Bildzeugnisse von Hilfsbedürftigkeit und Gottvertrauen. München: Callway 1979; – Lenz Kriss-Rettenbeck: Ex voto. Zeichen, Bild und Abbild im christlichen Votivbrauchtum. Zürich: Atlantis 1972 und Ex Libris 1974 [sowie derselbe schon früher: Das Votivbild. München: Hermann Rinn 1958].)

Votivtafeln sind bild- und damit sichtbar gewordene Einlösungen gegebener Versprechen. ‚Votum‘ heißt Gelübde, ‚ex voto‘ demzufolge ‚aus einem Gelübde heraus‘ oder ‚aufgrund eines Gelöbnisses‘. Gelobigt wurden solche Bildtafeln von unseren Vorfahren bei Krankheiten, Unfällen, Kriegsgefahren oder irgendwelchen sonstigen Nöten oder Bedrängnissen. Bei den angerufenen Helfern oder Fürbittern handelte es sich um besonders verehrte Heilige, häufig auch um die Muttergottes. Die meisten Tafeln zeigen eine Dreiteilung: zum einen – in der Regel kniend – den Votanten, zum andern und durch einen Wolkenkranz getrennt die angerufene überirdische Macht, und schließlich drittens die Ursache des Gelöbnisses: einen Unfall, ein Schiff in Seenot, ein drohendes Unwetter mit Blitz- und Hagelschlag, ein von Kriegshorden überfallenes und angestecktes Haus, eine Frau in Kindsnöten, einen sterbenden Säugling – und immer und immer wieder: kranke Menschen, junge und alte, Männer und Frauen, Kinder und Greise, allein, zu zweit, in Gruppen, ganze Familien. Sie flehen die mächtigen Helfer an, sie möchten bei Gott ein gutes Wort für sie zur Genesung einlegen.

Die Votiv*kirche* in Venedig hat im Prinzip denselben Hintergrund und den gleichen Ursprung wie solche Votiv*tafeln*, nämlich ein gegebenes Versprechen. Allerdings handelt es sich diesmal bei dessen sichtbar gewordenen Einlösung nicht um ,naive Volkskunst', sondern um den vollendetsten Ausdruck künstlerischer Gestaltung. Da der Historiker jedoch gewohnt ist, aufgrund seiner Beschäftigung mit Votivtafeln als geschichtlichen Quellen stets auch nach den *Ursachen* des Gelöbnisses zu fragen und diese bei seinen Betrachtungen mitzubedenken, sieht er sie zumindest vor seinem inneren Auge nun auch beim Anblick der Votiv*kirche*. Da spielt es denn keine Rolle mehr, ob diese Gründe in den Gemälden berühmter Maler oder auf den Photos und Diapositiven Hunderttausender Venedigbesucher realiter abgebildet sind oder nicht. *Deshalb* ist mein Schaudern beim Anblick der überwältigend schönen Silhouette von Santa Maria della Salute weniger das wohlige Schaudern aufgrund von deren makellosen Vollendung als vielmehr das grausige Schaudern wegen der fürchterlichen Ursache ihrer Entstehung.

Das Gelübde, der Heiligen Maria eine neue prächtige Kirche zu bauen, war von den Stadtvätern Venedigs abgelegt worden, als im Juli 1630 wieder einmal die Pest unter der Bevölkerung ausgebrochen war. Man erhoffte sich dadurch deren Fürbitte bei ihrem Sohn, daß er es nicht nochmal zu einem dermaßen gewaltigen Aderlaß kommen lassen möchte wie bei der letzten Pestheimsuchung in den 1570er Jahren. Damals hatte die Seuche allein zwischen Juli 1575 und Februar 1577 46 721 Menschen das Leben gekostet, und das bei einer Gesamteinwohnerzahl von nur rund 150 000! Die Stadtväter wußten somit, was auf dem Spiele stand und was sie mit ihrem Versprechen erstrebten. Die seinerzeitigen Narben waren noch nicht verheilt, viele Erinnerungen im kollektiven Gedächtnis noch wach, und sie erschienen in der Rückschau nun womöglich noch schrecklicher.

Dennoch nahm das Seuchengeschehen auch diesmal seinen Lauf, verheerend, lähmend, Menschenleben zu Hunderten und Tausenden auslöschend. Die Monate von Juli 1630 bis Oktober 1631 genügten, um die Zahl der Opfer erneut auf die gleiche Höhe wie seinerzeit anschwellen zu lassen: 46 490! *Deren* Schädel sehe ich, wenn ich die Silhouette von Santa Maria della Salute betrachte. *Sie* sind die Ursache der herrlichen Votivkirche, dieser steingewordenen Erfüllung des von den Übriggebliebenen – trotz allem – eingelösten Versprechens (vgl. hierzu Commune di Venezia 1979; Ell 1986; Preto 1989; Waddingham-Klemm 1988, 143–147, 165; zur Redensart „San Rocco allewege – wo er war, da herrschten Venedigs Waren und die Pest" vgl. Zeller 1989, 24–31).

Wer von uns brächte genügend Phantasie auf, um sich ein derart grauenhaftes Massensterben vorstellen zu können? Und dies selbst in unserem 20. Jahrhundert mit seinem eigenen unvorstellbaren Massenmorden? Was für Berge von Leichen in Venedig gelegen haben mußten. Im einzigen Monat November 1630 waren es, auf dem Höhepunkt der Seuche, 14 485 Todesopfer. Wäre die Votivkirche damals schon fertig gewesen – sie wurde es erst 1687 nach mehr als fünfzigjähriger Bauzeit –, hätte sie trotz ihrer gewaltigen Größe wohl nicht einmal ausgereicht, um auch nur alle von ihnen aufzunehmen.

Ein *Historiker* schaut Silhouetten, schaut Architekturen, schaut Bilder an, die Werke von Canaletto und Turner, von Dutzenden anderer Maler, welche die Santa Maria della Salute seit 1687 dargestellt haben, ‚von vorn‘, ‚von hinten‘, mit Dogana, ohne Dogana, mit dem Campanile, ohne Campanile, in Großformat oder als flüchtige Skizze, in Öl oder mit Bleistift. Wie sollte er in *seinem* Rahmen, vor *seinem* Hintergrund dabei nur Formen und Farben sehen? Nur die gelungene Komposition, die gekonnte Zeichnung, die geniale Malleistung bewundern, kommentieren und kritisch würdigen? Und wie an Ort und Stelle in Venedig nur die überwältigende Barockfassade des genialen Baldassare Longhena zur Kenntnis nehmen mit ihren Balustraden, Voluten, Giebeln, Marmorsäulen? Das gewaltige Bauwerk ruht auf Hunderten von eingerammten Baumstämmen, wofür ein ganzer Wald in Istrien abgeholzt werden mußte. Für den Historiker ruht es auf den Leibern von 46 490 Pesttoten!

Ein Historiker schaut Bilder an – und kommt darüber ins Grübeln. Die Pest gibt es in Europa seit dem 18. Jahrhundert nicht mehr. Wir haben sie ausgerottet, bei uns zumindest, zur Zeit jedenfalls. Fürbitter beim Herrn zur Abwendung der Pest gibt es deshalb natürlich auch keine mehr. Also brauchen wir den ehedem pestzuständigen Heiligen oder der Muttergottes auch nicht länger eine prächtige Kirche oder was sonst immer zu geloben und anschließend Bild oder Stein werden zu lassen. – Was veranlaßt uns, Kunstwerke von höchster Vollendung hervorzubringen?

Im letzten Kapitel war von zwei Malern des europäischen 19. und beginnenden 20. Jahrhunderts die Rede gewesen, deren Familien beide von der damals grassierenden ‚Pest‘: der Tuberkulose heimgesucht und dezimiert worden waren: Edvard Munch und Ferdinand Hodler. Am 14. März 1914 – seinem 61. Geburtstag – reflektierte Hodler: „So kommt der Tod auf uns zu, jede Sekunde unseres Lebens. Wenn du ihn aufnimmst in dein Wissen, in deinen Willen: das schafft die großen Werke! Und du hast nur dieses eine Leben, um etwas zu leisten. Das gliedert unser ganzes Leben, es gibt ihm einen vollkommen anderen Rhythmus. Das zu wissen, das verwandelt den Todesgedanken in eine gewaltige Kraft" (Brüschweiler 1976, 33). Ein Großteil *dieser* Kraft ist mittlerweile verpufft, uns abhanden gekommen.

Ich möchte den Leser jedoch nicht mit dem pestialischen Paukenschlag der Santa Maria della Salute entlassen, sondern mit einem viel alltäglicheren

Bild und unser Nachdenken dadurch in weniger konsternierende Bahnen zurücklenken. Mit der abschließenden Abbildung 33 knüpfe ich nochmals dort an, wo ich dieses Kapitel begonnen habe, nämlich bei Familienverhältnissen vor dreihundert Jahren und damaligen Formen des ‚zusammen‘ Lebens. Nun fehlt es, vordergründig jedenfalls, wahrlich nicht an Veröffentlichungen zu diesem Themen; im Gegenteil! Alle Aspekte von Ehe, Familie, Liebe, Eltern-, Partnerschaft werden einzeln oder kombiniert in unzähligen Publikationen laufend von den verschiedensten Seiten her beleuchtet und gedeutet: soziologisch, psychologisch, theologisch, pädagogisch, demographisch, ökonomisch, medizinisch, sozialpolitisch. Zwei neuere Studien enthalten nicht weniger als 28 beziehungsweise 27 Seiten weiterführende Literatur mit Hunderten einzelner Titel (Burkart et al. 1989, 270–297; Lüscher et al. 1988, 417–443). Sieht man sich diese Publikationen dann jedoch an, kommen sie einem Historiker wie Untersuchungen unter einem Mikroskop vor. Ein kurzer Zeitabschnitt von ein paar Jahren, allenfalls Jahrzehnten wird unter die Lupe genommen und nach allen Regeln der Kunst, das heißt der jeweiligen Disziplin ausgeleuchtet, analysiert, beschrieben, kommentiert.

Daß man mich nicht falsch verstehe! An Polemik ist mir nichts gelegen. Jede wissenschaftliche Disziplin hat ihre Stärken und ihre Schwächen. Über die Grenzen der Disziplinen hinweg zusammenarbeiten und sich ergänzen scheint mir allemal besser und ist der Sache dienlicher als stures Beharren auf seinem eigenen Standpunkt oder ein herablassendes Benehmen den anderen gegenüber. Dennoch kann ich nicht verschweigen, daß mir *als Historiker* viele dieser Studien ‚blind‘, zumindest ‚kurzsichtig‘ erscheinen. Es fehlt an historischer Tiefenschärfe. Das soll kein Vorwurf sein. Schließlich haben sich jene Autoren als Nicht-Historiker weder vorgenommen noch je versprochen, geschichtliche Tiefenschärfe zu liefern.

Es ist jedoch eine Sache, die Entwicklung von Ehe, Familie, Liebe, Eltern-, Partnerschaft oder damit zusammenhängend von Lebenserwartung, Säuglings-, Mütter-, Erwachsenensterblichkeit oder welches anderen Aspektes auch immer über die letzten fünf oder zehn oder zwanzig Jahre zu verfolgen und seine Schlüsse daraus zu ziehen, so wie dies die eben erwähnten aktualitätsorientierten Wissenschaftler im allgemeinen zu tun pflegen. Etwas ganz anderes ist es, dasselbe für die letzten zwei, drei oder vier Jahrhunderte zu unternehmen. Im ersten Fall mögen wir, vielmehr sie unter Umständen bloß ein kurzfristiges Auf oder Ab zu fassen bekommen, einen wenig repräsentativen Bruchteil einer längerfristigen Entwicklung, vielleicht auch einen gerade zurückschwingenden Pendelausschlag wieder einmal in die umgekehrte Richtung; im zweiten dagegen einen langfristigen Ablauf mit möglicherweise bereits unumkehrbaren Folgen. Historische Tiefenschärfe versetzt uns jedenfalls in eine bessere Position, um abzuklären, was sich *nur vordergründig verändert* hat, was sich *wirklich verändert* hat oder was einfache *alte Probleme in neuer Form* sind. Dies aber hilft, die Vergangenheit, auch und gerade im Hinblick auf Familienverhältnisse und auf unser Zusammenleben generell realistischer zu betrachten und nicht mangels historischer Sachkenntnis beim Auftauchen jetziger Probleme unbesehen mit einer vermeintlich ‚problemlosen guten alten Zeit' tauschen zu wollen.

Die Abbildung 33 spielt zur gleichen Zeit wie die Pest, die Ursache für den Bau der Santa Maria della Salute in der vorangegangenen Illustration war, nämlich in den 1630er Jahren. Es brauchte nicht immer, wie dort, eine Katastrophe gewaltigen Ausmaßes zu sein, um den Alltag unserer Vorfahren aufgrund vorzeitiger Todesfälle durcheinander zu bringen. Das Leben war damals immerdar und überall gefährdet, durch Dutzende anderer Krankheiten, durch Unfälle, durch Mißernten und in deren Gefolge durch Hunger, durch kriegerische Ereignisse. Die Abbildung 33 zeigt uns nun, was aufgrund solcher alltäglicher Situationen jederzeit leicht eintrat und die häufige Folge war: komplizierte Familienverhältnisse voller Spannungen.

Im oberen Teil sehen wir die Umzeichnung eines Gemäldes und unten einmontiert den Beginn von Grimms Märchen ‚Brüderchen und Schwesterchen'. Was ich damit insgesamt veranschaulichen will, ist die historisch hundertfach belegte simple Tatsache, daß es eine „gute alte Zeit des harmonischen Zusammenlebens in intakten Familiengemeinschaften" für alle so nie gegeben hat. Ganz abgesehen davon, daß es aufgrund der damaligen Sterblichkeitsverhältnisse selten zu einem dauerhaften Zusammenleben von mehreren Generationen in Großfamilien kommen konnte (wie sollte das bei einer Lebenserwartung für Erwachsene von insgesamt etwa sechzig Jahren auch möglich sein? – vgl. hierzu nochmals die Ausführungen zu Abbildung 19 oben), war es mit einem ‚harmonischen Zusammenleben' in den damaligen Kleinfamilien oft auch nicht weit her. Man bedenke die vielen komplizierten Familienverhältnisse vergangener Tage! Witwer mit Kindern und Stiefkindern heirateten Witwen mit Kindern und Stiefkindern. Nicht nur lebten Stiefmütter und Stiefväter mit Stiefkindern zusammen, sondern manche Kinder in solchen ‚Familien' waren überhaupt nicht miteinander verwandt. Daß Spannungen und Streitigkeiten unter solchen Bedingungen – nicht zuletzt bei Erbangelegenheiten – keine Ausnahmen bildeten, liegt auf der Hand. Gute alte Zeit? Ich möchte nicht mit ihr tauschen. Dafür also gute neue Zeit? Auch da bin ich skeptisch. Doch möge jeder Leser nun seine eigenen Schlüsse ziehen! ‚Früher' gab es, wie wir sahen, aufgrund des vorzeitigen Hinwegsterbens von Vätern und Müttern viele Halb- und Ganzwaisen. ‚Heute' dagegen gibt es viele Scheidungswaisen. Was war, was ist ‚besser', was ‚schlechter' für die betroffenen Kinder und Heranwachsenden?

Als eine Illustration solcher Zustände ‚früher' sehen wir im oberen Teil der Abbildung die englische Familie Saltonstall aus der ersten Hälfte des 17. Jahrhunderts. Sir Richard Saltonstall of Chipping Warden steht am Totenbett seiner ersten Gemahlin. Sie starb 1630. Drei Jahre später, 1633,

"Brüderchen nahm sein Schwesterchen an der Hand und sprach: 'seit die Mutter tot ist, haben wir keine gute Stunde mehr; die Stiefmutter schlägt uns alle Tage, und wenn wir zu ihr kommen, stößt sie uns mit den Füßen fort. Die harten Brotkrusten, die übrig bleiben, sind unsere Speise, und dem Hündlein unter dem Tisch geht's besser: dem wirft sie doch manchmal einen guten Bissen zu. Daß Gott erbarm, wenn das unsere Mutter wüßte! Komm, wir wollen miteinander in die weite Welt gehen'."

Brüder Grimm: Kinder- und Hausmärchen. Märchen Nr. 11: Brüderchen und Schwesterchen.

Abb. 33: Von ‚schlechten alten Gemeinschaften' ‚früher'.
Oben: David Des Granges (1611–1675): Die Familie Saltonstall. 1636/1637. Öl auf Leinwand, 214 × 276,2 cm. Umzeichnung nach dem Original in der Tate Gallery in London.
Unten: Einmontiert der Anfang von Grimms Märchen ‚Brüderchen und Schwesterchen', hier zitiert nach der Ausgabe ‚Kinder- und Hausmärchen gesammelt durch die Brüder Grimm mit den Zeichnungen von Otto Ubbelohde und einem Vorwort von Ingeborg Weber-Kellermann'. Fünfte Auflage. Erster Teil, Märchen Nr. 11. Frankfurt am Main: Insel Verlag 1981, 90. – Dem Archiv des Brüder Grimm-Museums Kassel danke ich für freundliche Mithilfe beim Recherchieren.

heiratete der Witwer erneut. Aus erster Ehe brachte Sir Richard zwei kleine Kinder mit. Im Familienporträt hält er sie an seiner rechten Hand. Mit der linken hebt er leicht den Vorhang an, damit die dahingegangene Mutter am Gruppenbild teilhaben kann. Rechts sitzt seine neue Frau. Auf ihrem Schoß hält sie ein Kind aus dieser zweiten Ehe. Doch weder sie noch das neue Stiefgeschwisterchen scheinen das geringste mit den übrigen Personen im Bild zu tun zu haben oder auch nur zu tun haben zu wollen. Weder gibt es Blickkontakte zwischen ihnen, noch die mindeste körperliche Annäherung. Beide Gruppen sind isoliert und stehen einander wie feindliche Parteien gegenüber. In der Mitte befindet sich der einzige, der mit allen etwas zu tun hat, nämlich Sir Richard. Doch kommt es uns so vor, als ob er zwischen allen Fronten stünde. Von Zärtlichkeit ist in dieser Darstellung nichts zu spüren, von intimer ‚harmonischer Familiengemeinschaft‘ schon gar nicht.

Noch ins Bild versunken und darob nachdenklich geworden, beginnen wir den Anfang von Grimms Märchen zu lesen: „Brüderchen nahm sein Schwesterchen an der Hand und sprach: ‚seit die Mutter tot ist, haben wir keine gute Stunde mehr; die Stiefmutter schlägt uns alle Tage, und wenn wir zu ihr kommen, stößt sie uns mit den Füßen fort. Die harten Brotkrusten, die übrig bleiben, sind unsere Speise, und dem Hündlein unter dem Tisch geht's besser: dem wirft sie doch manchmal einen guten Bissen zu. Daß Gott erbarm, wenn das unsere Mutter wüßte! Komm, wir wollen miteinander in die weite Welt gehen‘.“

Nach den oben gemachten Ausführungen über inhärente Spannungen in vielen damaligen Kleinfamilien angesichts der oft komplizierten Verwandtschaftsverhältnisse will es uns wie Schuppen von den Augen fallen! Denn mittlerweile verfügen wir über einen Rahmen und wissen, wie wir das zu Sehende und auch das zu Lesende einzuordnen haben. Es ist eine vorzügliche Illustration jener Zustände ‚früher‘, einer Zeit der erzwungenermaßen vielen ‚schlechten alten Gemeinschaften‘ (zur Deutung von Familienkonflikten in Märchen aus der Sicht von Psychologen vgl. Kast 1988; auch Bottigheimer 1987 und Stork 1987).

Das Thema das Buches lautete: ‚Ein Historiker schaut Bilder an‘. Mit der letzten Abbildung, die ein Gemälde und einen Text miteinander verknüpft und in Beziehung setzt, ist das nächste Buchthema eigentlich schon vorprogrammiert. Es brauchen nicht immer Gemälde zu sein, die den Historiker inspirieren und die er in seinem Rahmen neu sieht. Texte, Märchen vermögen ihm und nun hoffentlich auch dem Leser denselben Dienst zu erweisen.

Verzeichnis der Abbildungen

Literatur

Kommentar: Da die sieben Kapitel dieses Buches schwerpunktmäßig sehr unterschiedlichen Themen gewidmet sind, habe ich die anschließenden Literaturhinweise entsprechend blockweise gegliedert. Dieselben Gründe hatten zuvor bei meinen eigenen Literaturrecherchen schon dazu geführt, daß ich mich immer wieder auch außerhalb meines eigentlichen Fachgebietes kundig machen mußte (im Hinblick auf die Kapitel 4 bis 6 zum Beispiel über Infektionskrankheiten, über Rückstände in der Muttermilch, über Pflanzenkrankheiten und Pflanzenschutz, über Desinfektionsmittel und -verfahren, über Lebensmittelhygiene, über Insektizide und Pestizide usw.). Dabei waren mir mehrere computergespeicherte Literatur-Informationssysteme eine große Hilfe. Da eines davon, die Datenbank MEDLINE/MEDLARS, zudem im ersten Kapitel eine Rolle spielt, seien hier einige allgemeine Angaben über diese, für manchen Leser vielleicht noch neue Form der Literatursuche gemacht.

Jede mittelgroße deutsche Universitätsbibliothek verfügt heute über den direkten Zugriff auf etwa drei- bis vierhundert Literaturdatenbanken deutscher und internationaler Anbieter. MEDLINE/MEDLARS ist somit nur eine unter vielen, wenn auch eine sehr bedeutende und eine der größten, sicher aber eine der am meisten benutzten. Anfang 1989 bestand sie aus rund 5,8 Millionen Dokumentationseinheiten, wobei jeweils Autor(en), Titel und sonstige bibliographische Angaben nachgewiesen werden, ferner Schlagwörter und in den meisten Fällen eine zumindest knappe Zusammenfassung. Die Sprache ist generell englisch, doch sind die Titel stets auch in der Originalsprache vermerkt. Diese Datenbank erlaubt Literaturrecherchen, die bis Anfang 1966 zurückreichen. Ihre Aktualisierung erfolgt monatlich. Jährlich kommen etwa 350 000 neue Titel aus rund 3 200 Zeitschriften hinzu.

Als weitere Beispiele, die mir für dieses Buch von Nutzen waren, seien genannt: BIOSIS (= BIOSciences Information Service). Diese Bank enthält derzeit rund sechs Millionen Dokumentationseinheiten aus dem Bereich der gesamten Biologie und der sonstigen Biowissenschaften. Die Anzahl jährlicher Neuzugänge beläuft sich auf etwa 500000. Seit 1970 werden hier laufend rund 9500 Zeitschriften sowie andere Quellen ausgewertet. Die Aktualisierung erfolgt monatlich. Noch umfangreicher ist SCI-SEARCH, das seit 1974 etwa neun Millionen Dokumentationseinheiten aus allen Gebieten der Medizin, Naturwissenschaften, Technik und angewandten Wissenschaften aufgrund der systematischen Auswertung von rund 4 500 Zeitschriften gespeichert hat. Die Zahl der jährlichen Neuzugänge gibt man mit etwa 530 000 an. Eine Aktualisierung wird alle vier Wochen angeboten. Unter den deutschen Produkten sei FORIS erwähnt (= FORschungsInformationssystem Sozialwissenschaften). Seit 1978 wurden hier etwa 32 000 Forschungsnachweise über laufende, geplante und abgeschlossene Forschungsarbeiten in den Sozialwissenschaften – unter anderem in Sozialgeschichte und Bevölkerungsforschung – aus der Bundesrepublik Deutschland, Österreich und der Schweiz aufgenommen, wobei jährlich rund 5000 neue hinzukommen. Sie wird dreimal jährlich auf den neuesten Stand gebracht. Schließlich enthält SOLIS (= SOzialwissenschaftliches LiteraturInformationsSystem) derzeit etwa 100 000 Dokumentationseinheiten über deutschsprachige Literatur in den Sozial-wissenschaften und ihren Anwendungsgebieten – unter anderem auch wieder in Sozialgeschichte und Bevölkerungsforschung. Die Zahl jährlicher Neuzugänge be-trägt etwa 15 000. Die Aktualisierung geschieht monatlich (die Zusatzsinformatio-nen zu FORIS und SOLIS aufgrund persönlicher Auskünfte durch das Informations-Zentrum Sozialwissenschaften bei der Arbeitsgemeinschaft Sozialwissenschaftlicher Institute in Bonn vom 18.01.1990; speziell zu DIAGNOSIS vgl. ferner den Hinweis in der Literatur zum ersten Kapitel unten).

Die zuständigen Dienststellen in den Universitätsbibliotheken nennen sich meist ‚On-line-Informationsvermittlung‘ oder ähnlich. Dort erhält man alle notwendigen weiteren Auskünfte und Dokumentationen. Natürlich kann man sich unabhängig davon anhand marktüblicher Publikationen selbst kundig machen, so etwa in: ‚WHO IS WHO in der Online-Szene. Das Jahrbuch der Online-Szene 1989/90‘, herausgegeben von der Arbeitsgemeinschaft Fachinformation (Frankfurt: Breiden-stein 1989) oder im ‚Verzeichnis deutscher Datenbanken, Datenbank-Betreiber und Informationsvermittlungsstellen. Bundesrepublik Deutschland und Berlin (West)‘, herausgegeben von der Gesellschaft für Mathematik und Datenverarbeitung (Ausga-be 1988: München: Saur 1988).

In der Regel enthalten alle aufgrund solcher Datenbanken angeforderten Literatur-hinweise exakte Angaben über den oder die Verfasser, Titel und Untertitel, Erschei-nungsort und -jahr, bei Zeitschriften den Jahrgang, zudem thematische Schlüsselwör-ter sowie eine Zusammenfassung des Inhalts – alles jeweils im Umfang von einer halben bis einer ganzen Seite. Man kann sich die Hinweise entweder über einen Terminal auf den Bildschirm holen oder/und ausdrucken lassen.

Wie weit man Gebrauch von solchen computerisierten, im allgemeinen kosten-pflichtigen Informationssystemen macht und wie viel an Benutzungsgebühren man zu investieren bereit ist, hängt nicht nur vom jeweiligen Thema ab, für das man sich interessiert, sondern auch davon, wie *gründlich* man Bescheid wissen will. Man hüte sich allerdings vor Illusionen! Hinweise auf Dutzende, ja Hunderte von ‚relevanten‘ Titeln vor sich zu haben ist keineswegs dasselbe, wie Dutzende, ja Hunderte von Artikeln oder gar Büchern *gelesen*, geschweige denn, sich ihren Inhalt *angeeignet* zu haben – ganz abgesehen davon, daß es keineswegs immer leicht fällt, sich vor allem entlegene Literatur auch tatsächlich zu besorgen. Doch selbst wer das alles geschafft hat, braucht dadurch noch immer nicht viel Neues gelernt zu haben und klüger geworden zu sein. Sich frei zu halten für eigenes Nachdenken und sich *neue* Gedan-ken zu einem unter Umständen schon alten Thema zu machen, scheint unendlich viel schwerer, als bloß zu lesen oder Gelesenes zum xten Mal in etwas anderen Worten wiederzugeben – oder eben, als sich heutzutage mittels neuer Techniken eine über-wältigende, den Unerfahrenen anfangs fast erschlagende Literaturliste zusammenzu-stellen. So könnte ich durchaus verstehen, wenn bei manchem Leser die im Hinblick auf unser Buchthema nicht unwichtige Pressemitteilung vom August 1989 zwiespälti-ge Gefühle auslösen würde, wonach mit tatkräftiger Unterstützung der Volkswagen-Stiftung ein „EDV-gestütztes Katalogisierungsprogramm für große Museen der euro-päischen Kunst" gestartet wurde. „Damit soll es großen deutschen Sammlungen ermöglicht werden, ihre bisher nicht hinreichend dokumentierten Kunstbestände durch Eingabe wissenschaftlicher Beschreibungen und fotografischer Aufnahmen in den Computer der Forschung zugänglich zu machen. Fernziel ist eine einheitliche

museumsübergreifende Katalogisierung mittels einer zentralen und allgemein benutzbaren Datenbank" (Pressemitteilung der Volkswagen-Stiftung Nr. 20 vom 9. August 1989).
Damit will ich diese Datenbanken in keiner Weise herabwürdigen, sehr wohl aber in ihrem Wert relativieren. Insbesondere MEDLINE/MEDLARS benutze ich seit Jahren in Form von Dauersuchaufträgen über die Relaisstation von DIMDI in Köln (= Deutsches Institut für Medizinische Dokumentation und Information) und die Standleitung zur Online-Abteilung in der Medizinischen Bibliothek des Berliner Universitätsklinikums mit größtem Nutzen. Für mich handelt es sich hierbei um eine nie versiegende Quelle der Inspiration, auch wenn ich bei weitem nicht alles (gründlich) lese, was mir da an Lektüre angeboten wird. – Um Verwirrung zu vermeiden, muß hier hinzugefügt werden, daß DIMDI mittlerweile die beiden Datenbanken MEDLINE und MEDLARS zu einer einzigen zusammengefaßt hat, nämlich zu MEDLINE II. MEDLARS gibt es hierzulande somit nicht länger.

Zu: Vorwort und Einleitung

Belting, Hans u. a. (Hrsg.): Kunstgeschichte: eine Einführung. Dritte, durchgesehene und erweiterte Auflage. Berlin: Reimer 1988.

Hoghe, Raimund: Es ist genug. Begegnung mit einer Frau, die des langen Lebens müde ist. In: Die Zeit, Nr. 11 vom 9. März 1990, 94. [Vgl. die sehr unterschiedlichen Leserbriefe dazu in: Die Zeit, Nr. 15 vom April 1990, 73.]

Jankuhn, Herbert, Hartmut Boockmann und Wilhelm Treue (Hrsg.): Deutsche Geschichte in Bildern von der Urzeit bis zur Gegenwart. Wiesbaden: Akademische Verlagsgesellschaft Athenaion 1981.

Johnson, Paul, Christoph Conrad, David Thomson (Eds.): Workers versus Pensioners: Intergenerational Justice in an Ageing World. Manchester: Manchester University Press 1989.

König, Eberhard: Stephan Lochner Gebetbuch 1451. Handschrift 70 der Hessischen Landes- und Hochschulbibliothek Darmstadt. Kommentar [zur Faksimile-Ausgabe des Lochner-Gebetbuches] von Eberhard König. Mit Beiträgen von Kurt Hans Staub und Beate Braun-Niehr. Lachen am Zürichsee: Coron 1989.

Marijnissen, Roger H.: Hieronymus Bosch. Das vollständige Werk, aus dem Niederländischen von Hugo Beyer. Weinheim: VCH Verlagsgesellschaft Acta Humaniora 1988.

Montias, John Michael: Vermeer and his Milieu, a Web of Social History. Princeton: Princeton University Press 1989.

Rudloff, Diether: Kosmische Bildwelt der Romanik. Die Kirchendecke von Zillis. Mit einem Beitrag von Christoph Eggenberger. Photographiert und herausgegeben von Peter Heman. Stuttgart: Urachhaus 1989. [Die schweizerische Original-Edition erschien gleichen Jahres unter dem Titel ‚Zillis. Die romanische Bilderdecke der Kirche St. Martin' bei Heman in Basel. Sie liegt auch auf französisch und rätoromanisch vor. – Vgl. dazu ferner: stb.: Heikle Sicherung der Deckenbilder von Zillis. In: Neue Zürcher Zeitung, Fernausgabe Nr. 233 vom 8./9.10.1989, 26.]

WHO Expert Committee: Health of the elderly. Report of a WHO Expert Committee (= World Health Organization Technical Report Series 779). Genf: World Health Organization 1989.

Zu 1: Ein schockierendes Erlebnis und seine Folgen

Baird, Robert M.: Meaning in Life: discovered or created? In: Journal of Religion and Health 24, 1985, 117–124.

Belting, Hans: Bild und Kult. Eine Geschichte des Bildes vor dem Zeitalter der Kunst. München: Beck 1990.

Belting, Hans u. a. (Hrsg.): Kunstgeschichte: eine Einführung. Dritte, durchgesehene und erweiterte Auflage. Berlin: Reimer 1988 [in unserem Zusammenhang wichtig die Beiträge zu Teil 3: Gegenstandsdeutung, 147–365].

Berger, John: Das Leben der Bilder oder die Kunst des Sehens. Neuausgabe. Berlin: Wagenbach 1989. [Das englische Original erschien 1980 unter dem Titel ‚About Looking‘ bei Writers and readers Publishing Cooperative Ltd. in London.]

Boockmann, Hartmut: Eine spätmittelalterliche Stadt. Vorschläge für die Verwendung eines Bildes im Geschichtsunterricht. In: Geschichte in Wissenschaft und Unterricht 36, 1985, 269/271–276.

Boockmann, Hartmut: Die Stadt im Spätmittelalter. München: Beck 1986 [= 1986a].

Boockmann, Hartmut: Dreimal Kulturgeschichte, Alltagsgeschichte, Geschichte der materiellen Kultur. In: Zeitschrift für Historische Forschung 13, 1986, 201–215 [= 1986b].

Bourgeois-Pichat, Jean: Du XXe au XXIe siècle: L'Europe et sa population après l'an 2000. In: Population 43, 1988, 9–44. [Diese Studie liegt auch in englischer Übersetzung vor: From the 20th to the 21st century: Europe and its population after the year 2000. In: Population 44, 1989, English selection No. 1, 57–90.]

Bryson, Norman: Looking at the Overlooked. Four Essays on Still Life Painting. Cambridge Mass.: Harvard University Press 1990.

Bundesgesundheitsamt: Tätigkeitsbericht 1988. München: MMV Medizin-Verlag 1988 [umfaßt 392 Seiten!].

Bundesgesundheitsamt: Schriftenverzeichnis. Schriften und Empfehlungen zur öffentlichen Gesundheitspflege mit Institutionen-Wegweiser. Berlin: Pressestelle des Bundesgesundheitsamtes 1989.

Burton, Anthony: Looking forward from Ariès? Pictorial and material evidence for the history of childhood and family life. In: Continuity and Change 4, 1989, 203–229.

Criegern, Axel von: Bilder interpretieren. Düsseldorf: Schwann 1981.

DIAGNOSIS: Datenbank für Diagnosehilfe, erstellt und betrieben von MEDISOFT (Gesellschaft für medizinische Datenbanken in Frankfurt am Main im Auftrage des Georg-Thieme-Verlages). Diese Datenbank, in die sich Ärzte über Telefon einschalten und die Antwort auf ihren Bildschirm erhalten können, führt von Symptomen und Befunden zu Diagnosevorschlägen und bietet dadurch eine ärztliche Diagnosehilfe. Die Verantwortung für alle diagnostischen Entscheidungen liegt jedoch immer beim Arzt (vgl. hierzu allgemein den Kommentar zu Beginn).

Eberlein, Johann Konrad: Inhalt und Gehalt: Die ikonographisch-ikonologische Methode. In: Belting, Hans u. a. (Hrsg.): Kunstgeschichte: eine Einführung; dritte, durchgesehene und erweiterte Auflage. Berlin: Reimer 1988, 169–190.

Ellmers, Detlev: Die Entstehung der Hanse. In: Hansische Geschichtsblätter 103, 1985, 3–40.

Falk, Franz: Die deutschen Sterbebüchlein von der ältesten Zeit des Buchdruckes bis zum Jahre 1520 (= Görres-Gesellschaft, zweite Vereinsschrift für 1890). Köln: Bachem 1890. Unveränderter Nachdruck: Amsterdam: Rodopi 1969.

Freund, Thomas: Erfolgsstrategie eines Schmarotzers. Dem Epstein-Barr-Virus schreibt man viele Rollen zu. In: Süddeutsche Zeitung Nr. 172, 28.07.1988, 35.

Gohr, Siegfried: Die Christusstatue von Bertel Thorvaldsen in der Frauenkirche zu Kopenhagen. In: Bertel Thorvaldsen. Untersuchungen zu seinem Werk und zur Kunst seiner Zeit. In: (Ausstellungskatalog) Bertel Thorvaldsen – Ein dänischer Bildhauer in Rom. Kunsthalle Köln, 5. Februar – 3. April 1977 (= Kölner Berichte zur Kunstgeschichte. Begleithefte zum Wallraf-Richartz-Jahrbuch 1977). Köln: Wallraf-Richartz-Museum 1977, 343–365.

Illhardt, F.J.: Ars moriendi – Hilfe beim Sterben. Ein historisches Modell. In: Matouschek, E. (Hrsg.): Arzt und Tod: Verantwortung, Freiheiten und Zwänge. Stuttgart: Schattauer 1989, 89–103.

Jaritz, Gerhard: Zwischen Augenblick und Ewigkeit. Einführung in die Alltagsgeschichte des Mittelalters. Wien-Köln: Böhlau 1989.

Junge, Burckhard: Wo steht die Bundesrepublik Deutschland heute bei Sterblichkeit und Lebenserwartung? In: Bundesgesundheitsamt: Tätigkeitsbericht 1988. München: MMV Medizin-Verlag 1988, 199–201.

Kaemmerling, Ekkehard (Hrsg.): Ikonographie und Ikonologie. Theorien – Entwicklung – Probleme. Köln: DuMont 1979.

Klein, H.-J.: Analyse von Besucherstrukturen an ausgewählten Museen in der Bundesrepublik Deutschland und in Berlin (West). Berlin: Staatliche Museen Preußischer Kulturbesitz, Institut für Museumskunde Berlin, Heft 9, 1984. [Das ‚Heft‘ hat 220 Seiten!]

Krauss, Heinrich, Eva Uthemann: Was Bilder erzählen. Die klassischen Geschichten aus Antike und Christentum. Zweite, überarbeitete Auflage: München: Beck 1988.

Kruft, Hanno-Walter: Thorvaldsens Rückkehr. Zur Ausstellung seines Werkes in Rom. In: Neue Zürcher Zeitung, Fernausgabe Nr. 20 vom 26. Januar 1990, 37.

Kruse, Waltraud: Der ältere Mensch in der ärztlichen Praxis. In: Andreas Kruse, Ursula Lehr u.a. (Hrsg.): Gerontologie – Wissenschaftliche Erkenntnisse und Folgerungen für die Praxis (= Beiträge zur II. Gerontologischen Woche, Heidelberg, 18.6.-23.6.1987). München: Bayerische Montasspiegel Verlagsgesellschaft 1988, 320–330. [Dr. med. Waltraud Kruse, *1925, ist Leiterin des Lehrgebietes Allgemeinmedizin und Honorarprofessorin an der Technischen Hochschule Aachen.]

Massey, E. Wayne et al.: Mental neuropathy from systemic cancer. In: Neurology (Ny) 31, 1981, 1277–81.

McCall, Nancy: The Statue of the Christus Consolator at The Johns Hopkins Hospital: Its Acquisition and Historic Origins. In: The Johns Hopkins Medical Journal 151, 1982, 11–19.

McClatchey, William M. [Editorial]: The Computer as a medical tool. In: Journal of the Medical Association of Georgia 74, 1985, 290–291.

Panofsky, Erwin: Ikonographie und Ikonologie. Eine Einführung in die Kunst der Renaissance. In: Ders.: Sinn und Deutung in der bildenden Kunst. Köln: DuMont 1978, 36–67. [Diese Studie war ursprünglich 1939 in New York als englischsprachige Einführung in Panofskys ‚Studies in Iconology. Humanistic Themes in the Art of the Renaissance‘ erschienen.]

Pascher, Peter Hans: Buch der Kunst des heilsamen Sterbens. Ein Druck aus Augsburg von Günther Zainer (= Beiträge zur Kodikologie und zu den Historischen Hilfswissenschaften, Heft 5). Klagenfurt: Armarium 1988.

Rabb, Theodore K.: The Historian and the Art Historian, III: Recent Work on the Seventeenth Century. In: Journal of Interdisciplinary History 20, 1990. [Die – nicht numerierten – Teile I und II in derselben Zeitschrift: (I:) 4, 1973, 107–117 und 14, 1984, 647–655.]

Rosenfeld, Hellmut: Der Tod in der christlichen Kunst und im christlichen Glauben – Der sterbende Mensch in Furcht und Hoffnung vor dem göttlichen Gericht. In: Jansen, Hans Helmut (Hrsg.): Der Tod in Dichtung, Philosophie und Kunst. Zweite, neu bearbeitete und erweiterte Auflage. Darmstadt: Steinkopff 1989, 201–230.

Sinz, Dagmar: Erfolg und neue Impulse. Veranstaltungen in der „Pyramide" des Louvre. In: Neue Zürcher Zeitung, Fernausgabe Nr. 86 vom 13./14. April 1990, Seite 39.

Weil, Ernst: Der Ulmer Holzschnitt im 15. Jahrhundert. Berlin: Mauritius 1923.

Wohlfeil, Rainer: Das Bild als Geschichtsquelle. In: Historische Zeitschrift 243, 1986, 91–100.

Wohlfeil, Rainer und Trudl Wohlfeil: Landsknechte im Bild. Überlegungen zur ,Historischen Bildkunde'. In: Peter Blickle (Hrsg.): Bauer, Reich und Reformation. Festschrift für Günther Franz zum 80. Geburtstag. Stuttgart: Ulmer 1982, 104–119. [Hier erläutern der Neuzeithistoriker Rainer Wohlfeil und die Kunsthistorikerin Trudl Wohlfeil gemeinsam die ikonologische Methode Panofskys für den ,historischen Gebrauch'.]

Zwijnenburg, N. H. J.: Der Medaillon-Teppich im Schloß Thun. Thun: Ott 1982.

Zu 2: Der Forschungshintergrund

Blum, Alain, Jacques Houdaille, Marc Lamouche: Eléments sur la mortalité différentielle à la fin du XVIIIe et au début du XIXe siècle. In: Population 44, 1989, 29–53.

Borgan, Jens-Kristian: Kohort-dödeligheten i Norge 1846–1980. Cohort mortality in Norway 1846–1980. Oslo: Statistisk Sentralbyrå 1983 (= Rapporter fra Statistisk Sentralbyrå 83/28).

Bose, A. B., K. D. Gangrade (Eds.): The Aging in India. Problems and potentialities. New Delhi: Abhinav Publications 1988.

Busse, Heribert: Welt des Islams. Literaturbericht. In: Geschichte in Wissenschaft und Unterricht 40, 1989, 498–512.

Case, R. A. M. et al.: The Chester Beatty Research Institute Serial Abridged Life Tables. England and Wales 1841–1960. Part 1: Tables, Preface and Notes. London: Institute of Cancer Research, Royal Cancer Hospital, The Chester Beatty Research Institute 1962. Part 2 (= Supplement to Part 1): Extension of the Chester Beatty Research Institute Serial Abridged Life Tables to cover the Years 1961–1965 and a Provisional Estimate for 1966–1970. London: a.a.O. 1970.

Costes, Jean-Michel, Dominique Waltisperger: MORTAL. Logiciel d'analyse de la mortalité; Manuel d'utilisation. Paris: CEPED 1988.

Cromm, Jürgen: Die Autobiographie als Quelle der Bevölkerungswissenschaft. In: Zeitschrift für Bevölkerungswissenschaft 12, 1986, 491–501.

Cromm, Jürgen: Stand und Entwicklung der Sterblichkeit vor 1900 in zeitgeschichtlicher Sicht. In: Rainer Mackensen, Lydia Thill-Thouet, Ulrich Stark (Hrsg.): Bevölkerungsentwicklung und Bevölkerungstheorie in Geschichte und Gegenwart. Frankfurt: Campus 1989, 140–171.

Dinkel, Reiner: Sterblichkeit in Perioden- und Kohortenbetrachtung – zugleich eine ansatzsweise Berechnung der Kohortensterbetafel für Deutschland. In: Zeitschrift für Bevölkerungswissenschaft 10, 1984, 477–500.

Duchene, Josianne, Guillaume Wunsch: From the demographers cauldron: single decrement life tables and the span of life. In: Genus 44; 3–4, 1988, 1–17.

Ende, Werner, Udo Steinbach (Hrsg.): Der Islam in der Gegenwart. Zweite, überarbeitete Auflage. München: Beck 1989.

[Erasmus von Rotterdam: Briefe]: Allen, P.S. (Ed.): Opus epistolarum Des. Erasmi Roterdami; Bd. II: 1514–1517. Oxford: Clarendon 1910.

Esenwein-Rothe, Ingeborg: Einführung in die Demographie. Bevölkerungsstruktur und Bevölkerungsprozeß aus der Sicht der Stastistik. Wiesbaden: Steiner 1982.

Feichtinger, Gustav: Bevölkerungsstatistik. Berlin: de Gruyter 1973.

Feichtinger, Gustav: Demographische Analyse und populations-dynamische Modelle. Grundzüge der Bevölkerungsmathematik. Wien: Springer 1979.

Förster, Erhard, Peter Giersdorf: Grundlagen der Demographie. Berlin (Ost): VEB Verlag Volk und Gesundheit 1976.

Franke, Hans: Hoch- und Höchstbetagte. Ursachen und Probleme des hohen Alters. Berlin-Heidelberg-New York 1987.

Gattiker, Marie: Wenn es hoch kommt sind es 100 Jahre. Erzählungen und Erinnerungen. Stäfa: Rothenhäusler 1989.

Golini, Antonio u.a.: Tavole ridotte di mortalità per causa per le regioni e le ripartizioni italiane, 1980–82 / Abridged life tables for selected causes for Italian regions and divisions, 1980–82 (= Rapporto sulla situazione demografica in Italia, 3). Rom: Istituto di Ricerche sulla Populazione 1987.

Haarmann, Ulrich (Hrsg.): Geschichte der arabischen Welt. München: Beck 1987.

Häfner, Heinz: Epidemiologie von Suizid und Suizidversuch. [Vortragsbericht unter dem Titel ‚Medizinische und soziale Faktoren des Suizids. Differenzierte Befunde der Epidemiologie von Selbsttötungen‘ in: Neue Zürcher Zeitung, Fernausgabe Nr. 199 vom 30.08. 1989, 33.

Häfner, Heinz: Epidemiologie von Suizid und Suizidversuch. In: Psychiatrie, Neurologie und Medizinische Psychologie 41, 1989, 449–475.

Härtel, Ursula: Die unterschiedliche Sterblichkeit von Männern und Frauen, mit Beispielen aus der Bundesrepublik Deutschland. In: Sozial- und Präventivmedizin 33, 1988, 135–139.

Halkin, Léon: Erasmus von Rotterdam. Eine Biographie. Aus dem Französischen von Enrico Heinemann. Zürich: Benziger 1989.

Hauser, Jürg A.: Bevölkerungslehre für Politik, Wirtschaft und Verwaltung. Bern: Paul Haupt 1982.

Henry, Louis: Démographie, analyse et modèles. Paris: Larousse 1972. – Dieser Band liegt auch in einer englischen Version vor, übertragen von Etienne van de Walle und Elise F. Jones: Population. Analysis and Models. London: Edward

Arnold 1976. Sie wird in der englischen Fachliteratur häufiger zitiert als das französische Original. Hat man beide Versionen vor sich, lassen sich die französischen und englischen Fachausdrücke leicht vergleichen und studieren.

Henry, Louis, Alain Blum: Techniques d'analyse en démographie historique. Deuxième édition. Paris: Institut National d'Etudes Démographiques 1988.

Imhof, Arthur E., unter Mitwirkung von Rolf Gehrmann, Ines E. Kloke, Maureen Roycroft und Herbert Wintrich: Lebenserwartungen in Deutschland (17. bis 19. Jahrhundert) – Life expectancies in Germany from the 17th to the 19th Century. Weinheim: VCH Acta Humaniora 1990.

Jacobson, Paul H.: Cohort Survival for Generations since 1840. In: The Milbank Memorial Fund Quarterly 42; 3; 1964, 36–53.

Kabir, M. Humayun: Aged people in Bangladesh: facts and prospects. In: Rural Demography 14; 1–2, 1987, 53–59.

Kannisto, Väinö: On the Survival of Centenarians and the Span of Life. In: Population Studies 42, 1988, 389–406.

Kern, Klaus D., Werner Braun: Einfluß wichtiger Todesursachen auf die Sterblichkeit und Lebenserwartung. In: Wirtschaft und Statistik 3/1985, 233–240.

Keyfitz, Nathan: Applied Mathematical Demography; second Edition. Berlin: Springer 1985.

Klein, Thomas: Mortalitätsveränderungen und Sterbetafelverzerrungen. In: Zeitschrift für Bevölkerungswissenschaft 14, 1988, 49–67.

Klinger-Vartabedian, Laurel, Lauren Wispe: Age Differences in Marriage and Female Longevity. In: Journal of Marriage and the Family 51, 1989, 195–202.

Knodel, John E.: Demographic behavior in the past. A study of fourteen German village populations in the eighteenth and nineteenth centuries. Cambridge: Cambridge University Press 1988. [Es betrifft die Dörfer von Nord nach Süd und Südost: Werdum, Middels, Braunsen, Höringhausen, Massenhausen, Vasbeck, Öschelbronn, Grafenhausen, Herbolzheim, Kappel, Rust, Gabelbach, Anhausen und Kreuth, vgl. die Karte, S. 23. – Eine längere kritische Würdigung durch Jürgen Schlumbohm unter dem Titel ‚Möglichkeiten und Grenzen historischer Demographie' in: Zeitschrift für Historische Forschung 16, 1989, 49–52.]

Kobayashi, Kazumasa, Zenji Nanjo: Generation Life Tables for Japan based on Period Life Tables covering the Years 1891–1986. Tokyo: Nihon University Population Research Institute 1988.

Konzelmann, Gerhard: Die islamische Herausforderung. Erweiterte und mit einem neuen Vorwort versehene Ausgabe. München: Deutscher Taschenbuch Verlag 1988.

Lancaster, H. Oliver: Expectations of Life. A Study in the Demography, Statistics, and History of World Mortality. Berlin-Heidelberg-New York: Springer 1990.

Laslett, Peter: A Fresh Map of Life. The Emergence of the Third Age. London: Weidenfeld & Nicolson 1989.

Leboutte, René: Perception et mesure du vieillissment durant la transition démographique. Ménage, profession, retraite: la place du vieillard dans la société, XVIIIᵉ–XXᵉ siècles. In: Loriaux, Michel et al. (sous la direction de): Populations âgées et revolution grise. Les hommes et les sociétés face à leurs vieillissements. Actes du Colloque Chaire Quetelet '86, Institut de Démographe, Université Catholique de Louvain. Louvain-la-Neuve: Editions CIACO 1990, 599–618.

314

Loriaux, Michel et al. (sous la direction de): Populations âgées et revolution grise. Les hommes et les sociétés face à leurs vieillissements. Actes du Colloque Chaire Quetelet '86, Institut de Démographe, Université Catholique de Louvain. Louvain-la-Neuve: Editions CIACO 1990.

Mackenbach, Johan P. et al.: Post-1950 mortality trends and medical care: Gains in life expectancy due to declines in mortality from conditions amenable to medical intervention in the Netherlands. In: Social Science and Medicine, Vol. 27, No. 9, 1988, 889–894.

Mackensen, Rainer: Bevölkerungswissenschaftliche Sterblichkeitsforschung. In: Zeitschrift für Bevölkerungswissenschaft 15, 1989, 3–11.

Manton, Kenneth G., Eric Stallard: Recent Trends in Mortality Analysis. New York: Academic Press 1984 [besonders Kapitel 5: „Life Table Methods for the Analysis of Underlying- and Multiple-Cause Mortality Data", 138–235 und Kapitel 6: „Life Tables for Heterogeneous Populations: Cohort versus Period Life Table Computations, an Examination of the Black-White Mortality Crossover", 236–281].

Metropolitan Life Insurance Company: International comparison of mortality from suicide. In: Statistical Bulletin 71;2, 1990, 22–28.

Moriyama, Iwao M., Susan O. Gustavus: Cohort Mortality and Survivorship: United States Death-Registration, States, 1900–1968 (= U.S. Department of Health, Education, and Welfare; Public Health Service; Analytical Studies, Series 3, Number 16). Rockville, MD: Health Services and Mental Health Administration, National Center for Health Statistics 1972.

Perrenoud, Alfred: Contribution à l'histoire cyclique des maladies. Deux cents ans de variole à Genève (1580–1810). In: Arthur E. Imhof (Hrsg.): Mensch und Gesundheit in der Geschichte. Vorträge eines internationalen Colloquiums in Berlin vom 20. bis zum 23. September 1978. Husum: Matthiesen 1980, 175–198.

Perrenoud, Alfred: Atténuation des crises et déclin de la mortalité. In: Annales de Démographie Historique 1989, 13–29. [Man beachte in diesem Sammelband auch die übrigen Beiträge zum Thema „Le déclin de la mortalité", 5–298.]

Pollard, John H.: On the Decomposition of Changes in Expectation of Life and Differentials in Life Expectancy. In: Demography 25, 1988, 265–276.

Pollard, John H.: On the Derivation of a Full Life Table from Mortality Data Recorded in Five-Year Age Groups. In: Mathematical Population Studies 2, 1989, 1–14.

Pressat, Roland (sous la direction de): Manuel d'analyse de la mortalité. Paris: Institut National d'Etudes Démographiques 1985. (Besonders das Kapitel von Roland Pressat: „La table de mortalité", 31–46).

Preston, Samuel H.: Mortality Patterns in National Populations. With special reference to recorded causes of death. New York: Academic Press 1976.

Preston, Samuel H., Nathan Keyfitz, Robert Schoen, with the collaboration of Verne E. Nelson: Causes of Death. Life Tables for National Populations. New York: Seminar Press 1972.

Rodinson, Maxime: Die Faszination des Islam. München: Beck 1985 [ursprünglich: La fascination de l'Islam. Paris: Maspero 1980].

Rogers, Richard G., Robert Hackenberg: Epidemiologic Transition Theory: A new Stage. In: Social Biology 34, 1987, 234–243.

Rogers, Richard G., Sharon Wofford: Life Expectancy in Less Developed Countries: Socioeconomic Development or Public Health? In: Journal of Biosocial Sciences 21,1989, 245–252.

Rousseau, Jean-Jacques: Emile *oder* Von der Erziehung. In der deutschen Erstübertragung von 1762, nach der Edition Duchesne vollständig überarbeitet von Siegfried Schmitz. München: Winkler 1979.

Ruzicka, Lado, Guillaume Wunsch, Penny Kane (Eds.): Differential Mortality. Methodological Issues and Biosocial Factors. Oxford: Clarendon Press 1989.

Schmid, Josef, unter Mitarbeit von Helmut Bauer und Bettina Schattat: Einführung in die Bevölkerungssoziologie. Reinbek: Rowohlt 1976.

Sharma, M.L., T.M. Dak (Eds.): Aging in India. Challenge for the Society. Delhi: Ajanta 1987.

Shryock, Henry S., Jacob S. Siegel et al.; Condensed Edition by Edward G. Stockwell: The Methods and Materials of Demography. New York: Academic Press 1976.

Spree, Reinhard: „Volksgesundheit" und Lebensbedingungen in Deutschland während des 19. Jahrhunderts. In: Jahrbuch des Instituts für Geschichte der Medizin der Robert Bosch Stiftung 7, 1988, 75–113.

Steinbach, Udo, Rüdiger Robert, unter redaktioneller Mitarbeit von Marianne Schmidt-Dumont (Hrsg.): Der Nahe und Mittlere Osten. Politik, Gesellschaft, Wirtschaft, Geschichte, Kultur. Band 1: Grundlagen, Strukturen und Problemfelder; Band 2: Länderanalysen. Opladen: Leske und Budrich 1988 [821 und 546 Seiten!].

Sulaja, S.: Life tables for India and the states – 1986. Kariavattom: University of Kerala, Department of Demography and Population Studies.

Tabutin, Dominique: L'âge vermeil du Tiers Monde: Perspectives des populations âgées dans les pays jeunes. In: Loriaux, Michel et al. (sous la direction de): Populations âgées et revolution grise. Les hommes et les sociétés face à leurs vieillissements. Actes du Colloque Chaire Quetelet '86, Institut de Démographe, Université Catholique de Louvain. Louvain-la-Neuve: Editions CIACO 1990, 1087–1103.

Turpeinen, Oiva: Die Sterblichkeit an Pocken, Masern und Keuchhusten in Finnland in den Jahren 1751 bis 1865. In: Arthur E. Imhof (Hrsg.): Mensch und Gesundheit in der Geschichte. Vorträge eines internationalen Colloquiums in Berlin vom 20. bis zum 23. September 1978. Husum: Matthiesen 1980, 135–161.

United Nations: Demographic Yearbook 1985 (= 37th Issue: Mortality Statistics). New York: United Nations 1987.

Vallin, Jacques: La mortalité en Europe de 1720 à 1914 – tendances à long terme et changements de structure par âge et par sexe (= Dossiers et recherches, n° 18). Paris: Institut National d'Etudes Démographiques 1988.

Vallin, Jacques, Stan D'Souza, Alberto Palloni (Hrsg.): Mesure et analyse de la mortalité; nouvelles approches. Paris: Presses Universitaires de France 1988.

Wahl, Christiane, Horst D. Schmidt: Anwendung des Datenbanksystems SIR [= Scientific Information Retrieval] bei der Erfassung und Bearbeitung von demographischen und genealogischen Daten. In: HOMO 38, 1987, 170–176.

Wang, Feng: Historical Demography in China: Review and Perspective. In: IUSSP [= International Union for the Scientific Study of Population] Newsletter 34, 1988, 51–71.

Watanabe, Yoshikazu: The 42nd Abridged Life Tables [of Japan] (April 1, 1988 –

March 31, 1989). Tokyo: Institute of Population Problems (Research Series, No. 262). Ministry of Health and Welfare 1990.

WHO Expert Committee: Health of the elderly. Report of a WHO Expert Committee (= World Health Organization Technical Report Series 779). Genf: World Health Organization 1989.

Willigan, J. Dennis, Katherine A. Lynch: Sources and Methods of Historical Demography. New York: Academic Press 1982.

Winkler, Wilhelm: Demometrie. Berlin: Duncker und Humblot 1969.

Zu 3: Der Bildersaal: ein Bild voller Bilder

Abelin, Theodor: Erhalten Betagte noch Hilfe von ihren Angehörigen? Bericht über die Berner Betagtenstudie. In: Der Bund, Nr. 153 vom 4. Juli 1988. [Die Berner Betagtenstudie wurde im Auftrag des Schweizerischen Nationalfonds zur Förderung der Wissenschaftlichen Forschung vom Institut für Sozial- und Präventivmedizin der Universität Bern unter Leitung des Mediziners Professor Abelin durchgeführt.]

Bentinck, Vanessa, Jan Kelch, Max Ley und Gerald Schulz: Frans Francken II (Antwerpen 1581–1642): Der Bildersaal. Berlin: Gemäldegalerie der Staatlichen Museen Preußischer Kulturbesitz 1979 [= museumseigene Führungsblätter Nr. 759 a, b, c].

Broos, Ben: Willem van Haecht. Apelles schildert Campaspe. In: Ders.: Meesterwerken in het Mauritshuis. Den Haag: Staatsuitgeverij 1987, 162–174.

Härting, Ursula Alice: Studien zur Kabinettmalerei des Frans Francken II. 1581–1642. Ein repräsentativer Werkkatalog (Studien zur Kunstgeschichte, Band 21). Hildesheim: Olms 1983.

Härting, Ursula: Frans Francken der Jüngere (1581–1642). Die Gemälde mit kritischem Oeuvrekatalog (= Flämische Maler im Umkreis der großen Meister, Bd. 2). Freren: Luca 1989.

Klemm, Friedrich: Geschichte der naturwissenschaftlichen und technischen Museen (Deutsches Museum: Abhandlungen und Berichte 41, 1973, Heft 2). München: Oldenbourg 1973.

Ovid: Metamorphosen. Das Buch der Mythen und Verwandlungen. In Prosa neu übersetzt von Gerhard Fink. München: Artemis & Winkler 1989.

Winner, Matthias: Die Quellen der Pictura-Allegorien in gemalten Bildergalerien des 17. Jahrhunderts zu Antwerpen. Diss. phil., Universität Köln 1957.

Zu 4: Zwei Früchte-Stilleben

Alpers, Svetlana : Kunst als Beschreibung. Holländische Malerei des 17. Jahrhunderts. Köln: DuMont 1985. [Originaltitel: The Art of Describing. Dutch Art in the Seventeenth Century. Chicago: University of Chicago Press 1983. Ausführliche, im wesentlichen negative Kritik durch Josua Bruyn in: Oud Holland 99, 1985, 155–160].

Alpers, Svetlana: Rembrandt, un maître dans son atelier. In: Annales E.S.C. 42, 1987, 3–25, 239.

Arntz, W.F.: Das graphische Werk Kokoschkas. Katalog der Ausstellung „Oskar Kokoschka. Aus seinem Schaffen 1907–1950". München: Haus der Kunst 1950.

Baumgart, Fritz: Blumen-Brueghel (Jan Brueghel d. Ä.), Leben und Werk. Köln: DuMont 1978.

Behling, Lottlisa: Die Pflanzenwelt der mittelalterlichen Kathedralen. Köln: Böhlau 1964.

Behling, Lottlisa: Die Pflanze in der mittelalterlichen Tafelmalerei; zweite durchgesehene Auflage. Köln: Böhlau 1967.

Bergström, Ingvar: Dutch Still Life Painting in the Seventeenth-century. New York: Hacker Art Books 1982 (= unveränderter Nachdruck der Ausgabe bei Faber & Faber, London 1956) [besonders Kapitel I: The Earliest Painters of Flowers and Fruit. Jacques de Gheyn, Ambrosius Bosschaert the Elder, Balthasar van der Ast and Roelandt Savery. Their pupils and followers; 42–97, 299–303, 317–325].

Börner, Horst: Pflanzenkrankheiten und Pflanzenschutz; fünfte, durchgesehene Auflage mit 78 Abbildungen. Stuttgart: Ulmer 1983.

Bol, Laurens J.: Balthasar van der Ast [= Kapitel III,1 in: Een Middelburgse Brueghel-groep]. In: Oud-Holland 70, 1955, 138–154.

Bol, Laurens J.: Holländische Malerei des 17. Jahrhunderts nahe den großen Meistern. Landschaften und Stilleben; zweite verbesserte Auflage: München: Klinkhardt & Biermann 1982.

Bruyn, Josua [Besprechung von]: Svetlana Alpers: The Art of Describing. Dutch Art in the Seventeenth Century. Chicago: University of Chicago Press 1983. In: Oud Holland 99, 1985, 155–160.

Bundesgesundheitsamt: Tätigkeitsbericht 1988. München: MMV Medizin Verlag 1989 [insbesondere Kapitel 4: Institut für Sozialmedizin und Epidemiologie, 191–238].

Classen, Hans-Georg: Wie ungesund sind unsere Lebensmittel? Lebensverlängernde Wirkung reduzierter Gesamtenergiezufuhr. In: Neue Zürcher Zeitung, Fernausgabe Nr. 74, 30.03.1988, 43; sowie zusätzliche schriftliche Auskünfte des Stuttgarter Pharmakologen und Toxikologen Classen vom 01. 09. 1988.

Ernst, Andrea, Kurt Langbein und Hans Weiss: Gift-Grün. Chemie in der Landwirtschaft und die Folgen. Aktualisierte Ausgabe. München: Deutscher Taschenbuch Verlag 1988.

Ertz, Klaus: Jan Brueghel der Ältere (1568–1625). Die Gemälde mit kritischem Oeuvrekatalog. Köln: DuMont 1979.

Greindl, Edith: Les peintres flamands de nature morte au XVIIᵉ siècle (= Les peintres flamands du XVIIe siècle, sous la direction de Leo van Puyvelde, tome 6, 203 pages). Bruxelles-Paris: Elsevier 1956 [neu aufgelegt als: Les peintres flamands de nature morte au 17ᵉ siècle (410 pages). Vilo 1983].

Haak, Bob: Das Goldene Zeitalter der holländischen Malerei. Köln: DuMont 1984 (englisches Original: The Golden Age. Dutch Painters of the Seventeenth Century. London: Thames and Hudson 1984). – Vgl. hierzu die ausführliche Besprechung von Hans-Joachim Raupp in: Zeitschrift für Kunstgeschichte 49, 1986, 109–115.

Herrmann, Bernd (Hrsg.): Umwelt in der Geschichte; Beiträge zur Umweltgeschichte. Göttingen: Vandenhoeck & Ruprecht 1989.

Huizinga, Jan: Holländische Kultur im siebzehnten Jahrhundert. Eine Skizze; deutsch von Werner Kaegi. Fassung letzter Hand mit Fragmenten von 1932. Basel: Schwabe 1961.

Kapfelsberger, Eva, Udo Pollmer: Iß und stirb. Chemie in unserer Nahrung. Köln: Kiepenheuer & Witsch 1982–1983.

Kokoschka, Olda, Heinz Spielmann (Hrsg.): Oskar Kokoschka: Briefe. Bände I-IV [I: 1905–1919, II: 1919–1933, III: 1934–1953, IV: 1953–1980]. Düsseldorf: Claassen 1984–1988.

Meijer, Fred G.: Stillevens uit de Gouden Eeuw. Still Life Paintings from the Golden Age. Rotterdam: Museum Boymans-van Beuningen 1989.

Mieth, Dietmar: Grundsätze einer Ethik der Ernährung. Konsum als Götzendienst des ausgehenden 20. Jahrhunderts. In: Neue Zürcher Zeitung, Fernausgabe Nr. 74, 30. 03. 1988, 41.

Müller Hofstede, Justus: „Wort und Bild": Fragen zu Signifikanz und Realität in der holländischen Malerei des 17. Jahrhunderts. In: Vekeman, Herman und Justus Müller Hofstede (Hrsg.): Wort und Bild in der niederländischen Kunst und Literatur des sechzehnten und siebzehnten Jahrhunderts. Erftstadt: Lukassen 1984, IX-XXIII [sowie ergänzende briefliche Mitteilung vom 26. 7. 1985].

Nassehi, Armin, Georg Weber: Tod, Modernität und Gesellschaft. Entwurf einer Theorie der Todesverdrängung. Oppladen: Westdeutscher Verlag 1989.

Panofsky, Erwin: Ikonographie und Ikonologie. Eine Einführung in die Kunst der Renaissance. In: ders.: Sinn und Deutung in der bildenden Kunst. Köln: DuMont 1978, 36–67. [Diese Studie war ursprünglich 1939 in New York als englischsprachige Einführung in Panofskys ,Studies in Iconology. Humanistic Themes in the Art of the Renaissance' erschienen.]

Prinz, Wolfram und Andreas Beyer (Hrsg.): Die Kunst und das Studium der Natur vom 14. zum 16. Jahrhundert. Weinheim: Acta Humaniora VCH 1987.

Raupp, Hans-Joachim [Besprechung von]: Bob Haak: Das Goldene Zeitalter der holländischen Malerei. Köln: DuMont 1984. In: Zeitschrift für Kunstgeschichte 49, 1986, 109–115.

Sabarsky, Serge: Kokoschka. Early drawings and watercolours 1906–1924. London: Thames and Hudson 1985.

Schama, Simon: The Embarrassment of Riches. An Interpretation of Dutch Culture in the Golden Age. New York: Knopf 1987 (Reprint 1988) [auch auf deutsch: Überfluß und schöner Schein. Zur Kultur der Niederlande im Goldenen Zeitalter. München: Kindler 1988].

Schneider, Norbert: Stilleben. Realität und Symbolik der Dinge. Die Stillebenmalerei der frühen Neuzeit. Köln: Taschen 1989.

Schuster, Gerd: Äpfel ohne Saft und Kraft. In: Natur. Das Umweltmagazin, Nr. 10, Oktober 1988, 108–114.

Schweizerische Krebsliga (Hrsg.): Krebs und Ernährung. Bern: Schweizerische Krebsliga 1989.

Segal, Sam: (Ausstellungskatalog) A Flowery Past. A Survey of Dutch and Flemish Flower Painting from 1600 until the Present. Amsterdam: Gallery P. de Boer March 13 – April 11, 1982. s'-Hertogenbosch: Noordbrabants Museum April 29 – May 30, 1982. [In Amsterdam war die Ausstellung unter dem Titel „Een bloemrij verleden" veranstaltet worden.]

Segal, Sam: (Ausstellungskatalog) Niederländische Stilleben von Brueghel bis van Gogh. Amsterdam: Kunsthandlung P. de Boer 22. April – 31. Mai 1983. Braunschweig: Herzog Anton Ulrich-Museum, 16. Juni–31. Juli 1983. [In Amsterdam war die Ausstellung unter dem Titel „De vrucht van het verleden" veranstaltet worden].

Solms, Jürg und Felix Escher: Herstellung und Konservierung von Lebensmitteln als traditionelle technische Tätigkeit des Menschen. In: Neue Zürcher Zeitung, Fernausgabe Nr. 74, 30. 03. 1988, 43–44.

Spielmann, Heinz: Oskar Kokoschka. Das schriftliche Werk; Band I: Dichtungen und Dramen. Hamburg: Hans Christians 1973.

Suter, Brian: Schwerpunkte der Lebensmittelforschung. Optimierung der Erträge und größere Haltbarkeit als Ziele. In: Neue Zürcher Zeitung, Fernausgabe Nr. 74, 30. 03. 1988, 41–42.

Vukovits, Georg: Obstkrankheiten. Erkennung, Ursachen und Bekämpfung; 4 Bände: Graz und Stuttgart: Stocker 1980. (Teil I: Allgemeiner Teil; Teil II: Kernobst; Teil III: Steinobst, Schalenobst; Teil IV: Beerenobst).

Waddingham, Malcolm R. (Einführung), Christian Klemm (Katalog): Die Gemälde der Stiftung Betty und David M. Koetser. Zürich: Kunsthaus 1988.

Warner, Ralph: Dutch and Flemish flower and fruit painters of the XVIIth and XVIIIth centuries. Amsterdam: B.M. Israel N.V. First editions published 1928; second edition published 1975 (with preface to the second edition and addenda by Sam Segal).

Whitford, Frank: Oskar Kokoschka. A Life. London: Weidenfeld and Nicolson 1986.

Wingler, Hans Maria (Hrsg.): Oskar Kokoschka Schriften 1907–1955. Zusammengestellt und mit Erläuterungen und bibliographischen Angaben herausgegeben von Hans Maria Wingler. München: Albert Langen, Georg Müller 1956.

Wingler, Hans Maria: Oskar Kokoschka. In: Kindlers Malerei Lexikon in 15 Bänden, Band 7. München: Deutscher Taschenbuch Verlag 1982, 309–326.

Winkelmann-Rhein, Gertraude: Blumen-Brueghel; 3. Auflage. Köln: DuMont 1979.

Witte, Irene, Ruth Jähne, Rolf Weinert, Kilian Köbrich, Heike Jacobi: Gefährdungen der Gesundheit durch Pestizide – Ein Handbuch über Kurz- und Langzeitwirkungen. Frankfurt: Fischer Taschenbuchverlag 1988.

Zschelletzschky, Herbert: Stolpern über ikonologische Fußangeln. „Forschungsunfälle" im Fachgebiet der Kunstgeschichte. In: Bildende Kunst 1979; 3, 117–121.

Zu 5: Zwei Stilleben mit Brot

Adriani, Götz: Deutsche Malerei im 17. Jahrhundert. Köln: DuMont 1977.

Althoff, W. et al.: Die Diphtherie-Erkrankungen in Gelsenkirchen 1975/76. In: Öffentliches Gesundheits-Wesen 39, 1977, 149–157.

Altorfer, Richard: Ein ehrgeiziges Ziel: weltweite Ausrottung der Hepatitis B. In: Neue Zürcher Zeitung, Fernausgabe Nr. 110 vom 17. 05. 1989, 49.

Bätschmann, Oskar: Malerei der Neuzeit (= Ars Helvetica, Die visuelle Kultur der Schweiz, Bd. VI). Disentis: Desertina 1989.

Behling, L.: Zeichnungen Georg Flegels im Berliner Kupferstichkabinett. In: Berliner Museen. Berichte aus den preußischen Kunstsammlungen; Beiblatt zum Jahrbuch der preußischen Kunstsammlungen 60;1, 1939, 46–50.

Benenson, Abram S. (Ed.): Control of Communicable Diseases in Man. Fourteenth Edition. Washington D.C.: The American Public Health Association 1985.

Bergström, Ingvar: Georg Flegel als Meister des Blumenstücks. In: Westfalen. Hefte für Geschichte, Kunst und Volkskunde 55, 1977, 135–146 .

Bianchi, Matteo, Maria Will (a cura di; introduzione di Rossana Bossaglia): (Ausstellungskatalog) Albert Anker, 1831–1910. Bellinzona; Civica Galleria d'Arte, Villa dei Cedri, April-Juni 1989. Bellinzona: Civica Galleria d'Arte 1989.

Bieber, Horst: Die Rückkehr der Seuchen. In: Die Zeit, Nr. 42 vom 14. 10. 1988, 12.

Brefin-Urban, Lidia [Konservatorin des Anker-Hauses in Ins]: Mündliche Auskünfte über Leben und Werk Albert Ankers. Ins: August 1989. [Vgl. auch ihr Geleitwort in: Meister 1983, 9; Anker war der Urgroßvater ihres Mannes.]

Bundesverband der Pharmazeutischen Industrie: Internationales Impfjahr ein Flop? In: Medikament & Meinung 11;4 vom 15. 04. 1988, 4.

Bundesverband der Pharmazeutischen Industrie (Hrsg.): Rote Liste 1990. Aulendorf: Editio Cantor Verlag für Medizin und Naturwissenschaften 1990. [Sie enthält erstmals auch eine Tabelle mit den internationalen Impfvorschriften und Malariaprophylaxe bei Auslandsreisen sowie die Auflistung von Nebenwirkungen im Signaturverzeichnis nach dem Organklassensystem der Weltgesundheitsorganisation.]

Bundeszentrale für Gesundheitliche Aufklärung, Köln, im Auftrage des Bundesministers für Jugend, Familie und Gesundheit (Hrsg.): Das Baby. Ein Leitfaden für werdende Eltern. Köln: Bundeszentrale für Gesundheitliche Aufklärung 1984.

Chastel, André: Musca depicta. Con testi di Luciano di Samosata et al. Postfazione di Giorgio Manganelli. Mailand: Franco Maria Ricci 1984.

Cramer, Hans-Joachim: Arzneimittel – Chancen und Risiken. Vertrauen und Angst in der Medizin und im täglichen Leben. Frankfurt am Main: Bundesverband der Pharmazeutischen Industrie, Abteilung Presse und Information 1985.

Deutsche Lufthansa: Handbuch für Flugbegleiter, (Loseblatt-Sammlung) DV FLU 3, Berichtigungs-Folge Nr. 124 vom 01.03.1988.

Deutsches Grünes Kreuz (Hrsg.): Schutzimpfung von Anfang an. Ohne Ort, ohne Jahr (Marburg: 1984).

Deutsche Vereinigung zur Bekämpfung der Viruskrankheiten et al.: Stellungnahme der Deutschen Vereinigung zur Bekämpfung der Viruskrankheiten e. V. (DVV), des Bundesgesundheitsamtes und des Bundesamtes für Sera und Impfstoffe (Paul-Ehrlich-Institut) zur Verhütung der Influenza für die Saison 1987/88. In: Bundesgesundheitsblatt 30, 1987, 323–324.

Durrer, Judith [Assistentin am Kunstmuseum Bern]: Schriftliche Mitteilungen zu Albert Ankers Stilleben ‚Bier und Rettich'. Brief und Inventarkarten-Unterlagen vom 05.07.1989. Sowie mündliche Auskünfte über Leben und Werk Albert Ankers. Bern: August 1989.

Enzensberger, Hans Magnus: Demut und Beharrlichkeit. [Gedanken zu] Peter Binoit: ‚Stilleben mit Schalentieren', etwa 1620. In: ZEITmagazin Nr. 26 vom 24. Juni 1988, 6–8 (= Reihe ‚Zeitmuseum'; 100 Bilder, Nr. 38). [Inzwischen liegen die hundert Bildbesprechungen auch als Sammelband vor: Fritz J. Raddatz (Hrsg.):

ZEIT-Museum der 100 Bilder. Autoren und Künstler über ihr liebstes Kunstwerk. Frankfurt am Main: Insel Taschenbuch 1989. Der Beitrag von Hans Magnus Enzensberger findet sich auf den Seiten 132–137.]

(Ausstellungskatalog) Henri Fantin-Latour: Galeries nationales du Grand Palais, Paris, 9 novembre 1982–7 février 1983; National Gallery of Canada, Ottawa, 17 March – 22 May 1983. California Palace of the Legion of Honor, San Francisco, 18 June – 6 September 1983). Ottawa: National Gallery of Canada for the Corporation of the National Museums of Canada 1983.

Fenner, Frank, Donald Ainslie Henderson, Isao Arita, Zdenek Jezek, Ivan Danilovich Ladnyi: Smallpox and its Eradication. Genf: World Health Organization 1988.

Foucart, Jacques (sous la direction de): Musée du Louvre. Nouvelles acquisitions du Département des Peintures (1980–1982, catalogue). Paris: Editions de la Réunion des Musées Nationaux 1983.

[Foucart-Walter, Elisabeth] E. F.-W.: Flegel, Georg. Nature morte au flacon de vin et aux petits poissons. In: Foucart, Jacques (sous la direction de): Musée du Louvre. Nouvelles acquisitions du Département des Peintures (1980–1982, catalogue). Paris: Editions de la Réunion des Musées Nationaux 1983, 14–15.

Gantenbein, Leo: Der Maler Albert Anker. Zürich: Rigoletto 1980.

Gordon, Robert, Andrew Forge: The last Flower Paintings of Manet. London: Thames and Hudson 1986.

Gotthelf, Jeremias: Ausgewählte Werke. Hrsg. v. Otto Sutermeister. Illustriert von A. Anker, H. Bachmann, E. Burnand, K. Gehri, P. Robert, B. Vautier, W. Vigier. 9 Bde., La Chaux-de-Fonds: Zahn o.J. (1900). [Benutzt habe ich im August 1989 das Exemplar in der Stadt- und Universitätsbibliothek Bern. Signatur: Litt. XVI, 36–44. Für ungewöhnliches Entgegenkommen und mancherlei Hilfestellung danke ich der zuständigen wissenschaftlichen Fachreferentin sowie den Bibliotheksangestellten.]

Greuer, Wilhelm: Infektionskrankheiten in Deutschland und Touristikgebieten. Stuttgart: Fischer 1981.

Gross, Rudolf und Hans Reitz: Diphtherie – Erfahrungen im Raume Köln 1976 und 1977. In: Deutsches Ärzteblatt, Heft 32 vom 10. August 1978, 1819–1826.

Haak, Bob: Das Goldene Zeitalter der holländischen Malerei. Köln: DuMont 1984 [englisches Original: The Golden Age. Dutch Painters of the Seventeenth Century. London: Thames and Hudson 1984].

Haibach, Sigrun (Konzept und Realisation; erarbeitet im Auftrag der Deutschen Behindertenhilfe Aktion Sorgenkind e.V.): Impfen fürs Leben. Was Sie über Impfschutz wissen sollten. Frankfurt am Main: Vorsorge-Initiative 1987.

Hauser, Albert: Das Neue kommt. Schweizer Alltag im 19. Jahrhundert. Zürich: Verlag Neue Zürcher Zeitung 1989.

hc: ‚Pocken: ein Sieg ohne Frieden'. In: Neue Zürcher Zeitung, Nr. 22 vom 28.01. 1981, 61–62.

Huber, Jörg: Albert Anker 1831–1910. Einführung in Leben und Werk / Bildbeschreibungen. Glattbrugg: Beobachter Buchverlag 1984.

Huerkamp, Claudia: The History of Smallpox Vaccination in Germany: A First Step in the Medicalization of the General Public. In: Journal of Contemporary History 20, 1985, 617–635.

Huggler, Max: Albert Anker: Stilleben mit Brot, Bier und Rettich. In: Bericht über die Tätigkeit der Eidgenössischen Kommission der Gottfried Keller Stiftung 1973, 1974, 1975 und 1976, 115–118.

Huggler, M., H. Wanger, K. von Walterskirchen (Bearbeiter): Katalog der Gemälde und Ölstudien von Albert Anker. Bern: Kunstmuseum 1962.

Humana Milchwerke Mütterdienst (Hrsg.): Unser Baby. Das Eltern-Buch von Humana. Herford: Humana Milchwerke Westfalen e.G. 1984.

Impfkalender für Fernreisende. In: Die Zeit, Nr. 42 vom 14.10.1988, 92.

Jütte, Robert: Die ‚Küche der Armen' in der Frühen Neuzeit am Beispiel von Armenspeisungen in deutschen und westeuropäischen Städten. In: Tel Aviver Jahrbuch für deutsche Geschichte 16, 1987, 24–47 [= Jütte 1987a].

Jütte, Robert: „Und quamen die herinck und bucking in ein groisse verachtung". Die Wurmkrise des Kölner Fischhandels im Jahre 1582 / Fachleute uneins. In: Frankfurter Allgemeine Zeitung vom 28.10.1987, S. 10 [= Jütte 1987b].

Kapfelsberger, Eva, Udo Pollmer: Iß und stirb. Chemie in unserer Nahrung. Köln: Kiepenheuer & Witsch 1982–1983.

Ketelsen, Anne-Dore: Georg Flegel: Stilleben mit Käse und Kirschen. In: (Staatsgalerie Stuttgart) 250 Meisterwerke; 25 Jahre Toto-Lottoerwerbungen. Stuttgart: Staatsgalerie 1985, 39.

Klausewitz, Wolfgang: Expertise zu Georg Flegels ‚Stilleben mit Fischgericht. Frankfurt am Main, 20. Mai 1988, Typoskript in Form eines Briefschreibens.

Klausewitz, Wolfgang et al.: Wie ein Fisch im Wasser. Ein Bildschirmtext-Programm zur neuen Fischausstellung. Frankfurt: Senckenbergische Naturforschende Gesellschaft und Hochschule für Gestaltung, AG Medienentwicklung / Medienforschung 1986.

Krämer, J.: Verlauf und Epidemiologie von Diphtherie-Erkrankungen in Bonn. In: Öffentliches Gesundheits-Wesen 39, 1977, 624–627.

Kuthy, Sandor: Anker in seiner Zeit (Text und Bildauswahl von Sandor Kuthy). Bern: Benteli 1981.

[Kuthy, Sandor] SK: Verzeichnis der Gemälde und der Aquarelle von Albert Anker im Kunstmuseum Bern. Bern: Kunstmuseum 1982.

[Kuthy, Sandor] SK: Albert Anker. In: Kunstmuseum Bern. Braunschweig: Westermann 1985, 51, 54.

[Kuthy, Sandor] SK: Albert Anker. Begleittext zur Sammlung, Raum 7, B Erdgeschoß. Bern: Kunstmuseum o.J. (1987 ausgelegt).

Kuthy, Sandor: Verzeichnis der Zeichnungen und der Druckgraphik von Albert Anker im Kunstmuseum Bern. Bern: Kunstmuseum 1988 [= 1988a].

Kuthy, Sandor: Albert Anker als Zeichner. In: Berner Kunstmitteilungen 260/261, Februar/April 1988, 1–16 [= 1988 b].

Kuthy, Sandor, Hans A. Lüthy: Albert Anker. Zwei Autoren über einen Maler. Vierte Auflage. Zürich: Orell Füssli 1985.

LANCET: „Monkeypox in Africa: Future health hazard or public health nuisance?". Leitartikel in: The Lancet, 14. 02. 1987, 369.

Lührssen, Hinrich: Fangflotte auf Fahrt. Der Wurm ist raus – Fisch steht wieder auf dem Speiseplan. In: Die Zeit, Nr. 37 vom 08. 09. 1989, 18.

Lüthy, Hans A.: Albert Anker. Aquarelle und Zeichnungen. Mit Beiträgen von Paul E. Müller. Zürich: Verlag Neue Zürcher Zeitung 1989.

Meijer, Fred G.: Stillevens uit de Gouden Eeuw. Still Life Paintings from the Golden Age. Rotterdam: Museum Boymans-van Beuningen 1989.

Meister, Robert (Hrsg.): Albert Anker und seine Welt. Briefe, Dokumente, Bilder. Dritte Auflage. Bern: Zytglogge 1983.

Meyn, Matthias: Die Reichsstadt Frankfurt vor dem Bürgeraufstand von 1612–1614. Struktur und Krise (= Studien zur Frankfurter Geschichte, hrgs. v. Frankfurter Verein für Geschichte und Landeskunde, Heft 15). Frankfurt am Main: Kramer 1980.

Müller, Horst: Fische Europas. Beobachten und bestimmen; mit Zeichnungen von Jürgen Scholz. Stuttgart: Enke 1983.

Müller, Wolfgang J.: Der Maler Georg Flegel und die Anfänge des Stillebens. Frankfurt am Main: Historisches Museum der Stadt Frankfurt am Main 1956 (= Schriften des Historischen Museums, Heft VIII).

Müller, Wolfgang J.: Georg Flegel. In: Neue Zürcher Zeitung, Fernausgabe Nr. 22 vom 23. 01. 1965.

Müller, Wolfgang J.: Neuentdeckungen zum Werk des Georg Flegel. In: Pantheon 26, 1968, 122–129.

Naumann, Peter et al.: Diphtherie-Erkrankungen mit toxischem Verlauf in Düsseldorf. In: Deutsches Ärzteblatt, Heft 50 vom 11. Dezember 1975, 3409–3412.

Naumann, Peter und Gertrude Nemes: Die Diphtherie und ihre aktuelle Bedeutung. Epidemiologie, Diagnose, Therapie und Prophylaxe. In: Deutsches Ärzteblatt 79; 51/52, 1982 (Ausgabe B), 21–28.

Nord, Philip: Manet and Radical Politics. In: Journal of Interdisciplinary History 19, 1989, 447–480.

Perabo, Franz: Menschliche Affenpocken – mögliche Gefahr. Eine noch ökologisch begrenzte Tropenkrankheit. In: Neue Zürcher Zeitung, Nr. 226 vom 30. 09. 1987, 91; identisch mit Fernausgabe Nr. 225 vom 30. 09. 1987, 47.

Pöhn, Hans-Philipp: Epidemiologische Situation 1985 in der Bundesrepublik Deutschland. In: Sozialpädiatrie in Praxis und Klinik 8, 1986, 562–569.

Pöhn, Hans-Philipp, Renate Grossmann: Malariaeinschleppungen 1980–1986 in die Bundesrepublik Deutschland einschl. Berlin (West). In: Bundesgesundheitsblatt 31, 1988, 2–10.

Ruckdeschel, G.: Erregerwandel in der Inneren Medizin. In: Der Internist 18, 1977, 360–367.

Schimitschek, Erwin, Günther T. Werner: Malaria, Fleckfieber, Pest. Auswirkungen auf Kultur und Geschichte – Medizinische Fortschritte. Stuttgart: S. Hirzel 1985.

Schnackenburg, Bernhard: Adriaen van Ostade, Isack van Ostade: Zeichnungen und Aquarelle; Gesamtdarstellung mit Werkkatalogen. Band I: Text; Band II: Tafeln. Hamburg: Hauswedell 1981.

Sedlag, Ulrich (Hrsg.): Insekten Mitteleuropas. Beobachten und bestimmen. Stuttgart: Enke 1986.

Seitz, H.-M. et al.: Infektionsprophylaxe vor und bei Urlaubsreisen. Dritte Auflage Düsseldorf: Zentrum für Öffenlichkeitsarbeit der Wissenschaftlichen Medizinischen Fachgesellschaften 1989.

Sorgo, W. et al.: Klein-Epidemie von Diphtherie in einem Kölner Kinderheim. In: Münchener Medizinische Wochenschrift 118;2, 1976, 1631–1634.

Ständige Impfkommission des Bundesgesundheitsamtes (STIKO): Impfkalender für

Kinder; Impfempfehlungen der Ständigen Impfkommission des Bundesgesundheitsamtes. Berlin: STIKO September 1988.

Ständige Impfkommission des Bundesgesundheitsamtes (STIKO): Impfempfehlungen
der Ständigen Impfkommission des Bundesgesundheitsamtes (STIKO), Stand: Mai
1989. (Freundliche Überlassung der maschinenschriftlichen Ausarbeitung durch
den Vorsitzenden der STIKO, Herrn Professor Dr. K.-D. Zastrow.)

Statistisches Bundesamt Wiesbaden (Hrsg.): Sterbefälle nach Todesursachen (Einzelnachweis) – Arbeitsunterlage. Wiesbaden: Statistisches Bundesamt; konsultiert für
die Jahre 1983 (erschienen im November 1984), 1984 (September 1985), 1985
(September 1986), 1986 (September 1987).

Tavel, Hans Christoph von: Albert Anker. Das Werk aus heutiger Sicht. Bern: Barth
1985.

Teuteberg, Hans J., Günter Wiegelmann: Unsere tägliche Kost. Geschichte und regionale Prägung (= Studien zur Geschichte des Alltags, Bd. 6). Münster: Coppenrath
1986.

Waddingham, Malcolm R. (Einführung), Christian Klemm (Katalog): Die Gemälde
der Stiftung Betty und David M. Koetser. Zürich: Kunsthaus 1988.

Wehrspan, Peter: Diphtheriefälle im Raum Hamburg in den Jahren 1975 bis 1977.
In: Deutsches Ärzteblatt, Heft 7 vom 16. Februar 1978, 369–370.

Wettengl, Kurt: Die Mahlzeitenstilleben von Georg Flegel. Universität Osnabrück:
Diss. phil. Fachbereich Kultur- und Geowissenschaften 1983.

Wettengl, Kurt: Georg Flegel: Brot und Zuckerwerk (= Kleine Werkmonographie
38). Frankfurt: Städelsches Kunstinstitut und Städtische Galerie 1985.

World Health Organization: The Global Eradication of Smallpox. Final Report of
the Global Commission for the Certification of Smallpox Eradication. Genf:
World Health Organization 1980.

World Health Organization: Vaccination Certificate Requirements and Health Advi-
ce for International Travel. Situation as on 1 January 1988. Genf: World Health
Organization 1988.

Zahlten, Johannes: Georg Flegel: Stilleben mit Kirschen, 1635. In: Landesinstitut für
Erziehung und Unterricht Stuttgart (Hrsg.): Meisterwerke der Kunst; Folge 35/
1987. Villingen: Neckar-Verlag 1987, 5–6 (mit einer lose beigefügten Hochglanz-
Farbreproduktion).

Zbinden, Hans: Albert Anker. Leben – Persönlichkeit – Werk. Zweite, durchgesehene und ergänzte Auflage. Bern: Haupt 1952.

Zbinden, Hans: Albert Anker in neuer Sicht. Bern: Haupt 1961.

Zu 6: Stillen und Entlausen früher – Kunstprodukte heute

Baumann, Felix: Gedanken zur Farbe. In: Ausstellungskatalog Ferdinand Hodler
Berlin (Nationalgalerie), Paris (Musée du Petit Palais), Zürich (Kunsthaus) 1983,
363–404.

Béguin, Sylvie (Ed.): Andrea Solario en France. Paris: Editions de la Réunion des
Musées Nationaux 1985 (= Dossier du Département des Peintures du Louvre, No
31).

Beinert, Wolfgang, Heinrich Petri (Hrsg.): Handbuch der Marienkunde. Regensburg:
Pustet 1984.

Benenson, Abram S. (Ed.): Control of Communicable Diseases in Man. Fourteenth Edition. Washington D.C.: The American Public Health Association 1985.

Broos, Ben: Gerard ter Borch. De luizenjacht. In: Ders.: Meesterwerken in het Mauritshuis. Den Haag: Staatsuitgeverij 1987, 74–77.

Brüschweiler, Jura: Ferdinand Hodler: Le cycle de la mort d'Augustine Dupin (1909). In: Jahresbericht und Jahrbuch des Schweizerischen Instituts für Kunstwissenschaft. Zürich 1966, 160–171 sowie unpaginierte Abbildungen 156–161.

Brüschweiler, Jura: Ein Maler vor Liebe und Tod. Ferdinand Hodler und Valentine Godé-Darel. Ein Werkzyklus 1908–1915. Ausstellungskatalog Zürich (Kunsthaus), St. Gallen (Historisches Museum), München (Museum Villa Stuck), Bern (Kunstmuseum) 1976–1977. Zürich: Kunsthaus 1976.

Brüschweiler, Jura: Ferdinand Hodler (Bern 1853-Genf 1918). Chronologische Übersicht: Biographie, Werk, Rezensionen. In: Ausstellungskatalog Ferdinand Hodler Berlin (Nationalgalerie), Paris (Musée du Petit Palais), Zürich (Kunsthaus) 1983, 43–170.

Bundesgesundheitsamt (Hrsg.): Liste der vom Bundesgesundheitsamt geprüften und anerkannten Desinfektionsmittel und -verfahren. 10. Ausgabe vom 1.6.1987. In: Bundesgesundheitsblatt 30, 1987, 279–290.

Bundesgesundheitsamt: Tätigkeitsbericht 1988. München: MMV Medizin-Verlag 1988.

Bundesgesundheitsamt: Schriftenverzeichnis. Schriften und Empfehlungen zur öffentlichen Gesundheitspflege mit Institutionen-Wegweiser. Berlin: Pressestelle des Bundesgesundheitsamtes 1989.

Bundeszentrale für Gesundheitliche Aufklärung, Köln, im Auftrag des Bundesministers für Jugend, Familie und Gesundheit (Hrsg.): Kopfläuse ... was tun? Merkblatt 5.1000 3.[19]80.

Bundeszentrale für Gesundheitliche Aufklärung, Köln, im Auftrage des Bundesministers für Jugend, Familie und Gesundheit (Hrsg.): Das Baby. Ein Leitfaden für werdende Eltern. Köln: Bundeszentrale für Gesundheitliche Aufklärung 1984.

Burton, Anthony: Looking forward from Ariès? Pictorial and material evidence for the history of childhood and family life. In: Continuity and Change 4, 1989, 203–229.

Caldwell, John, Indra Gajanayake, Pat Caldwell, Indrani Peiris: Sensitization to illness and the risk of death: an explanation for Sri Lanka's approach to good health for all. In: Social Science and Medicine 28, 1989, 365–379.

Carlsson, Anni: Edvard Munch. Leben und Werk. Stuttgart: Belser 1984.

Cleland, John G., Jerome K. van Ginneken: Maternal education and child survival in developing countries: the search for pathways of influence. In: Social Science and Medicine 27, 1988, 1357–1368.

Cramer, Hans-Joachim: Arzneimittel – Chancen und Risiken. Vertrauen und Angst in der Medizin und im täglichen Leben. Frankfurt am Main: Bundesverband der Pharmazeutischen Industrie, Abteilung Presse und Information 1985.

Das Gupta, Monica: Death clustering, mother's education and the determinants of child mortality in rural Punjab, India (= Harvard University, Center for Population Studies, Discussion Paper No. 89–1) sowie zusätzliche briefliche Kommentare der Verfasserin vom 02. 11. 1989.

Deutsche Gesellschaft für Hygiene und Mikrobiologie (Hrsg.): VI. Liste der nach den

„Richtlinien für die Prüfung chemischer Desinfektionsmittel" geprüften und von der Deutschen Gesellschaft für Hygiene und Mikrobiologie als wirksam befundenen Desinfektionsverfahren. Wiesbaden: MHP-Verlag 1982.

Eggum, Arne: Das Todesthema bei Edvard Munch. In: Weisner, Ulrich (Hrsg.): Edvard Munch. Liebe, Angst, Tod. Themen und Variationen. Zeichnungen und Graphiken aus dem Munch-Museum Oslo. 2., verbesserte Auflage. Bielefeld: Kunsthalle 1980, 335–375.

Ernst, Cécile: Are Early Childhood Experiences Overrated? A Reassessment of Maternal Deprivation. In: European Archives of Psychiatry and Neurological Sciences 237, 1988, 80–90.

Ernst, Cécile, Nikolaus von Luckner: Stellt die Frühkindheit die Weichen? Eine Kritik an der Lehre von der schicksalshaften Bedeutung erster Erlebnisse. Stuttgart: Enke 1985.

Fiedler-Bender, Gisela et al.: [Ausstellungskatalog] Der Tiermaler Johann Heinrich Roos 1631–1685. Gemälde – Zeichnungen – Druckgraphik. Zum 300. Todestag; Gemälde: Pfalzgalerie des Bezirksverbands Pfalz Kaiserslautern; Zeichnungen und Druckgraphik: Theodor-Zink-Museum Kaiserslautern; 13. Oktober bis 24. November 1985. Kaiserslautern: Pfalzgalerie 1985.

Gesundheitsamt – Abteilung Gesundheitswesen, Bezirksamt Zehlendorf von Berlin (Hrsg.): Merkblatt zur Bekämpfung des Kopflausbefalls; Ges XII – 2–1000–10.[19]86.

Hirsh, Sharon Latchaw: Ferdinand Hodler. München: Prestel 1981.

[Hodler, Ferdinand] (Ausstellungskatalog) Ferdinand Hodler. Berlin-Paris-Zürich 1983. Zürich: Kunsthaus 1983.

Humana Milchwerke Mütterdienst (Hrsg.): Unser Baby. Das Eltern-Buch von Humana. Herford: Humana Milchwerke Westfalen e. G. 1984.

Jarchow, Margarete (bearbeitet von): Roos. Eine deutsche Künstlerfamilie des 17. Jahrhunderts. Verzeichnis sämtlicher Zeichnungen und Radierungen von Johann Heinrich, Theodor, Philipp Peter, Johann Melchior, Franz und Peter Roos im Besitz des Berliner Kupferstichkabinetts. Berlin: Staatliche Museen Preußischer Kulturbesitz 1986.

Jedding, Hermann: Der Tiermaler Joh. Heinr. Roos (1631–1685) (= Studien zur deutschen Kunstgeschichte, Bd. 311). Strasbourg – Kehl 1955.

Kolb, Karl: Typologie der Gnadenbilder. In: Beinert, Wolfgang, Heinrich Petri (Hrsg.): Handbuch der Marienkunde. Regensburg: Pustet 1984, 849–882.

Lechner, Gregor Martin: Marienverehrung und Bildende Kunst. In: Beinert, Wolfgang, Heinrich Petri (Hrsg.): Handbuch der Marienkunde. Regensburg: Pustet 1984, 559–621.

Milupa Mütterberatung (Hrsg.): Nahrung für Babys Leib und Seele. Ernährungs-Fibel mit praktischen Ratschlägen. Friedrichsdorf/Taunus o.J. (1986).

[Munch, Edvard] (Ausstellungskatalog) Edvard Munch 1863–1944. Museum Folkwang Essen 18.09.-8.11.1987 und Kunsthaus Zürich 19. 11. 1987–14. 2. 1988. Museum Folkwang Essen / Kunsthaus Zürich / Munch-Museum Oslo 1987.

Naumann, Otto: Quirijn van Brekelenkam. Frau kämmt einem Kind das Haar, 1648. In: [Ausstellungskatalog] Von Frans Hals bis Vermeer. Meisterwerke holländischer Gernremalerei. Berlin: Staatliche Museen Preußischer Kulturbesitz 8. Juni bis 12. August 1984, 116–118.

Perrez, Meinrad: Stellt die Frühkindheit die Weichen? Die Rolle der pädagogischen Umwelt in Theorie und Wirklichkeit. In: Neue Zürcher Zeitung, Fernausgabe Nr. 21 vom 28. 01. 1986, 37–38.

Plietzsch, Eduard: Gerard Ter Borch. Wien: Schroll 1944.

Puranen, Britt-Inger: Tuberkulos. En sjukdoms förekomst och dess orsaker. Sverige 1750–1980 (= Umeå Studies in Economic History 7). Umeå: Umeå Universitetet 1984.

Puranen, Britt-Inger, Tore Zetterholm: Förälskad i Livet. En bok om tuberkulosens historia. Stockholm: Wiken 1987.

Rosemeier, Hans Peter: Zur Psychologie der Begegnung des Kindes mit dem Tode. In: Winau, Rolf, Hans Peter Rosemeier (Hrsg.): Tod und Sterben. Berlin: de Gruyter 1984, 291–309.

Schäfer, Rudolf: Der Ewige Schlaf: visages de morts. Hamburg: Kellner 1989.

Schama, Simon: The Embarrassment of Riches. An Interpretation of Dutch Culture in the Golden Age. New York: Knopf 1987 (Reprint 1988). [Auch auf deutsch: Überfluß und schöner Schein. Zur Kultur der Niederlande im Goldenen Zeitalter. München: Kindler 1988.]

Schmidt, Heinrich und Margarethe: Die vergessene Bildersprache christlicher Kunst. Ein Führer zum Verständnis der Tier-, Engel- und Mariensymbolik. München: Beck 1981.

Schneede, Uwe M.: Edvard Munch. Das kranke Kind. Arbeit an der Erinnerung. Frankfurt am Main: Fischer Taschenbuch Verlag 1984.

Schülke & Mayr GmbH (Hrsg.): Vielzweck-Desinfektionsmittel Sagrotan. Hamburg: Schülke & Mayr 1981 [vom ‚Bereich Pharma‘ des Sagrotan-Herstellers Schülke & Mayr herausgegebenes doppelseitiges Informationsblatt].

Sobel, Hildegard: Hygieia. Die Göttin der Gesundheit. Darmstadt: Wissenschaftliche Buchgesellschaft 1990.

Spicher, Günter, Jürgen Peters: Kommentar zu den Empfehlungen des Bundesgesundheitsamtes zur Durchführung der Desinfektion. In: Bundesgesundheitsblatt 30, 1987, 265–273.

Statistisches Bundesamt Wiesbaden (Hrsg.): Sterbefälle nach Todesursachen (Einzelnachweis) – Arbeitsunterlage. Wiesbaden: Statistisches Bundesamt; konsultiert für die Jahre 1983 (erschienen im November 1984), 1984 (September 1985), 1985 (September 1986), 1986 (September 1987).

Stolte, Wolfgang: Goethe und Roos – eine Randnotiz. In: Fiedler-Bender, Gisela et al.: (Ausstellungskatalog) Der Tiermaler Johann Heinrich Roos 1631–1685. Gemälde – Zeichnungen – Druckgraphik. Zum 300. Todestag. Kaiserslautern: Pfalzgalerie 1985, 76–79.

[Ausstellungskatalog] Gerard Ter Borch. Zwolle 1617 – Deventer 1681. 12. Mai – 23. Juni 1974. Münster: Landesmuseum 1974.

Weisner, Ulrich (Hrsg.): Edvard Munch. Liebe, Angst, Tod. Themen und Variationen. Zeichnungen und Graphiken aus dem Munch-Museum Oslo. 2., verbesserte Auflage, Bielefeld: Kunsthalle 1980. [Obwohl im Impressum nicht vermerkt, handelt es sich hierbei um den Katalog zur gleichnamigen Ausstellung vom 28. September bis 23. November 1980 in der Kunsthalle Bielefeld.]

Zimmer, Katharina: „Provozierende Thesen": Wie wichtig ist die Familie? Liebe und Zuwendung auf später vertagt. In: Die Zeit, Nr. 6 vom 31.01.1986, 65. [Es handelt sich in erster Linie um eine vehemente Kritik an der Arbeit von Ernst/von Luckner 1985, s. oben.]

Zu 7: Zusammenfassung und Aufgaben

Bächtiger, Franz: Bern zur Zeit von Niklaus Manuel. In: Menz, Cäsar, Hugo Wagner (Redaktion): (Ausstellungskatalog) Niklaus Manuel Deutsch. Maler – Dichter – Staatsmann (Ausstellung vom 22. September bis 2. Dezember 1979). Bern: Kunstmuseum 1979, 1–16.

Bächtiger, Franz: Zur Revision des Berner Christoffel. In: Jahrbuch des Bernischen Historischen Museums 59/60, 1979/1980, 113–278.

Bächtiger, Franz: Berner Totentanz. Bern: Historisches Museum 1984.

Bächtold-Stäubli, Hanns (Hrsg.): Handwörterbuch zur deutschen Volkskunde, Abteilung I: Aberglaube (= Handwörterbuch des deutschen Aberglaubens, II). Berlin: de Gruyter 1929/1930 [neu aufgelegt 1987].

Beerli, Conrad André: Le peintre poète Nicolas Manuel et l'évolution sociale de son temps. Genf: Droz 1953.

Bingen, Hildegard von: Welt und Mensch. Das Buch „De operatione dei". Aus dem Genter Kodex übersetzt und erläutert von Heinrich Schipperges. Salzburg: Otto Müller 1965.

Böhme, K. und E. Lungershausen (Hrsg.): Suizid und Depression im Alter. Regensburg: Roderer 1988.

Borgerhoff Mulder, Monique: Progress in human sociobiology. In: Anthropology Today 1987, 5–8.

Bottigheimer, Ruth B.: Grimm's Bad Girls and Bold Boys. The Moral and Social Vision of the Tales. New Haven – London: Yale University Press 1987.

Brüschweiler, Jura: Ein Maler vor Liebe und Tod. Ferdinand Hodler und Valentine Godé-Darel. Ein Werkzyklus 1908–1915. Ausstellungskatalog Zürich (Kunsthaus), St. Gallen (Historisches Museum), München (Museum Villa Stuck), Bern (Kunstmuseum) 1976–1977. Zürich: Kunsthaus 1976.

Burkart, Günter, Beate Fietze, Martin Kohli: Liebe, Ehe, Elternschaft. Eine qualitative Untersuchung über den Bedeutungswandel von Paarbeziehungen und seine demographischen Konsequenzen (= Materialien zur Bevölkerungswissenschaft, hrsg. v. Bundesinstitut für Bevölkerungsforschung Wiesbaden, Heft 60). Wiesbaden: 1989.

Butlin, Martin, Evelyn Joll: The Paintings of J.M.W. Turner. Revised Edition. Zwei Bände (Textband und Abbildungsband). New Haven – London: Yale University Press 1984.

Caldwell, John et al.: Sensitization to Illness and the Risk of Death: An Explanation for Sri Lanka's Approach to Good Health for All. In: Social Science and Medicine 28, 1989, 365–379.

Christe, Christel: Suizid im Alter. Dimensionen eines ignorierten Problems. Bielefeld: Kleine 1989.

Commune di Venezia, Assessorato alla Cultura e Belle Arti (Hrsg.): Venezia e la Peste; 1348/1797. Venedig: Marsilio Editori 1979 (darin besonders von Paolo Preto: Peste e demografia; L'età moderna: le due pesti del 1575–77 e 1630–31, 97–98. – Ders.: Le grandi pesti dell'età moderna: 1575–77 e 1630–31, 123–148. –

Antonio Niero: Pietà ufficiale e pietà popolare in tempo di peste, 287–293. – Ders.: I templi del Redentore e della Salute: motivazioni teologiche, 294–341).

Constable, W.G.: Canaletto – Giovanni Antonio Canal – 1697–1768. Vols. I-II. Oxford: Clarendon 1962. Neuauflage in zwei Bänden überarbeitet von J.G. Links. Oxford 1976.

Corboz, André: Canaletto. Una Venezia immaginaria. In 2 Teilen. Mailand: Alfieri Electa 1985.

Dickemann, Mildred: Human sociobiology: the first decade. In: New Scientist, No 1477, 10. 10. 1985, 38–42.

Dülmen, Richard van: Kultur und Alltag in der Frühen Neuzeit. Band 1: Das Haus und seine Menschen: 16.-18. Jahrhundert. München: Beck 1990 [mit viel weiterführender Literatur: 296–306].

Ehmer, Josef: Sozialgeschichte des Alters. Frankfurt am Main: Suhrkamp 1990.

Eimer, Gerhard: Bernt Notke. Das Wirken eines niederdeutschen Künstlers im Ostseeraum. Bonn: Kulturstiftung der deutschen Vertriebenen 1985.

Ell, Stephen R.: The Venetian Plague of 1630–1631. Assessment of a Human Disaster. In: Medical Heritage 2, 1986, 151–156.

Elsner, Eckart: Selbstmord in Berlin. In: Berliner Statistik 37, 1983, 218–239.

Flinn, Mark V., Richard D. Alexander: Culture Theory: The Developing Synthesis from Biology. In: Human Ecology 10, 1982, 383–400.

Fluri, Adolf: Niklaus Manuels Totentanz in Bild und Wort. In: Berner Taschenbuch auf das Jahr 1901. Bern: Wyss 1900, 119–266.

Franck, Dierk: Verhaltensbiologie. Einführung in die Ethologie. Zweite, neubearbeitete und erweiterte Auflage. München: Deutscher Taschenbuch Verlag und Stuttgart: Thieme 1985.

Franck, Dierk et al.: Biologie des Sozialverhaltens. Kommunikation, Kooperation und Konflikt. Heidelberg: Spektrum der Wissenschaft 1988.

Freytag, Hartmut (Hrsg.): Der Todtentanz in der Marienkirche zu Lübeck / nach einer Zeichnung von Carl Julius Milde. Mit erläuterndem Text von Wilhelm Mantels. – Neudruck der Ausgabe Lübeck: Rahtgens 1866 mit einem Nachwort ‚Der Totentanz in der Marienkirche zu Lübeck und das Totentanz-Fragment in der Nikolaikirche zu Reval (Tallinn)‘. Lübeck: Graphische Werkstätten 1989.

Führkötter, Adelgundis : Die Gotteswerke. Vom Sinn und Aufbau des Liber Divinorum Operum der heiligen Hildegard. In: Benediktinische Monatsschrift 29, 1953, 195–204, 306–314.

Furrer, Bernhard, Max Zurbuchen, Georges Grosjean: Dächerplan und Dächerinventar der Berner Altstadt. = Berner Zeitschrift für Geschichte und Heimatkunde 48, 1986, Heft 1.

Gray, J. Patrick: Primate Sociobiology. New Haven: Hraf 1985.

Haas, Alois M.: Todesbilder im Mittelalter. Fakten und Hinweise in der deutschen Literatur. Darmstadt: Wissenschaftliche Buchgesellschaft 1989.

Hammerstein, Reinhold: Tanz und Musik des Todes. Die mittelalterlichen Totentänze und ihr Nachleben. Bern: Francke 1980.

Häfner, Heinz: Epidemiologie von Suizid und Suizidversuch. [Vortragsbericht unter dem Titel ‚Medizinische und soziale Faktoren des Suizids. Differenzierte Befunde der Epidemiologie von Selbsttötungen‘ in: Neue Zürcher Zeitung, Fernausgabe Nr. 199 vom 30. 08. 1989, 33.

330

Helston, Michael: Second Sight: Canaletto – Guardi. A National Gallery Exhibition, 18 February – 18. April 1982. London: The National Gallery 1982.

Hetzer, Theodor: Venezianische Malerei. Von ihren Anfängen bis zum Tode Tintorettos (= Schriften Theodor Hetzers, hrsg. v. Gertrude Berthold, Bd. 8). Stuttgart: Urachhaus 1985.

Hinde, Robert A.: Individuals, Relationships and Culture. Links between Ethology and the Social Sciences. Cambridge: Cambridge University Press 1987.

Hofer, Paul et al.: Der Kellerplan der Berner Altstadt. Bern: Historisch-antiquarische Kommission der Stadt Bern 1982 (= Schriften Nr. 4).

Johnson, Allen W., Timothy Earle: The Evolution of Human Societies. From Foraging Group to Agrarian State. Stanford: Stanford University Press 1987.

Jooß, Erich, Herbert Holzing: Christophorus. Die Legende des Heiligen neu erzählt von Erich Jooß. Mit Bildern von Herbert Holzing. Freiburg: Herder 1987.

Junge, Burckhard: Wo steht die Bundesrepublik Deutschland heute bei Sterblichkeit und Lebenserwartung? In: Bundesgesundheitsamt: Tätigkeitsbericht 1988. München: MMV Medizin-Verlag 1988, 199–201.

Kaiser, Gert: Der tanzende Tod. Mittelalterliche Totentänze. Herausgegeben, übersetzt und kommentiert von Gert Kaiser. Frankfurt am Main: Insel Verlag 1982.

Kast, Verena: Familienkonflikte im Märchen. Eine psychologische Deutung. Olten: Walter 1984 und München: Deutscher Taschenbuch Verlag 1988.

Kinzey, Warren G. (Hrsg.): The Evolution of Human Behavior: Primate Models. Albany: State University of New York Press 1987.

Klaes, Monika: Zu Schau und Deutung des Kosmos bei Hildegard von Bingen. In: Adelgundis Führkötter (Hrsg.): Kosmos und Mensch aus der Sicht Hildegards von Bingen. Mainz: Verlag der Gesellschaft für Mittelrheinische Kirchengeschichte 1987, 37–124.

Kümmel, Friedrich W.: Der sanfte und selige Tod. Verklärung und Wirklichkeit des Sterbens im Spiegel lutherischer Leichenpredigten des 16. bis 18. Jahrhunderts. In: Rudolf Lenz (Hrsg.): Leichenpredigten als Quelle historischer Wissenschaften, Bd. 3. Marburg: Schwarz 1984, 99–226.

Lehr, Ursula: Auf dem Weg zur Fünf-Generationen-Gesellschaft. In: R. W. Leonhardt (Hrsg.): Die Lebensalter in einer neuen Kultur? (= Veröffentlichungen der Hanns-Martin-Schleyer-Stiftung, Bd. 13). Köln: Bachem 1984, 21–35.

Lehr, Ursula, W.-F. Schneider: Fünf-Generationen-Familien: einige Daten über Ururgroßeltern in der Bundesrepublik Deutschland. In: Zeitschrift für Gerontologie 16, 1983, 200–204.

Lengsfeld, Wolfgang, Wilfried Linke: Die demographische Lage in der Bundesrepublik Deutschland. In: Zeitschrift für Bevölkerungswissenschaft 14, 1988, 341–433.

Limbach, Fridolin: Die schöne Stadt Bern. Bern: Benteli 1978.

Limbach, Fridolin: Der Kern von Bern: Die Märitgasse. In: Bern und Berner Oberland (= Merian – das Monatsheft der Städte und Landschaften, Juli 1982). Hamburg: Hoffmann und Campe 1982, 46–49.

Linhart, Sepp, Fleur Wöss: Old Age in Japan. An Annotated Bibliography of Western-Language Materials. Wien: Institut für Japanologie der Universität Wien 1984.

Lüscher, Kurt, Franz Schultheis, Michael Wehrspaun (Hrsg.): Die „postmoderne"

Familie. Familiale Strategien und Familienpolitik in einer Übergangszeit. Konstanz: Universitätsverlag 1988.

Marijnissen, Roger H.: Hieronymus Bosch. Das vollständige Werk, aus dem Niederländischen von Hugo Beyer. Weinheim: VCH Verlagsgesellschaft Acta Humaniora 1988.

Markl, Hubert: Wissenschaft: Zur Rede gestellt. Über die Verantwortung der Forschung. München: Piper 1989.

Matile, Heinz: Zur Überlieferung des Berner Totentanzes von Niklaus Manuel. In: Jahrbuch des Bernischen Historischen Museums, 51/52, 1971/1972, 271–284.

Menz, Cäsar, Hugo Wagner (Redaktion): (Ausstellungskatalog) Niklaus Manuel Deutsch. Maler – Dichter – Staatsmann (Ausstellung vom 22. September bis 2. Dezember 1979). Bern: Kunstmuseum 1979.

Meyer, Peter: Soziobiologie und Soziologie. Eine Einführung in die biologischen Voraussetzungen sozialen Handelns. Darmstadt und Neuwied: Luchterhand 1982 (= Soziologische Texte, Bd. 126).

Michel, Hans A. et al. (Hrsg.): 450 Jahre Berner Reformation. Beiträge zur Geschichte der Berner Reformation und zu Niklaus Manuel. Bern: Archiv des Historischen Vereins des Kantons Bern (Band 64/65) 1980/1981.

Mohr, Rudolf: Der unverhoffte Tod. Marburg: Schwarz 1982.

Pfrunder, Peter: Pfaffen, Ketzer, Totenfresser. Fasnachtskultur der Reformationszeit. Die Berner Spiele von Niklaus Manuel. Zürich: Chronos 1989. [Vgl. hierzu ders.: „Sy sind wol in der fassnacht geboren". Fasnachtspiele als Konfliktrituale der Reformationszeit. In: Neue Zürcher Zeitung, Fernausgabe Nr. 33 vom 10. 02. 1989, 37.]

Preto, Paolo: Peste e società a Venezia nel 1576. Vicenza: Neri Pozza Editore 1978.

Raddatz, Fritz J. (Hrsg.): ZEIT-Museum der 100 Bilder. Autoren und Künstler über ihr liebstes Kunstwerk. Frankfurt am Main: Insel Taschenbuch 1989.

Rudloff, Diether: Kosmische Bildwelt der Romanik. Die Kirchendecke von Zillis. Mit einem Beitrag von Christoph Eggenberger. Photographiert und herausgegeben von Peter Heman. Stuttgart: Urachhaus 1989. [Die schweizerische Original-Edition erschien gleichen Jahres unter dem Titel ‚Zillis. Die romanische Bilderdecke der Kirche St. Martin' bei Heman in Basel. Sie liegt auch auf französisch und romanisch vor.]

Ruppen, Walter: Der spätgotische Nothelferaltar in Ernen. Brig: Rotten 1979.

Schelbert, Urspeter: Bevölkerungsgeschichte der Schwyzer Pfarreien Freienbach und Wollerau im 18. Jahrhundert. Zürich: Chronos 1989.

Schobert, Kurt: Der gesuchte Tod. Warum Menschen sich töten. Frankfurt am Main: Fischer Taschenbuch Verlag 1989.

Schuster, Eva (Bestandskatalog, bearbeitet von): Mensch und Tod. Graphiksammlung der Universität Düsseldorf. Düsseldorf: Triltsch 1989.

Stainton, Lindsay: William Turner in Venedig. München: Prestel 1985.

Stork, Jochen (Hrsg.): Das Märchen – ein Märchen? Psychoanalytische Betrachtungen zu Wesen, Deutung und Wirkung der Märchen. Stuttgart: Frommann-Holzboog 1987.

Tardent, Jean-Paul: Niklaus Manuel als Staatsmann. Bern: Archiv des Historischen Vereins des Kantons Bern (Band 51) 1967.

Tavel, Hans Christoph von: Niklaus Manuel, ein Maler der Reformationszeit. In:

Kunstgeschichtliche Gesellschaft zu Berlin: Sitzungsberichte, Neue Folge Heft 26, 1977–1978, 10–12.

Teichmann, Jürgen: Wandel des Weltbildes. Astronomie, Physik und Meßtechnik in der Kulturgeschichte. Reinbek bei Hamburg: Rowohlt 1985.

Tornau, Martina: Christophorus. Die Legende vom starken Riesen Ophorus. Hamburg: Wittig 1988.

Vallin, Jacques: La mortalité en Europe de 1720 à 1914. Tendances à long terme et changements de structure par âge et par sexe. Paris: Institut National d'Etudes Démographiques 1988 (= Dossiers et recherches, No 18).

Van Abbé: Derek: Niklaus Manuel of Bern and his interest in the Reformation. In: Journal of Modern History 24, 1952, 287–300.

Waddingham, Malcolm R. (Einführung), Christian Klemm (Katalog): Die Gemälde der Stiftung Betty und David M. Koetser. Zürich: Kunsthaus 1988.

Wagner, Hugo: Niklaus Manuel – Leben und künstlerisches Werk. In: Menz, Cäsar und Hugo Wagner (Redaktion): (Ausstellungskatalog) Niklaus Manuel Deutsch. Maler – Dichter – Staatsmann (Ausstellung vom 22. September bis 2. Dezember 1979). Bern: Kunstmuseum 1979, 17–41.

WHO Expert Committee: Health of the elderly. Report of a WHO Expert Committee (= World Health Organization Technical Report Series 779). Genf: World Health Organization 1989.

Wilton, Andrew: The Life and Work of J. M. W. Turner. Fribourg: Office du Livre 1979.

Yazaki, Lúcia Mayumi: O aumento da expectativa de vida e suas consequencias em São Paulo [Typoskript]. São Paulo: Fundação Sistema Estadual de Análise de Dados SEADE 1988.

Yazaki, Lúcia Mayumi: Evolução da mortalidade da população idosa no município de São Paulo. In: Associação Brasileira de Estudos Populacionais (Hrsg.): VI Encontro Nacional de estudos populacionais, Olinda – PE, 16 a 20 de outubro 1988. Anais, Vol. 1, 481–503. O. O., o. J. (= São Paulo, 1989).

Zeller, Michael: Rochus. Die Pest und ihr Patron. Nürnberg: Böckel 1989.

Zinsli, Paul: Der Berner Totentanz des Niklaus Manuel (etwa 1484 bis 1530) in den Nachbildungen von Albrecht Kauw (1649). 2., durchgesehene und erweiterte Auflage. Bern: Paul Haupt 1979.

Zinsli, Paul: Manuel und Murner. Die Begegnung zweier doppelt begabter Glaubensstreiter in der Reformationszeit. In: Berner Zeitschrift für Geschichte und Heimatkunde 50, 1988, 165–196.

Zurfluh, Anselm: Une population alpine dans la confédération. Uri aux XVIIe-XVIIIe-XIXe siècles. Paris: Economica 1988.

Personen- und Ortsregister

Adam und Eva 294
Ägypten 32
Alpers, Svetlana 132, 139, 140, 141
Alsloot, Denis van 110
Altermatt, Urs 24
Amphitrite 110
Amsterdam 24, 54, 136, 139, 214, 216
Anker, Albert (und Familie) 164, 166, 176, 182, 183, 184, 185, 186, 187, 188, 189, 190, 191, 193, 195
Antwerpen 106, 108, 109, 110, 111, 112, 113, 115, 116, 119, 133, 136, 166
Apollo 117, 118
Asklepios 225
Ast, Balthasar Van der 125, 126, 127, 132, 133, 135, 142, 143, 144, 145, 151, 153, 166, 190, 204, 205, 206
Atlanta 31, 32, 201
Augsburg 249

Bächtiger, Franz 286, 289, 291, 293
Baltimore 25, 26, 27, 28, 30, 33, 34, 36, 305
Barbara, Hl. 44, 51, 245
Baumann, Felix 243, 244
Bayern 96, 249
Bénéteau, Renée 104
Bentinck, Vanessa 109, 113
Bergen op Zoom 133
Bergström, Ingvar 132, 138
Berlin 15, 21, 22, 24, 25, 30, 46, 49, 57, 59, 64, 69, 70, 71, 73, 80, 83, 86, 92, 93, 95, 96, 103, 104, 106, 108, 111, 120, 123, 124, 128, 144, 160, 178, 191, 194, 195, 197, 210, 211, 213, 260, 261, 271, 272, 283, 296, 305, 306
Bern 32, 146, 164, 174, 183, 185, 242, 283, 284, 287, 288, 289, 290, 291, 292, 293

Bethesda 30, 31, 32, 64, 68, 91
Biel 186
Binoit, Peter 166, 172, 173, 176
Bjölstad, Karen 241
Bock, Henning 143
Bogota 32
Bol, Laurens J. 127, 132, 135, 138
Bolivien 95
Bombay 64
Bonn 23, 196
Boockmann, Hartmut 18, 50
Bosch, Hieronymus 17, 246
Bose, A. B. 99
Bosschaert, Ambrosius 133, 135, 147, 166
Bourgeois-Pichat, Jean 100
Brasilien 15, 32, 64, 66, 68, 92, 93, 94, 95, 99, 264, 265, 266, 268, 269, 270, 305, 306
Brefin-Urban, Lidia 183
Bremen 261
Bridges-Webb, Charles 24
Brontius, Nicolaus 171
Brouwer, Adriaen 116
Brueghel, Jan der Ältere 136
Brueghel, Jan der Jüngere 110, 111, 116
Brügge 110, 115
Brüssel 110, 112, 113, 116, 136
Bruyn, Josua 132, 141

Caldwell, John 232, 233, 251
Canaletto (Canal, Giovanni Antonio) 297, 298
Canberra 32
Capito, Wolfgang Fabricius 105
China 15, 32, 48, 66, 98, 99, 100, 101, 102, 305
Christophorus, Hl. (Christoffel) 286, 288, 289, 293
Christus (siehe auch Jesus) 27, 28, 29, 33, 34, 36, 45, 117, 305